BASTEI
LÜBBE
TASCHENBUCH

Über die Autoren:
Marc Friedrich ist Mitgründer der Honorarberatung Friedrich & Weik Vermögenssicherung. Seit vielen Jahren hält er gemeinsam mit Matthias Weik Vorträge im In-und Ausland rund um das Thema Wirtschaft und Finanzen. Sie sind gefragte Experten in Funk und Fernsehen.
Matthias Weik ist Mitinitiator von Deutschlands erstem offenen Sachwertfonds, dem Friedrich & Weik Wertefonds. Gemeinsam mit Marc Friedrich hat er die Bestseller »Der größte Raubzug der Geschichte«, »Der Crash ist die Lösung« und »Kapitalfehler« sowie »Sonst knallt´s« geschrieben.

Matthias Weik & Marc Friedrich

KAPITAL
FEHLER

Wie unser Wohlstand vernichtet wird
und warum wir ein neues
Wirtschaftsdenken brauchen

BASTEI
LÜBBE
TASCHENBUCH

BASTEI LÜBBE TASCHENBUCH
Band 60953

Dieser Titel ist auch als aktuelles E-Book erschienen

Haftungsausschluss: Jede Person ist selbstverständlich für ihre private Vermögensverwaltung und Geldanlage selbst verantwortlich. Über spezifische Finanzprodukte muss sich folglich jeder Anleger in Eigenregie informieren. Die Autoren übernehmen keinerlei Haftung für Schäden, welche durch falsche Schlussfolgerungen aus den Hinweisen in diesem Buch entstanden sind. Die Informationen basieren auf tiefgreifender Recherche – nichtsdestotrotz können Fehler auftreten. Die Autoren schließen Haftungsansprüche jeglicher Art aus.

Redaktionsschluss: 5. April 2017

Vollständige Taschenbuchausgabe
der beim Eichborn Verlag erschienenen Hardcoverausgabe

Copyright © 2017 by Bastei Lübbe AG, Köln
Lektorat: Enrik Lauer und Gesine von Prittwitz, Berlin
Umschlaggestaltung: Christina Hucke, www.christinahucke.de
Unter Verwendung eines Motivs von © shutterstock/sabri deniz kizil
Satz: Helmut Schaffer, Hofheim a. Ts.
Gesetzt aus der Adobe Caslon Pro
Druck und Verarbeitung: CPI books GmbH, Leck – Germany
ISBN 978-3-404-60953-6

2 4 5 3 1

Sie finden uns im Internet unter
www.luebbe.de
Bitte beachten Sie auch: www.lesejury.de

Ein verlagsneues Buch kostet in Deutschland und Österreich jeweils überall dasselbe. Damit die kulturelle Vielfalt erhalten und für die Leser bezahlbar bleibt, gibt es die gesetzliche Buchpreisbindung. Ob im Internet, in der Großbuchhandlung, beim lokalen Buchhändler, im Dorf oder in der Großstadt – überall bekommen Sie Ihre verlagsneuen Bücher zum selben Preis.

Wir haben Berge von überflüssigem Bedarf angehäuft. Ständig müssen wir kaufen, wegwerfen, kaufen … Es ist unser Leben, das wir verschwenden. Denn wenn wir etwas kaufen, bezahlen wir nicht mit Geld. Wir bezahlen mit unserer Lebenszeit, die wir aufwenden mussten, um dieses Geld zu verdienen. Der Unterschied ist: Leben lässt sich nicht kaufen. Es vergeht einfach. Und es ist schrecklich, dein Leben zu verschwenden, indem du deine Freiheit verlierst.

José Mujica – Blumenzüchter und Ehemaliger Präsident von Uruguay.

Inhalt

1 Antizyklische Kapitalmarktkontrolle

*Warum die Marktwirtschaft vor dem Finanzkapitalismus
geschützt werden muss*

In unseren ersten zwei Büchern – *Der größte Raubzug der Geschichte* (2012) und *Der Crash ist die Lösung* (2014) – haben wir uns detailliert mit den Ursachen und Folgen jener Finanzkrise auseinandergesetzt, die 2008 die Weltwirtschaft an den Rand des Abgrunds getrieben hat. Die Folgen dieser Krise wirken bis heute nach, ihre Ursachen sind bis heute weder vollständig verstanden, geschweige denn behoben worden. Wir könnten das auf fortgesetzt bösen Willen bei den Akteuren und auf komplette Unfähigkeit der Politik zurückführen. Und mit derlei Polemik könnten wir bei Vorträgen, auf Podien und in Talkshows sicher auch weiterhin punkten. Zumal wir mehr denn je davon überzeugt sind, dass nicht nur wir in Deutschland ein massives Elitenproblem haben.

Doch erstens wäre das zu einfach. Es gab (und gibt immer noch!) kriminelle Machenschaften in der Finanzbranche. Aber die Wirtschaft wird nicht von Gangstern beherrscht. **Die Politik traut sich an dringend nötige Regulierungen der Finanzmärkte bis heute nicht heran – nicht zuletzt, weil viele Staaten bis an die Halskrause verschuldet und damit abhängig von den Dealern ihrer Anleihen sind.** Aber in den Parlamenten, Ministerien und Regierungen sitzen nicht nur willfährige Lobbyisten und wirtschaftspolitische Ignoranten. Ergo: Es muss auch tiefer liegende Ursachen für die verbreitete Ratlosigkeit und Mutlosigkeit in Wirtschaft und Politik geben.

Zweitens wollten wir uns nicht nur im Erfolg unserer Bücher

sonnen. Wir haben uns auch Argumente von Kritikern zu Herzen genommen, die uns unter anderem einen Hang zu tagesaktueller Faktensammelwut und oberflächlicher Krisendiagnose, im Gegenzug einen Mangel an vertiefter Krisenanalyse vorgeworfen haben. In diesem Buch gehen wir darum ganz anders vor als in unseren ersten beiden. Grundsätzlicher. Und streckenweise auch etwas theoretischer. Unser Ziel: Möglichst gut lesbar verständlich zu machen, wie die Marktwirtschaft und der Kapitalismus (das ist keineswegs dasselbe!) nicht nur in Einführungsveranstaltungen von VWL-Professoren, sondern tatsächlich funktionieren; wie und warum Marktwirtschaft und Kapitalismus großen Teilen der Menschheit in den letzten 250 Jahren enormen Wohlstand gebracht haben; warum sie aber bis heute daran scheitern, diesen Wohlstand sowohl global als auch nachhaltig fair zu verteilen. Vor allem aber wollten wir selbst genauer verstehen, warum der Kapitalismus periodisch seine Fähigkeit zu technischer und sozialer Innovation, zur Mehrung von Versorgungssicherheit, Alltagskomfort und Lebensqualität, Wohlstand und sozialer Sicherheit verliert – **und zu einem System mutiert, in dem nur noch die Interessen von ein paar Dutzend globalen Konzernen, einer immer kleineren Zahl von Superreichen und einer von der Realwirtschaft fast vollständig abgeschotteten Finanzelite zählen.**

Zur Gewinnung diesbezüglicher Erkenntnisse widmen wir uns als Erstes einer Frage, die sowohl Anhänger als auch Kritiker des Kapitalismus schon früh beschäftigt hat: Warum kommt es in diesem Wirtschaftssystem regelmäßig zu Krisen? Warum verläuft das Auf und Ab namens ›Konjunktur‹ bisweilen so heftig? Und lassen sich diese Wechselbäder irgendwie mildern oder gar verhindern?

Daran anschließend beschäftigen wir uns recht ausführlich mit einem leider schon sehr viel weniger beachteten Phänomen: jenen »langen Wellen der Konjunktur«, die der Ökonom Joseph Schumpeter in den 1940er-Jahren zu Ehren ihres russischen Entdeckers »Kondratjew-Zyklen« getauft hat. Da diese Zyklen sich meist über zwei Generationen erstrecken, sprengen sie die Zeithorizonte von Tagesgeschäft und Wahlperioden – erst recht in Zeiten, in denen bezahlte Manager anstelle privat haftender Unternehmer alle paar Jahre die Wirtspflanze wechseln und zwischendurch nur noch auf Quartalszahlen und Jahresboni schauen.

Im fünften und sechsten Kapitel versuchen wir die zahllosen Fallstricke von Regulierungen, Lenkungen und Liberalisierungen verschiedener ›Märkte‹ zu entwirren. Indem wir etwa fragen, was eigentlich genau auf welchen Märkten gehandelt wird. Warum auch die moderne Marktwirtschaft in weiten Teilen eine Planwirtschaft ist. Warum einige wichtige Bereiche des gesellschaftlichen Daseins besser gar nicht – oder wenn, dann nur unter sehr genau festgelegten Bedingungen – durch Angebot und Nachfrage geregelt werden sollten. Indem wir höflich nachfragen, ob das Markttreiben wirklich so tief in der Natur des Menschen verwurzelt ist, wie es die Mehrheit der Ökonomen suggeriert. Ob jenes Geld, das ja angeblich die Welt regiert, tatsächlich zur Beförderung von Handel und Wandel ›erfunden‹ wurde. **Schließlich: Warum ausgerechnet die ›Finanzmärkte‹ am Ende des Tages die ineffizientesten Märkte sind.**

Im Schlusskapitel untersuchen wir, warum Banker und Börsianer in ihren heute kaum noch abzählbaren Kostümen von Kapital, Kredit und Kreditabsicherung von allen ›Wirtschaftssubjekten‹ am schnellsten und am verlässlichsten volkswirtschaftlichen Schaden anrichten. Unsere Kernthese hier: Anders als es die Verfechter unregulierter Finanzmärkte behaupten, sorgen diese gerade *nicht* dafür, dass Kapital an die volks- oder gar weltwirtschaftlich besten, an die dem allgemeinen Wohlstand förderlichsten Stellen transportiert wird. Denn bei genauerem Hinsehen beobachten die Finanzmärkte die Realwirtschaft kaum. Besser gesagt: An einigen Stellen beobachten sie sie zwar wenigstens noch indirekt – vor allem über die Kurse von Unternehmensanteilen. Doch zu weit über 90 Prozent beobachten die Akteure an den Finanzmärkten sich nur gegenseitig.

Das ist schon deshalb von Übel, weil in kaum einer Herde das Herdenverhalten ausgeprägter ist, als in der kleinen Herde der Anlageakrobaten. Und es ist von Übel, weil die wichtigste Einnahmequelle der dort tätigen Individuen leider nicht Investitionserfolge, ja nicht einmal Arbitragegewinne sind, sondern Prämien und Provisionen. Die aber gibt es nicht nur für erfolgreiches Handeln, sondern viel zu häufig schon für Handeln an sich.

Warnsignale: Krisen ohne Ende

Wie befürchtet, hat sich seit dem Erscheinen unseres zweiten Buches *Der Crash ist die Lösung* im Mai 2014 nichts nachhaltig in der Finanzwelt zum Besseren gewendet. Ganz im Gegenteil: Warnsignale, wohin man schaut. Die Gesamtsituation eskaliert weiter, und viele unserer damals abgegebenen, oftmals angezweifelten Prognosen sind heute leider bittere Realität. Der Zug rast unvermindert mit Volldampf in Richtung Abgrund. Dass die Geschwindigkeit gedrosselt oder gar die Notbremse gezogen wird, ist nicht in Sicht.

Nach wie vor wird auf globaler Ebene versucht, Schulden mit Schulden zu bezahlen, was weder nachhaltig ist, noch auf Dauer funktioniert. Verzweifelt bekämpfen die Notenbanken die Krise mit historisch niedrigen Zinsen – also mit einer Flut von billigem Geld. **Mit dem Ziel, das Geldkarussell am Laufen zu halten, pumpen Staaten und Notenbanken weiterhin Hunderte von Milliarden in ein völlig marodes Finanzsystem.** Die Notenbanken, die Brandstifter und Feuerwehr in einem sind, verkennen dabei, dass es gerade die niedrigen Zinsen gewesen sind, die die letzte Krise mit verursacht haben. Durch eine aus dem Ruder gelaufene irrsinnige Notenbankpolitik wurden die Aktienmärkte global enorm aufgebläht. Abermals entstehen durch das viele billige Geld Blasen an den Immobilien-, Aktien- und Anleihenmärkten. Inzwischen sind die Märkte dermaßen abhängig vom billigen Geld, dass sich niemand mehr traut, ihnen die Droge Geld zu entziehen.

Wie krank das Finanzsystem ist, beweist auch ein absurdes Vorkommnis in der Schweiz: Neben fantastischer Natur und erstklassigem Käse haben die Eidgenossen, besser gesagt: die Credit Suisse (CS), die Magie für sich entdeckt. Bekanntlich müssen die Banken seit der Finanzkrise 2008 ihren Eigenkapitalanteil erhöhen. Die CS entschied sich dafür, sich selbst Eigenkapital zu schaffen, und zwar aus dem Nichts. Offenbar frei nach dem Motto: »Wenn wir Geld aus dem Nichts schöpfen können, warum nicht auch Eigenkapital?«. Der Zaubertrick funktionierte folgendermaßen: Die CS vergab an arabische Investoren einen Kredit in Höhe von umgerechnet rund 9 Milliarden Euro. Dafür mussten lediglich zwei Buchungen in der Bilanz vorgenommen werden: Auf der Aktivseite wurde der Betrag als »Forderung« eingestellt, auf der Passivseite wurde eine »Kundeneinlage« in gleicher Höhe verbucht. Die Bank konnte sicher sein, dass die arabischen Investoren das Geld nicht abrufen werden, weil diese sich verpflichtet hatten, dafür neu geschaffene Vorzugsaktien der CS zu erwerben. Zu diesem Zweck war lediglich eine weitere Buchung nötig, unter Kennern »Passivtausch« genannt: Die Kundeneinlage wurde umgebucht in die Position »Eigenkapital«.[1] So einfach funktionierte diese äußerst fragwürdige Aktion.

Vielleicht wäre dies ja auch eine Option für unseren Branchenprimus mit kriminellen Neigungen – die krisengeschüttelte Deutsche Bank? Nachdem die Bank im Januar 2016 an oberster Stelle verkündet hatte, dass das Haus solvent sei, bildete sich über unseren Köpfen so manches Fragezeichen. Als dann auch noch unser Finanzminister Wolfgang Schäuble sich zur Deutschen Bank beruhigend äußerte, gingen bei uns alle Alarmglocken an. Die letzte Bank, die ihre Solvenz rechtfertigen musste, war ein Institut namens Lehman Brothers … Wir sind nach wie vor fest davon überzeugt, dass es die Deutsche Bank in ihrer jetzigen Form in Zukunft nicht mehr geben wird. Aufgrund ihrer Größe ist eine Pleite ausgeschlossen. Da es unwahrscheinlich ist, dass irgendein Konkurrent eine Bank mit knapp 7.800 laufenden Verfahren an der Backe und einem Derivate-Portfolio außerhalb der Bilanz im Volumen von über **40 Billionen Euro (das 15-Fache des deutschen BIP)** übernehmen wird, dürfte es wohl auf eine Verstaatlichung hinauslaufen.

Die globale Berg- und Talfahrt an den Börsen zu Beginn des Jahres 2016 ist nur ein weiteres Menetekel. Innerhalb von nur wenigen Wochen wurden die Anstiege der vergangenen Jahre an den Aktienmärkten der Welt radikal ausradiert. In Deutschland war es den »Magiern« der Notenbank gelungen, den Deutschen Aktienindex (DAX) bis auf über 12 000 Punkte zu zaubern. Die Frage, ob das nachhaltig ist, hat sich offensichtlich im Jubelsturm steigender Kursgewinne kaum einer gestellt. **Unbezweifelbar ist jedoch, dass in der Geschichte der Menschheit noch niemals eine Krise mit Gelddrucken nachhaltig gelöst wurde.** Schon allein aus diesem Grund ist davon auszugehen, dass die kommenden Jahre nicht besser werden. Nein, mehr noch: Die künftigen Entwicklungen werden alles Bisherige übertreffen. **Wir wollen hier nicht schwarzmalen. Weder Pessimismus, noch übertriebener Optimismus sind angebracht. Es ist Zeit für Realismus!** Machen Sie sich selbst ein Bild, ob wir so weitermachen können wie bisher, oder ob grundlegende Veränderungen nicht überfällig sind. Entscheidend wird unserer Ansicht nach das Jahr 2017 werden.

Deutschland: Von der »schwarzen Null« zur Altersarmut

Wir sind Fußballweltmeister und Handballeuropameister, wir haben eine Rekordbeschäftigungsquote, noch nie waren mehr Menschen in Lohn und Brot, Rekordsteuereinnahmen und eine »schwarze Null« im Bundeshaushalt, über die sich unser Finanzminister Wolfgang Schäuble sehr freut. Dementsprechend häufig reden die Politiker und die Medien von einem Job- und Konjunkturboom, sogar davon, dass Deutschland »heiß laufen« würde. Betrachten wir die Fakten, dann haben wir freilich keinen Grund zum Jubeln, denn die Qualität der Daten ist fragil und nicht überzeugend. Nach wie vor zahlen internationale Konzerne in Deutschland kaum Steuern − dank Steueroasen, die teilweise mitten in Europa oder sogar in der EU liegen. Auch bei uns geht die Schere zwischen Arm und Reich immer weiter auseinander. Das Bruttoinlandsprodukt (BIP) stieg in Deutschland 2015 um 1,7 Prozent.[2] Ob man hier von einem Konjunkturboom und »heiß laufen« sprechen kann, halten wir für fraglich. Die chinesische Wirtschaft ist im gleichen Zeitraum um das Vierfache gewachsen; nämlich ›nur‹ um 6,9 Prozent − so wenig wie seit einem Vierteljahrhundert nicht mehr.[3] Spätestens jetzt stellt sich wohl die Frage, wer oder was heiß läuft und wer oder was nicht?

Schlagzeilen wie »Deutschland erlebt binnenwirtschaftliche Blüte«, »Wegen guter Beschäftigungslage steigen die Löhne« oder »Jobs gibt's in Hülle und Fülle« können nicht darüber hinwegtäuschen, dass vieles im Argen liegt. Zwar entstehen immer mehr Jobs – die Arbeitslosigkeit liegt mit 2,63 Millionen auf einem 24-Jahres-Tief. Doch dummerweise zieht die Anzahl der geleisteten Arbeitsstunden aller Erwerbstätigen nicht mit. Dies bedeutet, die Masse der neuen Jobs sind prekäre Arbeitsverhältnisse. Trotzdem werden nur 52,2 Prozent aller erwerbsfähigen Leistungsempfänger als arbeitslos gezählt; was heißt: **Die offiziellen Statistiken sind mehr als geschönt.**

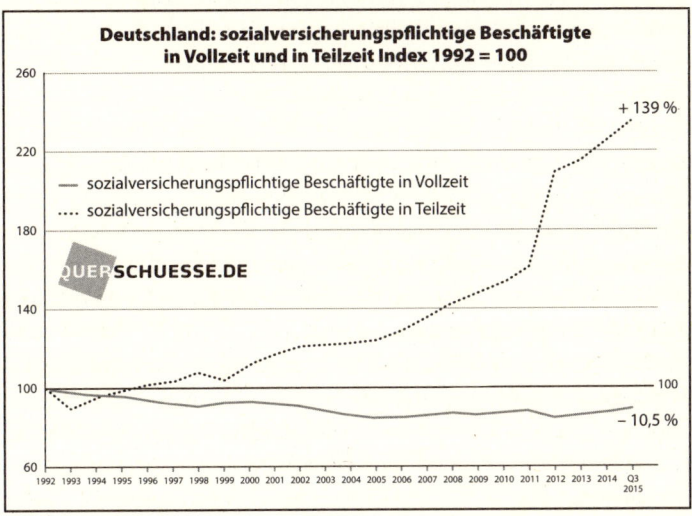

Deutschland: sozialversicherungspflichtige Beschäftigte in Vollzeit und in Teilzeit Index 1992 = 100

Immer mehr Menschen in Deutschland können von ihrer Hände Arbeit nicht mehr leben. Im Niedriglohnsektor arbeiten über acht Millionen Menschen in Voll- und Teilzeit. Womit dieser seit 1991 um 139 Prozent angeschwollen ist, während die wichtigen sozialversicherungspflichtigen Vollzeitjobs, die die Renten finanzieren, um über 10,5 Prozent zurückgegangen sind.[4] Da Niedriglohnarbeiter nichts in die Rentenkasse einbezahlen können, ist Altersarmut in großem Stil vorprogrammiert. **Es wird eine Altersarmutswelle auf uns zukommen, die auch der Exportweltmeister Deutschland nicht**

zu stemmen vermag! Die Millionen jungen Menschen, die in Südeuropa arbeitslos sind, kommen erschwerend hinzu. Unvermindert feiert Wolfgang Schäuble seine »schwarze Null«. Dass sie vor allem aufgrund der Niedrigzinsphase möglich ist, lässt er lieber außen vor. Abgesehen davon bedeutet die »schwarze Null« nichts anderes, als dass wir alle diese durch die Nullzinsphase mitfinanzieren und Vater Staat lediglich genau so viel Geld ausgibt, wie er einnimmt – unser tägliches Brot also. Des Weiteren sagen die schwarze Null und das kontinuierlich steigende Bruttosozialprodukt (BSP) relativ wenig über den Gesamtzustand unseres Landes aus: Weder über die Verteilung des Wohlstands oder die Lebensqualität, noch über das Glück und die Zufriedenheit der Deutschen.

Europa: Wie aus einem Traum ein Albtraum wird

Fassungslos hat uns gemacht, dass die EU Griechenland ein drittes Rettungspaket gewährt hat. Nachdem die Therapie der Euro-Rettungspolitik bereits zwei Mal versagt hat, wird dem Land nun zum dritten Mal dieselbe bittere Medizin verabreicht. Wir sagen voraus: Auch dieses Mal wird sie nicht die erhoffte Wirkung haben. Vielmehr gehen wir von weiteren teuren und absolut sinnfreien »Rettungspaketen« auf unser aller Kosten aus. Die fatalen gesellschaftlichen Folgen nicht mit eingerechnet. Nach wie vor halten wir die Griechenlandhilfe für eine Konkursverschleppung in ganz großem Stil. Der radikale politische Wandel in Athen brachte ebenfalls keine Besserung, vielmehr machte er nur deutlich, dass es keinerlei Rolle spielt, wer an der Macht ist – **Geld regiert die Welt.**

Schon allein deshalb erwarten wir von ›oben‹ keine Änderung. Um die griechischen Bürger und die Geldgeber zu täuschen, werden Nebelkerzen geworfen. Die Troika wurde in »Die Institutionen« umbenannt und der unbequeme Finanzminister Yanis Varoufakis ausgewechselt. Wahlversprechen wurden nicht gehalten und keine Reformen umgesetzt – nichts Neues im Süden also. Frei nach George Orwells *Animal Farm*: Es sind lediglich beliebig austauschbare Eliten an der Macht. Mehr denn je stellen sich folgende Fragen: Wie lange nimmt die griechische Bevölkerung die fortschreitende Zerstörung ihres Landes noch hin? Und wann zeigen die Menschen in den Geberländern (somit auch wir) ihren Regierungen wegen der immensen Steuergeldverschwendung endlich die rote Karte?

Doch auch in vielen anderen Euro-Staaten, insbesondere im Süden Europas, sieht es alles andere als rosig aus. Die Verschuldung der EU-Staaten steigt weiterhin kontinuierlich, während sich die Arbeitslosenzahlen in Ländern wie Frankreich, Italien, Spanien, Portugal und Griechenland nach wie vor auf einem extrem hohen Niveau und die Industrieproduktion auf einem äußerst niedrigen Level befinden. Nichtsdestotrotz können sich Staaten wie beispielsweise Italien oder Spanien immer günstiger verschulden. Das ist volkswirtschaftlicher Irrsinn! Italien kämpft vermehrt mit seinen maroden Banken, weshalb die immense Summe von 350 Milliarden Euro prophylaktisch in eine Bad Bank ausgelagert wurde.[5] Gelöst ist das Problem damit nicht – es wurde lediglich in die Zukunft verlagert und auf die Bürger abgewälzt.

Innerhalb der EU arbeitet man stärker denn je gegen- statt miteinander. Über die Zerfallserscheinungen der EU lässt sich nicht mehr hinwegsehen. Es scheint nur noch eine Frage der Zeit zu sein, bis sie in ihrer jetzigen Form auseinanderfällt. Die EU ist alles andere als eine Gemeinschaft. Egal ob in Griechenland, Polen, Großbritannien, Portugal, Frankreich – überall wird der Wind rauer. Im September 2015 haben die Separatisten die Regionalwahl in Katalonien gewonnen. Inzwischen fordert die linksradikale CUP zivilen Ungehorsam gegenüber der spanischen Zentralregierung; die Bürger sollen die Gesetze aus Madrid missachten. Sollte der Konflikt eskalieren und Spanien auseinanderbrechen, sieht sich die EU mit weitaus drastischeren Problemen konfrontiert als bisher.

Viele Menschen glauben längst nicht mehr den gebetsmühlenartig vorgebrachten Aussagen der großen politischen Parteien, dass alles besser wird. Im Juni 2016 haben sich die Briten für den Austritt aus der EU entschieden und der sogenannte BREXIT hat die Bürokraten in Brüssel eiskalt erwischt. Populisten und Extremisten jeglicher Couleur sind weiterhin überall in Europa auf dem Vormarsch. Wenn sich die gesamtwirtschaftliche Situation in vielen

Ländern Europas nicht zum Positiven wendet – wovon wir nicht ausgehen –, dürfte die EU eher früher als später implodieren. Sollte die Politik nicht umgehend damit beginnen, die Probleme der Menschen und nicht nur die der Banken zu lösen, ist die Gefahr groß, dass eher früher als später politische Parteien in Europa an die Macht kommen, die sich kein aufrechter Demokrat wünscht.

Leider hat die Vergangenheit immer wieder gezeigt, dass die Chancen schlecht stehen, dass Politiker solch gefährlichen Entwicklungen aktiv entgegensteuern. Im Gegenteil: Durch falsche, nervöse Entscheidungen befeuern sie diese oft noch. Mittlerweile beginnt auch Frankreich, die europäische Wirtschaftsmacht Nummer zwei und eine der Säulen Europas, immer mehr zu wanken. 2017 wird dort ein spannendes Jahr, da der Präsident gewählt wird. Sollte Marine Le Pen vom Front National die Wahl gewinnen, dann wird in Europa nichts mehr so sein, wie es war. Summa summarum – es steht nicht gut um Europa.

Asien: Der Wirtschaftsmotor stottert

Japan, die drittgrößte Volkswirtschaft des Globus und das Land mit der ältesten Bevölkerung, kommt nach wie vor nicht aus der Krise. Bis heute hat sich das Land nicht von der geplatzten Immobilienblase in den 1990er-Jahren erholt. Ganz im Gegenteil, das desaströse Notenbankexperiment hat nicht funktioniert. Trotz Unsummen an billigem Geld und Negativzinsen ist es der Notenbank nicht gelungen, den Binnenkonsum anzukurbeln – das Land steckt weiterhin in einer Depression. Mittlerweile muss auch der Letzte erkennen, dass Japan mit normaler Fiskalpolitik nicht mehr auf die Beine kommt. Die Exporte brachen im Januar 2016 so stark ein wie zuletzt 2009. Die Verschuldung des Landes beträgt mittlerweile fast 250 Prozent des BIP.[6]

Die Wirtschaftslokomotive China stottert Anfang 2016 ebenfalls besorgniserregend. Ausgerechnet in jenem Land, das uns aus der Krise herausgezogen hat, sind die Börsenkurse drastisch eingebrochen, und die Wirtschaft schaltet zwei Gänge runter. Teilweise haben sich die Werte der Aktien halbiert. An einigen Tagen musste sogar der Handel wegen drastischer Kursverluste ausgesetzt werden. Für die Anleger bedeutete dies, dass sie weder kaufen noch verkaufen konnten. So viel zum Thema freie Märkte. Obendrein haben sich die chinesischen Banken bei der Kreditvergabe offensichtlich maßlos übernommen. Einige werden die kommenden Verluste nicht überleben. Infolgedessen wird die chinesische Regierung noch drastischer in die Märkte eingreifen müssen, was den Druck auf die chinesische Währung weiter erhöhen wird. Bereits heute wetten große Spekulanten wie George Soros gegen Chinas Währung.[7] China hat von 2011 bis 2013 mehr Zement verbraucht als die USA im gesamten 20. Jahrhundert. Dies erklärt auch die immense Immobilienblase in China. **Ein zweites Mal wird China die Welt nicht retten.** Dafür haben sie selbst zu viele eigene hausgemachte Probleme.

Sowohl der neoliberale Kapitalismus des Westens als auch der chinesische Staatskapitalismus sind antidemokratisch und destruktiv. Beide Systeme kreieren eine Blase nach der anderen! Weltweit haben sich die volkswirtschaftlichen Eckdaten eingetrübt. Eine Rezession kündigt sich an – und die Staaten der Welt bereiten sich auch schon darauf vor …

Finanzielle Repression: Enteignung und Entmündigung

Um die nächsten Krisen aufzufangen, wird die finanzielle Repression gegen die Bürger weltweit ausgeweitet und in Zukunft noch mehr finanzielle Restriktionen fordern. Die Marschrichtung in den letzten Jahren spricht Bände, wohin es geht. Die Zinsen sind bei Null und weit unter der Inflationsrate – so wird der Sparer enteignet. Norwegen, die Schweiz, Dänemark und Japan haben bereits einen Gang höher geschaltet und Negativzinsen installiert. Die Schlinge um Deutschland wird immer enger. Momentan treffen Negativzinsen nur Großkunden, aber irgendwann wird es uns alle treffen. Die solide wirtschaftenden Sparkassen, Volks- und Raiffeisenbanken sowie Bausparkassen haben aufgrund der Niedrigzinsphase immer größere Probleme. Sparkassen und Genossenschaftsbanken werden eine lang anhaltende Niedrig- und Nullzinsphase kaum überleben – von den Bausparkassen ganz zu schweigen. Es ist damit zu rechnen, dass die

Kosten immer weiter auf die Kunden abgewälzt werden und sich die Kontogebühren erheblich erhöhen.

Unser Schweizer Nachbar hat gezeigt, dass Negativzinsen kein Ding der Unmöglichkeit mehr sind. Aufgrund der Minusverzinsung von Kapital überlegen sich manche Pensionskassen bereits, einen Teil des Rentengeldes nicht auf einem Bankkonto zu belassen, sondern in einem externen Tresor zu lagern. Eine Pensionskasse hat ausgerechnet, dass sie so knapp 25 000 Franken Rentengeld pro 10 Millionen Franken sparen würde. Trotz Kosten für Tresormiete, Geldtransport und weiteren Ausgaben. So einfach ist das aber nicht. Denn die Schweizerische Nationalbank (SNB) hat bestätigt, dass sie Bargeldhortung zur Umgehung von Negativzinsen nicht gerne sieht. »Die Nationalbank hat deshalb Banken auch schon empfohlen, mit Bargeldnachfragen (...) restriktiv umzugehen.«[8] Dieses Beispiel sollte uns nicht nur warnen, es macht überaus deutlich, woher der Wind weht und wohin die Reise gehen soll.

Des einen Leid ist jedoch des anderen Freud. Mittlerweile trägt die Niedrigzinsphase sonderbare Früchte. Während es in Deutschland bereits Null-Prozent-Kredite[9] gibt, sind unsere Nachbarn im Norden bereits ein Stück weiter. In Dänemark zahlt eine Bank einer Kundin sogar Geld dafür, dass sie einen Kredit aufnimmt. Die Bank *Realkredit Danmark* gewährte ihr für einen dreijährigen Kredit Zinsen; fürs Schuldenmachen wurden 0,0172 Prozent gutgeschrieben. Das entspricht etwa einem Euro pro Monat. Hintergrund dieser irrsinnigen Entwicklung ist, dass die Dänische Nationalbank offensichtlich versucht, die Wirtschaft aggressiv anzukurbeln. Nach den Negativzinsen für Spareinlagen, die bei unserem nördlichen Nachbarn nicht selten sind, gibt es jetzt dort sogar Geld für das Schuldenmachen. Spätestens hier sollten wir uns alle an den Kopf fassen.

Laut Bloomberg sind die Immobilienpreise in Dänemark seit 2012 um 40 bis 60 Prozent gestiegen. Es ist nur eine Frage der Zeit bis die Immobilienblase platzen wird. Auch bei uns schießen die Immobilienpreise aufgrund der niedrigen Zinsen in immer neue Höhen. So mancher lässt sich von den niedrigen Zinsen anlocken und kauft eine Immobilie, die er sich im Grunde genommen überhaupt nicht leisten kann. So wird die Immobilienblase immer weiter aufgepumpt. Einige werden sich dabei in Zukunft eine blutige Nase holen.

Derzeit wird das Geschrei nach der Abschaffung von Bargeld immer lauter. Erst hieß es noch, die Sparer mit Negativzinsen zum Geldausgeben zu animieren, wozu Bargeld abgeschafft oder zumindest drastisch eingedämmt werden müsse. Egal, ob der Wirtschaftsweise Peter Bofinger, der Wirtschaftsnobelpreisträger Paul Krugman, der Havard-Ökonom Kenneth Rogoff, der ehemalige Chef der Weltbank Larry Summers oder Andrew Haldane, Chefökonom der Bank of England – unisono erklären alle plötzlich, dass Kriminalität und Terrorismus durch eine Abschaffung des Bargeldes bekämpft werden könnten. In das gleiche Horn bläst inzwischen auch die Politik, denn sie weiß, dass Menschen in Angst immer die Sicherheit der Freiheit vorziehen. Doch in Wirklichkeit geht es um etwas ganz anderes. **Sie wollen uns die Freiheit nehmen und uns gnadenlos in die Abhängigkeit von Banken treiben.** Larry Summers und Kenneth Rogoff argumentieren unverhohlen, dass es darum gehe, auch private Ersparnisse mit Negativzinsen für Regierungen ›nutzbar‹ zu machen.[10] Deshalb sollte uns allen klar sein, dass uns die Niedrigzinsphase erhalten bleibt. Es ist absehbar, dass die Zinsen sogar noch weiter sinken und die Enteignung durch die Notenbanken weiter fortschreiten wird, um die Kosten der Krisen auf uns alle abzuwälzen und dem System noch ein wenig Leben einzuhauchen …

Damit sich die Bürger dieser Enteignung nicht entziehen können, soll Bargeld in Form von Bargeldzahlungs- und Bargeldabhebungsgrenzen immer weiter eingeschränkt werden. Das alles wird uns in kleinen Dosen verabreicht, damit wir uns langsam an den Schmerz gewöhnen. Der Zugriff auf Geld wird immer weiter erschwert. Ziel ist es, einen Bankensturm zu verhindern und die Sparer für kommende Bankenrettungen in die Pflicht zu nehmen. In Frankreich, Italien, Spanien und Griechenland gelten bereits Obergrenzen für Bargeldabhebungen, und die Menschen spüren es am eigenen Leib. In Deutschland wird eine Obergrenze in Höhe von 5000 Euro diskutiert. Wir gehen davon aus, dass der Bargeldverkehr in Zukunft massiv beschränkt wird. Auch den 500-Euro-Scheinen ist es ans

Leder gegangen. Diese werden sukzessive aus dem Verkehr gezogen, da diese laut EZB-Vizepräsident Constâncio »nicht so dringend« gebraucht werden.

All dies geschieht natürlich nur zu unserer eigenen Sicherheit. Warum die Kriminellen dann aber nicht auf kleinere Euro-Noten ausweichen, kann uns keiner erklären. Lassen Sie sich nicht blenden und hinters Licht führen. Diese Argumentation, dass dadurch Terrorismus, Drogenhandel und Mafia bekämpft werden können, ist lediglich vorgeschoben, um die wahren Beweggründe zu verschleiern. **Bargeld ist Freiheit!** Die Marschrichtung ist klar: **Es geht um Kontrolle, Überwachung und Enteignung.** Denn mit der Abschaffung von und der Kontrolle über Bargeld kann man problemlos Negativzinsen einführen, ohne dass sich die Bürger diesen entziehen können. Schweden ist bereits auf dem besten Weg, Bargeld abzuschaffen.[11] Wenn das Bargeld begrenzt oder sogar verboten ist und die Negativzinsen in unvorstellbare Höhen steigen, die Banken die Gebühren drastisch erhöhen, dann werden auch die Narren, die heute für die Bargeldabschaffung plädieren, erkennen, dass sie ihre Enteignung selbst unterschrieben haben. Doch dann ist es zu spät. Aus den genannten Gründen ist es essenziell, sich aktiv um sein Vermögen zu kümmern. Wir sind große Verfechter von Sachwerten. Nach wie vor gelten unsere Anlageempfehlungen aus unseren vorherigen Büchern, wenn Sie Ihr Vermögen schützen wollen. Nie war es dringlicher!

Krisen sind gewollt!

Die letzten dreißig Jahre waren geprägt von zyklischen Krisen. Börsencrash 1987, Asienkrise, Russlandkrise, Staatsbankrott Argentinien, Dotcom-Blase, Zusammenbruch des Neuen Marktes, Immobilienkrise … Krise bedeutet Krankheit. Wenn also immer wieder Krisen aufbrechen, ist dies ein Zeichen, dass unser System offensichtlich schwer krank ist. Dass die Krisen immer umfassender und heftiger werden, sollte uns warnen und die Alarmstufe Rot auslösen. **Der Zustand des Krisenpatienten wird immer bedrohlicher und eine Rettung immer unwahrscheinlicher.**

Allen großen Krisen folgte ein Paradigmenwechsel. Vom Liberalismus zu Keynes und von Keynes zum Neoliberalismus. Immer? Nein, 2008 war alles anders. Nach dem Finanzcrash wurde Grundlegendes nicht neu überdacht, infrage gestellt, geschweige denn geändert. **Obwohl der Neoliberalismus total versagt hat, bleibt man dem gescheiterten Kamikazekurs treu.** Warum ist das so? Wir konnten es nicht fassen, bis wir das Puzzle selbst zusammengesetzt hatten. Ein Wandel ist überhaupt nicht gewollt. Noch schlimmer: **Krisen sind gewollt und erwünscht.**

Betrachten wir die Entwicklung seit 2008 etwas genauer. Der Kapitalismus wurde längst durch Planwirtschaft, insbesondere die der Notenbanken, ersetzt. Notenbanken werden von Menschen geleitet, die keiner von uns je gewählt hat. Sie kaufen Staatsanleihen und sogar Aktien in großem Stil – und beeinflussen so Politik und Wirtschaft. Profiteure der Krisen sind große Finanzinstitute, Hedge Fonds, der IWF und vor allem unsere globale Geldelite. **Niemals zuvor ist das Vermögen der Superreichen schneller und stärker gewachsen, nie konnten Staaten sich günstiger ver- und auf Kosten der Bürger entschulden.** Die Bürger wurden und werden durch Niedrigzinsen beziehungsweise Negativzinsen enteignet. Banken wurden mit Steuergeldern gerettet und Gesetze im Schnelldurchgang verabschiedet, die unter normalen Umständen nicht hätten realisiert werden können. Neben unserem Wohlstand und unseren Vermögen ist eines der Hauptopfer der Krisen unsere Demokratie und damit unsere Freiheit! Die Politik hebelt die Demokratie Schritt für Schritt aus, und niemand empört sich. Keiner erhebt sich, um unsere hart erkämpften demokratischen Werte und unsere Freiheit zu verteidigen.

Wenn sich Politik und Gesellschaft nicht endlich aus dem Würgegriff der Finanzmärkte befreien, dann werden Marktwirtschaft und Kapitalismus – stets gut gemeinte, von vielen Denkern gut gedachte und im Alltag auch nicht immer nur schlecht umgesetzte soziale ›Erfindungen‹ – endgültig von Förderern zu Totengräbern unseres Wohlstands.

Warum Finanzkapitalismus einfach nur schlechter Kapitalismus ist

Haltlose und zum Teil auch kriminelle Spekulation hat nicht erst seit 2008, sondern über mehrere Dekaden ein nachhaltiges Wirtschaften im Interesse der Menschen verdrängt. Es war eine schleichende, politisch grundsätzlich gewollte Entwicklung, die leider im Einzelnen nicht von allen Akteuren übersehen wurde. Insbesondere die Politik hat sich viel zu lange den Begehrlichkeiten ›der Märkte‹ gebeugt. So konnten sich Banken, Fondsgesellschaften und Börsen von Dienern zu Herren der Ökonomie aufschwingen. Anders gesagt: Das Finanzkapital sticht seit Langem das Produktivkapital – und damit die gesamte reale Wirtschaft der Güter und Dienstleistungen. Unternehmen und Arbeitnehmer, ja ganze Staaten werden von ›Analysten‹ am Nasenring willkürlich gewählter Kennziffern für Profitabilität oder ›finanzielle Solidität‹ durch die Arena der Weltwirtschaft gezogen. Das rein politisch motivierte Experiment einer einheitlichen Währung für (derzeit 19) vollkommen verschieden strukturierte Volkswirtschaften hat die globale Krise dieses Finanzkapitalismus in Europa zusätzlich verschärft.

Am Anfang der Entwicklung, für die in der Politik konservative Ikonen wie Ronald Reagan und Margaret Thatcher standen, regierte noch das Pathos der Freiheit. Staat, Regierungen und mächtige Interessengruppen sollten Wirtschaftsbürgern und Unternehmen nicht länger vorschreiben, was sie zu tun und zu lassen haben. Freiheit bedeutete vor allem Freihandel. Steuern galten wieder als Raub am hart arbeitenden Individuum. Der Staat als Wirtschaftssubjekt: teuer, langsam, ineffizient und bürokratisch – ein ewiger Bremser auf der Straße des Fortschritts. »There is no such thing as society«, liebte die Eiserne Lady zu verkünden. Wenn man ihn nur ließe, dann würde ›der Markt‹ schon alles richten. Nicht nur die Verteilung von Brötchen oder Autos, auch das Eisenbahn- und das Gesundheitswesen oder die Altersvorsorge. Und der riesige Reichtum der Wenigen? Nun, der würde früher oder später auch zu den Massen ›durchsickern‹. Ja, es gab wirklich mal eine nennenswerte Zahl von Menschen, die das geglaubt. haben. Und auch dass Gier gut sei, meinte nicht nur Gordon Gekko völlig ernst.

Die Privatisierung der britischen Bahn entpuppte sich freilich noch in Thatchers Amtszeit als einer der katastrophalsten Flops der neueren Wirtschaftsgeschichte. Und selbst das in Sachen Sozialstaat notorisch abstinente Amerika hat heute eine allgemeine Krankenversicherung. In der historischen Rückschau auf die Epoche des ›Neoliberalismus‹ kann man jedoch erkennen, dass es deren Verfechter gar nicht so sehr auf die Deregulierung der Waren- und Dienstleistungsmärkte abgesehen hatten; auch nicht auf die Privatisierung möglichst aller wirtschaftlichen Aktivitäten des Staates.

Dereguliert wurden vor allem die *Kapitalmärkte*. Ironischerweise wurde dieses fatale Projekt eines nahezu unverblümten »Enrichissez-vous« nicht etwa von ›rechts‹, von bekennenden Marktradikalen wie Reagan und Thatcher oder einem konservativen Ordoliberalen wie Kohl, auf die Spitze getrieben, sondern von ›links‹ – vom Demokraten Bill Clinton und von Sozialdemokraten wie Tony Blair und Gerhard Schröder. Die frühen Heroen des ›freien Marktes‹ waren längst in Rente, als New Yorks Wall Street, Londons Canary Wharf oder die Neue Börse im Frankfurter Industriehof, die Herzmuskeln des globalen Finanzkapitalismus, hypertroph zu wachsen begannen – und folglich permanent zur Insuffizienz neigten. Als selbst Pennäler zum Frühstück *börse online* lasen. Und Derivate mehr Sexappeal hatten als raffinierte Dessous.

Eineinhalb Dekaden später lässt sich klar erkennen, warum die nahezu komplette Deregulierung der Finanz- und Kapitalmärkte ein Irrweg historischen Ausmaßes war. Nicht, weil es ein 82-Millionen-Volk wie die Deutschen nicht ertragen könnte, dass sich die runde Million deutscher Dollarmillionäre keine echten Sorgen machen muss. Selbst den – laut aktueller Forbes-Liste *The World's Billionaires* – 1810 Milliardären des Erdballs würde man von Herzen das Beste wünschen. Ließen sie sich doch bequem in manchem Dorf auf der Schwäbischen Alb unterbringen – selbst wenn sie da wohl erst recht Probleme hätten, ihre 6,48 Billionen Dollar Vermögen auf den Kopf zu hauen.[12]

Das eigentliche Problem ist nicht einmal, dass in den Zocker-buden in Börsen und Bankentürmen neben ausgebufften Finanz-profis zunehmend Blender, Betrüger und kriminelle Spekulanten sitzen. Denn es ist eher eine Deutungsfrage, ob Geld wirklich den Charakter verdirbt. Oder ob es dem Lichte gleicht, das eben auch die Motten anzieht.

Näher kommt man dem eigentlichen Problem schon mit dem Faktum, dass **0,1 Prozent der Weltbevölkerung über 80 Prozent des weltweiten Finanzvermögens besitzen.** Dies ist nicht bloß ›unge-recht‹ – was eher ein moralisches (und damit tendenziell unlösbares) Problem wäre. Man muss auch nicht wissen, was genau der »Gini-Koeffizient« ist, um zu erkennen, dass diese schräge Vermögens-verteilung vor allem Ursache für eines ist: für eine außerordentlich ineffiziente Allokation von Kapital.

Gewiss, ›die Reichen‹ tun das nicht allein im stillen Kämmer-lein, sondern mit Hilfe von Heerscharen von Beratern. **Doch wenn weltweit rund neun Millionen Menschen entscheiden, wofür das global verfügbare Kapital investiert wird und wofür nicht, dann hat das nichts mit freien Märkten und mit Wettbewerb zu tun.** Im Ge-genteil: Finanzkapitalismus ist schlicht und einfach ganz schlechter Kapitalismus! – Warum?

Nun, bekanntlich irrt der Mensch, so lang er strebt. Weshalb es gerade bei der Zuweisung wirtschaftlicher Mittel sinnvoll ist, das Risiko des Irrtums möglichst breit zu streuen. Würden aber etwa die Österreicher im Alleingang entscheiden, in welche Unternehmen sie vier Fünftel des weltweit verfügbaren Vermögens stecken, welchen Staaten sie zu welchen Konditionen Geld leihen wollen und wie sich dadurch die verfügbaren Einkommen auf dem Globus verteilen, dann wäre unsere größte Sorge wohl nicht, dass sich DJ Ötzi & Co. dabei auch privat die Taschen vollstopfen. Unsere größte Sorge müsste sein, dass unsere geschätzten Nachbarn allzu oft aufs falsche Pferd setzen. Seriöser formuliert: Unser heutiger Finanzkapitalismus verteilt das globale Investitionskapital, die Mittel zur Finanzierung aller öffentlichen Güter, sowie die verfügbaren Einkommen auf die denkbar schlechteste Weise.

Denn über neun Zehntel des Geldes auf der Welt kursieren ausschließlich innerhalb des Finanzsektors. Es ist in einem Maße, das selbst Marx sich in seinen kühnsten Albträumen nicht hätte ausmalen können, »Geld heckendes Geld«. Ohne längere Umwege in die Realwirtschaft von Gütern und Dienstleistungen produziert es in der Sphäre reiner Spekulation regelmäßig Klumpenrisiken und Kreditblasen gigantischen Ausmaßes. Gewiss, das macht wenige Reiche auf dem Papier zunächst reicher. Einige geradezu pervers reich. Doch vor allem pervertiert es den gesellschaftlichen Sinn von Reichtum selbst. Alles, wozu Kapitalisten das moderne Kapital einst erfunden hatten.

Kredite? Ohne die hätte kein einziges Pfefferkorn die lange und riskante Reise bis Europa geschafft. Niemand hätte sich eine Stahlfabrik aus dem heimischen Sparstrumpf finanzieren können. **Aktiengesellschaften?** Sie waren notwendig, um das Kapital für zuvor weder nötige noch mögliche Investitionen in Eisenbahnen oder Stromnetze zusammenzubekommen. **Staatsanleihen?** Anfangs eine Notlösung von Königen und Kaisern zur Finanzierung ihrer leider wichtigsten gesamtstaatlichen Aufgabe: des Krieges. Erst die moderne Finanzindustrie machte Kredite – nach den Steuern – zur zweitwichtigsten Geldquelle des Staates. Die Staatsanleihe ist nichts anderes als der Schwitzkasten des Kapitals, dem die Politik seit rund vierzig Jahren kaum noch entkommen kann. Warum? Weil auf jeden konservativen Ökonomen, der um zwölf auf die hohe Staatsverschuldung schimpft und um fünf nach zwölf Steuersenkungen fordert, mindestens tausend Banker kommen, die noch dem letzten verzweifelten Finanzminister oder Kämmerer ein Schuldpapier andrehen. Erst die Finanzindustrie kam auch auf die im Grunde abenteuerliche Idee, dass gefälligst jedermann Schulden zum Zwecke des Konsums zu machen habe. **Optionsscheine? Derivate aller Art?** Man mag es heute kaum noch glauben, aber auch dies waren einst sinnvolle Finanzinstrumente zur Absicherung echter Geschäfte gegen Preis- und Währungsschwankungen. Erst in den späten 8oer-Jahren des vorigen Jahrhunderts wurden sie zu den Lieblingsspielzeugen von Finanzmathematikern und Zockern.

Der Kapitalfehler des Kapitalismus besteht unserer – in diesem Buch hoffentlich einigermaßen gut und verständlich begründeten – Meinung darin, dass kaum jemand die langen Wellen und Zyklen dieses Wirtschaftssystems auf dem Sender hat. Dass weder die Mehrheit der Bürger, der Sparer und der normalen Anleger, noch die Mehrheit der Politiker und der Unternehmer wirklich versteht, wann und warum das System in bestimmten Abständen von echten Investitionen und Innovationen auf realwirtschaftlich am Ende zerstörerische Spekulationen umschwenkt. Und warum man die Finanzmärkte gerade dann an die Kandare nehmen muss, wenn die Realwirtschaft nach allgemeiner Einschätzung blüht und gedeiht.

Denn das haben die Weltwirtschaftskrise der 1930er-Jahre und die Finanzkrisen seit der Jahrtausendwende gemeinsam: Als alle nach Regulierung riefen, war das Kind namens Kapitalismus schon völlig verzogen. Vernünftige Eltern wissen: In der Pubertät bringen Belehrungen und strenge Regelwerke meist nur noch wenig. Nicht anders ist es mit den Grundregeln des ehrbaren Kaufmanns. Man muss sie bereits dann in Gesetze gießen, wenn außer ehrbaren und erfolgreichen Kaufleuten kaum einer auf dem Markt unterwegs ist. Nur so verhindert man nämlich, dass irgendwann auch eine Karriere als Trickbetrüger oder Taschendieb aussichtsreich erscheinen kann.

> *»Wer anderen etwas vorgedacht*
> *Wird jahrelang erst ausgelacht*
> *Begreift man die Entdeckung endlich*
> *So nennt sie jeder selbstverständlich«*
>
> Wilhelm Busch

Intermezzo:
Eurovision Crisis Contest

Island 10 Punkte – Griechenland 0 Punkte

Wir befinden uns im Jahre 2008 n. Chr. Ganz Europa und der Rest
der Welt steht im Bann der Finanzkrise und ist von Bankern besetzt.
Alle haben den Widerstand aufgegeben. Ganz Europa? Nein! Ein
von unbeugsamen Menschen bevölkertes Inselchen im Atlantik hört
nicht auf, dem Finanzsektor die Stirn zu bieten. Was hier wie ein
Märchen anmutet, ist keines …

Lassen Sie uns eine Reise quer durch Europa unternehmen, und
zwar in das nördliche Island, das Land der Extreme mit Vulkanen,
Gletschern, Geysiren und Lava. Zugleich reisen wir an die Grenze
Europas im Südosten des Kontinents zum Sorgenkind Griechenland.
Wie Sie sehen werden, handelt es sich um eine abenteuerliche Reise
in die Extreme, sowohl geografisch, wirtschaftlich als auch politisch.

Island hatte gesunde Staatsfinanzen und eine gute Wirtschaftsstruktur, bestehend aus Landwirtschaft, Fischerei, Dienstleistungen
und zunehmend auch Tourismus, bis es durch einen aufgeblähten
Finanzsektor in die Krise manövriert wurde. Denn Island hatte
ebenfalls den Neoliberalismus gehuldigt, Privatisierungen und
Deregulierungen stark vorangetrieben und seine Banken dadurch
massiv wachsen lassen. Kurzfristig funktionierte das Programm ganz
gut. Man war Mitte der 2000er-Jahre sogar an der Spitze Europas.
All das war aber nur eine auf Kredit finanzierte Fata Morgana. Sie
endete bitter mit dem Platzen der entstandenen Blase an den Aktien-

und Immobilienmärkten sowie dem beinahe Kollaps der Banken, der Währung und des ganzen Landes. Griechenland lebte aufgrund des Euros zu lange über seine Verhältnisse; es wurde durch einen korrupten Staat, ein nicht haltbares Rentensystem und die Banken in die Knie gezwungen. Im Zuge der Finanzkrise stand beiden Ländern das Wasser bis zum Hals. Die Strategien, die Krise zu bewältigen, unterscheiden sich diametral. Auch die Ergebnisse könnten nicht unterschiedlicher sein.

Island traf die internationale Bankenkrise als eines der ersten Länder. Inzwischen geht es dort wieder aufwärts, wohingegen in Griechenland alles immer schlimmer wird. Woran liegt das? Ganz einfach, weil Island – die zweitgrößte Insel Europas – alles anders als Griechenland gemacht hat.

Islands Wirtschaft: Von Zockern schockgefroren

Von hohen Zinsen angelockt, pumpten internationale Banken, Fonds, aber auch Kleinanleger über Jahre hinweg Milliarden in das zumeist deregulierte Bankensystem Islands. Zu Hochzeiten hatten die drei größten Banken des Landes – Glitnir, Landsbanki und Kaupthing – eine Bilanzsumme, die sage und schreibe dem Zehnfachen der Wirtschaftskraft des Landes entsprach.[1] **2003 wurden die isländischen Banken privatisiert; fünf Jahre später hatten sie sich bereits in den Ruin gezockt.** Langfristig vergebene Kredite wurden kurzfristig refinanziert, ebenso wie es die Hypo Real Estate auch gemacht hat, die ein Milliardenfiasko für die deutschen Steuerzahler gewesen ist. In Island ging das eine Weile gut, und einige wenige profitierten vom Vermögenstransfer. Millionäre wurden Milliardäre, kauften Fußballvereine oder ließen Elton John und den Rapper 50 Cent zu Privatauftritten einfliegen.[2] Die ausschweifende Party ging 2007 mit einem Riesenknall zu Ende, und das Geschrei war groß.

Während einerseits die Landeswährung 70 Prozent ihres Wertes verlor, schoss andererseits die Arbeitslosigkeit von 1 Prozent auf 9 Prozent nach oben. Parallel brach der Aktienmarkt um 75 Prozent ein und die Reallöhne gingen um satte 10 Prozent zurück. Das Budgetdefizit des Landes mit 330 000 Einwohnern stieg auf 13,5 Prozent und die Staatsverschuldung auf 130 Prozent des BIP.[3] Skandinavische Staaten und der IWF halfen mit einem Notkredit in Höhe von 2,1 Milliarden Dollar, was 20 Prozent des BIPs entsprach. Das Programm lief im Sommer 2011 aus und wurde als Erfolg gewertet. Bei Krisenbeginn 2007 war Griechenland in Finanzkreisen noch kein Thema. Die Situation dort eskalierte 2010. **Trotz dreier Hilfspakete im Volumen von knapp 365 Milliarden (geflossen sind bisher über 240 Milliarden Euro) hat das Land bis heute keine wesentlichen Fortschritte gemacht.[4]**

Griechenlands Wirtschaft: Nicht wettbewerbsfähig. Den Rest haben Griechenlands Eliten ruiniert

Um die wirtschaftlichen Probleme Griechenlands besser zu verstehen, sollte man sich etwas eingehender mit der dortigen Wirtschaft beziehungsweise mit dem beschäftigen, was davon noch übrig geblieben ist.

Auch wenn Griechenland meint, dass Feta, der seit Jahrtausenden aus Schafs- und Ziegenmilch hergestellt wird, ein wichtiger Teil seines kulturellen Erbes ist – lässt sich damit keine Wirtschaftskrise lösen. Würden wir uns dennoch entscheiden, Griechenland durch massenhaften Verzehr von Schafskäse retten zu wollen, dann sollten wir allerdings wissen, woher der Käse überhaupt kommt. Etwa ist der in Deutschland weit verbreitete Schafskäse der Marke »Salakis« in Wirklichkeit kein griechischer Käse. Dieser Feta gehört zu dem weltumspannenden französischen Konzern Lactalis mit global rund 60 000 Mitarbeitern. »Patros« – mit dem schönen Slogan »Genuss auf mediterrane Art« – kommt von der bayerischen Firma Hochland, die ebenfalls mit Griechenland nicht viel am Hut hat. Somit fällt der Fetakäse, um der griechischen Wirtschaft auf die Beine zu helfen, schon einmal flach. Der berühmte »griechische« Weinbrand Metaxa auch, denn der gehört zum französischen Likörhersteller Rémy

Cointreau. Immerhin würden wir durch dessen Genuss unseren französischen Freunden unter die Arme greifen, die ebenfalls Unterstützung benötigen. Und wie sieht es mit dem weltweit beliebten griechischen Olivenöl aus? Nicht viel besser. Im globalen Vergleich ist Griechenland nämlich lediglich ein Fliegengewicht. Allein Spanien produziert dreizehn Mal so viel Olivenöl wie Griechenland.[5] Auch einstmals gefragte Produkte wie Tabak, Baumwolle, Zuckerrüben und die Bekleidung, die heute in Niedriglohnländern hergestellt werden, spielen kaum noch eine Rolle.

Tourismus wird Griechenland nicht retten

Fast jeder fünfte Grieche ist in der Tourismusbranche beschäftigt. Mit einem Beschäftigungsverhältnis von 18,2 Prozent ist der Tourismus damit eine der wichtigsten Einnahmequellen Griechenlands. Allein im Jahr 2015 waren 26 Millionen Gäste gekommen, die meisten aus Deutschland. Die Einnahmen stiegen auf 14,5 Milliarden Euro.[6] Das sind 7 Prozent des BIP. In Deutschland trägt der Tourismus lediglich 4,7 Prozent zum BIP bei. 7 Prozent klingt auf den ersten Blick erst einmal gut. Wenn 14,5 Milliarden Euro aber 7 Prozent des BIP entsprechen, dann hört sich das schon nicht mehr so vielversprechend an. Im Vergleich dazu summieren sich die 4,7 Prozent Deutschlands auf ordentliche 97 Milliarden Euro. **Der Glaube einiger Träumer aus Politik und Wirtschaft, dass der Tourismus Griechenland aus der Misere ziehen könnte, ist falsch.** Auch wenn der Tourismus im Wandel ist – weg von der 1-3-Sterne-Kategorie hin zur 5-Sterne-Luxushotellerie – wird sich die Situation nicht ändern. Dazu ist auch die Neigung immer noch zu groß, den Fiskus zu hintergehen, indem man beispielsweise in Restaurants keine Quittungen ausstellt. Außer Managern, Hotelfachkräften oder Spitzenköchen werden vorrangig billige und oftmals auch ungelernte Servicekräfte beschäftigt. Zudem ist der Tourismus ein saisonales Geschäft; auf den griechischen Inseln etwa machen die meisten Hotels zwischen November und März dicht. Auch die heimische Landwirtschaft wird schwerlich vom Tourismus profitieren. Um die luxuriösen Bedürfnisse der ausländischen Gäste zu befriedigen, sind die Griechen auf Importe angewiesen.

Neben dem Tourismus gilt der Export als Hoffnungsträger für das Wachstum, obwohl er 2014 lediglich 6,6 Prozent zum BIP beitrug. Exportiert werden vor allem Agrar-, Öl-, Raffinerie- und Chemieprodukte.[7] Exportfähige Industrie existiert darüber hinaus kaum.[8] Die Wirtschaft ist durch kleine und mittelständische Betriebe geprägt. Es gibt nur wenige Großunternehmen im Land. Spitzenreiter ist der Limonadenhersteller Coca-Cola, gefolgt von Hellenic Telecommunications. Auf Platz drei rangiert ein Sportwetten- und Lotterieunternehmen, gefolgt von der National Bank of Greece und von Hellenic Petroleum. Auf Platz sechs befindet sich mit Titan Cement einer der größten Zuschlagstoff- und Zementhersteller weltweit. Den siebten Rang belegt die Firma Duty Free Shops.[9] Abgesehen von Hellenic Petroleum und Titan Cement tragen die anderen nicht allzu viel zum Export bei.

Unter der Knute der Troika kommt Griechenland nicht aus der Krise. Alleine 2015 haben über 10 000 Unternehmen ihre Tore endgültig geschlossen, und im Schnitt haben täglich 600 Menschen ihre Arbeit verloren![10] Immer noch dümpelt der saisonbereinigte Industrieoutput auf einem Niveau wie noch im Jahr 1978. Damals allerdings betrugen die griechischen Staatsschulden vergleichsweise geringe 7,3 Milliarden Euro beziehungsweise 22,1 Prozent des nominalen BIPs! Zum Jahreswechsel 2016 waren es über 175 Prozent des nominalen BIPs beziehungsweise 317,1 Milliarden Euro! Die Nettoauslandsschulden bezifferten sich im 2. Quartal 2015 auf beachtliche 225,6 Milliarden Euro![11] **Mit einem industriellen Output auf dem Stand von 1978 die Schuldenberge von 2016 bekämpfen zu wollen, ist ein hoffnungsloses Unterfangen.** Selbst wenn viele Politiker in der EU meinen, Griechenland sei mit dem dritten Rettungspaket zu retten. In Wirklichkeit wird das Land wirtschaftlich und sozial zerstört![12] 1978, zu der Zeit als die Währung noch Drachme hieß, waren die meisten Griechen in der Landwirtschaft tätig und die Arbeitslosenzahlen niedriger als heute. **Ein Skandal: Niemals ging es den Griechen, aber auch den Spaniern, Italienern und Portugiesen schlechter als mit dem Euro.**

Warum Island alles richtig gemacht hat und Griechenland alles falsch. Eine Anleitung für die Zukunft

Warum hat Island keine weiteren Hilfspakete benötigt? Was hat der kleine Staat besser und anders gemacht als Griechenland? Könnten wir hier eine Anleitung für die Zukunft finden, wie man Krisen angehen sollte, und wie nicht? Interessanterweise war der zuständige IWF-Mann für beide Länder derselbe Mann – der Däne Poul Mathias Thomsen.[13] Wie kann dann das Ergebnis dermaßen auseinander laufen?

Es ist kein Geheimnis, dass das griechische Statistikamt ESYE mit Unterstützung der US-Investmentbank Goldman Sachs seine Statistiken ›aufhübschte‹. Diesbezüglich nahm der IWF kein Blatt vor den Mund, er nannte die ESYE eine »Fälscherwerkstatt«.[14] Im Zuge des Skandals wurde eine neue, unabhängige Statistikbehörde installiert, die ELSTAT. Ihr Chef Andreas Georgiou verfolgte das Ziel, die Glaubwürdigkeit in die Institution wiederherzustellen, und ließ die Statistiken nach internationalen Standards erstellen. Was selbstverständlich klingt, war aber gar nicht so einfach, da er auf erheblichen Gegenwind innerhalb der eigenen Behörde und aus der Politik stieß. Das Ganze mündete sogar darin, dass die Staatsanwaltschaft gegen Andreas Georgiou und zwei weitere verantwortliche ELSTAT-Mitarbeiter ermittelte. Die Anklagen wurden zwar größtenteils fallengelassen, aber die Anschuldigungen blieben im Raum. Zermürbt gab Andreas Georgiou im August 2015 den Kampf auf und trat zurück.[15] Wieder einmal hatte das alte, korrupte System die Oberhand behalten.

In Island dagegen machte man reinen Tisch. Reformer wurden weder drangsaliert oder schikaniert, noch wurden ihnen Steine in den Weg gelegt. Im Gegenteil. Das Parlament richtete eigens einen unabhängigen Untersuchungsausschuss ein, um die Gründe für die Bankenkrise zu analysieren und jene zu belangen, die die Krise zu verantworten hatten. Um die Bürger schneller entschulden zu können, wurde das Insolvenzrecht auf zwei Jahre verkürzt und Hypotheken wurden abgeschrieben. Nicht zuletzt wurde sehr erfolgreich mit dem IWF kooperiert. Alle Faktoren führten schließlich dazu, dass Island bereits drei Jahre später wieder auf eigenen Beinen stand. Gründe für das schnelle Gesunden Islands: Im Unterschied zu Griechenland musste sich das Land nicht den Befehlen der Troika unterwerfen. Es hat weder die Schicksalswährung Euro, noch ist es Mitglied in der EU.

Im Frühjahr 2015 zog Island sogar seine Kandidatur für eine EU-Mitgliedschaft zurück, die noch unter dem Eindruck der Finanzkrise von der damaligen rot-grünen Regierung beschlossen worden war.[16]

Islands Lösung: »Let Banks go bankrupt!«

Lasst Banken Pleite gehen! Das sagen nicht nur wir, sondern auch der isländische Präsident Ólafur Ragnar Grímsson, der das Amt seit 1996 bekleidet, und die Isländer gaben ihm Recht. Sie wollten nicht für die skrupellosen Machenschaften einiger Weniger geradestehen und demonstrierten so lange gegen die herrschende liberal-konservative Regierung und deren Verflechtung mit den Finanzbaronen, bis das Land am Rande einer Revolution stand. Unter dem massiven Druck trat die Regierung im Januar 2009 zurück, um die Macht einer rot-grünen Minderheitsregierung zu übergeben, die durch eine reguläre Wahl schließlich bestätigt wurde. Island rettete statt seiner Banken und Politiker seine Bürger und die Demokratie.

Statt sich kaputtzusparen, wurde investiert, um den Binnenkonsum anzuregen. Wichtige Staatsausgaben und Sozialleistungen wurden nicht gekürzt, sondern gestärkt. Drohender Arbeitslosigkeit wurden gezielte Förderungsmaßnahmen und Sozialprogramme entgegengesetzt. Island baute nicht Demokratie ab, sondern die Beteiligung der Bürger aus. Allein drei Volksabstimmungen entschieden über die Frage, ob ausländische Gläubiger auf Kosten der Steuerzahler ausbezahlt werden sollten, oder nicht. Wohlhabende wurden besteuert, hohe Pensionen und Renten der Oberschicht gekürzt und im Gegenzug die Mindestrenten für die ärmere Bevölkerung erhöht. Hier wurde exakt das Gegenteil dessen gemacht, was von Ländern wie Griechenland, Portugal oder Spanien bis heute verlangt wird. Der Erfolg gibt Island recht!

Die Isländer haben ihren Banken und den Bankern die rote Karte gezeigt. Sie werden es kaum glauben – sie wagten sogar etwas schier Unglaubliches: Quasi unantastbare, marode Banken ließ Island einfach pleitegehen. Ja, Sie lesen richtig. Und trotz aller Drohungen und Befürchtungen ist Island nicht im Meer versunken. Die Menschen leben immer noch, und es existieren dort weiterhin Supermärkte, Geld, Arbeit und – auch Banken. Eine weitsichtige, dem Land und den Menschen verpflichtete Politik spannte einen Rettungsschirm über den Bürgern auf. Die isländischen Banken wurden der Finanzmarktaufsicht unterstellt und kontrolliert abgewickelt. Banken und Hedgefonds mussten ihre Forderungen gegen das isländische Bankensystem ausnahmslos abschreiben und im Gegensatz zur EU und den USA lernen sie nun wieder, wie richtiger Kapitalismus funktioniert. Nämlich, dass man für die Konsequenzen seines Handelns haften muss und auch mächtig auf die Nase fallen kann, wenn man überschuldeten Banken Geld leiht. Stringente Kapitalverkehrskontrollen sorgten in Island dafür, eine Kapitalflucht zu vermeiden. Von »golden handshakes« in Millionenhöhe für leitende Bankmanager, Aufsichtsräte, Vorstände oder windige Investoren war keine Rede mehr. Es kam sogar zu Haftbefehlen; 26 Banker wurden zu insgesamt 74 Jahren Gefängnis verurteilt.[17]

Streng wurden diejenigen verfolgt, die die Finanzkrise verschuldet hatten. Was führt die Regierungen in Europa und den USA dazu, genau das Gegenteil zu tun und Hunderte Milliarden Steuergelder in ein verbrecherisches Bankensystem zu schütten? Noch wurde in Deutschland kein Politiker vor den Kadi gezogen, der durch Deregulierung dem Wahnsinn freien Lauf ließ. Viele dieser Übeltäter leben unbehelligt weiter und amüsieren sich immer noch darüber, dass der Steuerzahler ihnen den Allerwertesten gerettet hat.

Island hat keine sogenannte »Bad Bank«, wie beispielsweise die FSM Wertmanagement, die in Deutschland für die Hypo Real Estate gegründet wurde, um den Finanzschrott zu verschieben, für den der deutsche Steuerzahler noch immer haftet. Stattdessen richtete Island »Good Banks« ausschließlich für das solide Inlandsgeschäft ein. Die neuen Banken wurden verstaatlicht und übernahmen ohne großartige Zwischenfälle das eigentliche Kerngeschäft. Die oftmals fragwürdigen Finanzprodukte sowie das Auslandsgeschäft – inklusive der horrenden Schulden – blieben bei den alten Banken. Diese ließ die Regierung richtigerweise wenig später kollabieren. Nur so konnten Islands Steuerzahler mit einem blauen Auge davonkommen. Blechen mussten die kreditgebenden internationalen Banken, Aktionäre und diejenigen Kleinsparer, die sich in ihrer maßlosen Gier nach Rendite von realitätsfernen Zinsen haben blenden lassen. Unser Mitleid hält sich hier in Grenzen. Denn es gehören immer zwei dazu. Manche erinnern sich gewiss noch daran, dass rund 50 000 deutsche Sparer bei der isländischen Kaupthing Bank ihr Geld angelegt hatten. Als die ausländischen Vertretungen geschlossen wurden und keiner mehr an sein Geld kam, war das Gejammer groß. Das ist natürlich bitter, aber keiner ist gezwungen zu spekulieren. Entschuldigung, aber so funktioniert der richtige Kapitalismus nun einmal – **hohe Rendite ist verbunden mit hohem Risiko.** Tröstlich war zumindest, dass die deutschen Anleger fairerweise einen Großteil ihrer Einlagen (ohne die versprochenen Zinsen) zurückbekamen, da die Kundeneinlagen bei der Liquidation der Bank vorrangig behandelt wurden. Bei den britischen und den niederländischen Kunden von Icesave (die Onlinetochter der isländischen Bank Landsbankis) sah die Sache allerdings völlig anders aus …

Gelernt haben bis heute viele Sparer nichts. In der Hoffnung auf ein paar Prozent mehr Rendite, verteilen sie ihr Geld weiterhin auf der ganzen Welt. Wer der Einlagensicherung Vertrauen schenkt, wovon wir unbedingt abraten, wird auf der Webseite von »saving global« fündig, wo Finanzinstitute in so sicheren Ländern wie Bulgarien, Kroatien, Tschechien oder Polen ein paar Prozentpünktchen mehr anbieten. **Immer gilt: Hohe Rendite bedeutet hohes Risiko.** Mittlerweile sollte es nun wirklich jedem bekannt sein: Zu verschenken gibt es nichts – und schon gar nicht in der Finanzbranche.

In Island wurde ein Gesetz verabschiedet, das auch rückwirkend die Vergabe von Fremdwährungskrediten für gesetzwidrig erklärte. Hätte die Regierung das nicht gemacht, wäre die Bevölkerung hoffnungslos überschuldet gewesen. Aufgrund der Abwertung der isländischen Krone um rund 70 Prozent hätte sich jeder Kredit, der in fremden Währungen ausstand, faktisch in seinem Wert verdoppelt. Außerdem wurden ausnahmslos alle ausstehenden Hypothekendarlehen des Privatsektors auf 110 Prozent des Werts der besicherten Immobilie gekappt. Dadurch wurden zahllose Privatinsolvenzen und Zwangsversteigerungen vermieden und der Immobilienmarkt stabilisiert. Statt die Menschen mittels Zwangsräumungen mit Polizeigewalt aus ihren Häusern zu jagen und den Banken die Immobilien zu überantworten, entschied sich Island für einen anderen Weg: Nämlich die Menschen zu retten, und nicht die Banken, wie es im Rest der Welt Usus ist!

Island schnürte ein Hilfspaket für die Bürger, denen es aufgrund der Krise nicht möglich gewesen ist, alte Kredite zu bedienen. Das Land übernahm die fälligen Kredite bis zu 80 Prozent. Das Rettungspaket war nichts anderes als ein Teilschuldenerlass. Ein Viertel der isländischen Bevölkerung profitierte davon. Möglich ist das freilich nur, wenn die Banken in Staatsbesitz sind. Island hat eine Menge richtig gemacht. Nicht nur wir sehen das so, sondern auch der amerikanische Nobelpreisträger Paul Krugman.[18]

In der Eurozone wird Griechenland niemals gesunden

Griechenland hat fertig! Das Land ist pleite! Noch nie wurden einem Staat in Friedenszeiten großzügigere Kredite gewährt. Der Regierungswechsel brachte dem Volk ebenfalls nichts ein. Die Syriza-Regierung ergab sich dem Diktat der Troika. Das Volk, das sich von einer linken Regierung anderes erwartet hatte, bestrafte diese mit Generalstreik und Demonstrationen – bis zum heutigen Tage.[19] Nach wie vor bekommt Griechenland die Arbeitslosigkeit nicht in den Griff, das Land verharrt in einer Depression, und die Unzufriedenheit der Menschen steigt. Junge, zumeist gut ausgebildete und motivierte Menschen verlassen mangels Perspektiven das Land. Man spricht bereits von einer verlorenen Generation. Sie werden beim zukünftigen Aufbau des Landes bitter fehlen. **Ein Land ohne Jugend ist ein Land ohne Zukunft.**

Für nachhaltiges Wirtschaftswachstum sind einerseits eine wesentlich höhere Wertschöpfung in der Produktion und andererseits eine wettbewerbsfähige Exportwirtschaft erforderlich. Dies ist jedoch nicht einmal ansatzweise zu erkennen. Die griechischen Warenexporte werden weiterhin von Erdöl und daraus hergestellten Produkten dominiert, obwohl das Land den Rohstoff erst selbst importieren muss. Zwar sind Obst, Gemüse und Fisch wichtige Faktoren, jedoch sind Großplantagen und Aquakulturen in Niedriglohnländern eine starke Konkurrenz. Deshalb sind auch hier zukünftig keine großen Gewinne zu erwarten.[20]

In der Eurozone wird Griechenland niemals gesunden! Das Land braucht eine reinigende Kur – gesellschaftlich, politisch, quasi durch und durch. Einen radikalen Wandel in Politik und Wirtschaft. Ansonsten wird das Land in Armut und Depression verharren und auf unbestimmte Zeit am Tropf der Troika hängen. Diese ungesunde, destruktive und entwürdigende Abhängigkeit von Transferleistungen der EU muss ein für alle Mal ein Ende haben. Nicht nur zum Wohle der Menschen vor Ort, sondern auch für die Menschen aus den Geberländern. Griechische Bürger: Nehmt euch ein Beispiel an Island und lasst euch keine Angst machen. Auch ohne den Euro dreht sich die Welt weiter. Zweifellos, es wird hart – eisenhart. Und es wird dauern, bis es besser wird. Aber nur so kann es gelingen. Alles andere wird in einem noch größeren wirtschaftlichen und sozialen Desaster enden. Hier unser bescheidener Vorschlag in nur vier Schritten, um Griechenland und seinen Menschen wirklich zu helfen:

1. Die Schulden müssen erlassen oder massiv gestundet werden. Niemals kann das Land seine Schulden bezahlen. Nicht einmal der Exportweltmeister Deutschland tilgt in Jahren mit Rekordsteuereinnahmen auch nur einen Cent seiner Schulden. Wie können wir das dann von den Krisenländern erwarten?

2. Griechenland muss aus dem Euro austreten und eine eigene Währung einführen! Nur außerhalb der Eurozone kann Griechenland

wieder Herr über sein Schicksal werden. Es braucht eine neue souveräne Währung. Bis Griechenland wieder wettbewerbsfähig ist, wird die neue Währung durch die Marktkräfte abgewertet. Das ist bitter, aber so funktioniert nun einmal richtiger Kapitalismus.

3. Um die europäische Idee zu retten und wirklich zu leben, müssen wir Griechenland mit einem Marshallplan helfen. Für den Aufbau einer effizienten, funktionierenden Verwaltung und einer wertschöpfenden Industrie ist gezielte wirtschaftliche Förderung erforderlich. Dieser muss an tiefgreifende strukturelle Reformen gekoppelt sein. **Die Austeritätspolitik ist gescheitert!** Nur durch Arbeit und Investitionen entstehen Wertschöpfung, Mehrwert, Einkommen, Binnenkonsum, Steuereinnahmen und schlussendlich Prosperität. Diese Wohlstandsspirale nach oben muss gefördert und die Abwärtsspirale durch Kaputtsparen und Arbeitslosigkeit gestoppt werden. Ein harter Sparkurs half zum Beispiel auch in der Weimarer Republik unter Reichskanzler Brüning nicht, um die Lage zu entschärfen. Vielmehr wurde so der Nährboden für den Nationalsozialismus geschaffen.

4. Griechenland hat ein enormes Elitenproblem und ein marodes Staatssystem. Vetternwirtschaft, eine fast schon traditionsreiche Korruption sowie ein ungerechtes und ineffizientes Steuerrecht – das gehört leider auch zu Griechenland. Um eine gesunde Basis für ein nachhaltig funktionierendes Staatsmodell und Recht und Ordnung zu schaffen, muss damit endgültig Schluss sein. Ohne tugendhafte Politiker und Verwaltungsbeamte und -angestellte kann sich in dem Land kaum etwas zum Besseren wenden.

Die Schere – sichtbar auf einen Blick

Islands Wirtschaftsleistung kam erstmals 2014 wieder an das Vorkrisenniveau heran. Davon ist Griechenland meilenweit entfernt – wie erwähnt dümpelt diese auf dem Niveau von 1978. Ein Grund für Islands Aufschwung ist die Währungsabwertung, womit sich die Wettbewerbsfähigkeit erhöht. Leider sind Griechenland die Hände gebunden, da es seine Währung nicht abwerten kann, weil es in der Eurozone ist. Im Unterschied zu Griechenland zahlte Island sämtliche seiner Schulden beim Internationalen Währungsfonds (IWF) vorzeitig zurück. So bestätigte der Währungsfonds im Oktober 2015 den Eingang der noch ausstehenden 332 Millionen Dollar.[21] Im Sommer 2015 lockerte Island erstmals die Kapitalkontrollen, die im Jahr 2008 auf dem Höhepunkt der Finanzkrise eingeführt worden waren.[22] Seither können ausländische Gläubiger Vermögenswerte der pleite gegangenen isländischen Banken verkaufen. So sie vorsehen, das Geld außer Landes zu bringen, müssen sie eine Steuer in Höhe von 39 Prozent entrichten. Damit wird ein groß angelegter Vermögensabfluss verhindert.[23]

Während die Arbeitslosigkeit in Griechenland auf einem extrem hohen Niveau verharrt, sind in Island derzeit nur noch 3 Prozent arbeitslos.

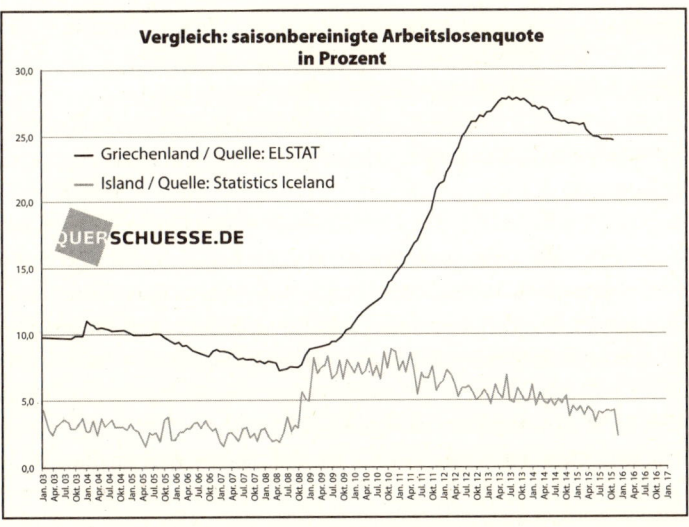

Das BIP erholte sich rasch; 2015 verdoppelte es sich sogar auf über 4 Prozent. In Griechenland hingegen brach es um fast 30 Prozent ein.

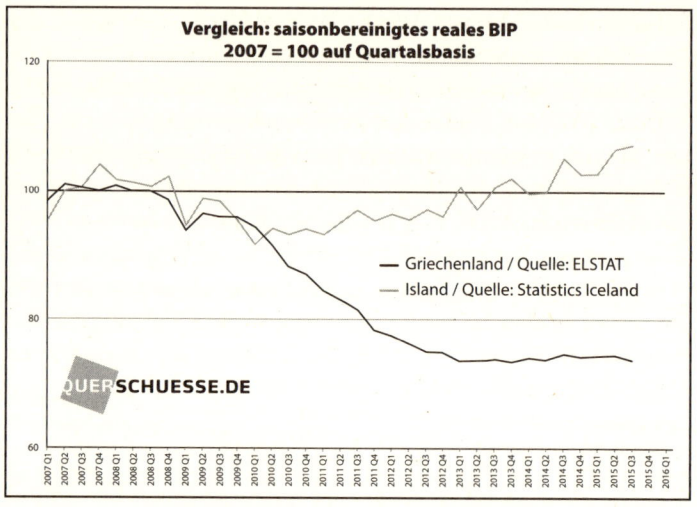

Beide Schaubilder zeigen deutlich, dass Island den richtigen Weg eingeschlagen hat. Während Griechenland, aber auch Spanien, Portugal, Frankreich und Italien auf dem falschen sind. Wir fragen uns, warum das Beispiel Island bei Politikern oder in der Bankenwelt nicht Schule macht. Sicherlich kann man Islands Weg aus der Krise nicht als Schubladenlösung eins zu eins auf andere Länder übertragen, aber es ist nicht zu leugnen, dass richtige und wichtige Eckpunkte dabei sind, die funktioniert haben. Unseres Erachtens ist es durchaus möglich, aus den wertvollen isländischen Erfahrungen maßgeschneiderte Lösungen für andere Krisenländer abzuleiten. Dafür braucht es aber neben dem Willen, neue und unkonventionelle Wege zu gehen, eben auch den Mut, der mächtigen Finanzwelt die Stirn zu bieten. Mehr Punkrock bitte!

Und noch mehr Chuzpe beweist die Regierung Islands mit ihrem brandaktuellen Vorschlag, privaten Banken die Geldschöpfung zu entziehen und das machtvolle Instrument in die Hände der Zentralbank zu legen.[24] Wir fordern das schon lange! Gesetzt den Fall, man würde das Vorhaben tatsächlich umsetzen und die Zentralbank wäre unabhängig von der Politik, dann wäre Island das erste Land mit einem Vollgeldsystem. Was für ein radikaler, revolutionärer, aber essenziell wichtiger Schritt für ein stabiles, humanes und gerechtes Geldsystem. Genau dieses Wirtschaftsdenken brauchen wir!

Einen Wermutstropfen hat das ›Wunder von Reykjavik‹ aber: Der Mensch vergisst schnell. 2013 wurde genau die Partei wieder in Regierungsverantwortung gewählt, die man 2009 unter anderem deshalb aus dem Amt gejagt hatte, weil sie für die ausufernde Liberalisierung des Bankensektors verantwortlich und in verschiedene Skandale involviert war. In jedem Fall hat der isländische Weg eindrucksvoll bewiesen, dass Banken keineswegs systemrelevant sind und eine gnadenlose Sparpolitik keine Lösung ist. Dass Länder damit in den Ruin getrieben werden, macht die Entwicklung in Griechenland überdeutlich.

> *»Wiederkehrender Spekulationswahn und die*
> *damit einhergehenden finanziellen Verwüstungen*
> *sind fester Bestandteil des Systems.«*
>
> John Kenneth Galbraith

2 »Geh'n Sie mit der Konjunktur!«[1]

Warum es uns regelmäßig schlecht geht

Ob man mikroökonomisch mit der Lupe oder makroökonomisch mit dem Teleskop schaut, Krisen sind unsere ständigen, immer wieder auftauchenden Begleiter geworden. Gefühlt leben wir seit einem Vierteljahrhundert im Zustand der Dauerkrise.

Auf die Euphorie der deutschen Wiedervereinigung (und eine ebenso heftige wie kurze und teuer erkaufte Sonderkonjunktur) folgte eine harte Landung: die Wirtschaft der ehemaligen DDR wurde mehr oder minder komplett abgewickelt, Millionen von Menschen in den neuen Bundesländern verloren ihre Arbeit. Das hatte viele Gründe. Zu großen Teilen waren die »Volkseigenen Betriebe« technisch und ökonomisch nicht wettbewerbsfähig – jedenfalls nicht nach einer faktischen Aufwertung ihrer Außenwährung mindestens um den Faktor vier. Oft konnten westdeutsche und internationale Firmen preiswert Wettbewerber aus dem Markt kaufen; daneben verdienten sich rücksichtslose bis kriminelle Glücksritter – nicht zuletzt in der Immobilienbranche – an dieser Abwicklung eine goldene Nase (während weniger ausgeschlafene Glücksritter – nicht zuletzt in der Immobilienbranche – sehr viel Geld verloren). Zudem gingen zahlreiche Jobs in Verwaltungen und Firmenablegern an Leute, die in der alten Bundesrepublik, höflich formuliert, aus verschiedenen Gründen im Karrierestau steckten. In der Politik setzt sich diese Negativauslese teilweise noch bis heute fort. Sollte es eines Tages zu einer Wiedervereinigung der beiden Koreas kommen, dann haben sie dort jedenfalls eine perfekte Blaupause, wie man so etwas besser *nicht* macht.

Ende der 90er-Jahre des vorigen Jahrhunderts kam die westdeutsche Wirtschaft dann – international verspätet und daher nur kurz – auf Speed. Die ›New Economy‹ versprach für mindestens hundert Jahre zweistellige Wachstumsraten und Reichtum für alle. Krisen, Firmenpleiten, Arbeitslosigkeit, Geldentwertung und ähnlich lästige Begleiterscheinungen des Kapitalismus? Alles ›Old Economy‹ – *tempi passati, folks!* Die größte Schwierigkeit am ›Neuen Markt‹ bestand nicht darin, die ›Businesspläne‹ der dort gelisteten Unternehmen zu verstehen, sondern beim *IPO* (damals wussten selbst Viertklässler, was das ist) überhaupt Aktien zu kriegen. Wie nach heftigem Rausch üblich, fiel der Kater umso heftiger aus: Im März 2000 platzte die Dotcom-Blase. **Aus 99 Prozent aller Geschäftskonzepte und Börsenwerte entwich zirka 99 Prozent heiße Luft. Seitdem haben uns die Krisen fest im Griff.** Nehmen Sie einen beliebigen Firmen- oder Ländernamen, tippen Sie mit dem Finger irgendwo ins Register eines Ökonomie-Lehrbuchs und ergänzen Sie das Wort um das Suffix »…krise«. Passt fast immer!

Nicht anders verhält es sich in unserer Alltagssprache. »Ich krieg die Krise!« rufen wir. Ob Wäscheberge, Berufsverkehr oder Steuererklärung, der Satz fällt regelmäßig, wenn es gerade nicht so läuft, wie man es sich vorgestellt hat. Auf dem beliebten Rezeptportal *chefkoch.de* findet sich etwa ein Eintrag »Mirabellen entkernen, ich krieg die Krise«. »Ich krieg die Krise« hieß vor Jahren auch eine Sendung des *SWR* über »Frauen in der Lebensmitte«. Und die Stuttgarter Psychotherapeutin Christiane Lutz publizierte 2009 einen gleichnamigen Ratgeber zum Thema verspätetes Elternglück (Untertitel: »Pubertät trifft Wechseljahre«).

Das maßgebliche *Lexikon der sprichwörtlichen Redensarten* von Lutz Röhrich, 1991 abgeschlossen, verzeichnet die Wendung dagegen noch nicht. Auf den Eintrag zum Thema »Krippe« folgt lustiger Weise einer über »Krokodilstränen«. Daraus könnte man den Schluss ziehen, dass sich betreffs der Allgegenwärtigkeit von Krisenerfahrungen in den letzten 25 Jahren wohl etwas verändert hat. Belege zum Beispiel für ›Ehekrisen‹ finden sich zwar seit den Dreißiger Jahren des 20. Jahrhunderts. Reifere Mitbürger entsinnen sich gewiss der ›Suez-Krise‹ von 1956 und der ›Kuba-Krise‹ von 1962. Doch wohl erst die ›Ölkrise‹ der 1970er-Jahre drang so umfassend in die Alltagswahrnehmung der Menschen ein, dass fortan jeder schon bei kleineren Misshelligkeiten – die Krise kriegen konnte.[2]

Vom Urteil zum Untergang:
Eine kleine Begriffsgeschichte der Krise

Die Inflationierung der Krisenrhetorik ist ohne Zweifel ein modernes Phänomen. Eine bis in die Antike zurückreichende Begriffsgeschichte zeugt dagegen von ebenso speziellen wie aufschlussreichen Verwendungen des Wortes.[3] Das altgriechische Verb *krínein* bedeutet zunächst »unterscheiden«, »entscheiden«, »beurteilen«, ebenso »streiten« und »kämpfen«. Von ersteren Bedeutungen leitet sich übrigens auch der Begriff »Kritik« her, der ursprünglich nichts mit Gemecker, sondern mit begrifflich wie sachlich genauen Unterscheidungen bei der Beurteilung einer Angelegenheit zu tun hat.

Bei einer **krísis** geht es bei den alten Griechen zunächst um die Beurteilung sehr bestimmter Angelegenheiten: nämlich all jener, die vor **Gericht** landen. Das Wort wird zugleich für die Institution selbst, den Prozess sowie das Urteil verwendet. Daher überrascht es nicht, dass im auf Griechisch verfassten Neuen Testament auch das Jüngste Gericht *krísis* (lat: *iudicium*) heißt.

Mit dem *Corpus Hippocraticum* des griechischen Arztes und Anatomen Galenos von Pergamon (129–215), dem berühmtesten medizinischen Lehrbuch aller Zeiten, bekommt die Krise eine zweite, nicht minder präzise Bedeutung: Sie ist der ärztliche Befund bzw. das Urteil, ob ein Patient eine **lebensbedrohliche Krankheit** überlebt oder ob er sterben wird. Diese spezielle medizinische Bedeutung des Krisenbegriffs bleibt bis ins 18. Jahrhundert hinein die allein bestimmende. Noch der *Brockhaus* von 1866 referiert den Ausdruck nur in diesem Sinne.

Erst im Umfeld der Französischen Revolution wird der Krisenbegriff umfassend von medizinischen in gesellschaftliche Zusammenhänge übertragen. Zunächst im politisch-militärischen Sinne: Krisenhaft wird eine Entwicklung dann, wenn zwischen Staaten die Frage von **Krieg und Frieden** auf der Agenda steht. Daran anschließend werden große innenpolitische Veränderungen zu ›Krisen‹ dramatisiert: Machtwechsel, Umwälzungen im politischen System, schließlich – **Revolutionen**. So betitelte Thomas Paine (1737–1809), einer der geistigen Gründerväter der USA, seine zwischen 1776 und 1783 publizierte Schriftenreihe zum amerikanischen Unabhängigkeitskrieg *The American Crisis*. Ob in Frankreich bei Vordenkern der Revolution wie Rousseau oder Diderot, ob in England bei Edmund Burke (1729–1797), einem ebenso wütenden wie brillanten Kritiker dieser Revolution, ob in Deutschland bei Schiller, Johann Gottfried Herder, beim Historiker Johann Gustav Droysen (1808–1884) oder in den *Weltgeschichtlichen Betrachtungen* des Kulturhistorikers Jacob Burckhardt (1818–1897): **Im neuzeitlichen Denken wird die »Krise« zum »geschichtsphilosophischen Epochenbegriff überhöht«**, zum »zeitlich elastischen Oberbegriff der Moderne«[4].

Die uralte theologische Bedeutung schwingt dabei stets mit: Mit der Wende zum bürgerlichen Zeitalter stehen sozusagen Schicksal und Zukunft der Menschheit auf dem Spiel. Nur dass das Jüngste Gericht nicht mehr unter göttlichem, sondern unter irdischem Vorsitz tagt. Ob das gut gehen kann oder in die Katastrophe führen muss, bleibt dann eine Deutungsfrage, die Denkschulen und politische Lager – letztlich bis heute – trennt.

Kapitalismus ohne Krise?

Und wo bleibt die Wirtschaftskrise? In vormodernen Zeiten kannten die Menschen Krieg, Seuchen, Naturkatastrophen, Missernten, Elend. Aber kein Mensch nannte so etwas eine ›Krise‹. In ihren Augen glichen Entwicklungen, die wir vom heutigen Standpunkt aus als Krisen bezeichnen würden, eher unberechenbaren Schicksalsschlägen. Wo neun von zehn Menschen von der Landwirtschaft leben, hängt der Unterschied zwischen Überfluss und Mangel, gutem Leben und drohendem Hungertod nicht von abstrakten ›volkswirtschaftlichen Rahmenbedingungen‹ ab. Die mit Abstand wichtigste

Rahmenbedingung für eine ›Wirtschaft‹ agrarischer Selbstversorger ist schlicht das Wetter bzw. das mittel- und langfristige Klima. Dessen existenzieller Bedeutung verdanken wir den unerschöpflichen Vorrat bis heute zitierter Bauernregeln – sozusagen den Konjunkturprognosen des Mittelalters.

Ebenso sprachen die Menschen von Gier, Geiz oder Betrug. Aber sie wussten – solange sie nicht Theologen oder Philosophen waren – nichts von ›Spekulation‹. Sie kannten Arbeit, Märkte, Handel, Geld, Kredit und seit der Renaissance auch Banken. Aber niemand wäre auf die Idee gekommen, all das zusammen ›Wirtschaft‹ zu nennen. Jahrhunderte lang konnte das nichts anderes sein als ein Wirtshaus. Das übrigens ›Schänke‹ genannt wurde, weil das Wort ›Wirt‹ ursprünglich ›Hausherr‹ oder ›Gastfreund‹ bedeutete. Und bei dem wurde man *kostenfrei* bewirtet.

Erst mit Beginn des 18. Jahrhunderts wurde es üblich, die Verwaltung eines Hauses oder Gutes ›Wirtschaft‹ zu nennen, indem die griechische ›Ökonomie‹ (*oikos* = Hausgemeinschaft/Gehöft, *nomos* = Gesetz) auf dem Umweg über die Kneipe eingedeutscht wurde. Belege für eine zumindest annähernde Verwendung des Wortes im heutigen Sinne bleiben bis Mitte des 19. Jahrhunderts selten, wie ein Blick ins *Deutsche Wörterbuch* von Jacob und Wilhelm Grimm lehrt.[5] Und so kannte die nicht vorhandene ›Wirtschaft‹ zwar Armut und Reichtum, gute und schlechte Zeiten. Aber eben keine ›Krisen‹. **Krisenbewusstsein ist modernes Bewusstsein. Und Wirtschaftskrisen sind erst als hausgemachte Probleme des modernen Kapitalismus überhaupt vorstellbar.**

Unser kleiner Ausflug in die Begriffsgeschichte hat gezeigt, dass eine ›Krise‹ ursprünglich etwas sehr Dramatisches war: **Sowohl in der juristischen als auch in der theologischen und der medizinischen Krise ging es stets um alles oder nichts – Freispruch oder Verurteilung, Heil oder Verdammnis, Leben oder Tod.** Vor allem die theologische *krísis* – das Jüngste Gericht – hat das welthistorische Krisendenken des 19. Jahrhunderts dergestalt aufgeladen. Es ist daher spannend zu beobachten, wie sich ausgerechnet die Wirtschaftstheorie zwei Generationen später wieder um eine Entdramatisierung der Krise bemüht. **Ökonomen, die ja gerne mit Medizinerjargon hantieren, erklären die Krise ausgerechnet im Umfeld der Weltwirtschaftskrise der 1930er-Jahre zur wiederkehrenden Erkältung des Kapitalismus.** Und sich selbst zu Ärzten, die hin und wieder bittere Pillen verschreiben müssen, damit der Patient auf den Pfad gesunden Wachstums und dynamischen Fortschritts zurückkehren kann. Selbstverständlich kommt es auch hier zu Differenzen betreffs Diagnose und Therapie. So dass es sich empfiehlt, wenigstens eine zweite, in besonders schweren Fällen auch mal eine dritte Meinung einzuholen.

Es ist paradox: Während dem modernen Staatsbürger die Krise als Dauerzustand erscheint, möchte der Wirtschaftsbürger von Krisen am liebsten gar nichts wissen. **Der rebellische *citoyen* wird um 1789 zum Anhänger des Ausnahmezustands. Der *bourgeois* dagegen träumt lange Zeit von einer Welt des Marktgleichgewichts.**

Im Mutterland der industriellen Revolution taucht ›crisis‹ zwar schon im späten 18. Jahrhundert vereinzelt als ökonomischer Fachbegriff auf.[6] Das mag damit zusammenhängen, dass Angelsachsen und Franzosen bereits länger mit dem Fieber der Spekulation zu tun hatten. Sieht man von der – in ihren Auswirkungen begrenzten und zudem von Legenden überwucherten – holländischen ›Tulpenmanie‹ der 1630er-Jahre ab, dann waren das Platzen der englischen »South Sea Bubble« (Südseeblase) und der französischen Mississippi-Spekulation 1720 die ersten durchschlagenden Finanzkrisen der Neuzeit. Und als solche wurden sie von den Zeitgenossen auch wahrgenommen. Jedoch wurden sie zunächst mehr als Folgen moralischen Versagens denn als immanente Logik des Kapitalismus betrachtet.[7]

Im Juni 1772 löste der Zusammenbruch der Londoner Bank *Neal, James, Fordyce and Down* eine schwere Kreditkrise in England, Schottland und den Niederlanden aus. Zuvor hatte ein Boom kommerzieller Kredite das Wachstum von Bergbau, Manufakturwesen und Agrarwirtschaft angekurbelt, und zwar sowohl in Britannien als auch in seinen amerikanischen Kolonien. Spekulanten sprangen auf diesen Zug mit fiktiven Wechselgeschäften auf – einem der ersten großen spekulativen Schneeballsysteme. Als die Blase platzte, stellten viele Gläubiger auch langfristige Kredite fällig – und traten damit eine Welle von Insolvenzen dies- und jenseits des Atlantiks los. Ein Vierteljahrhundert später löste eine wilde Landspekulation in den gerade gegründeten USA die sogenannte »Panik von 1796/97« aus, die nicht nur die junge Republik, sondern den gesamten transatlantischen Handel in eine mehrjährige Krise stürzte.

Das ist interessant: **Während der moderne Industriekapitalismus noch in seinen allerersten Kinderschuhen steckt, reimt sich ›Krise‹ ausschließlich auf ›Kredit‹. Wenn überhaupt, dann sind Produktion und Handel erst mittelbar betroffen.** Das wird das Bild, Krisen seien bloß das Werk böser Spekulanten, sehr nachhaltig prägen.

Noch ein gutes halbes Jahrhundert sollte es bis zur ersten weltumspannenden Wirtschaftskrise dauern. Am 24. August 1857 musste der Präsident der *Ohio Life Insurance Company* die Zahlungsunfähigkeit seines Bankinstituts verkünden. Man hatte sich mit riesigen Landkäufen im Mittleren Westen und mit Eisenbahnaktien verspekuliert. Nicht zuletzt dank der erst kürzlich eingeführten Telegrafie löste die Nachricht in den USA eine Konkurslawine aus. Zwei Monate später erreichte die Nachricht London, englische Finanziers zogen darauf blitzartig ihr Geld aus den ehemaligen Kolonien ab.

Erst durch diese erste ›globale‹ Finanz- und Handelskrise gerät der nationalökonomische Sinn des Begriffs in Deutschland in den Blick. Ab den 1860er-Jahren handeln die Einträge in den damaligen Konversationslexika auch von Kredit- und Handelskrisen. Bis sich der Artikel ›Krise‹ im *Brockhaus* vorrangig mit dem Problem von Wirtschaftskrisen beschäftigte, sollte es allerdings bis 1931 (!) dauern. Doch seit Mitte des 19. Jahrhunderts durchzieht ein »wirtschaftlich eingefärbte(r) Krisenbegriff alle gesellschaftskritischen Schriften, die damals – aus allen politischen und sozialen Lagern kommend – den Markt überfluteten«.[8] **Eine bestürzende Erkenntnis: Kaum war der Kapitalismus so richtig ins Laufen gekommen, zeigte sich, dass wirtschaftlicher Fortschritt ohne periodische Abstürze offenbar nicht zu haben war.** Und dass sich dies mit den an Marktgleichgewichten orientierten Theorien seiner ersten Vordenker – vor allem

Adam Smith (1723–1790) und Jean-Baptiste Say (1767–1832) – kaum erklären ließ.

Kapitalismus = Marktwirtschaft?

Vermutlich liegt das daran, dass die genannten Vordenker, die meisten ihrer Adepten, seltsamerweise aber auch etliche Kritiker der neuen Wirtschaftsordnung nicht wirklich sauber zwischen Marktwirtschaft und Kapitalismus unterschieden haben. Auf Märkten tauschen Menschen Güter und Leistungen aus, die … ja, was eigentlich? Die den ›gleichen Wert‹ haben? Denen sie einen bestimmten ›Wert‹ nur zumessen? Von denen sie sich einen ihrem Preis irgendwie entsprechenden ›Nutzen‹ erhoffen? Und welcher sollte das sein? Oder ist das alles egal, und es geht allein darum, ob irgendwer irgendwas zu irgendwelchen Preisen kauft? Nicht mal darüber können sich die Ökonomen wirklich einigen.

Die häufige Gleichsetzung von Marktwirtschaft und Kapitalismus hat darüber hinaus auch damit zu tun, dass es so scheinbar selbstverständliche Wörter wie ›Arbeitsmarkt‹, ›Geldmarkt‹, ›Kapitalmarkt‹ oder ›Immobilienmarkt‹ gibt. Dabei werden wir in Kapitel 6 noch genauer sehen, dass man mit guten Gründen bezweifeln kann, ob Arbeit, Geld, Kapital sowie Grund und Boden überhaupt nach den gleichen Regeln handelbar sind wie Schnitzel, Segeljachten oder Systemadministration. Durchgängig mit Preisen versehen und auf ›Märkten‹ gehandelt werden all jene Dinge jedenfalls erst seit rund 300 Jahren. **Dass *alles* seinen Preis hat – das ist eine kapitalistische Erfindung.**

Dass Marktwirtschaft und Kapitalismus dagegen nicht das gleiche sein können, lehrt schon ein flüchtiger Blick in die Geschichte. Märkte kannten bereits die alten Römer, die Araber oder die Chinesen zur Zeit der Ming-Dynastie. Ob die nach den Regeln moderner Marktwirtschaften oder oft nach ganz anderen Gesetzen funktionierten, ist allein schon eine spannende Frage. Aber auf keinen Fall gab es in Rom, Mekka oder Peking früher Kapitalismus. Und dass heutzutage der Wirt an der Ecke und der Weltmarktführer im Kraftwerksbau nach identischen Regeln in ein und derselben ›Marktwirtschaft‹ spielen – das dürfte selbst gutgläubigen Sozialkundeschülern der 8. Klasse nur schwer beizubiegen sein.[9]

Ohne dass man deswegen schon zum Marxisten wird, dürfte es offensichtlich sein, dass Kapitalismus etwas anderes ist als der Umstand, dass Menschen in arbeitsteiligen Gesellschaften Waren und Dienstleistungen austauschen. Die ›Marktwirtschaft‹ ist lediglich das Vehikel für die Anlage und die Vermehrung von Kapital. Und Kapital ist, sehr vereinfacht gesagt, Geld, das nur ausgegeben wird, damit möglichst schnell wieder Geld reinkommt. Mehr Geld. Benutzen wir mal nicht das böse Wort ›Profit‹. Sagen wir, das Zauberwort des Kapitalismus sei ›Rentabilität‹. Und sagen wir, das Ziel der ganzen Party sei, diese permanent zu steigern. Das heißt: mit der gleichen Menge Kapital höhere Erträge zu erwirtschaften; oder gleiche Erträge mit weniger Kapitaleinsatz zu erzielen. Geschähe dieses Wunder tatsächlich ›am Markt‹ – dann müssten Wachstum und wirtschaftlicher Fortschritt am ehesten darauf zurückzuführen sein, dass die Verkäufer in den letzten 300 Jahren ständig dazugelernt haben, wie man Käufern das Geld aus der Tasche zieht. Dann freilich müssten die erfolgreichsten Kapitalisten eher in Ägypten, in Marokko oder in der Türkei sitzen. Denn die hohe Kunst des trickreichen Handelns kann man bis auf den heutigen Tag in jedem Basar besser erlernen als selbst an den renommiertesten Business Schools.

Was Angebot und Nachfrage regeln – und was leider nicht

Angebot und Nachfrage bestimmen den Preis einer Sache oder einer Leistung. Wer von Wirtschaft ähnlich viel versteht wie von Elementarteilchenphysik, kennt vermutlich immerhin diesen Satz – und versteht auch grundsätzlich, was damit gemeint ist: Wollen sehr viele Leute etwas haben, das nur von sehr wenigen Leuten in geringem Umfang angeboten wird, dann steigt der Preis. Ist das Angebot dagegen viel höher als die Nachfrage, dann gehen die Preise in den Keller.

Auch vom ›Schweinezyklus‹ haben sicherlich viele schon einmal gehört. Sind Koteletts und Schweinshaxen teuer, dann ist das für Bauern ein Anreiz, mehr Schweine zu züchten. Zunächst kaufen die Metzger auch gerne mehr davon ein, weil sie am Fleisch gut verdienen. Doch zu den hohen Preisen verlangen nur wenige Menschen nach mehr Koteletts. Ergo senken die Metzger den Preis. Jetzt schlagen auch Leute zu, die sich das bisher nicht leisten konnten. Die Nachfrage nach Schweinen steigt, die Bauern züchten noch mehr, Koteletts werden noch billiger. Schweine natürlich auch. Das geht, zum Wohle aller, so lange gut, bis jeder täglich ein Kotelett verzehrt, an dem weder der Bauer noch der Metzger etwas verdient. Ergo fahren viele Bauern ihre Schweinezucht zurück oder geben sie auf. Bald werden die Koteletts knapp, und die Preise steigen. Das Spiel geht von Neuem los.

Das Tolle an der Sache: Dieser Markt ist für alle Teilnehmer – Schweinezüchter, Schlachthöfe, Metzger, Kotelett-Fans – völlig ›transparent‹, wie die Ökonomen sagen. Lassen wir, wie in ökonomischen Modellen üblich, unnötig komplizierte Details (Qualitätsunterschiede, EU-Subventionen, allerlei vertuschte Fleischskandale oder Ähnliches) weg, dann sind Koteletts ein ›homogenes Gut‹. Das einzige, was alle beobachten müssen (und können), sind – die Preise. Und auf deren Veränderung können alle ›Wirtschaftssubjekte‹ mehr oder weniger schnell reagieren. Zum Schweinezyklus kommt es daher auch nur, weil die Bauern eine relativ lange Reaktionszeit haben. Bis zur Schlachtreife braucht ein Schwein nun einmal rund ein halbes Jahr.

Und Krisen? Existieren nicht! ›Marktungleichgewichte‹, wie die Ökonomen sagen, werden dank des Preismechanismus kurz- bis mittelfristig stets ausgeglichen. Aber was, wenn das alles nicht so funktioniert wie gedacht? Dann, so die Ökonomen, hat irgendwas oder irgendwer den Markt ›gestört‹. Böse, böse! Und was stört den Markt? Alles, was eine ›vollständige Konkurrenz‹ verhindert.

Die Plagegeister der vollständigen Konkurrenz
Die folgende Liste macht die Sache mit dem Gleichgewicht leider komplizierter, als sie auf den ersten Blick zu sein schien.

1. **Alle Käufer und Verkäufer müssen freien Zugang zum Markt haben.** Sehen wir von – in entwickelten Marktwirtschaften heutzutage praktisch obsoleten – geografischen oder technischen Zugangshürden ab, dann geht es hauptsächlich um institutionelle Zugangsbeschränkungen. Zu viele Regeln und Gesetze, die Bauern und Fleischer beachten müssen? Eher nicht so gut. Klar, man muss den Verkauf von Schnaps an Kinder verbieten. Aber Verbrauchssteuern auf ›ungesunde‹ Produkte? Da drohen ›Marktverzerrungen‹. Verbraucherschutz? Tolle Sache – wenn sich die Verbraucherschützer auf die Verbreitung von Informationsmaterialien beschränken; aber wehe sie rufen ständig nach neuen Gesetzen, Verordnungen, Deklarationspflichten und Ähnlichem, das Herstellern und ›mündigen Verbrauchern‹ ins Handwerk pfuscht! Zölle? Importverbote? Ganz übel – Protektionismus! Dann gibt es da noch ›Markteintrittsbarrieren‹: Es ist, in der Sache wie auch finanziell gesehen, deutlich leichter einen Zeitungskiosk zu eröffnen als eine Großdruckerei. Das bringt der technische Fortschritt leider so mit sich. Schließlich: Was ist mit Menschen, deren Einkommen kaum für das Nötigste reicht? Ja, auch das ist nicht so schön. Doch ›perfekte‹ Märkte würden das Problem eigentlich lösen. Dazu kommen wir gleich noch.

2. **Alle müssen über die Marktlage vollständig informiert sein.** Solange wir es mit Produzenten, Händlern und Kunden aus der Gegend und mit relativ einfachen Produkten zu tun haben, klappt das meist wie im Lehrbuch. Je größer jedoch die Zahl der Marktteilnehmer ist, je komplexer die Lieferketten und die Produkte sind, je öfter einzelne Produzenten oder Händler der Versuchung erliegen, ihre Kunden ein bisschen hinters Licht zu führen, desto schwieriger wird die Sache. Weswegen Firmen, die ja immer auch Kunden sind, meist hoch spezialisierte, knallhart verhandelnde Einkäufer haben. Und wir alle, die »Stiftung Warentest« und zudem Unmengen von Zeitschriften, die uns ständig erklären, welches Produkt das preiswerteste, das beste, das umweltfreundlichste, das schickste oder das ›ethischste‹ ist. Blöd nur, wenn de-

ren Produzenten selbst nicht ›transparent‹ agieren, sondern zum Beispiel Testsiege an den Meistbietenden verkloppen.

Noch etwas: Früher bestand das Problem oft darin, dass marktrelevante Nachrichten lange brauchten, bis sie alle erreicht hatten. Heute haben wir eher das gegenteilige Problem: dass jederzeit und sofort so viele Informationen bereitstehen, dass nur noch wenige Experten in der Lage sind, diese auch halbwegs zu verarbeiten und angemessen ›einzupreisen‹. Für Marktwirtschaftler von echtem Schrot und Korn ist das allerdings eine gute Nachricht. Schließlich säßen in jeder noch so langen Lieferkette eben massig ausgebuffte Profis, die aus jeder Information prompt eine Preisdifferenz ableiteten. Warum, das müsse der zumeist sowieso eher schlecht informierte Endkunde gar nicht wissen.

3. **Alle Marktteilnehmer sollten auf Veränderungen der Marktlage sofort (oder jedenfalls so schnell wie möglich) reagieren.** Hier gilt zunächst einmal alles, was auch für Regel Nummer 2 gilt: Informationsdefizite sind doof. Noch wichtiger ist allerdings, dass alle Marktteilnehmer ihre wichtigste Entscheidung völlig (oder jedenfalls weitgehend) frei treffen können: nämlich die Entscheidung, ob sie kaufen oder nicht kaufen bzw. verkaufen oder nicht verkaufen. Nach klassischer Lehre können sie das immer. Und sie tun es – weil die Zukunft nun mal unsicher ist – meistens auch sofort. Kein Schampus – kein Problem. Billig-Bratwurst statt Filetsteak – machbar. Auf die Anschaffung eines neuen Autos zu verzichten, solange das alte noch fährt – möglich; das Auto abschaffen – eventuell schwierig; die Nachfrage nach Beförderung ganz einstellen – praktisch unmöglich. Immerhin gibt es dafür noch marktrelevante Alternativen. Aber verzichten Sie mal auf Strom, Wasser oder Toilettenpapier. Oder versuchen Sie als Hersteller von Drehbänken kurzfristig auf Kühltruhen umzuschwenken.

4. **Die Nachfrage muss vollkommen ›preiselastisch‹ sein.** Sehr simpel gesagt: Wenn es das Gleiche anderswo billiger gibt, kauft jeder

sofort dort. Und jeder Anbieter geht immer sofort dahin, wo er den höchsten Preis erzielen kann. Keiner sollte also andere Präferenzen als den Preisvorteil haben. Zum Beispiel sollte man nicht grundsätzlich Jeans einer bestimmten Marke vorziehen. Oder seinem Klempner die Treue halten, weil der doch immer so nett war. Die ›Elastizität‹ kann aber auch durch Misshelligkeiten gestört werden, die bei Lichte besehen kaum zu vermeiden sind. Zum Beispiel dem Umstand, dass nicht alle Möbelhäuser gleich weit entfernt sind. Dass eines die besonders günstigen Regale gerade nicht vorrätig hat. Oder: Wer zieht angesichts einer Mieterhöhung schon sofort um – selbst wenn zwei Straßen weiter günstigere Wohnungen frei sind? In solchen Fällen müsste man zusätzlich ›Transaktionskosten‹ einkalkulieren. Aha. Wie das geht? Auch ein anderes Thema …
Das größte Problem war den Erfindern des Arguments freilich wohl noch gar nicht bewusst: Was sind eigentlich ›gleiche‹ Produkte oder Leistungen? »Dienst ist Dienst, und Schnaps ist Schnaps«, heißt es. Weizenbrötchen kann jeder super vergleichen. Baumwollhemden wohl auch noch. Was aber tun, wenn es beispielsweise alleine 108 Brennereien für schottischen Single Malt gibt? Alle Sorten probieren? Oder gleich den billigsten Edelstoff kaufen? Was tun, wenn sich Telefontarife auf den ersten Blick zwar nicht, bei Lektüre des Kleingedruckten aber doch in einem Dutzend kaum nachvollziehbarer Details unterscheiden? Wirklich alle Verträge genau durchlesen? Und was mache ich, wenn ich mit kalifornischen Handys zwar nicht ›besser‹ telefonieren und surfen kann als mit südkoreanischen – wenn mir das modische oder soziale Statusdefizit der letzteren aber persönliche oder berufliche Nachteile einbringt? (Achtung, das wären jetzt ›Opportunitätskosten‹!) Wir können nicht beurteilen, wie preiselastisch die Märkte im London des frühen 19. Jahrhunderts wirklich waren. Aber die Angebotsflut nach 200 Jahren erfolgreichem Kapitalismus hat die Sache ganz gewiss nicht einfacher gemacht.

5. **Es muss viele, möglichst selbstständige, möglichst gleich große Anbieter – und viele, viele Nachfrager geben.** Das ist die Königs-

regel der Marktwirtschaft: **Monopole, Oligopole und Kartelle müssen unter allen Umständen verhindert werden.** Die Lehrmeinungen gehen nur darin auseinander, wie wahrscheinlich und wie stabil derlei unerwünschte Marktbeherrschung ist. Wieder sehr simpel gesagt: Nach ›links‹ nimmt die Sorge vor Monopolisierung zu. Stramme Stamokap-Theoretiker halten sie für eine unvermeidliche Tendenz des Kapitalismus, Ordoliberale und Verfechter der Sozialen Marktwirtschaft immerhin für ein ernstes Risiko (weshalb Anti-Trust-Gesetze für sie unerlässlich sind), Libertäre für ineffizient und daher grundsätzlich instabil. Etwas insidermäßig formuliert: Bei Karl Marx regelt das Problem die Revolution, bei Walter Eucken das Kartellamt und bei Ludwig von Mises der Markt selbst.

Nun wissen wir, dass es zwar nicht immer ganz einfach zu gewährleisten, aber immerhin denkbar ist, dass Märkte ›ungestört‹ funktionieren. **Wenn es mal klemmt, sind eben jene angedeuteten ›Unvollkommenheiten des Marktes‹ schuld. Das ist ein bisschen so wie mit dem Leben nach der Vertreibung aus dem Paradies. Seither stellen ›unvollkommene‹ Menschen ja auch ständig irgendwelchen Unsinn an.** Aber damit müssen wir leben. Ansonsten stören nur noch ›exogene Schocks‹ das Gleichgewicht. So Sachen wie Naturkatastrophen, Dürren oder Terroranschläge. Früher hielten die Menschen so etwas für Gottes unerforschliche Ratschlüsse. Heutzutage wird auch das Unkalkulierbare an den Weltbörsen in Sekundenschnelle einkalkuliert.

Über Marktgleichgewichte und ökonomische Schwerkräfte

Nun ist ein Modell nie dasselbe wie die unendlich vielfältige Wirklichkeit, die es zu beschreiben versucht. Selbstredend spricht dies weder gegen Modellbildung im Allgemeinen noch gegen konkrete Modelle – die sich im Übrigen immer verbessern oder verfeinern lassen. Eine der schönsten Grundannahmen im Modell des vollkommenen Marktes aber sagt etwas voraus, was für Laien – und sogar für etliche Ökonomen – doch ein wenig zu schön klingt. Die Annahme stammt vom französischen Ökonomen und Kaufmann Jean-Baptiste Say. Er gilt neben Adam Smith als einer der Väter der ›klassischen‹ Nationalökonomie. 1803 veröffentlichte er ein Buch, das wohl noch seltener gelesen wird als Smith' *Wohlstand der Nationen*: den *Traité d'économie politique (Abhandlung über die National-Oekonomie, oder, Einfache Darstellung der Art und Weise, wie die Reichthümer entstehen, verteilt und verzehrt werden*, so der Titel der bis heute nachgedruckten deutschen Übersetzung von 1807).

Darin setzt sich Say unter anderem mit der bereits zu seiner Zeit verbreiteten Sorge auseinander, technischer Fortschritt führe dazu, dass auf Dauer mehr produziert werde, als sich insgesamt verbrauchen lasse. Eine Generation später beschrieb der Historiker und Ökonom Wilhelm Roscher (1817–1894) erstmals in einem deutschen Lexikonartikel das Problem der Wirtschaftskrisen. Für jede Volkswirtschaft, so Roscher, »sei die gleichmäßige Entwickelung von Production und Consumtion (…) eine der wesentlichsten Bedingungen«. Wogegen Störungen »welche auf einem Zurückbleiben der Consumtion, einem Vorauseilen des Angebots« beruhten »zu den gefährlichsten (…) Krankheiten des großen Wirthschaftskörpers« gehörten. Fände »die in zu großer Menge erzeugte Waare keine Abnehmer«, dann sei nämlich ein »Übergang in andere, nicht überfüllte Productionszweige (…) entweder gar nicht möglich, oder doch mit Sorgen, Schwierigkeiten und Verlusten begleitet.«[10]

Während Roscher eher nüchtern an die alte Begriffsverbindung von Krise und Krankheit anknüpft, beziehen sich Marx und Engels im zeitgleich erschienenen *Kommunistischen Manifest* auch auf Goethes wohl berühmteste Ballade »Der Zauberlehrling«. Ihre Diagnose: Die »bürgerlichen Produktions- und Verkehrsverhältnisse« glichen »dem Hexenmeister, der die unterirdischen Gewalten nicht mehr zu beherrschen vermag, die er heraufbeschwor«. In periodisch wiederkehrenden »Handelskrisen« werde »ein großer Teil nicht nur der erzeugten Produkte, sondern der bereits geschaffenen

Produktivkräfte regelmäßig vernichtet«. Und es breche »eine gesellschaftliche Epidemie aus, welche allen früheren Epochen als ein Widersinn erschienen wäre – die Epidemie der Überproduktion«. In solchen Krisen fände sich die Gesellschaft »plötzlich in einen Zustand momentaner Barbarei zurückversetzt, (...) weil sie zuviel Zivilisation, zuviel Lebensmittel, zuviel Industrie, zuviel Handel« besäße.[11] Was wir hier sehen, ist eine harte Kehrtwende in der Theorie: **Um die Mitte des 19. Jahrhunderts wird die Krisenanfälligkeit des industriellen Kapitalismus verstärkt mit der Produktions- statt mit der Zirkulationssphäre in Verbindung gebracht** (die marxistische Terminologie sei an dieser Stelle erlaubt).

Say hatte gegen derlei Sorgen noch gelassen, pragmatisch und zunächst auch durchaus einleuchtend argumentiert: Wer immer etwas herstelle und am Markt anbiete, der verdiene mit seinen Waren selbst Geld. Und er bezahle meist Leute, die ihm beim Produzieren und beim Geldverdienen helfen. Kurz: Er schaffe Einkommen. **Wer mehr produziert, schafft mehr Einkommen. Ergo, so die Lehrbuch-Formel, schafft sich jedes Angebot selbst seine Nachfrage.** Wenn nicht am Ende des Tages, so bleibt in einer ungestörten Marktwirtschaft doch unter dem Strich – nichts liegen. Und wenn die Produktion immer schön wächst, dann geht es *allen* auch immer besser.

Zu Ehren seines Erfinders wurde das Argument später *Saysches Theorem* getauft. Für jene Denkschulen, die eine sogenannte ›angebotsorientierte‹ Wirtschaftspolitik befürworten, ist das Theorem bis heute der erste Satz des Glaubensbekenntnisses. Der zweite: Lasst bloß alle Anbieter in Ruhe arbeiten! Darauf folgen Verdammungen von Inflation und hoher Staatsquote sowie Plädoyers für solide Geldpolitik, niedrige Unternehmenssteuern und eine ›zurückhaltende Lohnpolitik‹. Am Ende des Bekenntnisses stehen – je nach Teilkirche – mehr oder weniger umfassende Forderungen nach ›Deregulierung‹. Im Klartext heißt das: Bitte alles abschaffen, was Unternehmen irgendwie nerven könnte!

In einer Wirtschaft, gar einer reinen Tauschwirtschaft, in der es nur Milchbauern und Bäcker gäbe, wäre das Saysche Theorem eine

Tautologie. Denn jeder gemolkene Liter Milch und jedes gebackene Brot muss sofort konsumiert werden. Say geht aber einen Schritt weiter. Sein Argument: Die Zukunft ist unsicher. Vor allem ist das Risiko hoch, dass der Wert einer Ware, einer Leistung – oder der Wert des Geldes! – sinkt. Wer etwas zu verkaufen hat, wird daher immer bestrebt sein, es möglichst schnell zu verkaufen. Und wer Geld hat, der wird bestrebt sein, es möglichst bald wieder auszugeben. Kurz: **Entweder produzieren oder konsumieren.** *Tertium non datur.*

Lassen wir der Einfachheit halber die Möglichkeit außer Acht, dass es unter bestimmten (letztlich aber begrenzten) Umständen sinnvoll sein kann, Waren zu horten – so wie es etwa viele Händler kurz vor Einführung der D-Mark 1948 taten. Lassen wir für den Moment auch den Sonderfall Immobilienmarkt beiseite. **Says Argument wäre stichhaltig, wenn zwei Marktfaktoren ebenfalls wie ganz normale Waren funktionieren würden: Geld – und Arbeit.**

Die Schwerkraft des Geldes

Für Say und seine Zeitgenossen war Geld stets Metallgeld. Anders als Brot und Butter lässt sich das zwar beliebig lange lagern. Aber seine physische Form nährt doch die Vermutung, es verhalte sich wie jede andere Ware auch. Wer es nicht ausgibt, der trägt es zur Bank. Die leiht es ihrerseits sofort anderen Leuten, die es dann – ausgeben bzw. investieren. Somit ändert sich gesamtwirtschaftlich scheinbar gar nichts. Oder er macht es wie Dagobert Duck und packt sein Gold in den Tresor. Heißt: Er hortet Geld. Was passiert? In Relation zur Warenmenge sinkt die Geldmenge. Folge: Der Wert des umlaufenden Geldes steigt, die durchschnittlichen nominalen Warenpreise dagegen sinken. Auch das scheint an der Logik des Systems wenig zu ändern.

Wir kommen auf die vielen abgründigen Geheimnisse des Geldwesens in den Kapiteln 6 und 7 noch ausführlich zu sprechen. Daher hier nur so viel: Das unscheinbare Wörtchen ›leihen‹ – von Kennern auch ›Kredit‹ genannt – ändert alles! Wo es Kredit gibt, kursieren nämlich keine Metallbatzen, sondern hauptsächlich abstrakte *Forde-*

rungen. Sprich: **Der größte Teil des Geldes steht in einer Kreditwirtschaft immer nur auf dem Papier – und ist weder von Gold noch von Waren oder realer Wirtschaftsleistung ›gedeckt‹. Sondern immer nur vom guten Glauben (Credo) des Gläubigers an das Projekt des Schuldners. Dass Geld auch weiterhin Tausch- bzw. Zahlungsmittel sein kann, wird beinahe zur Nebensache.**

Dass geliehenem (oder verliehenem) Geld etwas merkwürdig Virtuelles anhaftet, ist freilich nur die erste aller Schwierigkeiten. Dieses Geld kann sich zudem unterschiedlich verkleiden. Kostüm eins: Wer sich Geld leiht, kann es einfach zum Leben ausgeben. Dann trägt es die Kappe des Konsumkredits. Der ist historisch etwas eher Neues. Wenn er von einer Bank kommt, heißt er heute ›Dispositionskredit‹. Und der Gläubiger kann im Grunde nur beten, dass er sein Geld irgendwann wiedersieht. Kostüm zwei: Leute können geliehenes Geld in Rohstoffe, Vorprodukte, Maschinen oder Gebäude investieren, um am Ende den Kredit samt Zinsen zurückzuzahlen – und noch etwas übrig zu behalten. Der nette Name für den Rest: ›Gewinn‹; der böse Name: ›Profit‹. Hier verkleidet sich der Kredit als Kapital. Kostüm drei: Schließlich kann auch ›der Kapitalist‹ seine Kohle hin und wieder auf die hohe Kante legen. Das machen heutzutage zum Beispiel sehr viele große Konzerne sehr, sehr gerne. Im Wirtschaftsteil der Zeitung ist dann immer von den »enormen Barreserven« einer XYZ AG die Rede – so als lägen da irgendwo Taler in Onkel Dagoberts Geldspeicher. In Wahrheit trägt hier das Kapital die Mütze des Kredits. Dass heutzutage auch Lohn- und Gehaltsempfänger sparen, Lebensversicherungen abschließen, öfter mal Staatanleihen oder Rentenfonds kaufen, seltener in Aktien oder Aktienfonds investieren, dass, mit einem Wort, auch die Arbeit heute den Hut des Kapitals aufsetzen kann, macht das Maskenspiel noch komplizierter.

In den Fällen zwei und drei haben wir es mit so hübschen Details wie Zinserwartungen, Renditen, Kapitalbindungsfristen, Risikoabschätzungen, Arbitrage und einem Haufen weiterer Spielbälle zu tun. Das ist ähnlich wie beim Jonglieren. Mit drei Bällen und etwas Übung kriegt das fast jeder hin. Aber mit jedem zusätzlichen Ball steigt das Risiko, dass Bälle runterfallen, exponentiell. Wenn dann noch die Zahl der Jongleure und der Umfang ihrer Lizenzen außer Kontrolle gerät – gute Nacht!

Anhänger ›neoklassischer‹ Wirtschaftstheorien (darunter auch Monetaristen wie Milton Friedman & Friends) sagen: Doch, das geht. Ihr dürft die Jongleure bloß nicht ständig mit politisch motivierten Zurufen nervös machen! Sorgt mit vernünftigen Zinsen für eine vernünftige Geldmenge, dann klappt's auch mit dem ›gesamtwirtschaftlichen Gleichgewicht‹. – Freilich ist das ein frommer Wunsch …

Die Schwerkraft der Arbeit
Wie Geld, so ist in der Welt des orthodoxen Marktglaubens auch die Arbeit eine ganz normale Ware. (Nur am Rande: Bitte nie ›Ware Arbeits*kraft*‹ sagen – so reden nur Marxisten! Und an dieser komischen Ausdrucksweise hängt ihre ganze Idee, die armen Arbeiter würden ›ausgebeutet‹.) Übersteigt das Angebot an Arbeit die Nachfrage, dann muss der Preis dieser ›Ware‹ fallen. Das klingt nicht nur logisch, sondern auch etwas netter als ›Löhne senken‹. Ist die Ware preiswert genug, dann steigt für potenzielle Abnehmer von Arbeit (die in der strengen Logik der Wirtschaftswissenschaft nicht Arbeitnehmer, sondern Arbeitgeber heißen) der Anreiz zuzuschlagen. Sodass Arbeit irgendwann wieder knapp wird – und ihr Preis steigt. Genau wie der von Koteletts im Schweinezyklus.

Ökonomisch ist es in dieser Perspektive dasselbe, ob Koteletts liegen bleiben oder Arbeiter. Denn den Anbietern von Arbeit soll es weder besser noch schlechter gehen als denen von Fleisch. Wenn danach alle lechzen – wunderbar. Wenn die Preise jedoch mangels Nachfrage kollabieren, müssen auch die Metzger mit Verlusten rechnen. Was also sollte verkehrt daran sein, dass manche Arbeiter manchmal auf ihrer ›Ware‹ sitzen bleiben? Zudem verfiele kein Metzger auf die lustige Idee, er könne nur Schweinekoteletts verkaufen. Ergo sollte doch wohl auch ein gelernter Dreher nicht darauf bestehen, dass er nur als Dreher arbeiten kann, oder? Das Leben ist schließlich kein Ponyhof.

Natürlich ist selbst dem härtesten ›Neoliberalen‹ klar, dass Anbieter von Arbeit zwei kleine Probleme haben. Erstens: Sie können, selbst wenn sie jeden Preis für ihre Ware akzeptieren würden, unmittelbar keine Nachfrage schaffen. Anders als bei Koteletts kann diese nämlich bisweilen sogar dann ausbleiben, wenn man sie kostenlos anböte. Sehen potenzielle Käufer von Arbeit für deren Arbeitsergebnisse keinen Markt, dann scheuen sie *sämtliche* Ausgaben, nicht nur die für Löhne und Gehälter. Oder, wie Ökonomen sagen: Die Unternehmen sind dann »bei Neuinvestitionen zurückhaltend«. Zweitens: Die sogenannte ›Preiselastizität‹ der Ware Arbeit ist am Ende leider kein rein ökonomisches Faktum. Zwar bekommen auch Firmen Probleme, wenn sie ihre Waren dauerhaft unterhalb ihrer Herstellkosten verkaufen müssen. Nur: **Anbieter von Arbeit müssen schlicht sterben, wenn sie vom Preis ihres ›Produkts‹ nicht leben können.** Hier müssen wir die Ökonomen übrigens mal in Schutz nehmen. Nur einer von ihnen hat je das böse Wort »Surplus-Bevölkerung« benutzt: Karl Marx. Und der meinte es – nicht anders als im Fall seiner »industriellen Reservearmee« – eindeutig polemisch. Weshalb VWL-Professoren ihn hier denn auch höchstens süffisant zitieren.

Grenzenlos strapazierfähig wären die Lohnabhängigen nur, wenn angesichts sinkender Einkommen die gesamte Wirtschaft mitzöge. Auch die Preise für Lebensmittel, Körperpflege oder Kleidung, Mieten, Fahrtkosten und allerlei Gebühren müssten in ähnlichem Ausmaß fallen. Was in schweren Rezessionen ja teilweise sogar geschieht. Doch erstens haben wir dann das, was es im Grunde gar nicht geben dürfte: eine echte Krise. Und zweitens sind wir mit der spannenden Frage konfrontiert, wann und wie sich solch eine Abwärtsspirale (Fachbegriff: Deflation) stoppen ließe.

Andere Lösung: Aufgrund übergeordneter humaner Erwägungen werden doch ›marktverzerrende‹ Geldtransfers erlaubt. Wie zum Beispiel Arbeitslosengeld, Sozialfürsorge oder Wohngeld. Warum so etwas den (Arbeits-)Markt verzerrt? Ganz einfach: Es gibt Geld ohne Gegenleistung. Nach superreiner Lehre dürfte das nicht sein. Da müssten Arbeitslose wieder bei Mama einziehen oder im Wald nach Pilzen suchen. Ersteres passiert zum Beispiel derzeit in Ländern wie Griechenland oder Portugal. Und das Zweite gehört zur festen Elendsfolklore in fast allen Schwellenländern. Wo es Sozialsysteme gibt, flammen dafür regelmäßig hitzige Diskussionen auf, welche Menschen in welchem Umfang und für welche Zeiträume welche Leistungen beziehen dürfen, bevor sie sich wieder der Härte des Marktes stellen müssen. Viele Ökonomen beanspruchen dann gerne, einzig im Namen der ›gesamtwirtschaftlichen Vernunft‹ zu sprechen. Doch alle Erfahrung lehrt, dass es schlicht menschenverachtend wäre, zu verlangen, hier sollten einzig und allein ökonomische Argumente zählen.

Alle sieben Jahre wieder: Warum gibt es überhaupt Wirtschaftskrisen?

Wirtschaftskrisen haben kaum Fans. Aus menschlichen wie aus sozialen Gründen ist das mehr als verständlich. Doch selbst unter den unsentimentalen Ökonomen finden sich nur wenige, die sich offensiv am Begriff der Krise abgearbeitet haben. Je mehr sie sich als Vertreter einer exakten Wissenschaft sehen, desto stärker wurden und werden sie vom ›geschichtsphilosophischen‹ Tremolo vieler Krisenanalysen abgeschreckt.

Verstärkt wurde diese Reserve durch eine bis heute nachwirkende Spaltung in der ökonomischen Theoriebildung. Plakativ formuliert: Im Westen dominiert der rein rational kalkulierende *homo oeconomicus;* und zwar auf Märkten, die genau deshalb stets zum Ausgleich von Angebot und Nachfrage tendieren. Im mitteleuropäischen und vor allem im deutschen Denken dagegen bringen durch historische, kulturelle, soziale oder politische Triebkräfte geprägte Menschen auch in der Wirtschaft ständig alles durcheinander. Nicht zuletzt deshalb, weil ihnen selbst diese Kräfte oft gar nicht bewusst sind. Konsequenz: Wer von der angelsächsischen Ökonomie her denkt, der will die kühlen Nutzenoptimierer einfach ungestört machen lassen. Wer dagegen glaubt, dass sich der Mensch in seinem dunklen Drang des rechten Weges nicht immer wohl bewusst sei, für den bedarf es der kommerziellen Regulierung – durch Recht, Staat und Politik. Oder, noch etwas preußischer formuliert: Wo dem wirtschaftenden Individuum die große Übersicht fehlt, muss weise Herrschaft es führen.

Ausgehend von England, Amerika und Frankreich wird die Wirtschaftstheorie heute global weitgehend von den Denkern der klassischen Nationalökonomie sowie der sogenannten Neoklassik beherrscht. Erst in jüngerer Zeit widmet sich auch jenseits des Atlantiks die sogenannte ›Verhaltensökonomie‹ den weniger marktrationalen Seiten der Wirtschaftssubjekte. Stand für ›Klassiker‹ wie Smith, Say, David Ricardo (1772–1823) oder John Stuart Mill (1806–1873) noch die *Produktion* des gesellschaftlichen Reichtums im Mittelpunkt ihrer Überlegungen, wendeten sich in der zweiten Hälfte des 19. Jahrhunderts Ökonomen wie William Stanley Jevons (1835–1882), Léon Walras (1834–1910) oder Alfred Marshall (1842–1924) verstärkt den Mechanismen seiner *Verteilung* zu.

Ihre Ausgangshypothese: Was immer Menschen bewegen mag, ein Produkt oder eine Leistung anderen am Markt anzubieten, ist unerheblich. Was immer sie bewegen mag, Produkte oder Leistungen zu kaufen, ebenfalls. Ob ›natürliche‹ Bedürfnisse, kulturell oder sozial geprägte Wünsche, etwa nach angemessener Selbstdarstellung, oder geheime Sehnsüchte und Lüste – all das führt am Ende zu privaten Nutzenabwägungen. Diese müssen im Rahmen verfügbarer Budgets getroffen werden. Ökonomisch interessant sind jedoch nur deren Resultate, nicht deren Gründe. Weshalb man sich auch nicht länger mit der lästigen alten Frage herumschlagen muss, was eine Sache ›wirklich‹ wert ist. Jeder Anbieter bildet Preise, bei denen er glaubt, so gut wie möglich zu verdienen. Dafür hat jeder Konsument beim Preis Schmerzgrenzen, ab denen er nicht mehr zugreift. Ohne jedes Wissen über Motive und Kalkulationen aller Beteiligten lassen sich deren *kumulierte* Entscheidungen dann am Markt beobachten. Worauf Unternehmen, Haushalte und Subjekte ihre *individuellen* Entscheidungen wiederum zeitnah anpassen können – und zwar ausschließlich orientiert an eigenen Kosten-Nutzen-Rechnungen. So schließt sich der ewige Kreislauf des Marktes. Da Angebot und

Nachfrage sich ständig austarieren, gibt es dort höchstens kurzfristige Ungleichgewichte.

›Wirtschaft‹ ist aus Sicht der Neoklassik nichts als die Summe unzähliger »individueller Optimierungsentscheidungen«. Ob nun Angebot oder Nachfrage, ob es um Güter, um Leistungen oder um Produktionsfaktoren (Arbeit, Kapital, Boden bzw. Bodenschätze; Wissen, Energie, Natur/Umwelt) geht: Alles regelt sich über Preise. Und weil es sich um numerische Größen handelt, lässt sich ›die Wirtschaft‹ komplett in (wenngleich oft ziemlich komplexen) mathematischen Funktionen abbilden. Dass die neoklassische Ökonomie von einer strikten Trennung von Realwirtschaft und Geldwirtschaft ausgeht, dass Geld und Geldpreise daher als ›neutral‹ gelten und langfristig keinen Einfluss auf reale Größen wie Produktion, Konsum oder Arbeitslosigkeit haben sollen, können wir hier nur erwähnen.

Ganz anders dachten die Ökonomen lange in Deutschland. Hier herrschte über ein Jahrhundert, von etwa 1850 bis 1950, die sogenannte Historische Schule der Nationalökonomie. Wichtigster Vordenker: der liberale Demokrat, Wirtschaftstheoretiker, Unternehmer und Eisenbahn-Pionier Friedrich List (1789–1846). Ihre einflussreichsten Vertreter: die Ökonomen Wilhelm Roscher und vor allem Gustav von Schmoller (1838–1917). Dessen Kritik an den ›Klassikern‹ war sehr grundsätzlich: Das eigennützige, rational kalkulierende Individuum sei eine philosophische Abstraktion. Reale Menschen lebten in sozialen Gemeinschaften mit sehr unterschiedlichen historischen, sozialen und kulturellen Traditionen, mit unterschiedlichen Vorstellungen von Moral und Recht und unterschiedlichen Institutionen. Dies alles bestimme die Handlungsspielräume und Entscheidungen des Einzelnen weit mehr als individuelle Absichten und Kalküle. Neben dem Eigennutz treibe den Menschen nicht minder der Wunsch nach sozialer Anerkennung, die Furcht vor moralischer Ächtung und Strafe – und neben seinem Egoismus die Interessen seiner jeweiligen sozialen und wirtschaftlichen Gruppe. Allgemeingültige wirtschaftliche ›Gesetze‹ könne es aus all diesen Gründen nicht geben. Weshalb die Ökonomie eben auch keine mathematische, sondern eine historische Wissenschaft sei. Schmoller erkannte zudem schon die inhärente Tendenz des modernen Kapitalismus zu unternehmerischer Konzentration und zu wachsender Vermögensungleichheit. Eine Orientierung wirtschaftlicher Aktivität am Gemeinwohl ergebe sich daher keineswegs allein aus deren Eigenlogik, sondern müsse vielmehr durch politische Ordnungsvorgaben gewährleistet werden.

In dieser Denktradition stehen auch der Ordoliberalismus der Freiburger Schule und, mit unterschiedlichen Akzentuierungen, die wichtigsten Vordenker des – international leider meist als deutsche Besonderheit betrachteten – Konzeptes der Sozialen Marktwirtschaft: Alexander Rüstow (1885–1963), Wilhelm Röpke (1899–1966) und Alfred Müller-Armack (1901–1978), der diesen Begriff auch prägte. Die Grundprinzipien des Konzeptes sind uns zutiefst sympathisch. Denn während die Repräsentanten der *Initiative Neue Soziale Marktwirtschaft* (INSM) meist nichts anderes tun, als bei jeder passenden oder auch unpassenden Gelegenheit das Mantra der totalen Deregulierung nachzubeten, waren Rüstow und Röpke, vor allem aber dem von der Christlichen Soziallehre geprägten Müller-Armack die Notwendigkeit einer Zügelung der kapitalistischen Eigenlogik durch staatliche Eingriffe deutlich bewusst.

Aber bekanntlich ist es etwas anderes, das Feuer weiterzugeben – oder bloß die Asche zu bewahren. Gewiss wäre es keinem Ordoliberalen von Eucken bis Müller-Armack je in den Sinn gekommen, dass globale Großbanken »too big to fail« sein könnten. Wenn es eine Regel gibt, die alle Denker dieser Richtung eint, dann die, **dass Risiko und Haftung *niemals* getrennt werden dürfen; dass die Privatisierung von Gewinnen und die Sozialisierung von Verlusten *ausnahmslos* unstatthaft ist.** Vor allem Müller-Armack war deshalb auch ein glühender Verteidiger des öffentlich-rechtlichen Kreditwesens in Form von Sparkassen und Genossenschaftsbanken.

Und doch sind die Argumente dieser Denkrichtung vor allem dann plausibel, wenn sie um die Sphäre der Realwirtschaft von Gütern und Dienstleistungen kreisen. Die Rolle der modernen Finanzwirtschaft, insbesondere deren Fähigkeit zu beinahe unbegrenzter

Giralgeldschöpfung, wurde dagegen unserer Meinung nach nur unzureichend verstanden – was sicher zu weiten Teilen zeitbedingt war. Kurz: Wenn's um Geld geht, dann geht es um mehr als Geldwertstabilität und Haushaltsdisziplin. Wenn scharfe Regulierung notwendig ist, dann ist sie es bei Banken und Investmentfonds. Und erst recht bei den zahllosen Papierflugzeugen, mit denen diese Branche gegenwärtig spielt. Wir kommen darauf im Schlusskapitel noch einmal genauer zurück.

Von der Krise zur Konjunktur

Zum Ende der 1850er-Jahre war es, ausgehend von den USA, zur ersten weltweiten Wirtschaftskrise gekommen, von der sowohl die führenden Wirtschaftsnationen selbst als auch große Teile des britischen Kolonialreiches betroffen waren. Zusammen mit dem Scheitern der Revolution von 1848/49 beeinflusste dieser ökonomische Einbruch den bis heute schärfsten – und wohl auch wirkungsmächtigsten – Analytiker der Krisenanfälligkeit des modernen Kapitalismus. Karl Marx betrachtete Krisen nicht als leidige, aber seltene Betriebsunfälle des Industriezeitalters, sondern geradezu als dessen Lebenselixier. Was er in seinen ökonomischen Schriften zwischen 1863 und seinem Tod 1883 in oft quälender Detailbesessenheit zu analysieren versuchte, das verdichtete er im *Kommunistischen Manifest* zu einem Resümee von beinahe poetischer Wucht:

»Die Bourgeoisie, wo sie zur Herrschaft gekommen, hat alle feudalen, patriarchalischen, idyllischen Verhältnisse zerstört. Sie hat die buntscheckigen Feudalbande, die den Menschen an seinen natürlichen Vorgesetzten knüpften, unbarmherzig zerrissen und kein anderes Band zwischen Mensch und Mensch übriggelassen als das nackte Interesse, als die gefühllose ›bare Zahlung‹. Sie hat die heiligen Schauer der frommen Schwärmerei, der ritterlichen Begeisterung, der spießbürgerlichen Wehmut in dem eiskalten Wasser egoistischer Berechnung ertränkt. (...) Die Bourgeoisie kann nicht existieren, ohne die Produktionsinstrumente, also die Produktionsverhältnisse, also sämtliche gesellschaftlichen Verhältnisse fortwährend zu revolutionieren. (…) Die fortwährende Umwälzung der Produktion, die ununterbrochene Erschütterung aller gesellschaftlichen Zustände, die ewige Unsicherheit und Bewegung zeichnet die Bourgeoisepoche vor allen anderen aus. Alle festen eingerosteten Verhältnisse mit ihrem Gefolge von altehrwürdigen Vorstellungen und Anschauungen werden aufgelöst, alle neugebildeten veralten, ehe sie verknöchern können.«[12]

Wumm! Wir werden gleich noch sehen, dass ein anderer Denker – der dem Kapitalismus freilich überaus gewogene österreichisch-amerikanische Nationalökonom Joseph Schumpeter (1883–1950) – zwei Generationen nach Marx zu recht ähnlichen Formulierungen greifen wird. Doch es geht auch leiser. Das Beispiel des französischen Arztes und ökonomischen Autodidakten **Clément Juglar (1819–1905)** bezeugt den Stellenwert, den unspektakuläre Analysen haben, nämlich: lange weitgehend unbemerkt zu bleiben.[13] 1862 veröffentlichte Juglar ein Buch mit dem Titel *Des Crises commerciales et leur retour périodique en France, en Angleterre et aux États-Unis* (»Handelskrisen und ihre periodische Wiederkehr in Frankreich, England und den Vereinigten Staaten«). Im Jahr darauf fasste er seine Ergebnisse in einem französischen Nachschlagewerk knapp zusammen. Doch außerhalb Frankreichs nahm zunächst niemand von seinen Arbeiten Notiz. 1889 erschien eine extrem gekürzte, eher paraphrasierende amerikanische Übersetzung der *Crises commerciales*. Auf Deutsch liegt das Buch bis heute nicht vor.[14] Dass Juglars Name und Forschungen nicht völlig vergessen wurden, verdankt sich denn auch einzig Joseph Schumpeter, der ihn als den »großen Außenseiter« unter den frühen Nationalökonomen bezeichnete, »von dem man sagen muss, dass er die moderne Analyse der Konjunkturzyklen begründet hat«.[15]

Und womit? Nicht etwa mit tief schürfender Theorie, sondern mit staubtrockener Zahlenklauberei: Juglar nahm sich nämlich französische, englische und amerikanische Bankbilanzen vor, dazu eine Reihe von Preisübersichten – und **stieß auf ein wiederkehrendes Schema von Preisanstiegen und Preisverfällen, die sich in regel-**

mäßigen Zyklen von sechs bis zehn Jahren abspielten. Schumpeter ging von ›normalen‹ Konjunkturzyklen von rund sieben Jahren aus. Und nannte sie zu Ehren ihres Entdeckers »Juglar-Zyklen« oder kurz »Juglars«. Ohne dass Juglar bereits eine halbwegs konsistente Theorie formuliert hätte, was denn die Ursache solcher Zyklen sein könne, war er doch auf einen bis dato zwar oft bemerkten, empirisch aber nur punktuell (und meist sehr empört) analysierten Zusammenhang gestoßen: zwischen wirtschaftlichen Auf- und Abschwüngen in Produktion und Handel einerseits und den Aktivitäten im Bankensektor andererseits. Ganz so ›neutral‹, wie die Klassiker dachten, schien das liebe Geld wohl doch nicht zu sein.

Nicht dass es zwischen 1860 und dem Ersten Weltkrieg an wirtschaftlichen Krisen gefehlt hätte, im Gegenteil. Doch während die Marxschen Krisenanalysen schnell zum Handwerkszeug aller Kapitalismuskritiker zählten (und die darauf fußenden Prophezeiungen, der Kapitalismus schaffe sich seine eigenen Totengräber, sich dafür umso weniger erfüllten), wollte die akademische Nationalökonomie weder von Krisen noch von einer – was bitte? – ›Konjunktur‹ etwas hören. Bis weit ins 20. Jahrhundert hinein betrieb man lieber weiter graue Theorie. Belegt ist das Fremdwort (*coniunctio* = ›Verbindung‹) im Deutschen zwar seit dem 17. Jahrhundert. Doch bis weit ins 19. Jahrhundert hinein meint es hauptsächlich die Verbindung von Sternbildern; also das, was Astrologen heute ›Konjunktion‹ oder ›Konstellation‹ nennen. Was immerhin zeigt, dass beliebte Vergleiche zwischen Konjunkturprognosen und Spökenkiekerei nicht völlig an den Haaren herbeigezogen sind. Vereinzelt taucht es dann um 1800 in der Kaufmannssprache als gelehrtes Synonym für ›gute Geschäfte‹ auf, also quasi als Gegenbegriff zu ›Krise‹. »Nach einer größeren Krise kommt eine größere Konjunktur!« spricht darum noch bei Bertolt Brecht »der Klassenfeind«.[16]

In der Entwicklung der ökonomischen Theorie offenbart sich öfters ein verborgener Sinn für antizyklische Wendungen. So löste die empirische Konjunkturforschung eine eher spekulative Krisenprophetie ausgerechnet zu einer Zeit ab, als zwei epochale Katastrophen die Weltwirtschaft an den Rand des Abgrunds trieben:

der Erste Weltkrieg und die ›Große Depression‹ der 1930er-Jahre. Systematisches Interesse an nüchternen Wirtschaftsdaten über Produktion, Preise, Handel, Kredite oder Beschäftigung folgte also auf den bis dato grausamsten, erstmals komplett industriell geführten Krieg. Und es ging einer Krise voraus, die mit dem Begriff einer der schwersten psychischen Erkrankungen benannt wurde. Darin liegt eine eigentümliche Ironie.

1920 nimmt unter der Leitung des Ökonomen Wesley C. Mitchell (1874–1948) das National Bureau of Economic Research (NBER) in Cambridge, Massachusetts seine Tätigkeit auf. Bereits 1913 hatte Mitchell sein Hauptwerk *Business Cycles* veröffentlicht, in dem er ein gutes Dutzend Theorien über die Ursachen von Konjunkturzyklen untersuchte, sie allesamt als plausibel deklarierte – um sie dann zu verwerfen und für einen Neuansatz allein auf Basis statistischer Analyse zu plädieren. Die totale Mathematisierung der Ökonomie begann also damit, dass das orthodoxe Credo des zweckrationalen *homo oeconomicus* vom protestantischen Glauben an die Macht der reinen Zahl abgelöst wurde. Schon wieder so eine Ironie. 1927 erschien eine komplett überarbeitete und aktualisierte Neuausgabe der *Business Cycles*. 1946 entwickelte Mitchell zusammen mit Arthur F. Burns ein nach beiden benanntes Diagramm zur Beschreibung von Konjunkturzyklen. Auf der Basis von US-Daten über industrielle und landwirtschaftliche Produktion, Zinssätze, Beschäftigung, Löhne und Lebensmittelpreise kamen sie zu dem Ergebnis, dass sich alle Referenzwerte im Verlauf eines Zyklus parallel entwickeln; nur die Einzelhandelspreise würden zeitverzögert hinterherhinken.

Im Juli 1925 gründete Ernst Wagemann, Chef des Statistischen Reichsamtes, in Berlin das Institut für Konjunkturforschung, das seit 1941 Deutsches Institut für Wirtschaftsforschung (DIW) heißt und bis heute zu den fünf führenden Instituten der Bundesrepublik gehört. Auch die 1926 erstmals publizierten *Vierteljahrshefte zur Wirtschaftsforschung* werden bis heute fortgeführt. 1927 eröffneten Friedrich August von Hayek (1899-1992) und Ludwig von Mises (1883–1973) das Österreichische Institut für Wirtschaftsforschung (WIFO).

Zahllose nationale und internationale Organisationen und Institute veröffentlichen nun seit einem knappen Jahrhundert regelmäßig Tausende von ökonomischen Global-, Länder-, Sektoren-, Branchen- oder Einzelstudien auf der Basis mehr oder weniger hoher Zahlengebirge. Das Lustige an der Sache: Das statistische Ausgangsmaterial wurde immer genauer und immer detaillierter – doch die daraus abgeleiteten Schlüsse blieben den bekannten Denkschulen genauso verhaftet wie zuvor. Immerhin beweist dies, dass die Ökonomie heute tatsächlich eine empirische Wissenschaft ist. Denn ohne gewagte Hypothesen lässt sich ja auch aus physikalischen Daten oder klinischen Befunden keine wissenschaftliche Theorie entwickeln. Für das Problem, dass reproduzierbare Laborexperimente in der realen Welt kaum durchführbar sind, hat die Volkswirtschaftslehre aber leider noch keine Lösung gefunden.

Ohne die pausenlose Papierproduktion von Instituten und ›Wirtschaftsweisen‹ wären – neben Wirtschaftspolitikern und Lobbyisten – auch Deutschlands Wirtschaftsredaktionen komplett aufgeschmissen. Gefühlt 80 Prozent ihrer Zeitungteile werden dort mehr oder weniger abgeschrieben. Tja, und auch wir armen Autoren müssten ohne die Fleißarbeit der seriösen Wissenschaft orientierungslos in der ökonomischen Dunkelheit herumtappen. Sicher aber ist das: Keiner kann die Zukunft voraussagen!

Und warum gibt's jetzt Konjunktur?

Ganz allgemein gesagt, hat das damit zu tun, dass der Kapitalismus eine ausgesprochen spekulative Wirtschaftsform ist. Und das ist ausnahmsweise mal ganz und gar nicht böse gemeint. Wir schimpfen ja gern auf ›die Spekulanten‹, ihre unersättliche Gier nach absurden Renditen und ihre ab und an zu beobachtende Lässigkeit im Umgang mit allen Regeln des ehrbaren Kaufmanns – und so manchen Gesetzen. Doch nüchtern betrachtet ist natürlich jede kaufmännische Investition eine Spekulation: eine Hoffnung auf *zukünftige* Geschäftsaussichten. Und Prognosen sind nun einmal schwierig, besonders wenn sie die Zukunft betreffen, wie schon Karl Valentin, Mark Twain oder Niels Bohr gesagt haben sollen.

Auch der solideste, konservativste schwäbische Mittelständler lässt ja nur deshalb zum Beispiel Schrauben drehen, weil er darauf spekuliert, dass andere irgendwo auf der Welt irgendetwas damit zusammenschrauben wollen. Wenn er nicht erst seit gestern im Geschäft ist, weiß er sogar ungefähr, welche Leute wo schon ungeduldig mit ihren Schraubenschlüsseln spielen. Aber wann genau brauchen sie wie viele Schrauben? Und wofür? Was darf eine bestimmte Schraube kosten, damit sie sich nicht nur gut, sondern auch möglichst gewinnbringend verkauft? Was tun, wenn plötzlich eine Baumarktkette pleitegeht? Ein großer Industriekunde zu viele verschraubte Waren auf Lager hat?

Oder nehmen wir ein eher ulkiges Alltagsbeispiel: Immer noch finden Sie kurz hinter der polnischen oder tschechischen Grenze riesige Märkte für dies und das. Unter anderem buhlen dort Legionen von Zwergen, Buddhas oder Michelangelo-Davids um die Gunst deutscher Gartenfreunde. Das Problem: Erstens lohnt sich der Tank- und Einkaufstourismus heute nicht mehr so sehr wie noch vor dem EU-Beitritt Polens und Tschechiens. Zweitens hat man in Asien, wo all die wunderbaren Exponate hergestellt werden, sowohl die Zierlust als auch die Gartenfläche der Deutschen überschätzt. Bis aber zum Beispiel vietnamesischen Herstellern auffällt, dass Gartenzwerge bei den Germanen nicht mehr gehen, sind nicht nur zu viele hergestellt und verschifft worden. Das lässt sich durch Rabattaktionen und den Umstieg auf Buddhas notfalls beheben. Doch irgendwann wird fast jeder rücklings erdolchte Heinzelmann von einem Erleuchteten persönlich ins Nirwana geleitet. Dann sind nicht mehr die Gussformen, sondern die mangelhaft ausgelasteten Maschinen zu deren Herstellung das Problem. Und der ganze Ramsch vor deutschen Datschen ist auch nicht mehr allein ein Problem asiatischer Sweatshop-Bosse. Er ist zum Problem schwäbischer Spezialmaschinenbauer geworden. Und am Ende der Kette: Noble Banker, die die Balkone ihrer City-Appartements oder die Gärten ihrer Vorortvillen natürlich niemals mit billigen Gartenzwergen verunstalten würden – und die daher vom Einbruch der Zwergkonjunktur noch kälter erwischt werden als ihre gewerblichen Kreditnehmer.

Man kann das auch etwas theoretischer formulieren: Die Finanzierung der Produktion, die Produktion selbst, die Verwertung ihrer Erträge und schließlich die Verteilung des erwirtschafteten gesellschaftlichen Reichtums[17] fallen zeitlich und räumlich auseinander. Dadurch entstehen mehr als nur kurzfristige Ungleichgewichte (im VWL-Slang ›Disparitäten‹ genannt) zwischen Angebot und Nachfrage. Zunächst auf den Märkten für Güter und Dienstleistungen selbst. Dadurch bedingt auch zu vor- und nachgelagerten Disparitäten auf dem Kapital-, dem Kredit- und dem Arbeitsmarkt. Phasenweise oder in bestimmten Branchen laufen die Geschäfte dermaßen gut, dass entsprechend qualifizierte Arbeitskräfte beinahe alles fordern können. Manchmal sogar Ayurveda-Massagen in der Mittagspause. Andernorts und zu anderen Zeiten finden sie nicht einmal für indiskutable 3,50 Euro die Stunde einen Job. Gestern war Kapital noch knapp, weswegen dringend nötige Investitionen leider zurückgestellt werden mussten. Heute könnte man sich für 1 bis 2 Prozent refinanzieren – und trotzdem will keiner Kredite für neue Maschinen aufnehmen. Die Zeiten sind einfach zu unsicher.

Das ist eben der Unterschied zwischen Marktwirtschaft und Planwirtschaft. Im Sozialismus kannte die staatliche Liegenschaftsverwaltung die genaue Zahl der Vorgärten. Auf dieser Basis konnte die Plankommission beschließen, dass in jeden ordentlichen Vorgarten ein Gartenzwerg gehört, und alle fünf Jahre einer von zehn Zwergen durch einen neuen ersetzt werden muss. Das ZK legte fest, welche Modelle sittlich und politisch opportun waren – und fertig war die Plankennziffer XXVII-0815-GartZw. Im Kapitalismus gibt's zwar auch irgendwo eine Statistik über Gartenflächen, ferner Marktforschung zum Thema Ziergartengestaltung. Aber es gibt eben auch eine Riesenauswahl an anderen Außendekorationen. Fabrikanten können nur mutmaßen, dass exhibitionistisch veranlagte Gartenzwerge vielleicht Trend werden – und wie lange dieser Trend womöglich anhält. Dass er vorbei ist, sieht man fast immer zu spät. Nämlich erst an den sinkenden Absatzzahlen bereits hergestellter Produkte.

Vor allem aber existiert in einer kapitalistisch organisierten Marktwirtschaft scharfer Wettbewerb. Im Falle der Gartendeko ist er eher kleinteilig beschaffen. Womit die Absatzerwartungen für jeden einzelnen Gartendeko-Hersteller umso undurchsichtiger werden. In anderen Branchen, zum Beispiel im Automobilbau, sind die ›Markteintrittsbarrieren‹ dafür viel höher. Das heißt: Man muss hier *sehr* viel mehr Geld in die Hand nehmen und *sehr* viel größeres Know-how haben als bei der Herstellung von Plastikartikeln. Konsequenz: Hier tummeln sich weniger Wettbewerber – und sie kennen sich untereinander ziemlich genau. Außerdem muss jeder von ihnen ziemlich imposante Mengen an Autos auf den Markt werfen, um hier und da ein paar mehr zu verkaufen als die Konkurrenz. Womit freilich auch die Halden sehr viel schneller wachsen.

Wenn es etwas gibt, das an kapitalistischen Marktwirtschaften nur sehr wenige kritisieren, dann wohl die Tatsache, dass die in dieser Gesellschaftsform auch ›Kunden‹ genannten Menschen fast immer die Wahl zwischen mehreren Angeboten haben (zugegeben: im Rahmen mehr oder minder begrenzter Budgets). Ob es um Brot und Butter, Hemden, Autos, Restaurantbesuche, Haarschnitte oder was auch immer geht: Wettbewerb ist okay. Aber Wettbewerb bedeutet eben auch: Investitionen, in was auch immer, sind immer Risiken. Die einen machen gute Geschäfte, andere kommen gerade so zurecht, wieder andere bleiben auf der Strecke. **Und am Ende führt das alles komischer Weise immer zu einem Zuviel vom Gleichen.** Zu Überproduktion. Absatzproblemen. Konjunkturdellen. Zu Krisen. Und so mancher, der sich als Kunde noch über die reiche Auswahl freute, hat als entlassener Arbeitnehmer plötzlich kaum noch eine Wahl.

Wer Glück hat, ist mit der Produktion von Gütern oder der Erbringung von Dienstleistungen beschäftigt, die immer benötigt werden. Die einzige zyklische Konjunktur, die Ärzte kennen, dürfte die jährliche Grippewelle sein. Aber Pillen werden das ganze Jahr über verschrieben. Der Preiskampf der Friseure ist bisweilen barbarisch – mehr oder weniger regelmäßig hingehen müssen trotzdem fast alle. Etwas weniger als die Hälfte der Menschheit muss sich zumindest im Gesicht rasieren. Und nur zwei Unternehmen auf der Welt stellen 90 Prozent aller Rasierklingen her, beide zudem noch elektrische Rasierer, Zahnbürsten und – Überraschung! – Batterien. Ständig zerbricht was – und muss geklebt werden. Gestorben wird immer. Und so weiter. Nahrungs- und Genussmittel, Körperpflege, Waschmittel, pharmazeutische Produkte, Strom und Gas, all das hat mit Konjunktur wenig bis nichts zu tun. Die Volkswirte nennen diese Branchen ›antizyklisch‹ oder ›defensiv‹.

Zur Partei der permanenten Konjunktur-Sensibelchen gehören dagegen die Hersteller ›zyklischer‹ Konsumgüter wie Autos oder Möbel. Diese Dinge brauchen zwar auch alle oder sehr viele. Aber ihre Neuanschaffung lässt sich eben je nach privater Haushaltslage verschieben. Manchmal ein paar Monate lang, notfalls aber auch um Jahre. Werden weniger solcher Konsumgüter hergestellt, dann kaufen deren Hersteller weniger Material und weniger Maschinen. Jetzt stockt die Konjunktur im Sektor der ›Investitionsgüter‹. Das wiederum bekommt unter anderem die Stahlindustrie bald zu spüren.

Einige Branchen schließlich stehen sozusagen dazwischen. Ein Teil ihres Geschäftes ist zyklisch, ein Teil weniger oder gar nicht. Lebensmittelhandel und Drogeriemärkte sind ebenso wenig konjunkturanfällig wie ihre Lieferanten. Auf der anderen Seite ist auch der Luxuskonsum nicht zyklisch, weil reiche Konsumenten nun mal selten knapp bei Kasse sind. Alle anderen, vor allem der Groß- und Außenhandel, gehen dagegen mit der Konjunktur. Nicht anders die Banken: Mit Ihrem Dispo (oder Ihrem Auto- und Häusle-Kredit) verdienen die auch in einer Rezession noch ordentlich Geld. Das Firmenkundengeschäft und vor allem das Investmentbanking sind hingegen hochgradig zyklisch.

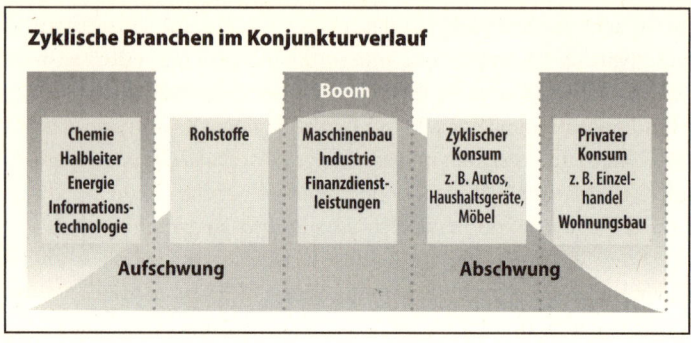

Zyklische Branchen im Konjunkturverlauf

Boom

| Chemie Halbleiter Energie Informationstechnologie | Rohstoffe | Maschinenbau Industrie Finanzdienstleistungen | Zyklischer Konsum z. B. Autos, Haushaltsgeräte, Möbel | Privater Konsum z. B. Einzelhandel Wohnungsbau |

Aufschwung   Abschwung

Im Verlauf eines jeden normalen Konjunkturzyklus stellen sich die Kandidaten dann in umgekehrter Reihenfolge an: Die Chemieindustrie (noch jedenfalls) und die IT-Branche merken als erste, wenn es aufwärts geht. In der Boomphase knallen vor allem bei Banken und Industrie die Korken. Und als letzte steigen der gehobene Einzelhandel und die Bauunternehmen ins Tal der Tränen ab. In dieser erhabenen Allgemeinheit des Lehrbuchwissens hilft das Schema des Konjunkturzyklus den einzelnen Unternehmen leider nur bedingt weiter. Denn das Problem, dass alle in der Kette nicht ganz genau wissen, wie die Geschäfte bei den anderen gerade so gehen, verschärft sich umso mehr, je höher der Grad der Arbeitsteilung ist und je internationaler die Lieferketten werden. In der guten alten ›Nationalökonomie‹ mag das alles noch halbwegs im Takt gewesen sein. In der heutigen, vielfach von global operierenden Konzernen *getriebenen*, aber zugleich von Abertausenden kleinen Klitschen und mittleren Unternehmen *betriebenen* Weltwirtschaft gilt eher das bekannte Bild aus der Chaostheorie: Ein Orkan in der Karibik könnte vom Flügelschlag eines indischen Schmetterlings ausgelöst worden sein.

Dass in der Wirtschaft nicht alle Marktteilnehmer ständig in gleicher Weise über die Lage aller anderen Bescheid wissen, das bezeichnen Volkswirte als ›Informationsasymmetrien‹. Eine der großen Hoffnungen, die man lange an die ›Finanzmärkte‹ geknüpft hatte, war, dass derartige Ungleichgewichte durch besonders schnelle,

besonders professionelle und zudem noch neutrale Informationsverarbeitung beseitigt werden könnten. Ein trauriger Restbestand
dieser Hoffnung sind die tägliche *Börse vor acht* und die rituelle Ein-
blendung der Stände von DAX und Dow Jones im Meldungsblock
der Nachrichtenmagazine. Dass es immer noch Redakteure gibt, die
glauben, Menschen verstünden dadurch besser, was in der Weltwirtschaft vorgeht, wirkt heute seltsam aus der Zeit gefallen.

Haben wir doch längst gelernt, dass auf den Börsenparketts dieser
Welt eine vergleichsweise kleine und mit hochgradigen Eigeninte-
ressen operierende Herde mit den Hufen scharrt. Die Informationen wurden dadurch in keiner Weise ›symmetrischer‹ verteilt. Im
Gegenteil: Die Informationsasymmetrien, nämlich die zwischen den
wenigen echten Insidern auf der einen und den vielen Halb- bis Hun-
dertstelinformierten auf der anderen Seite sind größer als je zuvor.
Und während die ziemlich kleine, nur scheinbar total ausgeschlafene
Herde der Börsianer stärker dem Herdentrieb folgt als jede Büffel-
herde, haben ganz, ganz wenige Leitbullen bewiesen, dass sie die
Herde bisweilen fast nach Belieben manipulieren können.

Es mag wie eine kindische Vereinfachung klingen. Aber anders
als die Weltwirtschaft selbst sind **die globalen Finanzmärkte**, vor
allem die auf ihnen gehandelten ›Produkte‹ nicht ›hoch komplex‹. Sie
sind schlicht und einfach nur *kompliziert*. Besser gesagt: Sie **wurden
mit Absicht undurchschaubar kompliziert gemacht. Und warum?
Damit sich einige wenige an der unverschuldeten Unmündigkeit
der Vielen eine goldene Nase verdienen können.** Sonst nix! Denn
Banker und Börsianer bereichern sich nicht an Gewinnen aus klugen
Investitionen. Sie werden auch nicht hauptsächlich durch Zinsen
reich. Die üppigste Geldquelle der Finanzbranche sind allerlei Arten von Provisionen. Und Arbitragegewinne. Diese Ströme fließen
aber nur, solange das Geld im System bleibt! Bankkunden, Sparer
oder Anleger, die Geld in reale Investitionen stecken oder Gewinne
verfrühstücken statt sie wieder anzulegen, entziehen dagegen dem
System Geld. Und mit ihm Provisionschancen.

Keine Frage: Börsen, Aktien und – in beschränktem Umfang –
auch ›Derivate‹ sind sinnvolle und notwendige Steuerungsinstru-

mente einer monetär gesteuerten Ökonomie. Aber um mit ihnen neben Buchgeld auch Informationen über reale Wirtschaftsaktivitäten handeln zu können, müssen sie zwingend so reguliert werden, dass jeder wirtschaftlich halbwegs Interessierte sie verstehen, sie vernünftig bewerten und gegebenenfalls auf ihrer Basis auch börslich relevante Entscheidungen treffen kann.

Anders gesagt: **Transparente Preisbildung für alle! Und wo Risiko drinsteckt, muss auch Risiko draufstehen – klar, deutlich, verständlich.** Vorbild für Bankprospekte: Zigarettenschachteln statt Lifestyle-Werbung! Solange ›die Anleger‹, von denen Börsenfernsehen & Co. ständig schwadronieren, nur in den *war rooms* der Großbanken sitzen, haben wir keine wirklich ›offenen Finanzmärkte‹. Und schon gar keine, die realwirtschaftlich relevante Informationen liefern.

Von der Konjunktur zur »schöpferischen Zerstörung«

»Die fortwährende Umwälzung der Produktion, die ununterbrochene Erschütterung aller gesellschaftlichen Zustände, die ewige Unsicherheit und Bewegung« zeichnet nach Marx den Kapitalismus aus. Wer das *Kommunistische Manifest* mit Verstand liest, merkt schnell, dass aus solchen Formulierungen mehr Bewunderung als Kritik spricht. Wie Marx, so findet auch Joseph Schumpeter, dass der Kapitalismus das Gegenteil einer Gesellschaft ist, in der man es sich schön gemütlich machen kann. Doch anders als jener strebt er weder »den gewaltsamen Umsturz aller bisherigen Gesellschaftsordnung« noch eine irgendwie geartete ›Überwindung‹ des Kapitalismus an.

Schumpeter hielt das, was bei ihm »schöpferische Zerstörung« heißt, für einen uneingeschränkt positiven Prozess. Das Bessere ist hier ständig des Guten Feind. Und zwar letztlich zum Nutzen aller Mitglieder der Gesellschaft. In den ›kleinen‹ Zyklen der Konjunktur, während derer alle ihren grundsätzlich etablierten Geschäften nachgehen, führe das Auf und Ab zu unschönen, aber vertretbaren Reibungsverlusten. In längeren Entwicklungszyklen komme es dagegen zu Innovationen bei Produkten, Produktionsmethoden und Marktorganisation, dank derer kein Stein auf dem anderen bleibe.

»Die Eröffnung neuer, fremder oder einheimischer Märkte und die organisatorische Entwicklung vom Handwerksbetrieb und der Fabrik zu solchen Konzernen wie dem U.S. Steel illustrieren den (…) Prozess einer industriellen Mutation (…), der unaufhörlich die Wirtschaftsstruktur von innen heraus revolutioniert, unaufhörlich die alte Struktur zerstört und unaufhörlich eine neue schafft. (…) Der Prozess der schöpferischen Zerstörung ist das für den Kapitalismus wesentliche Faktum. Darin besteht der Kapitalismus und darin muss auch jedes kapitalistische Gebilde leben.«[18]

Nicht ohne Absicht erwähnt Schumpeter U.S. Steel. Große Konzerne sind seines Erachtens für jegliche Innovation unverzichtbar. Im »ewigen Sturm der schöpferischen Zerstörung« herrschten nämlich tendenziell »monopolistische Praktiken«[19]. Dagegen sei es in der von der orthodoxen Ökonomie zum Ideal erkorenen ›vollkommenen Konkurrenz‹ nicht möglich, riskante Innovationen in neue Produkte, Märkte oder Prozesse temporär zu schützen. Sie müssten vielmehr schnell »unter Opfern angepasst oder aufgegeben werden«[20]. Und wo Ertragsaussichten zu ungewiss sind, da würden Innovationen eben ausbleiben. Träge und satte Konzerne als Bremsklötze des Fortschritts? Irrtum, so Schumpeter! Vielmehr seien gerade sie dessen »kräftigste Motoren«[21].

Doch Konzerne entstehen nicht über Nacht – und zumindest zu Schumpeters Zeiten (lange vor Google, Facebook & Co.) stiegen sie auch nicht in wenigen Jahren von der Geschäftsidee zu globalen Quasimonopolisten auf. Weshalb denn auch die großen Innovationszyklen weit länger als die normalen »Juglars« dauern müssten. Seine beiden Hauptwerke über *Konjunkturzyklen* (1939) und *Kapitalismus, Sozialismus und Demokratie* (1942) waren noch ungeschrieben, als Schumpeter den Aufsatz eines russischen Ökonomen las. Nach ihm benannte er diese sich über Jahrzehnte erstreckenden Zyklen »Kondratjew-Zyklen«. Erst wenn man deren Logik verstehe, verstehe man den Kapitalismus.

Versuchen wir's also …

3 Wenn der Treibstoff knapp wird

*Über Nikolai Kondratjew, Joseph Schumpeter
und die »langen Wellen der Konjunktur«*

»Die langen Wellen der Konjunktur« – Unter diesem Titel veröffentlichte 1926 der russische Ökonom Nikolai Kondratjew in der renommierten, von Max Weber, Edgar Jaffé und Werner Sombart herausgegebenen Zeitschrift *Archiv für Sozialwissenschaft und Sozialpolitik* einen viel beachteten Aufsatz. Seine zentrale These: **Die normalen Konjunkturzyklen von zirka fünf bis sieben Jahren würden von längeren Wellen überlagert, die sich über 40 bis 60 Jahre erstreckten.** Kondratjew hatte englische, amerikanische, französische und deutsche Daten zur Entwicklung von Löhnen, Preisen, Zinsen, Aktienkursen und Außenhandel seit den siebziger Jahren des 18. Jahrhunderts ausgewertet. Dabei machte er zweieinhalb solcher Zyklen aus – und prognostizierte ein Auslaufen der dritten Welle für Ende der 1920er-Jahre. Der Börsencrash von 1929 und die folgende Weltwirtschaftskrise bestätigten seine Vorhersage.

Kondratjew, der an der Ausarbeitung des ersten Fünfjahresplans der neuen Sowjetunion führend beteiligt war, hatte gegen eine übereilte Kollektivierung der Landwirtschaft und für Märkte mit freier Preisbildung plädiert. Mit der Leninschen »Neuen Ökonomischen Politik« ging dies halbwegs d'accord. Mit Stalins diktatorischem Wirtschaftskurs dagegen überhaupt nicht. Und was vielleicht noch schlimmer war: Seine Theorie zweifelte am baldigen und unvermeidlichen Untergang des Kapitalismus. 1928 wurde das von Kondratjew gegründete Moskauer *Konjunkturinstitut* geschlossen, er selbst wurde

1930 inhaftiert und 1938 im Zuge der stalinistischen Schauprozesse zum Tode verurteilt. Erst 1987 rehabilitierten ihn die sowjetischen Behörden. 1939 prägte dann der aus Österreich stammende Harvard-Ökonom Joseph Schumpeter in seinem voluminösen Werk *Business Cycles*[1] für diese langen Konjunkturwellen den Begriff der »Kondrat-jew-Zyklen«. Schumpeter formulierte zugleich einen weitergehenden Erklärungsansatz für Kondratjews Beobachtungen: **Grundlegende technische Innovationen bildeten die Basis für diese langen Wellen, die stets mit fundamentalen Umwälzungen der Produktion und der Betriebsorganisation einhergingen.**

Unter Schulökonomen ist die Anzahl der Fans von Schumpeters Theorie der Kondratjew-Zyklen eher begrenzt. Deren Einwände sind vor allem ökonometrischer Natur. Sehr simpel gesagt: Die Zahlen gäben das nicht her. In der Tat lassen sich Wirtschaftsdaten ja je nach Auswahl von Zeitreihen sehr verschieden interpretieren. Vor allem im 20. Jahrhundert sind Kondratjew-Zyklen statistisch auch nicht wirklich präzise nachweisbar. Dafür entwickelten sich die Volkswirt-schaften Europas, Nordamerikas und Japans, um von China, Indien, Asiens »Tigerstaaten« oder den postkommunistischen Ländern zu schweigen, viel zu unterschiedlich. Für weite Teile der mathemati-sierten Makroökonomie ist das natürlich ein Killerargument.

Zu retten ist die Theorie denn auch nicht mit Zahlenspielen, sondern nur, indem man sie als *politische Ökonomie* ernst nimmt. Dies war einmal eine ehrenwerte akademische Disziplin – bis der Begriff durch inflationäre Verwendung im orthodoxen Marxismus unter Ideologieverdacht geriet. Wir sehen das ganz unideologisch: Auch in Wirtschaftsfragen ist es gelegentlich lohnend, politische, soziale, technische oder kulturelle Rahmenbedingungen zu betrach-ten. Nicht nur in Quartalszahlen oder Jahreswirtschaftsgutachten zu denken, sondern auch einmal langfristige Entwicklungen zu analysieren. Kondratjew, Schumpeter und einige Denker in ihrem Windschatten liefern dazu eine hervorragende Arbeitshypothese. Nicht mehr. Aber eben auch nicht weniger.

Apropos Zyklen: Wir empfinden Zyklen als etwas Natürliches. Die Natur und das Leben sind geprägt von Zyklen: Tag und Nacht, die Jahreszeiten, Ebbe und Flut; Wachen und Schlafen, Essen und Verdauung, Arbeiten und Entspannung, Geburt, Alter, Tod. Und da wir für alles offen sind und Dogmatismus nicht leiden können, gehen wir im Folgenden ausführlich auf die Idee der »langen Wellen« ein – das ist sozusagen unser erster gemeinsamer Einkauf, den wir im Supermarkt der Wirtschaftstheorie tätigen. Unser Ziel: am Ende aus verschiedenen Denkrichtungen und Schulen einen Leitfaden für eine nachhaltige und gesunde, den Menschen dienende Wirtschaft zu entwickeln.

Der springende Punkt in Schumpeters Überlegungen ist nun folgender: Die sogenannten »Basisinnovationen« sind nicht Ursache, sondern selbst bereits eine Folge der von Nikolai Kondratjew beobachteten langen Wellen. Ihr eigentlicher Ausgangspunkt sind *strategische Knappheiten*, die gegen Ende eines Zyklus das gesamte Gefüge der Wirtschaft aus dem Gleichgewicht bringen. **Sehr plakativ gesagt: Da wird nicht irgendetwas knapp, das viele gerne hätten. Sondern es wird etwas knapp, das *alle* brauchen. Und zwar alle *Produzenten*.** Die Theorie der »langen Wellen« darf deshalb auch nicht mit allgemeinen Erörterungen zum Thema technischer Fortschritt verwechselt werden. Dieser ist, wenngleich die längste Zeit in sehr gemächlichem Tempo, schon immer ein Begleiter der menschlichen Zivilisation gewesen. Mit zunehmendem, zeitweise fast rasendem Tempo gibt es ihn seit Beginn der industriellen Revolution und des modernen Kapitalismus. Es gibt ihn auf nahezu allen Gebieten des Wissens und der Wissenschaften, der Technik und der sozialen Systeme. Und es wird ihn auch in Zukunft geben. Nur dass eben nicht jede technische Innovation, jede Erfindung sozusagen »systemrelevant« ist.

Ob sie das ist oder nicht, hat auch nicht unbedingt damit zu tun, wie bedeutend sie unter kultur- oder sozialhistorischen Gesichtspunkten war. Die Erfindung des Buchdrucks durch Gutenberg war zweifellos eine epochale medientechnische Innovation – der Start in die seit Marshall McLuhan sprichwörtliche »Gutenberg-Galaxis«.[2] Sie hat die Welt, den Glauben, Wissenschaft und Kultur im Wortsinne auf den Kopf gestellt. Aber – nicht die Basis der materiellen Produktion. Die Telegrafie, das Telefon – gewiss bedeutende Erfindungen, zunächst mehr für Unternehmen und, wie so oft, für das Militär, dann für jedermann – sind ebenfalls keine Basistechnologien im Schumpeterschen Sinne. Die Wasserleitung, der Radiergummi, die Waschmaschine – drei Erfindungen, die den Alltag der Menschen fundamental verändert haben; aber eben nicht die Grundstruktur der industriellen Produktion.[3]

Aus der Sicht des Kapitals sind Konsumenten, ebenso wie Lohn- und Gehaltsempfänger, ja nur ein notwendiges Übel. Natürlich nicht im moralischen, sondern im rein ökonomischen Sinne. Dass die meisten Engländer des 18. Jahrhunderts kaum mehr Kleidung besaßen, als sie am Körper trugen, hätte für sich gesehen weder die Herzen reicher Grundbesitzer noch die der schmalen städtischen Oberschicht gerührt. Das Problem war ergo nicht die Knappheit von Hemden oder Hosen. Das Problem war eine Überproduktion von Wolle. Diese hauptsächlich zu exportieren reichte nicht mehr. Man musste darüber nachdenken, sie im eigenen Land zu verarbeiten. Doch Spinnerinnen und Schneider schafften das schlicht nicht mehr. Ergo erfanden die ersten Kapitalisten die Textilfabrik. Nun brauchen Maschinen viel Energie. Das Problem: Anders als Wolle war Holz extrem knapp – und die Kohleförderung noch zu wenig entwickelt. Wir kommen gleich darauf zurück.

Es geht also nicht um die Knappheit von Gütern im Allgemeinen, es geht um die Knappheit von *Produktionsfaktoren*. Da gibt es nun drei mögliche Engpässe. Erstens: Ein entscheidender Produktionsfaktor steht *stofflich* nicht mehr in ausreichender Menge zur Verfügung. Die Wälder sind abgeholzt. Dadurch verteuert sich dieser Produktionsfaktor zunächst stark. Am Ende versiegt in bis dato bestens funktionierenden Werkstätten, Manufakturen oder Fabriken buchstäblich der Materialfluss. Engpass zwei: Eine zentrale Ressource wird *strukturell* knapp. Das heißt, sie kann von bestehenden Infrastrukturen, Institutionen oder Märkten zeitnah nicht mehr ausreichend zur Verfügung gestellt werden. Beispiele: Allein mit Pferdewagen lassen sich die Warenmengen nicht mehr transportieren; per Postkutsche beförderte Geschäftsbriefe sind eine Ewigkeit unterwegs; das Edelmetall Wolfram wird unbezahlbar, weil die chinesische Stahlindustrie gerade durch die Decke geht (China ist der mit weitem Abstand größte Förderer des seltenen Schwermetalls). Die Folge ist immer die gleiche: Rohstoffe, Zwischenprodukte oder Dienstleistungen, auf die jeder Produzent dringend angewiesen ist, könnten nur noch unter Verzicht selbst auf minimale Renditen nachgefragt werden.

Die wichtigste strukturelle Knappheit ist ab einem bestimmten Punkt die *Kapitalknappheit.* Heißt: Einzelne Kapitalisten können ihre Investitionen nicht mehr komplett aus eigener Tasche bezahlen. Achtung: Nicht Geld im Allgemeinen ist knapp. Das ist es nämlich *nie. Ihr* Geld ist knapp. Es braucht mithin einen Markt, der zwischen denen, die Geld übrig haben, und denen, die Geld brauchen, vermittelt. Weil es im industriellen Kapitalismus weniger gemächlich zugeht als in der traditionellen Agrargesellschaft, muss dieser Markt ungewohnt fix und effizient sein. Klappt leider auch nicht immer. Das schauen wir uns später an.

Dritte Möglichkeit: Es entstehen – sei es technisch, sozial, kulturell oder ökologisch bedingt – völlig neue Bedürfnisse. Durch bloße Verbesserung vorhandener Technologien oder durch effizientere Produktion können diese nicht mehr befriedigt werden. Ein einfaches Beispiel: Per Schallplatte konnte man Musik prima verbreiten. Aber kein Privatmensch konnte seine Lieblingshits nach Lust und Laune zusammenkopieren. Dass das technisch möglich war, wusste jeder – nur dass Tonbandgeräte unhandlich und sehr teuer waren. Ein paar ältere Leser dürften sich noch an die ersten Totenklagen der großen Plattenfirmen erinnern. Damals hieß der Killer nicht ›Download‹, er nannte sich ›Audiokassette‹. Weil endlich jeder alles kopieren konnte, setzten die sich in Rekordzeit durch. VHS war dann wenig später das technisch gesehen schlechteste Videoformat. Aber mit Betamax und Video 2000 konnte man nichts aufnehmen oder überspielen. Unter anderem auch keine … ähm … erotischen Filme.

Gut, das sind ökonomisch gesehen wirklich *keine* strategischen Knappheiten. Aber deshalb ist VHS ja auch keine Basisinnovation gewesen. Anders hier: Ein Textilfabrikant, dessen Werk floriert, kann zwei, zwanzig oder auch 200 Webstühle aufstellen. Zu deren

Betrieb braucht er Dampfmaschinen – von denen dann aber irgendwann so viele auf dem Werksgelände stehen, dass das Ganze erstens zu gefährlich und zweitens – viel schlimmer – unrentabel wird. Eine neue, effizientere Technik zur Energieversorgung muss her. Oder: Der Schadstoffausstoß von Kraftwerken und Verbrennungsmotoren lässt sich bis zu einem gewissen Punkt reduzieren, aber eben nicht völlig vermeiden. Falls das notwendig würde, müssten diese Technologien durch solche ohne CO_2-Emissionen ersetzt werden. Dass das leider komplizierter ist als die Ablösung des Röhrenfernsehers, dürfte inzwischen bekannt sein.

Erinnern wir uns kurz, warum es im Kapitalismus überhaupt technischen Fortschritt gibt. Unternehmen möchten (und müssen) Gewinne machen. Da es auf mehr oder weniger freien Märkten Preiswettbewerb gibt, können sie die Hand leider nicht beim Kunden nach Herzenslust aufhalten. Und wie wir in den letzten 15 Jahren bitter gelernt haben, können sie zwar eine ziemliche Weile die Löhne kaum erhöhen. Aber sie müssen, so blöd das ist, halt Löhne zahlen. **Hilfreicher Trick: Menschen durch Maschinen ersetzen. Weil der Trick vernünftig zu sein scheint, taufte man ihn »Rationalisierung«.** So lassen sich in gleicher Zeit zu annähernd gleichen Kosten viel mehr Waren herstellen – und jede einzelne Ware immer billiger verkaufen. Letzteres nennt man »Lohnstückkosten«. Und wenn die immer schön sinken, heißt das »Produktivitätsfortschritt«. So viel zur »VWL für Dummies«.

Doch zwangsläufig wird irgendwann der Punkt erreicht, ab dem eine Steigerung der Produktivität mit etablierten Technologien und Organisationsstrukturen kaum mehr möglich ist. Die Brunnen der Rationalisierung sind dann sozusagen ausgeschöpft. Alle wesentlichen Produktionsfaktoren und -technologien (sowie die aus ihnen hervorgehenden Produkte) sind ausgereift. Gängige Konsumgüter sind zu billigen Massenprodukten geworden. Die aber werfen nur noch sehr magere Gewinne ab. Und aus der Sicht der Kunden unterscheiden sie sich irgendwann auch nur noch in unwichtigen Details. Wettbewerb funktioniert daher *nur noch* über den Preis – bis auch die Kampfpreise den Herstellkosten eines Produkts gefährlich nahe kommen. Eine Weile geht das noch gut, jedenfalls für die größten Hersteller bestimmter Produkte (während andere sich schon vom Markt verabschieden mussten). Denn die Großen sind meist mächtig genug, um den Preisdruck an ihre Lieferanten durchzureichen. Aber irgendwann ist auch bei denen das Ende Fahnenstange erreicht. Selbst die Hersteller hoch spezialisierter Investitionsgüter können dann so gut wie nichts mehr profitabel verkaufen. Die Rezession ist da. Karl Marx nannte dieses Phänomen »Gesetz vom tendenziellen Fall der Profitrate«. In vielen Punkten hatte Marx sicher nicht Recht. Aber wo er Recht hatte, da hat er Recht.

Noch einmal: **Je länger ein Kondratjew-Zyklus andauert, desto schmaler werden die Produktivitätsreserven der vorherrschenden Basistechnologie, und desto schmaler werden die Renditen. Nur ein Technologiesprung – an dem hinter den Kulissen irgendwo schon gearbeitet wird – kann dann die strategische Knappheit beseitigen und einen neuen Wachstumsschub auslösen.** Leider weiß man lange Zeit nicht, mit welcher Technologie der Sprung denn stattfinden soll. Wer behauptet, es zu wissen, gilt vielleicht irgendwann als großer Visionär. Aber erst mal gilt er bestenfalls als eigenbrötlerischer Tüftler. Diese Sicht kann man den Zeitgenossen nicht wirklich zum Vorwurf machen. Denn die meisten, die als Daniel Düsentrieb ins Bett gehen, stehen halt auch als Daniel Düsentrieb auf – und nicht als James Watt oder als Konrad Zuse.

Nun haben wir schon gesehen, dass Krisen zum Kapitalismus gehören wie das Salz zum Meer. Nur ein Dorfbäcker kann ziemlich genau so viele Brötchen backen, wie seine Dörfler brauchen. Ansonsten lassen sich Angebot und Nachfrage nur in der Form zyklischer Wellen von Aufschwung und Abschwung ausgleichen. Und am Ende sind trotzdem immer Brötchen übrig. Solche oben erläuterten »Informationsasymmetrien« verursachen in Zeiten wirtschaftlicher Prosperität meist keine schlimmen Probleme. Alle Schieflagen in punkto Marktkenntnis, Waren- und Kapitalflüssen sowie damit einhergehenden technischen und organisatorischen Anpassungen halten sich im Rahmen. Dass man die übrig gebliebenen Brötchen abends billiger verkaufen muss, ist einkalkuliert. Dass der Strom für den

Backofen jedes Jahr ein bisschen teurer wird auch. In den Flaschen-hälsen *strategischer* Knappheiten kommt es dagegen irgendwann zum Infarkt. Dann fällt der Strom, bildlich gesprochen, komplett aus. Und Brötchenbacken kann plötzlich kein Geschäftsmodell mehr sein.

Solange Märkte grundsätzlich prosperieren, geht es nur selten um – neudeutsch gesprochen – »systemrelevante« Produkte und Strukturen. Schon gar nicht um die besagten Basistechnologien. Meistens geht es um Brötchen oder um die im vorigen Kapitel erwähnten Garten-zwerge. **Aber *wenn* Basistechnologien ihren Grenznutzen erreichen, dann sind große und wesentliche Teile des *Kapitalstocks,* häufig auch der *Infrastruktur* fällig.** Die Anpassungsleistungen, die das ganze System bewältigen muss, sind jetzt so gewaltig, dass sie sich irgend-wann nur noch im Zuge einer Vollbremsung vollbringen lassen.

Es leuchtet relativ schnell ein, warum das so ist. Nicht mehr ein-zelne Maschinen müssen durch neue, technisch oft nur in Details verbesserte Nachfolgemodelle ersetzt werden. Nunmehr wird der gesamte Maschinenpark kompletter Branchen umgestellt. Unter-nehmen müssen strategische Planung, Produktionsprozesse und Organisationsstrukturen umkrempeln. Ganze Berufsgruppen wer-den – nicht über Nacht, aber ziemlich rasch – arbeitslos oder müssen völlig neu qualifiziert werden. Bisweilen verschwinden komplette Industriezweige. Oder: Die Eisenbahn ist nicht mal 200 Jahre alt. Keiner weiß, ob sie ihren 300. Geburtstag erleben wird. Erinnern Sie sich an die riesigen Güterbahnhöfe, die in deutschen Großstädten die allerbesten Innenstadtlagen belegten? Wo in den Neunzigern lange nur noch Gras wuchs, stehen heute überall Bürokomplexe und Townhouses. Außer in Stuttgart. Aber das ist ein anderes Thema …

Neben Hardware und Humankapital müssen parallel ganze Märkte – insbesondere wieder die Kapitalmärkte – umgekrempelt werden. Denn nicht mehr einzelne Investitionen gilt es jetzt neu auszurichten, sondern ganze Investitionsstrukturen. Statt wie üb-lich das beruhigende Zauberwort »Rendite« zu murmeln, brüllen die Investment-Gurus nun auch noch ständig »Risiko!« – was viele scheue Rehe des Kapitals erst mal verängstigt. All diese Veränderun-gen gegen Ende eines Kondratjew-Zyklus halbwegs im gewohnten

Rhythmus maßvoller ökonomischer Dünung zu halten, käme einem Wunder gleich. Wir haben es hier nicht mit einem normalen Wellengang zu tun, sondern mit starken Tiefenströmungen. Wenn diese auf die Küste schlagen, bilden sich Tsunamis. Schumpeter spricht – uneingeschränkt euphorisch – von der »schöpferischen Kraft der Zerstörung«. Entsprechend lang, schwierig und sozial ungemütlich sind natürlich die Aufräumarbeiten.

Klingt alles zu abstrakt? Werfen wir also einen Blick auf die konkreten Problemlagen und Triebkräfte der bislang hinter uns liegenden Kondratjew-Zyklen. Das waren fünf.

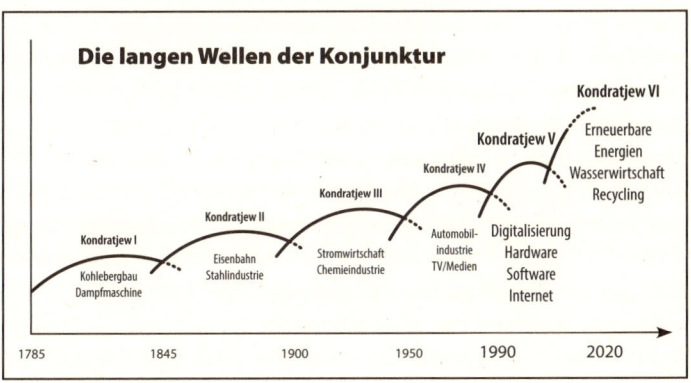

Die langen Wellen der Konjunktur

Kondratjew VI
Erneuerbare Energien
Wasserwirtschaft
Recycling

Kondratjew V
Digitalisierung
Hardware
Software
Internet

Kondratjew IV
Automobilindustrie
TV/Medien

Kondratjew III
Stromwirtschaft
Chemieindustrie

Kondratjew II
Eisenbahn
Stahlindustrie

Kondratjew I
Kohlebergbau
Dampfmaschine

1785   1845   1900   1950   1990   2020

I Der dampfende Kondratjew – mit Kohle

Der erste Zyklus erstreckte sich vom letzten Drittel des 18. etwa bis zur Mitte des 19. Jahrhunderts. Das Mutterland der industriellen Revolution, England, hatte da fast eine ganze Generation Vorsprung. Deutschland zog spät, dann aber rasant nach. **Die treibende Basistechnologie war die Dampfmaschine**, die die Mechanisierung weiter Teile der Industrie, zunächst vor allem des Bergbaus und der Textilindustrie, ermöglichte, sehr begrenzt auch der Landwirtschaft. Dass das ausgerechnet in England passierte, lag daran, dass dort die Landwirtschaft viel früher kapitalisiert worden war als im übrigen

Europa. Infolgedessen hatte man die traditionelle Dreifelderwirtschaft zugunsten des weit produktiveren jährlichen Fruchtwechsels aufgegeben. **Dadurch war die Ernährungslage besser, und die Einkommen waren im Schnitt höher als auf dem Kontinent. Folglich war Arbeit vergleichsweise teuer. Ergo Maschinen lohnend.**

An der Wiege der Dampfmaschine stand zudem eine schon länger virulente, schließlich aber nicht mehr zu überwindende, quasi »biologische« Knappheit: Muskelkraft. Als erster strategischer Sektor der Wirtschaft war der Bergbau mit menschlicher und tierischer Arbeitskraft sowie den Energiequellen Wind und Wasserkraft nicht mehr zu bewerkstelligen. Je tiefer die Kohlegruben reichten, umso häufiger kam es zu schweren Wassereinbrüchen. Um diese zu bekämpfen, brauchte es sehr viel stärkere Pumpen. Die erste verwendbare Dampfmaschine, bereits 1712 vom Engländer Thomas Newcomen konstruiert, löste exakt dieses Problem. James Watt hat 1769 die Dampfmaschine also nicht erfunden, er hat allerdings ihren Wirkungsgrad erheblich verbessert. Wer sich für technische Details interessiert, kann das andernorts nachlesen. Watts Patente jedenfalls schufen die Grundlage für eine bis dato unvorstellbare Ablösung der Handarbeit als Hauptfaktor aller menschlichen Produktion.

Dies wiederum war nur möglich, weil industrieller Kohlebergbau anstelle eher planloser und handwerklicher Kohlegräberei die neue, ebenfalls industrielle Maschinerie befeuerte. Mehr noch: Ohne große Übertreibung kann man feststellen, **dass die Nutzung fossiler Energieträger in industriellem Maßstab der dritte Quantensprung in der Geschichte der menschlichen Zivilisation war** – nach der Entdeckung des Feuers und dem Beginn von Ackerbau, Viehzucht und Sesshaftigkeit.

II Der rollende Kondratjew – mit Stahl

Die zentralen Knappheiten des zweiten Zyklus, dem von etwa 1840 bis 1890 währenden Eisenbahnzeitalter, hatten sich im Verlauf des ersten bereits abgezeichnet. Strukturell knapp wurden die Kapazitäten für den Rohstoff- und Warentransport. Denn dank maschineller

Produktion schwollen die Warenströme nicht mehr linear, sondern exponentiell an. Zu Beginn der systematischen Kohleförderung, die in England bereits kurz nach 1600 begonnen hatte, war das Problem noch nicht drängend. Die am leichtesten zugänglichen Reviere im Süden von Wales, in Lancashire und im Nordosten Englands waren nicht weit vom Meer entfernt, Schiffstransport daher die zunächst nahe liegende Lösung. Um 1700 lag die jährliche Förderung noch unter drei Millionen Tonnen. Bis 1780 hatte sie sich dann etwas mehr als verdoppelt. Doch 1815 wurden jährlich 16, 1860 über 70 und 1880 rund 140 Millionen Tonnen jährlich gefördert. Es lag auf der Hand, dass die Kapazitäten von Küstenschiffen und noch so vielen Pferde-wagen nicht mehr ausreichten, um diese Mengen von den Berg-werken zu den Industriezentren zu transportieren. Endgültig drohte der Infarkt, als die explodierende Zahl mechanisierter Fabriken ihre Massenprodukte nun ebenfalls über immer größere Strecken trans-portieren mussten, sei es zur Weiterverarbeitung in anderen Indus-trien, sei es zu den Exporthäfen oder zu den Abnehmern in den schnell wachsenden Großstädten.

Einem Bonmot Schumpeters zufolge kann man noch so viele Postkutschen hintereinander stellen, man wird doch nie eine Eisen-bahn erhalten.[4] Weshalb die Basistechnologie, die die strukturelle Knappheit an Transportkapazitäten überwand, denn auch etwas anderes war als eine »Pferdeeisenbahn«.[5] Die Dampflok ist ja grund-sätzlich nur eine leicht veränderte Kombination von Dampfmaschine, Pleuel und Schwungrad. Erstere wird einfach *auf* Räder gesetzt, statt ein Schwungrad zur Kraftübertragung anzutreiben. Entscheidende Entwicklungen der Hochdruckdampfmaschine und die Erfindung der Lokomotive gehen daher auf dieselbe Person zurück: den briti-schen Ingenieur Richard Trevithick (1771–1833). Noch weitaus älter, nämlich schon seit dem ersten Drittel des 16. Jahrhunderts im Berg-bau in Gebrauch, war das zweite Element der Eisenbahn: die Schiene nebst spurkranzgeführten Rädern. So scheint es, als gehörten die Basistechnologien zweier langer Zyklen demselben an.

Aber Lokomotive und Gleise allein machen eben auch noch keine Eisenbahn. Der eigentliche Sprung, besser spräche man wohl von einer Systemrevolution, war der Aufbau von *Eisenbahnnetzen*. So ist es meist bei ökonomischen Umwälzungen: **Ein Großteil ihrer technischen Voraussetzungen wurde lange im Voraus entwickelt, in mehr oder minder bescheidenem Ausmaß auch genutzt.** So wie der Bergbau ein weit ins Mittelalter zurückreichendes Gewerbe ist. Oder nehmen Sie das Internet, dessen Anfänge ins Jahr 1968 zurückreichen, als eine Forschergruppe unter Leitung des Massachusetts Institute of Technology (MIT) im Auftrag der US-Luftwaffe das Arpanet (Advanced Research Projects Agency Network) entwickelte. Das qualitativ Neue entsteht dann meist durch eine Kombination bereits bekannter Techniken.

Für den Bau von Eisenbahnnetzen mussten noch einige technische Hürden genommen werden. Doch die größere Herausforderung war ökonomischer Natur. Für die Schienennetze einschließlich Versorgungseinrichtungen und Bahnhöfen sowie von Brücken und Tunneln mussten so immense Mengen von Kapital aufgebracht werden, dass dies die Möglichkeiten einzelner Geldgeber bei Weitem überstieg. Die Lösung des Problems der Kapitalknappheit schaute man sich von den Kaufmannschaften der frühen Neuzeit ab. Für den im Erfolgsfall zwar traumhaft profitablen, zunächst aber vor allem extrem riskanten Überseehandel hatten sie Handelskompanien gegründet, die das Kapital für den Bau und die Ausrüstung ihrer Schiffe sammelten. Damit wurde das Verlustrisiko auf viele Schultern verteilt. Der gigantische Kapitalbedarf beim Eisenbahnbau schuf aus diesem bekannten Gesellschafter-Prinzip eine vollkommen neue Rechtsform. **Die Eisenbahn wurde zur Mutter des modernen Industriekapitals: der Aktiengesellschaft.** Zugleich schuf sie selbst enorme neue Nachfrage. Ihre schnell wachsende Infrastruktur wurde zum Impuls für die Entwicklung der Schwerindustrie. Denn wie der Name schon sagt, benötigte die Eisenbahn – zusammen mit der sich ebenfalls sprunghaft entwickelnden Dampfschifffahrt – gewaltige Mengen an Eisen. Und vor allem: Stahl. Bahn- und Schiffbau wiederum zogen eine rasante Entwicklung des Schwermaschinenbaus nach sich.

Wer heute an Stahl denkt, denkt wohl erst mal an »Stahlkrise«.

Dabei vergisst man leicht, dass die Erfindung des Werkstoffs im 19. Jahrhundert eine nicht minder dramatische strategische Knappheit beseitigte: die an hochgradig strapazierfähigen, industriell verwendbaren Werkstoffen. Obwohl schon zu Beginn des 18. Jahrhunderts in England entwickelt, wurde die Verkokung von Steinkohle erst gegen Mitte des 19. Jahrhunderts in großem Maßstab betrieben. Mit der Verwendung von Koks als Brennstoff und dem 1855 vom britischen Ingenieur Henry Bessemer entwickelten Verfahren des Kohlenstoffentzugs aus dem Roheisen wurde die Herstellung formbaren Massenstahls möglich. Das ab 1864 eingesetzte Siemens-Martin-Verfahren und das 1879 etablierte Thomas-Verfahren erweiterten die Palette der Stahlarten.

Je nach Verwendungszweck konnte dieser nun zu massiven Bauteilen gegossen, geformt, gezogen oder zu Blechen aller Art und Dicke gewalzt werden. Damit besaß unsere technische Zivilisation nach Holz, Stein und Eisenerz erstmals einen nur noch herstelltechnisch verfügbaren Baustoff sowie einen vielfältigen Werkstoff, der nicht unmittelbar der Natur entnommen war. Ohne Stahl sind nicht nur Eisenbahn, Schiffbau und Schwerindustrie sowie das Automobil undenkbar. Auch Großstädte wären ohne dieses in jedem Wortsinne tragende Element der Neuzeit schwerlich entstanden. Weshalb denn auch weder die Stahlindustrie verschwunden noch die Verbesserung von Spezialstählen zum Erliegen gekommen ist. **Basistechnologie verschwindet selten völlig. Sie reicht nur das Präfix »Basis« weiter.**

III Der elektrische Kondratjew – mit Plastik

Bergwerke und Fabriken brauchen Arbeiter. Das sind Menschen, die anderen, heutzutage lustigerweise »Arbeitgeber« genannt, ihre Arbeitsleistung zur Verfügung stellen. Und das nur aus einem Grund: Weil sie keine andere Quelle für ihr lebensnotwendiges Einkommen mehr haben. Diese Menschen wachsen allerdings nicht auf Bäumen. **Um aus Menschen Arbeiter zu machen, muss man ihnen erst einmal sämtliche Möglichkeiten zur Selbstversorgung rauben.** Und das heißt: Die ersten Kapitalisten mussten Bauern von ihrem Ackerboden loseisen. Im kontinentalen Europa wurde das im Spätmittelalter erledigt. Die zugehörige soziale Innovation nannte sich »Leibeigenschaft«. Allerdings begnügten sich die adligen Grundherren mit der Aneignung mehr oder weniger großer Teile der landwirtschaftlichen Produktion. Aus freien wurden hörige, oft genug auch geknechtete Bauern. Dagegen betrieb der Adel nicht nur keine Fabriken, er hatte auch nie Interesse, sein Reservoir an Lebensmittellieferanten mit irgendwelchen bürgerlichen Emporkömmlingen zu teilen, die sich »Fabrikanten« nannten.

Für ein industriell anschlussfähiges »Bauernlegen« (meint: Enteignung) erwies sich das über Generationen gewachsene englische Pächtersystem als ideal. Wohlhabende freie Bauern lassen sich nämlich kaum überreden, für Hungerlöhne 14 Stunden am Tag im Bergwerk oder in der Fabrik zu schuften. Landlose, völlig verarmte (aber immerhin noch eigenständige) Kleinpächter und verelendete Landarbeiter haben dagegen keine andere Wahl. Wenn dann der Gesetzgeber – Englands schmale Oberschicht verfügte ja schon lange über ein Parlament – noch an allen verfügbaren Schrauben von Schuld-, Immobilien- und Polizeirecht dreht, wenn man parallel aus den meisten Äckern Schafweiden macht, dann hat man binnen einer Generation eine Gesellschaft produziert, in der 80 Prozent der Menschen nicht mehr Bauern, sondern Proletarier sind.

Im Verlauf der ersten zwei Kondratjew-Zyklen begannen sich – wenn auch in regional sehr unterschiedlichem Tempo – in den entwickelten Volkswirtschaften also die Gewichte zwischen den Sektoren zu verschieben. Um die Mitte des 19. Jahrhunderts sank in den meisten Ländern Westeuropas sowie in Teilen Nordamerikas der Anteil der in der Landwirtschaft beschäftigten Menschen erstmals unter 50 Prozent. In Deutschland arbeiteten um 1900 – mit starken regionalen Unterschieden – aber immer noch zwischen 25 und 40 Prozent im Agrarsektor. Ackerbau und Viehzucht waren kaum mechanisiert. So blieb bäuerliche Selbstversorgung in der ersten Phase der Industriegesellschaft eine Säule der Volkswirtschaft. 1900 erzeugte ein deutscher Kleinbauer im Schnitt lediglich Nahrungsmittel für vier weitere Personen. Und das hieß: gerade einmal für seine eigene Familie. Erst nach dem Zweiten Weltkrieg ernährte ein Hof zehn Menschen. Zum Vergleich: Heute sind es knapp 150.

Gleichwohl konzentrierte sich mit der Industrie ein immer größerer Teil der Bevölkerung in den Städten. **Unternehmen wuchsen zu Konzernen und Fabriken zu großen Werken mit Hunderten oder Tausenden von Beschäftigten. Beides führte zur nächsten Knappheit: Energie.** Jetzt war diese Knappheit allerdings, anders als die Holzknappheit oder die begrenzte Verfügbarkeit menschlicher und tierischer Muskelkraft, struktureller Natur. Dampfmaschinen waren nämlich *dezentrale* Energieversorger. Jeder einzelne Betrieb musste seine Prozessenergie selbst vor Ort erzeugen. Während ein paar Aggregate die ersten Textilmanufakturen noch recht bequem mit Antriebskraft für ihre Webstühle versorgen konnten, wurde das mit zunehmender Leistungsfähigkeit der Maschinerie und zunehmender Größe der Betriebe immer schwieriger. Die alte Technologie hielt mit dem Energiebedarf der Fabriken nicht mehr mit. Was es brauchte, war nicht nur einfach *mehr* Energie. Was es brauchte, war *bessere* Energie – verlässlicher, flexibler und unabhängig von eigener maschineller Erzeugung. Im heutigen Managementjargon würde man sagen, dass die Fabriken ihre Energieversorgung »outsourcen« mussten.

Das Wachstum der Städte verschärfte ein Problem, das ebenfalls nach neuen technischen Lösungen verlangte: Explosionsgefahr. Mit zunehmender Einwohnerzahl und Bebauungsdichte wurde die Gasbeleuchtung zwar nicht der Straßen (noch heute brennen in 40 Städten Deutschlands rund 80 000 Gaslaternen), aber der Häuser zum erheblichen Risiko. **Die Lösung: Elektrizität. Großkraftwerke mit angeschlossenen Hochspannungsnetzen bildeten die infrastrukturelle Basis des dritten Kondratjew-Zyklus.**

Die neue Form der Energie ließ sich zentralisiert und damit kostengünstig und homogen produzieren, bevor sie großräumig verteilt und beim Abnehmer auf die benötigte Spannung heruntertransformiert wurde. Umfang, Skalierbarkeit und Schwankungen im Verbrauch von Energie hingen nun nicht mehr von der Art ihrer

Erzeugung ab. **Anders als Dampf wurde Strom für den einzelnen Unternehmer vom aufwändigen Investitionsgut zum preisgünstigen und leichter zu kalkulierenden Verbrauchsgut.** Hinter der Steckdose wurden dafür allerdings gigantische Investitionen nötig. Da der Aufbau paralleler Stromnetze ziemlicher Unsinn gewesen wäre (so viel hatte man von der Eisenbahn gelernt), verwandelten sich die neuen Wunderkinder des AG-Kapitalismus schon bald in schwer kontrollierbare, eigensüchtige Bälger: in Monopole.

Diese Entwicklung hatte übrigens auch eine sehr technische Seite: nämlich den Sieg des Wechselstroms. Er stand am Ende des »Stromkriegs« der Jahre um 1890. Dabei ging es um die Entscheidung, ob das entstehende amerikanische Stromnetz auf der Basis von Gleichstrom oder Wechselstrom betrieben werden solle. Thomas Edison, dessen Firma einer der beiden Vorläufer von General Electric war, plädierte damals für Gleichstrom mit einer Spannung von 110 Volt. Bei Beginn der Elektrifizierung New Yorks ab 1880 setzte er diesen denn auch ein.

Edisons Konkurrent George Westinghouse fand jedoch heraus, dass Wechselstrom durch Einsatz des Mitte der Achtzigerjahre des 19. Jahrhunderts erfundenen Transformators mit weit geringeren Verlusten über weit längere Strecken transportiert werden kann als Gleichstrom. Außerdem konnte stets ›derselbe‹ Hochspannungsstrom ins Netz eingespeist und erst beim Endabnehmer auf die gewünschte Spannung heruntertransformiert werden. Gleichstrom muss dagegen in mehreren ›Sorten‹ (d. h. Spannungen) produziert und verteilt werden. Diese unbestreitbaren technischen Vorteile führten zu einer energiepolitischen Grundsatzentscheidung von hoher Tragweite. Nach Edisons Prinzip hätte in jedem Stadtteil ein kleines Kraftwerk stehen müssen. Eine Entscheidung zugunsten des Gleichstroms hätte also im Prinzip zu dezentral strukturierten Stromnetzen geführt. Sehr salopp könnte man auch sagen: zu größeren »Dampfmaschinen« für mehrere Abnehmer. Westinghouse verhalf dagegen, auch wenn das zunächst wohl nicht seine vordringliche Intention war, Großkraftwerken und zentralen Überlandnetzen zum Durchbruch. **Nachdem das in den USA einmal geklärt worden war,**

fuhr der Zug in Richtung Strom-Oligopole dann in allen Industrieländern unter Wechselstrom.

Für die produzierende Industrie ermöglichte die Umstellung von
Dampf auf Strom eine erhebliche Ausweitung und eine zunehmende
Differenzierung der Produktpalette. Nicht zuletzt auch die Entwicklung zahlreicher elektrischer Geräte für den privaten Gebrauch.
Denn der Strom versorgte nicht nur Fabriken. In den Städten wurden
alsbald auch die Wohn- und Geschäftshäuser elektrifiziert. Anfangs
dachte man dabei nur an Beleuchtung. Doch Edisons neue Glühlampen verbrauchten zu wenig Strom. Wohingegen jedes zusätzliche
Gerät zusätzlichen Ab- und Umsatz verhieß. Kein Wunder also, dass
die *General Electric Company* – die einzige von 1896 bis heute ununterbrochen im Dow Jones gelistete Firma – schon sehr bald nicht mehr
nur Glühlampen herstellte.

Kleiner Zeitsprung. Mit den vielen Lampen, mit Kühlschränken,
Föns, Mixern, Toastern oder Radios kam ein im Prinzip bekanntes
Problem der Industrie zurück: Materialknappheit. Die passende
Lösung wurde vor allem in der Schlussphase des dritten Zyklus
zur Triebkraft der **Entwicklung einer neuen Basisindustrie: der
Chemieindustrie.** Die damals neue Massenproduktion technischer
Konsumgüter brauchte massenhaft neue und vor allem vielfältig
verwendbare Werkstoffe. Wo diese Materialien, wie etwa Glas, seit
Menschengedenken bekannt waren, da mussten auf dem Weg zu
ihrer industriellen Herstellung und Verarbeitung zahlreiche ver-
fahrenstechnische Probleme gelöst werden. Endgültig abgehakt
wurde das Thema Materialvielfalt aber erst mit den polymeren
Kunststoffen.

Die industrielle Glasfertigung begann Mitte des 19. Jahrhunderts
mit der Verwendung metallener Gussformen. Doch die großen technischen Durchbrüche zur Massenproduktion gelangen auch hier erst
nach der Jahrhundertwende. Eine kaum minder lange Vorgeschichte
hat die Werkstoffchemie. Bereits 1746 hatte John Roebuck in Bir-
mingham ein Bleikammerverfahren zur industriellen Gewinnung
von Schwefelsäure entwickelt. Sie wurde zunächst als Bleichmittel
in der Textilverarbeitung sowie als Aufschlussmittel in der Erzver-

arbeitung eingesetzt, später als eine der wichtigsten Chemikalien bei der Produktion von Düngemitteln. Gegen Ende des 18. Jahrhunderts entstanden Verfahren für die massenhafte Herstellung von Chlorkalk, ebenfalls ein wichtiges Bleichmittel für Zellstoff, Papier und Textilien. Auch der Beginn der industriellen Sodaproduktion fällt in diese Zeit.

In den Vierzigerjahren des 19. Jahrhunderts wies Justus von Liebig nach, dass Stickstoff, Phosphate und Kalium das Pflanzenwachstum fördern. Die ersten synthetischen Düngemittel aus Kalisalzen wurden denn auch schon ab 1857 hergestellt. Das besonders ergiebige Stickstoffnitrat allerdings war zunächst nur als natürlicher Guano verfügbar, und der musste aus Südamerika eingeführt werden. Erst 1910 wurde ein Verfahren zur industriellen Ammoniakproduktion patentiert, das Haber-Bosch-Verfahren. Von hier nahm die Massenproduktion synthetischer Stickstoff-Dünger – und mit ihr die allmähliche Industrialisierung der Landwirtschaft – ihren Ausgang.

Der wichtigste Technologiesprung in der chemischen Industrie basierte freilich auf jenen Erkenntnissen und Verfahren, die zur Entwicklung einer nahezu unübersehbaren Palette von Kunststoffen führten. Neben Blech und billigem Industrieglas ermöglichte vor allem Plastik die Herstellung preiswerter Massengüter aller Art in beinahe beliebigen Formen und in standardisierter Qualität. Der erste ›echte‹ Kunststoff, das Celluloid, wurde 1869 in England hergestellt, noch ohne jede Ahnung, dass hier zugleich das Synonym für eine Medienrevolution namens Film erfunden worden war. Den Begriff »Kunststoff« prägte der Chemiker Ernst Richard Escales 1910. Auf das Jahr 1912 geht das industrielle Verfahren zur Herstellung von PVC zurück. 1928 wurde das Plexiglas patentiert, 1931 in Großbritannien erstmals Polyethylen hergestellt. 1935 entwickelte der US-Chemiekonzern DuPont das Polyamid 66, besser bekannt als Nylon. Zwei Jahre später folgte in Deutschland ein weiteres Polyamid namens Perlon, und bei Bayer in Leverkusen entstand Polyurethan. 1938 entdeckte der Chemiker Roy Plunkett in den Labors von DuPont das Teflon. (Das ebenso beliebte wie falsche Gerücht, dieses sei der Raumfahrt zu verdanken, mag damit zusammenhängen, dass das

Material erstmals als Korrosionsschutzmittel beim Bau der amerikanischen Atombombe Verwendung fand, bevor 1954 die Teflonpfanne auf den Markt kam.) Von Aspirin & Co., also der aufkommenden pharmazeutischen Industrie, ist in dieser Aufzählung noch gar nicht die Rede. **Man sieht: Wenn die Zeit einer Basistechnologie gekommen ist, geht plötzlich alles Schlag auf Schlag.**

1930 lag die weltweite Produktion an Kunststoffen bei 10 000, 1949 bei einer Million, 1976 bei fünfzig Millionen Tonnen pro Jahr. Heute ist die Menge fast fünfmal so hoch. In rund dreißig Jahren wurden zwischen 1910 und 1940 die wesentlichen Grundlagen für die Plastifizierung des Kapitalismus gelegt. Hier gilt das gleiche wie bei Stahl: Werkstoffforschung und chemische Industrie werden auch weiterhin Fortschritte machen. Doch vom Kuli bis zum Flugzeug sind heutzutage in Milliarden von Alltagsgegenständen Komponenten aus polymeren Kunststoffen verarbeitet. Wie immer lässt sich das fast alles verbessern – aber letztlich kein Rad mehr neu erfinden. Darum hat die Chemie ihre Rolle als Leitindustrie mit dem Ende des dritten Kondratjew-Zyklus verloren.

IV Der automobile Kondratjew – mit Antenne

Mit der Weltwirtschaftskrise der Dreißigerjahre kam dieser dritte Zyklus nicht nur an sein Ende. Auf die dramatische Depression folgte zudem eine im Vergleich ungewöhnlich lange Phase der Stagnation. Hier ist nicht der Platz, um über die volkswirtschaftlichen und finanzpolitischen Fehlentscheidungen zu sprechen, die damals die Krise zusätzlich verschärften. Schon gar nicht fühlen wir uns berufen, eine eigene Version der ideologischen und weltpolitischen Verwerfungen zu präsentieren, die schließlich in die Katastrophe des Zweiten Weltkriegs führten. Doch so schwer in diesem Zusammenhang ein nüchtern distanzierter Blick fallen mag – unserer Auffassung nach wurde damals das eigentliche ökonomische Kernproblem von kaum jemandem gesehen, schon gar nicht von den politischen und wirtschaftlichen Entscheidungsträgern: **Nie zuvor hatten dermaßen große Mengen Kapital in reifen, mittlerweile ›alten‹ Indus-**

trien gesteckt – und zu wenige Unternehmer fühlten sich bemüßigt, es von dort in neue, produktivere Sektoren zu leiten.

Bestenfalls in den industriell besonders fortgeschrittenen USA gab es zumindest *eine* plausible Antwort auf die Frage: *What's next?* – das Auto für alle. Es gab Unternehmen, die erfolgreich in dieses Ziel investierten. In England oder Frankreich (um vom übrigen Europa zu schweigen) sah dagegen kaum jemand das volkswirtschaftliche Potenzial des Pkw. Im Land seiner Erfinder blieb die Idee eines ›Volkswagens‹ sogar reine Propaganda. Denn in der Nazi-Führung und auf vielen deutschen Chefetagen hing man dem ebenso verheerenden wie vormodernen Glauben an, der beste Weg aus der Krise seien imperialistische Raub- und Eroberungszüge.

Das Ausgangsproblem am Ende der Elektrifizierungsära war so schlicht, wie es nur sein konnte: Außer abgelegenen ländlichen Regionen waren alle ans Stromnetz angeschlossen. Fabriken wie Haushalte waren Ende der Zwanzigerjahre in Amerika und in Europa nahezu vollständig elektrifiziert. Jedes weitere Kraftwerk und jeder weitere Kilometer Überlandleitung hätten in dieser Situation nicht mehr bewirkt, als es der Anschluss noch des kleinsten Dorfes an das Eisenbahnnetz am Ende des zweiten Zyklus getan hätte. **Ist eine Basistechnologie erst ausgereizt, dann bringen weitere Investitionen nur noch minimalen bis keinen zusätzlichen Nutzen – und das auch noch zu überproportional steigenden Kosten. Ist die fragliche Technologie zudem im Bereich der Infrastruktur angesiedelt, dann muss die Krise am Ende des Zyklus umso heftiger ausfallen.** Denn die ausgereizte Produktivkraft bindet dann ungleich mehr Kapital, als das am Ende von Zyklen der Fall ist, die auf stärker dezentral finanzierten Technologien beruhen. Weshalb denn auch die Gründerzeitkrise am Ende des Eisenbahnzeitalters und die Krise der Dreißigerjahre heftiger ausfielen als jene Mitte des 19. und jene in den Siebzigerjahren des 20. Jahrhunderts.

Zugleich machten sich damals jene heftigen Ungleichgewichte bemerkbar, die sich zwischen den großen Volkswirtschaften Europas einerseits und denen Europas und der USA andererseits bereits im dritten Zyklus aufgestaut hatten. Den Aufbau ihres kontinentalen

Eisenbahnnetzes hatten die USA zu großen Teilen mit europäischem (vor allem britischem) Kapital finanziert. Doch die folgende Urbanisierung und Industrialisierung an der Ostküste und an den Ufern der Great Lakes war weit dynamischer verlaufen als die im kontinentalen Europa. Gleiches galt für die Entwicklung des privaten Wohlstands. Das Leben in den meisten Städten der USA unterschied sich damals prinzipiell nicht von dem in heutigen Konsumgesellschaften. In Europa sah das, von wenigen Metropolen abgesehen, durchaus noch anders aus.

Zwei Beispiele: In den USA besaß bereits 1937 jeder zweite Haushalt einen elektrischen Kühlschrank, während in Europa die meisten noch auf den Eismann warteten. In 60 Prozent aller US-Haushalte stand 1934 ein Radio. Bekanntlich haben gerade die Nazis auf die propagandistische Wirkung dieses Massenmediums gesetzt. Doch trotz aggressiver Vermarktung des ›Volksempfängers‹ nach Hitlers Ernennung zum Reichskanzler »lag die Rundfunkempfangsdichte 1934 in Deutschland bei nur 33,3 Prozent (46,9 Prozent im Jahr 1937), und damit weit unter der in den USA (78,3 Prozent) und Großbritannien (66,1 Prozent)«[6]. Am sichtbarsten wird der Vorsprung Nordamerikas beim Thema Massenmotorisierung. Bereits 1928, vor der Großen Depression, kam in den USA ein Pkw auf fünf Einwohner. In Großbritannien besaß jeder 38., in Frankreich jeder 43. Einwohner ein Auto. Und in Deutschland? Jeder 138. Bürger, also nicht einmal das heute sprichwörtliche »eine Prozent«!

In Amerika hatten Kapitalisten wie Henry Ford (der egalitärer Neigungen völlig unverdächtig war) schon verstanden, dass Massenproduktion nur dann eine sprudelnde Profitquelle würde sein können, wenn dieser Massenkonsum gegenüberstünde. Bei Ford konkretisierte sich das in der strategischen Entscheidung, seine Autos so billig anzubieten, dass seine eigenen Arbeiter sie sich leisten konnten. Fords legendäres Modell T kostete damals 370 Dollar – was bei einem Tageslohn von sechs Dollar rechnerisch dem Vierteljahresverdienst eines Ford-Arbeiters entsprach. Deshalb war in den Zwanzigerjahren jedes zweite Auto nicht nur in den USA ein Modell T. Europas Autobauer wogen sich derweil noch im Glauben, Luxusgüter zu produzieren. Fußnote: Weil gleichwohl kaum ein Arbeiter 370 Dollar unter seiner Matratze versteckt hatte, erfanden US-Banken damals noch etwas ganz Neues: den Kredit für jedermann. Weshalb 1929 an der Wall Street nicht nur die Börsenblase platzte. Sondern auch die erste große Konsumkreditblase der Moderne: die für Autokredite.

Direkt nach seinem Amtsantritt im März 1933 leitete Franklin D. Roosevelt den von ihm im Jahr zuvor versprochenen »new deal for the American people« ein. **Durch die Einführung des Trennbankensystems, die Gründung der Börsenaufsicht SEC und des Einlagensicherungsfonds *Federal Deposit Insurance Corporation* wurde der aus dem Ruder gelaufene Finanzsektor stabilisiert.** Der Aufbau eines zuvor kaum in Spurenelementen nachweisbaren Sozialstaates wurde in Angriff genommen, die drückende Kreditlast vieler Farmer staatlich gemildert. Vor allem aber wurden Programme zur staatlichen Arbeitsbeschaffung aufgelegt. Ob Aufforstung, Straßen- und Brückenbau oder Ausbau der Kanalisation – Millionen Amerikaner bekamen im wirtschaftlich bis dahin wenig bedeutenden staatlichen Sektor steuerlich geförderte Jobs. Besonders spektakulär waren die insgesamt 20 Staudammprojekte der 1933 gegründeten *Tennessee Valley Authority*.

Anders als der Autobahnbau der Nazis (den sie weder ›erfunden‹ noch begonnen hatten) waren die Konjunkturprogramme des New Deal keine bloße Propaganda. Wohl wurden in Deutschland bis 1941 rund 3800 Kilometer Autobahn gebaut. Doch mehr als 130 000 Menschen waren dabei nie beschäftigt. Und während schon 1935 ein Viertel der öffentlichen Investitionen des Reiches in die Rüstung ging, waren es für den Straßenbau nur vier Prozent. Wo also die US-Regierung zwar staatliches Kapital in eine damalige ›Old Economy‹ (Staudamm-Kraftwerke) pumpte, da investierte sie zunächst doch in eine *Friedenswirtschaft*. Während sich für das Naziregime ›Wirtschaftsaufschwung‹ von der ersten Minute an auf ›Weltkrieg‹ reimte.

Doch so bitter das klingt: Auch in den USA sorgte letztlich der Krieg für die lange aufgeschobene Neuausrichtung der Investitionen. Wirklich aus der Krise befreien konnte sich Amerika erst mit der Anfang der Vierzigerjahre einsetzenden massiven Rüstungsproduktion. Der Umweg, den die riesige Kapitalmengen über die militärisch-industrielle Branche nahmen, war ohne Zweifel ein katastrophales Übel. In einem anderen historischen Umfeld wäre er womöglich auch zu verhindern gewesen. **Gleichwohl legte die Kriegswirtschaft das Fundament für den Boom der Nachkriegsjahrzehnte.**

Bei der Automobilisierung breiter Bevölkerungsschichten hatten die USA, wie gesagt, schon vor dem Krieg einen gewaltigen Vorsprung gegenüber Europa. Da amerikanische Hersteller bis in die 1940er-Jahre hinein zivile Pkw weiterentwickelten, waren ihre Fahrzeuge nach dem Krieg zudem moderner. Und schon 1945 wurden wieder fast 70 000 Zivilfahrzeuge gebaut, 1948 rollte das millionste Auto vom Band. Ein dynamisches Wachstum der großen Städte – und damit auch der Vorstädte (»suburbia«) – schuf die sozialen Voraussetzungen für die letzte und entscheidende Stufe der Massenmotorisierung, an deren Ende quasi jeder Haushalt über mindestens ein Auto verfügen sollte.

Das Vereinigte Königreich kam nach dem Krieg immerhin auf ein knappes Fünftel der US-Produktion. In Deutschland dagegen lag der Fahrzeugbau völlig am Boden. Keine 1300 Wagen verließen 1945 das unter britischer Verwaltung stehende VW-Werk in Wolfsburg, das einzige, das überhaupt noch arbeitete. Vor dem Krieg hatten Firmen wie Daimler-Benz, Auto-Union oder Opel (die bereits 1929 von General Motors übernommen worden waren) hauptsächlich Luxuskarossen gebaut. Auf den von Ferdinand Porsche 1934 für die NS-Massenorganisation »Kraft durch Freude« entwickelten Volkswagen konnten die Deutschen dagegen bloß sparen; gebaut wurde vom ›Käfer‹ bis 1945 kein einziges Exemplar. Stattdessen wurde der Propaganda-Prototyp zur Blaupause für den Wehrmachts-Kübelwagen.

Die Autoindustrie Europas spielte 1945 volkswirtschaftlich praktisch keine Rolle. Immerhin: Entwicklungstechnisch konnten VW, BMW oder Daimler-Benz an die Vorkriegszeit anknüpfen. Opel und die seit 1926 in Deutschland vertretenen Ford-Werke profitierten direkt von den Entwicklungen ihrer US-Mütter. Sodass die deutschen Hersteller schon 1954 sämtliche europäischen Wettbewerber auf die Plätze verweisen konnten. Möglich wurde dies – wie in vielen anderen Branchen der Konsumgüterindustrie auch – durch den gewaltigen Nachholbedarf der Wirtschaft und der Verbraucher in Europa. Von einem in der Fläche fast autofreien Land zur Nation, deren sprichwörtlich »liebste Kinder« aus Blech sind, von knapp 4000 Kilometer Betonpiste zum dichtesten Autobahnnetz der Welt – das war kein beliebiges Konjunkturprogramm. **In allen Industrieländern der Welt wurde das Automobil tatsächlich zur Basistechnologie des vierten Kondratjew-Zyklus, zum Zündfunken für gigantische öffentliche Investitionen in das Straßennetz und zum Wirtschaftsmotor für zahllose Zulieferer und Versorger.** Das bald nach dem Krieg massenhaft (und lange Zeit spottbillig) verfügbare arabische Öl tat sein Übriges.

Eine Frage bleibt: Was war die strategische Knappheit, die mittels des automobiltechnischen Komplexes überwunden wurde? **Nun, knapp war eben – Mobilität.** Und zwar nicht in dem Sinne, dass eine plötzlich auftauchende »Freude am Fahren« hätte befriedigt werden müssen. PS- und Politur-Fetischismus, das Auto als soziales Repräsentationsmöbel, die Spritztour am Wochenende oder die Blechprozessionen zur Urlaubszeit – all das sind nur emotionale Mehrwerte der gigantischen Veranstaltung. Im Kern ging es um die Lösung ökonomischer Allokationsprobleme. Millionen Arbeiter und Angestellte, die nicht mehr in muffigen Mietskasernen, sondern zu großen Teilen im Umland der Städte, jedenfalls aber weit entfernt von den neu errichteten Fabriken und Firmenzentralen wohnen, die zudem in der Hauptsache nicht mehr beim Bäcker, Fleischer oder Milchmann um die Ecke, sondern im Supermarkt und auf der grünen Wiese einkaufen, benötigen möglichst flexible Transportkapazitäten.

Individuelle Mobilität in jeder Form macht im motorisierten Kapitalismus alles zum richtigen Zeitpunkt am richtigen Ort verfügbar. Waren, weil auch Gütertransport – meist »just in time« – längst Individualverkehr ist. Und Menschen. Denn jeder Mitarbeiter und jede Dienstleistung muss von individuell verschiedenen Orten (und immer häufiger auch zu individuell verschiedenen Zeiten) zu beliebigen anderen Orten gelangen können. **Mit dem Auto als ›Nachfolger‹**

der Eisenbahn stand die zentrale Infrastrukturleistung Mobilität in flexiblerer Form zur Verfügung. So wie das Elektrizitätswerk als Nachfolger der Dampfmaschine die zentrale Infrastrukturleistung Prozessenergie ebenfalls flexibler lieferte – und zudem weitaus kostengünstiger.

Das Fernsehen als Motor des Konsumkapitalismus

Die Alliierten konnten Nazideutschland niederringen, weil sie industriell (und damit militärtechnisch und logistisch) weit überlegen waren. Wohlgemerkt *nach* dem Kriegseintritt der USA. Zwischen 1942 und 1944 wuchs die US-Wirtschaft kriegsbedingt um 50 Prozent. Alle Alliierten zusammen produzierten mehr als doppelt so viele Gewehre wie die Achsenmächte, die dreifache Menge an Maschinengewehren und Kampfflugzeugen und das Fünffache an Panzern und Kanonen. Bei Kriegseintritt besaß die US-Navy gut tausend Schiffe und U-Boote. Im August 1945, am Tag des Sieges über Japan, waren es über 6700, darunter allein 18 zusätzliche Flugzeugträger. Das entsprach damals 70 Prozent der weltweiten Tonnage an Großschiffen. Auch dass die USA im zivilen Flugzeugbau bis weit in die 1970er-Jahre global konkurrenzlos waren, ging auf den Zweiten Weltkrieg zurück.

Da wir in der Zwischenüberschrift schon verraten haben, wie es jetzt weitergeht, fragen Sie sich sicher, wie wir die Kurve von der Kriegsmarine zur seltsam anmutenden These der Glotze als »Basisinnovation« kriegen wollen. Versuchen wir es: 2014 lief in den Kinos der Film *The Imitation Game* über den genialen britischen Mathematiker und Informatiker Alan Turing und die alliierten Codeknacker in Bletchley Park. Der Plot machte einem breiten Publikum verständlich, dass und vor allem *wie* die Alliierten den Seekrieg auch auf einem anderen Feld gewonnen haben: dem der Nachrichtentechnik und der Kryptografie. Turings Team lieferte dafür sozusagen das Hirnschmalz. Aber auch Rechenmaschinen brauchten damals, neben raffinierter Mechanik, Elektronenröhren. Die waren zwar 1942 weder neu noch gar exklusiv in alliierter Hand. Doch auch hier konnten die USA auf die mit Abstand rasantesten Produktionszuwächse zurückblicken. Das Radio und kommerzieller Rundfunk waren, wie gesehen, in Amerika bereits seit zwei Dekaden beachtliche Wirtschaftsfaktoren. Zwischen 1935 und 1945 vervierfachten die USA die hergestellte Menge von 50 auf über 200 Millionen Röhren pro Jahr.[7] Während diese Massenproduktion im Krieg vorwiegend in militärischer Funk- und Steuerungstechnik verbaut wurde, machten die Amerikaner daraus im Frieden sofort ein ganz neues großes Geschäft: das Fernsehen.

Erfunden worden war das Medium – in Deutschland. 1897 hatten Ferdinand Braun und Jonathan Zenneck die Kathodenstrahlröhre, die sogenannte »Braunsche Röhre« entwickelt. 1906 konnte Max Dieckmann, Leiter des Instituts für Radiotechnik an der Technischen Universität München, erstmals direkt übertragbare Bilder (Format: 3 mal 3 Zentimeter) produzieren. Dem Leipziger Physiker August Karolus gelang 1925 eine Bildübertragung von Berlin nach Leipzig. Ende August 1928 präsentierte er auf der Funkausstellung in Berlin ein Versuchsgerät (schon mit einer Bildschirmgröße von 8 mal 10 Zentimetern). Am 22. März 1935 sah eine Handvoll Berliner erstmals bewegte Bilder des mit viel Propaganda-Tamtam gestarteten »Fernsehsenders Paul Nipkow«. Nach pathetischen Worten des »Reichssendeleiters« Eugen Hadamovsky gab es dreißig Minuten lang Beiträge aus der Wochenschau und Ausschnitte aus aktuellen UFA-Filmen.

Bis zum Beginn des Zweiten Weltkrieges übertrug das Nazi-TV in und um Berlin dreimal wöchentlich eineinhalb Stunden Programm in 27 öffentliche Fernsehstuben. Leicht zeitversetzte Übertragungen von der Olympiade 1936 sahen insgesamt 160 000 Zuschauer. Private Fernseher gab es gerade mal 75 – ihr Preis entsprach zwei durchschnittlichen Jahreslöhnen. Im August 1939 wurde der Sender bis auf ein Rumpfprogramm zur Truppenbetreuung stillgelegt. Verständlich. Denn technisch war das neue Medium ungeeignet für massenwirksame Unterhaltung, erst recht für massenwirksame Propaganda. Fernsehen konnte nur eines, was der Film nicht konnte: Live-Bilder übertragen. Und das ist nun wirklich *kein* Vorteil für verbrecherische Diktaturen. Ebenso wenig für Armeen unter Beschuss oder gar auf dem Rückzug. Auf der Kinoleinwand konnte Goebbels' Propagandatruppe dafür noch vom baldigen »Endsieg« schwadronieren, während die Sowjets schon in Pankow an der Oder standen.

In den USA hatten die Verantwortlichen bei den großen Networks dagegen nach dem Krieg sehr bald den richtigen Riecher. Wohl war Fernsehen nichts für Propaganda (neben Presseenthüllungen über das Massaker von My Lay drehte sich die Stimmung in den USA während des Vietnamkrieges nicht zuletzt aufgrund der Fernsehbilder von zivilen Opfern). Lange Zeit war das TV gewiss auch kein »Heimkino«. Aber es eignete sich perfekt für den Kommerz, begleitet von leichter Unterhaltung, die ohne große Leinwand funktionierte. **Nach Plakat, Zeitung und Radio war das TV quasi Werbung 3.0.** Anstelle hehrer Worte gab es Bilder, welche die Konsumgüter erst richtig begehrenswert erscheinen ließen. Gerne mit heiterer Musik untermalt. Noch klein und schwarz-weiß. Aber schon Emotion pur. 1947 startete in den USA die Serienfertigung der ersten TV-Geräte, pro Woche liefen 6000 Geräte vom Band. 1949 wurden schon 2,6 Millionen Fernseher abgesetzt; weniger als ein Drittel der Stückzahlen bei Radios, aber mit doppelt so hohem Umsatz.[8] 1951 konnten in Amerika zehn Millionen Menschen fernsehen, in Großbritannien immerhin schon 600 000. In Frankreich 4000. Und in Deutschland – 300.

Dass das Fernsehen im Sinne von Kondratjew und Schumpeter eine Basistechnologie sei – neben dem Auto die zweite des vierten langen Zyklus –, liest man in der einschlägigen Literatur kaum. Meistens findet man, gestützt auf den niederländischen Wirtschaftswissenschaftler Jacob Johan van Duijn und sein Buch *The Long Wave in Economic Life* von 1983, bunte Kataloge technischer Innovationen. Neben dem Auto den integrierten Schaltkreis, den Transistor, den Computer oder die Atomkraft. Van Duijn hat dazu den sperrigen Begriff des »Einzweck-Automatisierungs-Kondratjew« geprägt. Soll heißen: Im vierten Zyklus dominierten technische Geräte, die auf eine einzige, spezifische Funktion hin ausgelegt waren. Als Diagnose eines technischen Trends ist das sicher nicht verkehrt. Doch auf gleiche Weise könnte man die elektrische Heckenschere, den Mixer, den Geldautomaten oder den iPod als Basisinnovationen beschreiben. Am Ende wäre dann der Saturn-Katalog der Bildteil zu Schumpeters *Business Cycles*.

Doch das Fernsehen hat nicht nur Informationsgewohnheiten und Freizeitverhalten dramatisch verändert. Es beeinflusst vor allem unseren Konsum. Und das liegt nicht nur an der Werbung, sondern auch am Programm. Vom *product placement* abgesehen – in bunten Reportagen, Filmen, Shows oder Serien lassen sich die Bedürfnisse, Geschmäcker, Moden und Trends der Zeit wie in einem Parabolspiegel zu höchst wirkungsvollen Bildbotschaften bündeln. Die erste und wohl nachhaltigste televisionäre Erfindung war eben deshalb die Serie, eine Übertragung des Prinzips Fortsetzungsroman auf den Bildschirm. Die Mutter aller »Seifenopern«, die 1937 gestartete und von Procter & Gamble gesponserte Serie *Guiding Light* (hierzulande unter dem Titel *Springfield Story* ausgestrahlt) läuft denn auch bis heute. **Der Werbespot ist in diesem Medium sozusagen das Brot. Und das ›Programm‹ – die Spiele.**

Keine Frage, TV-Werbung nervt. Das wissen auch die Werber und die Verantwortlichen bei allen werbefinanzierten Sendern. Doch dass das Fernsehen für die Werbeindustrie bis heute *das* Leitmedium geblieben ist, belegen aktuelle Zahlen. Insgesamt wurden in Deutschland 2014 brutto rund 28,3 Milliarden Euro für Werbung ausgegeben.[9] 46,3 Prozent davon flossen in die Fernsehwerbung. Nur noch ein knappes Drittel wird für Printwerbung ausgegeben. Nur zum Vergleich: Wie zentral Werbung für das Funktionieren des Konsumkapitalismus ist, zeigen schon wenige Zahlen. Für Entwicklungshilfe gab Deutschland 2014 6,4 Milliarden Euro aus. Für Bildung und Forschung 15,3 Milliarden Euro. Und selbst in die Krebsforschung werden *weltweit* nur 20 Milliarden Euro jährlich investiert.

Und wie ›revolutionär‹ ist hier das Internet? Nun, auch nach über 15 Jahren Netz-Hype geht nur gut jeder zehnte Werbe-Euro (11,5 Prozent) online.[10] Dass die überdurchschnittlichen Zuwächse bei der Onlinewerbung vorwiegend Anzeigen in Zeitungen und Zeitschriften ersetzen, dass das meiste Geld überdies bei den größten Presseportalen landet, ist zumindest ein Indiz dafür, dass »das Internet«

vielleicht doch keine fundamentale Umwälzung ist. Sondern – jedenfalls in seinen ökonomisch profitablen Ecken – eher so etwas wie eine Art Echtzeit-Illustrierte, ergänzt um den kaum sensationellen Zusatznutzen, Videos in die Seite einklinken zu können. Allerdings auch mit dem erheblichen Unterschied, Verhalten und Interessen der ›Leser‹ nicht nur am Kiosk, sondern auf Schritt und Tritt en détail verfolgen zu können.

Dass totale Vernetzung und Digitalisierung Nachzügler einer auslaufenden langen Welle sind, dafür spricht unserer Meinung nach noch etwas anderes. Auch die zeitliche Abgrenzung des vierten »Kondratjew« ist nämlich umstritten. Für die einen endet er um das Jahr 1980. Andere argumentieren, die Entwicklungen der IT-Hardware in den 1980er-Jahren, namentlich des PC, gehörten noch in den vierten Zyklus. Mit den Innovationen in den Bereichen Software und Internet habe dagegen eine neue Welle begonnen. Das klingt nach einer ziemlich langweiligen akademischen Debatte. **Doch die Abgrenzung der ›Kondratjews‹ IV und V hat gravierende Folgen für die Einschätzung der Krise, die wir gegenwärtig erleben.**

Wären Internet und Digitalisierung die neue Basistechnologie, dann würden wir derzeit jene Konsolidierungskrise erleben, die es am Ende der Pionierphase eines jeden Zyklus gegeben hat und geben muss. Jener Phase, in der infolge erster Euphorie viel zu viel Kapital in die *richtige* Richtung geflossen ist. Ergo Teile davon aus der oder den Zukunftsbranchen wieder abgepumpt werden müssen. Beim Platzen der Dotcom-Blase klang diese Sicht plausibel. Doch was ist dann die Ursache der gegenwärtigen Finanz- und Schuldenkrise? Für das Ende eines Internet- oder »Digital-Zyklus« wäre es nach rund gerechnet 20 bis 25 Jahren zu früh. Gäbe es einen solchen, dann müssten wir jetzt eher kurz vor dessen absolutem Höhepunkt stehen. Getrieben von diesen Technologien müsste die gesamte Wirtschaft brummen bis überkochen. Hm. Und warum endeten auch alle bisherigen langen Wellen mit Finanzkrisen? Fragen über Fragen. Wir kommen auch darauf später zurück.

Das Fernsehen jedenfalls offenbart seinen Charakter als tragende Technologie eines langen Konjunkturzyklus, wenn man auch hier nach der strukturellen Knappheit fragt, die es überwand. Eine Knappheit dieser Art hatte es vorher noch nie gegeben!

Stahl, Elektrizität und Kunststoffchemie – der dritte Kondratjew-Zyklus hatte die kostengünstige Herstellung und die permanente und massenhafte Verfügbarkeit einer riesigen Zahl von notwendigen, nützlichen, angenehmen, vielleicht auch überflüssigen und fragwürdigen Gütern möglich gemacht. Knappheit hatte in der Wirtschafts- und Kulturgeschichte der Menschheit vom Anbeginn bis zur Mitte des 20. Jahrhunderts immer bedeutet: zu wenig *Angebot*. Ob Nahrung, Rohstoffe oder Gebrauchsgüter – all das war meistens *real* knapp. »Künstliche Verknappung« als Marketingstrategie? Vor 1950 hätte man das bestenfalls für eine ulkige, eher für eine völlig beknackte Idee gehalten. Doch längst ist der aus alten Zeiten bekannte Mangel überwunden. Keine Frage: Es gibt auf der Welt auch heute noch reale, teils sogar bedrückend reale Knappheiten. Aber nicht in den wirtschaftlich entwickelten Ländern, nicht in den Schwellenländern Asiens und Lateinamerikas, nicht einmal mehr in allen Ländern Afrikas. Ungerechte *Verteilung* von Wohlstand oder von Zugriff auf Ressourcen, die gibt es vielerorts. Echte Angebotslücken nur noch bedingt. Selbst wenn 90 von 100 Produkten über Nacht verschwänden – sterben müsste deshalb niemand.

Finden Sie mal in einem OECD-Land eine wirklich knappe Ware. Eine prinzipiell nicht verfügbare Dienstleistung. Klar, nicht jeder kann sich alles leisten. Einige können sich unter bestimmten Umständen sogar Notwendiges oft nicht oder kaum leisten. Aber *geben* tut es vom allermeisten doch eher zuviel als zuwenig. Nicht erst am Ende der gut 35 Jahre Nachkriegsboom lebten wir – zur Überraschung vieler, auch schon zur Empörung einiger – in einer »Überflussgesellschaft«. Statt über Not oder eben auch nur Knappheit zu klagen, begann man sich über den allgegenwärtigen »Konsumterror« zu beschweren. So können wir etwa zwischen gefühlt 500 Cerealien, Schokoladen oder Putzmitteln wählen. Ob es einen echten Mehrwert darstellt, dass diese nach Lavendel, Alpen, Frühling oder »Romantik« schmecken bzw. riechen können, mag jeder selbst entscheiden.

Der Punkt ist: **Knapp in einem präzisen ökonomischen Sinne war erstmals in der Geschichte der Menschheit nicht mehr das Angebot, sondern die** *Nachfrage.* Die Fähigkeit moderner Marktwirtschaften, Güter und Dienstleistungen *anzubieten,* übersteigt seit rund einem halben Jahrhundert die Fähigkeit der Bürger, diese Güter und Dienstleistungen auch zu *verbrauchen.* **Der Kapitalismus hat seinen Höhepunkt und sein Ziel erreicht, zumindest in der westlichen Welt. Wir haben alles – und davon viel zu viel.** Materielle Überproduktion ist allgegenwärtig. Anders gesagt: Da nicht nur jeder durchschnittlich, sondern auch jeder überdurchschnittlich verdiente Euro nur einmal ausgegeben werden kann, **wurde die** *Kaufkraft* **zum Flaschenhals der Marktwirtschaft.** Permanent um die Aufmerksamkeit und die Zahlungsbereitschaft der Konsumenten zu werben, ist deshalb keine lästige Begleitmusik des modernen Kapitalismus. **Werbung in jeder erdenklichen Form ist eine seiner entscheidenden Systemvoraussetzungen.**

Wir werben euch zu Tode

Mittels Werbung, so eine verbreitete Meinung, würden nicht vorhandene Bedürfnisse »künstlich geweckt«. Logisch: So lange es keine Telefone oder Toilettenpapier mit fünf Lagen gibt, wird wohl kaum jemand ein Bedürfnis nach so etwas verspüren. Doch wann immer es etwas Neues gibt, entscheiden Verbraucher am Ende selbst, ob damit ein für sie – wie auch immer gelagertes – Bedürfnis befriedigt wird oder nicht. Anders gesagt: Völlig schwachsinnige Produkte setzen sich auf Dauer nicht durch. Und spätestens wenn Männer sich daran gewöhnt haben, dass ihr Nassrasierer jetzt fünf statt vier Klingen hat, dann verschwinden die mit den drei Klingen vom Markt. Es braucht keine Verschwörung von Konsumterroristen – die Konkurrenz belebt schlicht und einfach auch das Werbegeschäft. Denn der Zweck von Werbung unter den Bedingungen von Wettbewerb ist es nicht, die ›Bedürfnisse‹ der Menschen auf die Mühlen irgendwelcher, sondern auf die *seiner eigenen Produkte* zu lenken. Zu diesem Zwecke darf dann allerdings jeder beliebige Schwachsinn behauptet werden.

Grundsätzlich ist an Werbung und Marketing also nichts verkehrt. Doch inzwischen hat sich dieser Bereich weitestgehend verselbstständigt. Die Marketingbudgets sind oft bereits höher als die Produktionskosten. Man investiert nicht mehr in ein gutes Produkt, sondern in dessen gute Vermarktung. Darunter leidet die Qualität. Nicht selten wird Mittelmäßiges zum Spitzenpreis verkauft. Und wir alle fallen immer wieder darauf herein, lassen uns von verlockenden Bildern verführen, verwechseln teuer mit gut und glauben fest daran, dass Markenprodukte besonders hochwertig seien. Tatsächlich suggeriert ein hoher Preis hohe Qualität. Ein und derselbe Wein schmeckt Testpersonen im Blindversuch umso besser, je höher sein (angeblicher) Preis ist. Das lässt sich sogar an den Gehirnströmen der Probanden nachweisen.[11]

Manchmal streift der Konsumwahn die Grenze zum Irrsinn. Im Oktober 2015 schaffte es ein bekannter Discounter tatsächlich, dass sich Kunden in mehreren Filialen um ein Küchengerät geprügelt haben.[12] Im oberpfälzischen Weiden alarmierte eine völlig verzweifelte Mitarbeiterin sechs Minuten nach Ladenöffnung die Polizei. Die Filiale war mit dem Gedränge auf dem Parkplatz, vor dem Eingang und im Laden völlig überfordert. Nach Aussagen der Polizei kam es zu »unglaublichen Nahkampfszenen«, teils mit Körperverletzung. Noch in den Kassenschlangen rissen sich Kunden das fragliche Produkt gewaltsam aus den Händen.[13] Es entbehrt zwar nicht einer gewissen Ironie, wenn der Konsumterror hier mal von den Konsumenten ausging. Aber Menschen, die sich darum prügeln, Geld ausgeben zu dürfen? Wohlgemerkt: nicht ihre letzten Groschen für Brot oder Babynahrung. Nein, knapp 200 Euro für einen nachgebauten »Thermomix«! Hallo? Geht's noch? Wenn das die Zukunft der Konsumgesellschaft sein sollte, wünscht man sich die Mangelwirtschaft beinahe zurück.

Nun wird es ohne jeden Zweifel auch in Zukunft Werbung geben. Folglich Werbeträger. Ob dies ›klassische‹ Werbemedien wie Zeitschriften und eben das Fernsehen sein werden oder die verschiedensten Formen von Online- und Mobilmedien, ist eine nachrangige Frage. Ebenso wie es ein nachrangiges Thema ist, wie sich in Zukunft die Methoden von Marktforschung, Kundenansprache und

Werbetechnik verändern werden. Der Punkt ist: ›Nur‹ Werbung hält die Wirtschaft heutzutage noch am Laufen, ganz nach dem Motto: **Wer nicht wirbt, der stirbt.** Und sie ist in einem solchen Übermaß präsent, dass sich die Menschen immer stärker für Techniken der Werbeblockung interessieren. Was wir heute im Netz und auf unseren Handys ertragen müssen, lässt eher Ängste vermuten. Und tatsächlich: Mit durchschnittlichen Zuwachsraten zwischen 5 und 6 Prozent per anno lag das Wachstum der Werbeausgaben in den letzten zehn Jahren zwar über dem Wirtschaftswachstum. Aber weder wachsen diese Ausgaben noch besonders dynamisch, noch folgt aus diesem Mehr an Aufwand insgesamt ein Mehr an Umsatz.

Außer der Dampfmaschine hat jede Basistechnologie des modernen Kapitalismus überlebt. Immer noch fördern und verbrennen wir Kohle, immer noch fahren wir mit dem Zug, verwenden wir Stahl, benötigen wir Elektrizität und Chemieprodukte. Wir fahren immer noch Auto. Und wir sehen fern. Oder nutzen andere elektronische Bildmedien. Nur ist das nichts wirklich Neues mehr. Umgekehrt wird eher ein Schuh draus: **Zusammen mit der Basistechnologie TV hat wohl auch die klassische kommerzielle Werbung bereits seit einiger Zeit schlicht ihren Grenznutzen erreicht.** Die Folge: Man macht es weiterhin. Aber es bringt die Wirtschaft nicht mehr entscheidend voran.

V Der digitale Kondratjew – auch mit Internetanschluss

Auf den beschriebenen Zyklus folgte mit Beginn der Achtzigerjahre ein relativ kurzer ›Kondratjew‹. Er wurde von digitaler Informations- und Kommunikationstechnologie beherrscht. Und dieser Zyklus geht – überlagert vom weit folgenreicheren Ende des fossilen Zeitalters – gegenwärtig zu Ende. Internet und Mobilfunk sind aus dieser Perspektive kein technologischer Neustart gewesen, sondern der Abschluss einer Entwicklung. Obwohl beide längst digital arbeiten, obwohl sich Fernseher und Rechner heute ähnlich sehen wie Geschwister, wirkt hinter dem Computer ursprünglich eine andere Triebkraft. Fernsehen – wie zuvor Presse und Radio – ist ein Massenmedium. Besser gesagt: *das* Massenmedium schlechthin. Wenige Sender können sehr viele Empfänger erreichen. Diese können zwar auswählen, welche Art von Informationen sie empfangen möchten. Doch sie können dem Sender nichts mitteilen – lediglich, dass sie einschalten bzw. nicht einschalten. Die berüchtigte Einschaltquote ist damit der einzige ›Rückkanal‹ elektrischer Verbreitungsmedien. Bekanntlich ein ziemlich unspezifischer Indikator.

Auch wenn es seit der Erfindung von Internet, Web, App und Co. immer mehr so aussehen mag, ist der Computer dagegen gerade *kein* Verbreitungsmedium. Er ist auch kein bloßes Rechenwerk. Funktional betrachtet ist er vor allem ein *Steuerungsgerät*. Denn mit Computern lassen sich erstens andere *Geräte* steuern. Zweitens – weit wichtiger – lassen sich mit ihnen *Prozesse* steuern. Dazu müssen sich Informationen permanent verteilen (das ist etwas anderes als verbreiten!) *und* bearbeiten lassen. 1945 definierte der Mathematiker John von Neumann (1903–1957) Computer als eine Kombination aus Rechenwerk, Steuerwerk, Speicherwerk und Eingabe- bzw. Ausgabewerk. Die ersten beiden bilden den Prozessor, das dritte ist heute meist eine Festplatte, Monitore, Tastaturen, Mäuse, Touchscreens und ähnliches Zeug bilden die Benutzerschnittstellen. Oder diese sind Datenleitungen, die andernorts prozessierte Informationen an Maschinen weiterleiten. Und weil die Glotze inzwischen auch ein Computer ist, wird sie nach demselben Prinzip gebaut.

So lange Unternehmen bloß Botschaften verbreiten wollen, ist es völlig okay, dass die Empfänger diese nicht bearbeiten können. Das ist das Prinzip Fernsehen. Und solange Unternehmen ihre Produktionsprozesse auf Zuruf steuern können, sind dafür analoge Medien ausreichend, die Information lediglich zwischen jenen übertragen, die sie bearbeiten oder ausführen sollen. Das ist das Prinzip Schreibmaschine/Telefon/Fax; oder das Prinzip Besprechung. Überlegen, nachrechnen, konstruieren, steuern, bestellen, bezahlen etc. können in diesem System einzig Menschen. Problem: Unsere Rechen- und Speicherkapazitäten sind äußerst begrenzt. Das bemerkt man etwa dann schnell, wenn man mit Bleistift, Papier und höherer Mathematik den Code eines mechanischen Walzenrechners namens »Enigma«

knacken will. Oder etwa wenn man versucht, ein Unternehmen mit komplexeren Produkten, Waren- und Geldströmen zu organisieren.

Die Antwort auf die Gretchenfrage, welche Knappheit dem fünften ›Kondratjew‹-Zyklus zugrunde liegt, lautet daher: Information. Zunächst geht es um Information rund um die technische und betriebswirtschaftliche Prozesssteuerung. Dazu gehört die Steuerung immer zahlreicherer, komplexerer Lieferbeziehungen. Am Ende geht es um Information zwecks Abstimmung unseres gesamten Arbeits- und Alltagslebens. Jeder regt sich auf, wenn Leute ihr Handy benutzen, um ständig irgendwem mitzuteilen, wo sie gerade sind und was sie gerade tun. Aber dass diese nervende Sitte auch nach zwanzig Jahren Mobilfunk fortbesteht, zeigt, dass das Bedürfnis der Menschen nach Abstimmung ihrer Lebensinhalte virulent bleibt. Früher machte man das in der Küche oder in der Kantine. In einer Gesellschaft, in der alle immer gerade woanders sind, in der sie zudem dauernd unter Zeitdruck stehen, brauchen banale Fragen wie »Wo bist du?« und »Was machst du gerade?« eine technische Plattform.

Die zentrale Leistung aller digitalen Prozessoren nebst den zugehörigen Schnittstellen ist deshalb die Flexibilisierung und die Dezentralisierung sämtlicher Informationsflüsse. Was wir in den letzten drei Dekaden erlebt haben, war die Kehrtwende von unspezifischer Massenkommunikation hin zur individuellen, auf einen spezifischen Zweck gerichteten Informationsverarbeitung. Nicht um sich damit Songs runterzuladen, nachts um drei im Netz die *heute show* anzusehen oder in Foren rumzumotzen. Sondern damit der Kapitalismus überhaupt noch funktioniert.

Bei Ausbruch der Krise Mitte der 1970er-Jahre stand vor nahezu jeder Haustür ein Auto. Die Motorisierung der westlichen Gesellschaften war im Prinzip abgeschlossen. Zeitgleich endete zudem das Zeitalter der industriellen Massenproduktion. Firmen fächerten ihre Produktpaletten in eine nahezu unbegrenzte Variantenvielfalt auf. »Customization« – kundenindividuelle Fertigung – lautete das neue Zauberwort. Mix dir dein ganz eigenes Müsli! Konfiguriere den neuen Rechner oder das neue Auto ganz nach deinen persönlichen

Bedürfnissen! Wähle aus über 100 verschiedenen Sofabezügen! Zugleich wurden die Produkte immer komplexer. Selbst in einfachen Konsumgütern, geschweige in hochpreisigen Hightech-Produkten, stieg die Zahl der verbauten Komponenten exponentiell. So besteht ein Auto heute im Schnitt aus rund 15 000 Bauteilen und verfügt über mehr elektronische Systeme als ein Passagierflugzeug vor dreißig Jahren. **Mit einem heutigen Ein-Euro-Smartphone hätte man 1968 die Mondlandung, ja sogar die gesamte NASA dirigieren können.** Die verfügte damals nämlich über kaum mehr Rechenkapazität.

Die dritte Veränderung: Die Unternehmen verkürzten ihre Wertschöpfungsketten. Die Fertigung vieler Vorprodukte wurde entweder an Spezialhersteller oder an billige Zulieferer delegiert. Damit erreichte der Grad der Arbeitsteilung zuvor unbekannte Ausmaße. Und – Stichwort Globalisierung – das auch nicht mehr innerhalb geschlossener, regionaler oder nationaler Wirtschaftsräume, sondern weltweit. Was die Komplexität der Unternehmensabläufe nicht schaffte, das besorgte die Geschwindigkeit des wissenschaftlich-technischen Wandels. Diese Entwicklungen trieben das hierarchische Management an Grenzen. Allein mit Schreibmaschinen und Aktenordnern, mit Schneckenpost, Telefon und monatlichen Abteilungsleiterrunden waren selbst mittelständische Unternehmen irgendwann nicht mehr zu führen. Immer weniger Unternehmensabläufe ließen sich zudem mit starren Führungsstrukturen und einem kleinen Kreis eingeweihter Alleswisser managen. Immer mehr Entscheidungen mussten auf der ›Arbeitsebene‹ der Spezialisten getroffen werden. Und das hieß: Mitarbeiter auf den mittleren und unteren Unternehmensebenen benötigten weniger Weisungen und mehr, vor allem aber sehr viel weitergehende Informationen.

Die Krise am Ende des Automobil- und TV-Kondratjew war Mitte der 1970er-Jahre heftig, aber vergleichsweise kurz. Dass der Übergang zum IT-Zyklus relativ reibungslos gelang, ist der langen Vorgeschichte der elektronischen Datenverarbeitung zu verdanken. Die technische Frühphase des Computers reicht in die Dreißiger- und Vierzigerjahre des 20. Jahrhunderts zurück. 1935 präsentierte IBM eine Lochkartenmaschine, die bereits eine Multiplikation pro

Sekunde durchführen konnte. 1938 und 1941 baute Konrad Zuse seine programmierbaren mechanischen Rechner Z1 und Z3. Die turnhallengroßen Röhrenrechner wurden ab Beginn der Sechzigerjahre durch Transistorgeräte abgelöst, und 1971 stellten Texas Instruments und IBM die ersten echten Mikroprozessoren vor. Ab April 1977 fand mit dem *Apple II* der erste Kleincomputer nennenswerte Verbreitung. Insofern ist der 12. August 1981 eher der symbolische Neujahrstag des fünften Kondratjew-Zyklus. An diesem Tag kam mit dem *IBM 5150 Personal Computer* die Mutter aller PCs auf den Markt.

Technikgeschichtlich war all das ein gleitender, in seiner ganzen Bedeutung zunächst auch kaum wahrgenommener Übergang. Große Mainframe-Systeme mit Zentralrechnern und ›dummen‹ Arbeitsstationen waren in Militär, Verwaltung, Wissenschaft und etlichen Großunternehmen bereits seit Längerem im Einsatz. Wenn, dann dürfte der damalige IBM-Chef Thomas Watson solche Rechner gemeint haben, als er 1943 einen weltweiten Markt von lediglich fünf Stück dafür sah – ein Zitat, für das es, wie so oft, keinerlei Beleg gibt. Mit dem PC wurde die Von-Neumann-Maschine autonom. Und das sollte sich zunächst als echter Quantensprung entpuppen – der durch die später einsetzende Vernetzung nicht aufgehoben, sondern nur wieder eingehegt wurde.

Noch entscheidender war eine Entwicklung, die anfangs eher als Unfall denn als strategischer Plan galt. Es kam erst beim PC zu einer konsequenten Trennung von Hardware und Software. Bei den ersten Rechnern waren beide oft nicht einmal technisch getrennt, sondern einzelne Operationen fest verdrahtet. Seit Alan Turing war die Trennung von Rechenwerk, Daten und Programm immerhin theoretisch geklärt, bald auch technisch vollzogen. Rechner und Programm kamen jedoch immer noch aus einem Haus. Das war denn auch damals Apples eigentliches Problem: Ihre Rechner waren denen von IBM technisch und ästhetisch haushoch überlegen. Aber Macs weigerten sich, mit anderen Programmen als den hauseigenen (oder in Apples Auftrag entwickelten) zusammenzuarbeiten. Beim IBM-PC dagegen wurde aus einem betriebswirtschaftlichen Desaster ein volkswirtschaftliches Grundprinzip.

IBM besaß weder Lizenzen oder Patente auf die einzelnen Komponenten seines Gerätes noch ein eigenes Betriebssystem. Damit stellte ihr PC eher eine Empfehlung für die Konkurrenz dar, doch auch so was zu bauen. Die mächtigste Computerfirma der Welt verzichtete freiwillig auf die Monopolstellung bei einer neuen Schlüsseltechnologie! Aua. Und weil man am Hauptsitz von IBM in Armonk dachte, ein Programm zur Steuerung von Rechner und Programmen sei nicht so wichtig, kaufte man es bei einer Bastelbude aus einem Vorort von Seattle hinzu (die es ihrerseits billig eingekauft statt selbst programmiert hatte). Der Rest ist Geschichte. Die eines anderen Monopolisten namens Microsoft, der inzwischen auch einige Probleme hat. Vermutlich war da die berühmte »unsichtbare Hand« am Werk. Jedenfalls hat der PC 1981 Hardware und Software nicht nur technisch, sondern vor allem *ökonomisch* getrennt. Und damit konnte der neue, digital gesteuerte Kapitalismus durchstarten.

So wenig wie alle bisherigen Basistechnologien wird der Computer verschwinden oder durch eine neue Technologie ersetzt. Um einen Nagel in die Wand zu schlagen, nehmen Sie ja auch bis heute einen Hammer. Oder Sie unterschreiben mit einem Kugelschreiber oder einem Füllfederhalter. Ja nicht einmal die Pferdekutsche wurde, etwa in Sport oder Fremdenverkehr, vollständig durch andere Technologien abgelöst. **Basistechnologien übernehmen von ihren Vorgängern nicht deren Funktionalität. Sondern deren Rolle als Triebkraft des Produktivitätsfortschritts. Und damit des wirtschaftlichen Fortschritts überhaupt.**

Genau diese treibende Rolle – nicht ihre Funktion, nicht ihre gesellschaftliche Bedeutung – verliert gegenwärtig die Informations- und Kommunikationstechnik. Ja, es wird weiterhin digitaltechnische Fortschritte geben. Ja, neben Finanzwesen, Produktionsorganisation oder Vertrieb wird auch die technische Produktion selbst noch erheblich stärker digitalisiert werden (Stichwort: »Industrie 4.0«). Ja, wir Konsumenten werden wohl noch mehr Dienstleistungen übernehmen dürfen. So wie wir schon lange daran gewöhnt wurden, Regale zusammenzuschrauben, Pfandflaschen abzugeben oder Überweisungen und Ticketkäufe selbst zu erledigen (Stichwort:

»Selbstbedienungsgesellschaft«[14]). Und ja, auch das Internet und die digitalen Medien werden sich künftig dynamisch verändern.

Aber: Weder einzelne Unternehmen noch Volkswirtschaften insgesamt werden künftig noch *strategische* Vorteile aus dem Einsatz dieser Technologien ziehen können. Der viel beschworene Netzwerkeffekt, demzufolge der Wert eines Netzes sich mit jedem Teilnehmer exponentiell erhöht, verliert nun einmal seine Wirkung, wenn alle (Menschen, Maschinen, Unternehmen, Organisationen, Länder) im Netz sind. Kein klar denkender Mensch würde bestreiten, dass es im Maschinenbau weiterhin technischen Fortschritt geben wird, ergo auch erhebliche Produktivitätsfortschritte. Aber Maschinenbau ist nichts grundsätzlich Neues mehr. Selbst die smarteste Fabrik bleibt eine Fabrik – in der im Übrigen auch künftig alle wesentlichen Entscheidungen nicht von Computern, sondern von Menschen getroffen werden müssen. **Wenn es aber nicht die (wie gesehen schon lange entschiedene) »digitale Revolution« ist – welcher technologische Frühling wird denn dann auf den Winter des gegenwärtig endenden Kondratjew folgen?**

4 Die Kapitalisten in der Zirkuskuppel, ratlos

Auf der Suche nach dem nächsten »großen Ding«

Titel von Sachbüchern schaffen es ja nur relativ selten, zu sprichwörtlichen Redensarten aufzusteigen. Wenn das gelingt, dann weil das betreffende Buch bei Erscheinen einen Nerv seiner Zeit trifft – und auch sofort so wahrgenommen wird. Der Preis dieses Ruhmes: derjenige des Titels übersteigt den der Verfasser schnell um ein Vielfaches, und was genau in dem Buch steht, weiß auch bald keiner mehr. Nicht zuletzt deshalb, weil es in vielen Regalen ungelesen vor sich hinstaubt. Vermutlich haben sich nur ein paar Tausend Menschen jemals durch Oswald Spenglers komplette 1200 Seiten gequält. Gleichwohl darf seit 1918 bei jedem größeren Problem *Der Untergang des Abendlandes* ausgerufen werden. Die größte redensartliche Karriere des 20. Jahrhunderts hat aber gewiss ein schmales Bändchen aus dem Jahre 1972 gemacht: eine vom bis dato eher unbekannten Expertenzirkel *Club of Rome* erstellte und von der Volkswagen-Stiftung finanzierte Studie mit dem Titel *Die Grenzen des Wachstums*.

Beinahe alles wurde an diesem Buch kritisiert. Die Modelle seiner Computersimulationen seien viel zu simpel; die dahinterstehenden ökonomischen Theorien teils oder komplett falsch; die Datenbasis insgesamt zu schmal, einzelne Werte zudem allzu statisch, willkürlich oder viel zu pessimistisch gewählt. Dass etliche dieser tatsächlichen oder vermeintlichen Mängel in den Nachfolgestudien korrigiert wurden, dass sich andererseits etliche Prognosen überraschend genau bestätigten, führte aber nur dazu, dass die Updates kaum noch jemand las. Gleichwohl liegt es auf der Hand, warum der Titel den Charakter eines geflügelten Wortes bis heute behalten hat. Grundsätzlich hatten Dennis Meadows und seine Koautoren nämlich schlicht recht: **Eine Weltwirtschaft, die endliche Ressourcen in einem letztlich geschlossenen System wie dem Ökosystem unseres Planeten so nutzt, als seien sie unendlich vorhanden, muss früher oder später zwangsläufig an ihre Grenzen stoßen.**

Ganz gleich wie tief wir nach Rohstoffen graben oder bohren, Jules Vernes *Reise zum Mittelpunkt der Erde* werden wir niemals machen. Wir sollten mindestens so viele Bäume pflanzen, wie wir abholzen; doch leider sind 50 Bretter schneller gesägt, als eine Fichte wächst. Wir können die Erdatmosphäre seit knapp 60 Jahren verlassen. Aber vergrößern werden wir sie auch in 6000 Jahren nicht können. Nur 3 Prozent des Wassers auf unserem blauen Planeten ist Süßwasser, nur ein knappes Drittel davon ist als Grund- und Oberflächenwasser verfügbar. Doch ein Drittel der 37 großen Grundwasserspeicher der Welt wird nach neuesten Studien stark übernutzt.[1] Höchstwahrscheinlich werden also nicht nur jene natürlichen Ressourcen knapp, von denen schon länger bekannt ist, dass ihre Vorräte begrenzt sind, so wie Erdöl oder viele Metalle, sondern auch jene, die zumindest ökonomisch kaum je wie knappe Ressourcen behandelt wurden: Wasser und Luft. Weil die Menschheit darüber hinaus die verfügbaren landwirtschaftlichen Flächen überstrapaziert und die Erdbevölkerung weiterhin wächst, könnte sogar die Mutter aller Knappheiten, die Nahrungsmittelknappheit, in Zukunft wieder zu einem globalen Grundproblem werden.

Damit sind wir beim Thema, welche Innovationen den nächsten »langen« Konjunkturzyklus prägen könnten – seien es nun Technologien, Infrastrukturen oder Prozesse. Was wir brauchen, sind Antworten auf die Grundfrage von Schumpeters Theorie der »Kondratjiew-Zyklen«: Mit welchen strategischen Knappheiten könnte unsere kapitalistische Ökonomie gegenwärtig oder in naher Zukunft konfrontiert sein?

Kleiner Exkurs zur Ökonomie
von Knappheit und Endlichkeit

Bevor einige unserer Leser in Sorge geraten, dass wir auf den folgenden Seiten eines der handelsüblichen Lamentos in Sachen Ökologie und Nachhaltigkeit anstimmen, eine Bemerkung vorweg: Ja, auch wir sind fest davon überzeugt, dass Öko nicht nur etwas mit von Menschen gemachten Regeln und Gesetzen (griechisch: *nomos*) zu tun hat, sondern dass es durchaus auch eine Ordnung der realen Welt (griechisch: *logos*) gibt, gegen die wir nicht nach Belieben wirtschaften können. **Und ja, auch wir sind überzeugt, dass Wirtschaft etwas mit Nachhaltigkeit zu tun hat.** Und zwar schon allein deshalb, weil den Begriff vor rund 300 Jahren ein *Ökonom* geprägt hat, der kursächsische Oberberghauptmann Hans Carl von Carlowitz (1645–1714).[2]

Die Holzwirtschaft war damals im gesamten Europa das schiere Gegenteil von nachhaltig – die Wälder wurden ohne Rücksicht auf Verluste abgeholzt. Und Carlowitz war der Erste, der auf die volkswirtschaftliche Unhaltbarkeit dieser Praxis hinwies. Wenn man einmal verstanden hat, dass es Einzelnen kurzfristig Nutzen bringen mag, jeden erreichbaren Baum zu verfeuern oder zu verbauen (also wie ein knallharter *homo oeconomicus* aus dem Lehrbuch zu handeln), eine Forstwirtschaft als Ganzes so aber schnell am Boden liegt, dann ist Nachhaltigkeit im Prinzip simpel: Man muss mindestens so viele Bäume pflanzen, wie man fällt. Und weil Bäume etwas Zeit zum Wachsen brauchen, muss man erstens ein wenig Geduld mitbringen. Zweitens langfristig vorsorgen.

Ebenso leicht verständlich ist, warum eine nachhaltige Bewirtschaftung des Waldes machbar ist, die nachhaltige Bewirtschaftung einer Reihe anderer Ressourcen dagegen sehr schwierig. Bäume wachsen nach. Kohle (das heißt Milliarden Jahre alte, nie gefällte Bäume) nicht. Erdöl (dito) nicht. Und wenn, dann dauert das furchtbar lange. Kupfer, Mangan oder Wolfram auch nicht. Und während etliche Baumarten eine für Menschen überschaubare Zeit zum Nachwachsen brauchen, sieht das bei natürlichen Ressourcen wie

Süßwasser und Atemluft leider ganz anders aus. Unsere sentimentale Liebe zu Natur und Umwelt darf in diesem Zusammenhang aber durchaus privat bleiben. Denn das Problem der Nachhaltigkeit lässt sich auch ganz kühl ökonomisch formulieren.

Der Preis einer Ware bestimmt sich bekanntlich nach dem Verhältnis von Angebot und Nachfrage. Wenn alle Bäcker mehr Brote backen, als die Leute essen können, fällt der Brotpreis – und einige Bäcker gehen pleite. Gibt's dann zu wenig Brot, hungern die Menschen – und die Preise schießen in den Himmel. Das ist selbst für völlig herzlose Menschen ein Grund, Bäckereien zu eröffnen. Sehen wir für den Moment von schweren Missernten, Dürren, Schädlingsplagen und anderen Katastrophen ab, dann können Nahrungsmittel *knapp* sein. Relativ knapp. Aber sie sind niemals *endlich*. Nicht *absolut* knapp.

Damit sind wir beim entscheidenden Punkt: Märkte und Preise sind ganz offensichtlich eine sehr gute Methode zur Lösung *relativer* Knappheitsprobleme. **Doch weder für von Natur aus knappe noch gar für endliche Güter haben sie jemals eine vernünftige Lösung gefunden. Solange die Menschheit den Launen der Natur hilflos ausgeliefert war, hat man mit Getreide und Grundnahrungsmitteln daher auch lange Zeit kaum Handel getrieben. Und schon gar nicht von privater Hand.** Darauf kommen wir noch zurück. Bei vielen wirklich endlichen Gütern dagegen haben wir bis vor einigen Dekaden oft nicht einmal *angenommen*, dass sie endlich sind. Obwohl wir das inzwischen recht genau wissen, tun wir – auch strikt ökonomisch gesehen – aber immer noch so, als seien sie es nicht.

In einer Marktwirtschaft kann das nur bedeuten, dass etwas mit den Preisen nicht stimmt. Genauer gesagt: Dass nicht wirklich eingepreist ist, dass die Ware ausgehen kann. Das wiederum hat damit zu tun, dass die Akteure in einer *kapitalistischen* Marktwirtschaft (die nicht umsonst auch ›Hersteller‹ genannt werden) extrem genau wissen, wie Preise für Güter gebildet werden müssen, die sie *herstellen* können. Wenn es um Rohstoffe und andere natürliche Ressourcen geht, können sie dann quasi nicht aus ihrer Haut. Auch wenn sie nach Öl bohren und Metalle ausbuddeln, tun sie so, als würden sie etwas ›herstellen‹. Das heißt, sie kalkulieren auf Basis ihrer Herstellkosten. Dass es ihr ›Produkt‹ irgendwann vielleicht schlicht nicht mehr gibt, kalkulieren sie dagegen nicht ein. Warum auch? Das wäre ja eine *volkswirtschaftliche*, keine betriebswirtschaftliche Kalkulation. Schlimmer noch: Wenn das Produkt knapper wird, klingt das sogar erst einmal nach einer guten Nachricht. Dann steigen nämlich die Preise. Oder Wettbewerber verschwinden vom Markt. Super! Alle bisherige Erfahrung zeigt uns, dass ›der Markt‹ solche Probleme nicht löst. Sondern dass er sie eher produziert. Doch dazu später.

Rückblick: Die »langen Zyklen« im Schnelldurchlauf

Am Anfang reichte menschliche Muskelkraft nicht mehr aus, und das Holz wurde endgültig knapp. Eine bis dato unvorstellbare Massenproduktion musste dann in Zyklus II durch das Nadelöhr des Massentransportes; und ohne Stahl keine Eisenbahn, keine Dampfschiffe, keine großen Fabriken, keine Metropolen. Der dritte Zyklus stand im Zeichen einer Zentralisierung der Energieversorgung; die Wirtschaft wurde unter Strom statt unter Dampf gesetzt. Zudem reichten die natürlichen Grundwerkstoffe zur Herstellung von Gütern des Massenkonsums nicht mehr aus. Mit der Weltwirtschaftskrise 1929 überfiel das Kapital eine große Ratlosigkeit. Was sollte man denn noch alles produzieren? Und wie sollte das vor allem profitabel bleiben, wenn man Arbeitern und Angestellten so viel Lohn zahlte (oder die Produkte so billig machte), dass sie das auch alles würden kaufen können? Die Katastrophe des Zweiten Weltkrieges (und dessen gewiss nicht nur ökonomische Ursachen) mussten wir weitgehend außen vor lassen; abgesehen von der Tatsache, dass das Militär immer schon ein Faible für technische Innovationen hatte.

Waren in den ersten drei langen Zyklen hauptsächlich Produkte in Bewegung versetzt worden, kamen in Zyklus IV die zunehmend individuellen Produzenten an die Reihe; Fabriken und Büros bekamen nun vor allem Parkplätze statt Haltestellen. Außerdem war der für die Massenproduktion unverzichtbare Massenkonsum allein mit Litfaßsäulen und Zeitungsannoncen nicht mehr zu stimulieren; darum wurde das Fernsehen, wurden elektronische Massenmedien zu Basisinnovationen dieses Konjunkturzyklus. Schließlich die bislang letzte große strategische Knappheit: Information und deren schnelle Kommunikation. Genauer: Information zum Zweck der Steuerung einer immer komplexeren Produktion und Distribution immer komplexerer Produkte. Die Lösung lag in deren vollständiger Digitalisierung. Dieser Prozess ist nicht abgeschlossen.

Automatisierung und digitale Steuerung der Produktion einerseits, die Verlagerung vieler Dienstleistungen auf den technisch hochgerüsteten Endkunden andererseits werden auch künftig Kosten senken und ergo die Produktivität steigern. Leitungsnetze und vor allem drahtlose Datenübertragung werden sich ebenfalls weiter entwickeln. Um von allerlei ›Endgeräten‹ und Benutzerschnittstellen zu schweigen. Aber das Kernproblem, jedes Byte an Information zu jeder Zeit an der richtigen Stelle verfügbar zu machen, ist gelöst, der Grenznutzen vieler entsprechender Investitionen bereits absehbar. Und nun?

Zukunft zum Ankreuzen?

Gemeinhin beginnt die Suche nach »Zukunftstechnologien« mit wahllosem Herumschnüffeln in allen möglichen Ingenieurbüros, Laboren und ›Technologieparks‹. Der menschliche Erfindergeist ist ja gottlob ungebrochen. Folglich tragen die Spürhunde des Fortschritts lange Aufzählungen von Innovationen zusammen, dank derer die Wirtschaft alsbald wieder durch die Decke gehen soll. Darunter finden sich stets Kandidaten, die bereits seit Jahrzehnten zum Sprung zur Anwendungsreife ansetzen, etwa die Kernfusion. Auch Robotik und Künstliche Intelligenz sind schon länger dabei. Nachdem das selbst für die »Industrie 4.0« keine echte Nachricht mehr ist, sollen die Roboter nun wahlweise Schoßhunde oder Pflegekräfte ersetzen. Für ersteres haben vor allem japanische, für zweiteres europäische Tüftler eine Vorliebe. Oder vielleicht ersetzen wenige

Superprogrammierer doch ganze Heerscharen von Ingenieuren oder Designern? Bio-, Gen- und Nanotechnologie, Elektromobilität, regenerative Energien, irgendwas mit Gesundheit, Pflege oder Wellness, vielleicht auch extraterrestrische Rohstoffförderung – der Schein fürs Innovationslotto ließe sich leicht auf 49 Felder erweitern. Wir versuchen es mal mit überlegen statt ankreuzen.

Medizin X.0: Zweifellos werden in den alternden Gesellschaften der meisten Industrieländer Gesundheitsvorsorge, Medizin und Pflege eine wichtige Rolle spielen. Aber wenn da im ökonomischen Sinne irgendetwas strategisch knapp sein sollte, dann sind es qualifizierte Pflegekräfte (kurzfristig) oder Ärzte (in dünner besiedelten Gebieten). Selbstverständlich wird es Fortschritte in Medizin, Pharmazie und Medizintechnik auch in Zukunft geben. Aber weder Ärzte noch Pfleger lassen sich jemals durch Maschinen und raffinierte Algorithmen ersetzen. Vermutlich nicht mal in den finstersten Phantasien von Gesundheitsökonomen. Ergo: Um alte und kranke Menschen werden sich auch künftig jüngere, gesunde Menschen kümmern. Die einzige Innovation, die nötig ist, um das fair zu finanzieren, ist Einsicht in den relativen Wert von Dienstleistungen. **Wenn zum Beispiel zwei Stunden Konzert mit Helene Fischer regulär 40 bis 50 Euro kosten, dann sollte eine Pflegekraft in dieser Zeit wohl kaum weniger verdienen.**

Medien X.0: Gewiss werden Zeitungen, Zeitschriften und Bücher schon in wenigen Jahren kaum mehr gedruckt, ein paar Hochglanzmagazine und bibliophile Kostbarkeiten ausgenommen. CD, DVD oder Blue-Ray-Disc sind heute schon quasi Schellack 3.0. Statt monströser Flatscreens (und Vinyltapeten) werden vermutlich bald optische Folien unsere Wände und Fenster schmücken. Unser Kühlschrank mag eigenmächtig Milch oder Bier bestellen, unsere Heimelektronik komplett per App gesteuert werden. Doch was immer sich hier durchsetzt oder nicht – Basisinnovationen zur Überwindung strategischer Knappheiten sehen wir nirgends. Soziale Netzwerke, Streamingdienste und Co.? Ob Opas Fernsehen all das überlebt oder nicht – auch hier wechseln traditionelle Verbreitungsmedien ›nur‹ noch einmal ihre technische Form.

Gewiss: Die finanzielle Einstiegshürde liegt bei digitalen Medien viel niedriger; nicht unbedingt für die Nutzer, in jedem Fall aber für die Anbieter von Information. Man muss LeFloid nicht zwingend um 20 Uhr sehen. Was aber wenig daran ändert, dass YouTube-Stars und einflussreiche Blogger ebenfalls Massenmedien betreiben. Und dass Filme Filme und Serien Serien bleiben, auch wenn ich sie mir allerorten und jederzeit zum Flatratetarif ansehen kann. Die knappe ›Basisressource‹ Aufmerksamkeit wird dabei im Einzelnen gewiss flexibler bewirtschaftet, im Ganzen aber nur weiter strapaziert. Immer klarer wird zudem, dass das Rauschen in den Rückkanälen des Webs den (ebenfalls fast sprichwörtlichen) *Strukturwandel der Öffentlichkeit* zwar fortsetzt. Inwieweit dabei Jürgen Habermas' Ideale kritisch-rationaler Meinungsbildung eine Rolle spielen … nun ja. Der größte Vorteil der Sache scheint derzeit darin zu bestehen, dass sich die Verfechter abseitiger Ansichten nicht mehr so furchtbar einsam fühlen müssen. Wie diese Verstärkerwirkung zu bewerten ist, das ist allerdings *keine* ökonomische Frage. Grundsätzlich gilt: Wir bekommen Nullen und Einsen nicht schneller als in Echtzeit von A nach B. Und das war das ursprüngliche Problem. Sicher, mehr geht immer. Aber da reden wir nur noch über normale Skaleneffekte.

Auto X.0: Während im Netz die Erregungskurve bei nahezu jedem Thema schnell nach oben schießen kann, gibt es ein Thema, das gerade in Deutschland die Gemüter sehr vieler Menschen sehr stark bewegt, ergo auch die von Volkswirten und Politikern: das Auto. Ob »freie Fahrt für freie Bürger« und »Freude am Fahren« auch künftig die vornehmsten Rechte aller bleiben, oder ob Gasgeben wieder zum exklusiven Privileg wird. Ob Geschwindigkeitsbegrenzungen, Autobahngebühren, Abgasnormen oder Ökosteuern pure Schikane sind, oder ob sie umwelt- oder wirtschaftspolitisch sinnvolle Instrumente darstellen. Welche Antriebstechnik welche Verkehrsmittel künftig auf welche Höchstgeschwindigkeiten bringen soll; ob es sinnvoller ist, Fahrzeuge nur noch zu benutzen oder auch weiterhin zu besitzen – über all diese und viele weitere Fragen werden verbissene Glaubenskriege geführt. Dazu gehört auch die Frage, ob und wann dem Tiger im Tank die Puste ausgeht. Anders gesagt: wann das Öl knapp wird. Dazu kommen wir gleich.

Wer glaubt, dass Erdöl unendlich verfügbar ist oder zumindest noch ein paar Hundert Jahre reicht, der hält das Elektroauto sowieso für eine Marotte von Ökospinnern. Die Frage, ob es eine Schlüssel-technologie der Zukunft ist oder nicht, verneinen wir allerdings aus ganz unideologischen Gründen. Fließt das Benzin auch künftig in Strömen, dann haben alternative Antriebskonzepte absehbar keine Zukunft. Wenn aber nicht, dann müssen früher oder später *sämtliche* Antriebe *sämtlicher* Beförderungsmittel von fossilen auf regenerative Treibstoffe umgestellt werden. Welche das sein werden? Nun, Bio-kraftstoffe aus Pflanzen würden Autos zu Nahrungskonkurrenten machen; keine gute Idee. Aus Algen? Möglich. Wasserstoff? Ganz gleich, ob er für Verbrennungsmotoren oder für Brennstoffzellen in Kombination mit Elektromotoren genutzt würde, er wäre nur dann eine Alternative zum Benzin, wenn er im industriellen Maßstab aus regenerativen Quellen produziert würde. Derzeit wird er leider zu 90 Prozent per thermochemischer Konversion aus Kohle gewonnen, wobei auch noch erhebliche Mengen an CO_2 anfallen. Für Schiffs- oder Flugzeugantriebe mag man das auch künftig in Kauf nehmen wollen. Ob es für Individualverkehr der bisherigen Art sinnvoll ist, wagen wir nicht zu entscheiden.

Für Lkw wird es vielleicht ganz andere Lösungen geben: etwa Oberleitungen auf Fernstrecken, eine Renaissance der Schiene, Ver-kehrsvermeidung durch Re-Regionalisierung von Wertschöpfungs-ketten und, und, und. Für den Schiffsverkehr prognostizieren man-che eine Rückkehr zum Segel (»Skysail«) in Kombination mit Biogas. Ob das Fliegen im derzeitigen Umfang überhaupt eine Zukunft hat, und wenn ja, welche, wissen wir ebenfalls nicht. Die Anzahl der Fragezeichen signalisiert, dass hier vermutlich keine einzelne strate-gische Technologie in den Startlöchern steht.

Fahren Autos und Laster aber künftig mit Strom, dann besteht die eigentliche Herausforderung nicht in der Neuerfindung des Automobils. Ja nicht einmal in der Weiterentwicklung der Batterietechnik (bei der es in punkto Wirtschaftlichkeit oder Umweltverträglichkeit fraglos reichlich Luft nach oben gibt). Die eigentliche Herausforderung wird dann eine ganz andere sein: der Umbau unserer Verkehrs- und Strominfrastruktur. So müssten etwa aus Tankstellen Tauschstationen für Batterien werden; diese sollten Autobesitzer nämlich sinnvollerweise nicht kaufen müssen, sondern leihen können. Umgekehrt ließen sich Elektrobatterien als Zwischenspeicher nutzen, wenn regenerative Energiequellen wie Windkraft- oder Solaranlagen Überlasten produzieren – wofür dann doch jeder Parkplatz eine Steckdose bräuchte.

Ob kommerziell oder genossenschaftlich organisiertes Carsharing, diverse Zwitter von Individual- und öffentlichem Nahverkehr, eine Renaissance der Straßenbahn oder auch sinnvolle Verkehrsvermeidung – vieles wird im Gesamtbild eines künftigen Individualverkehrs eine Rolle spielen. Nicht zuletzt die Frage, ob die vergleichsweise strikte räumliche Trennung von Arbeiten, Wohnen, Freizeit und Einkaufen, wie sie in den Industrieländern großteils bis heute praktiziert wird, auch das Siedlungsmodell der Zukunft ist.

Der Strom kommt aus der Steckdose. Aber wie kommt er künftig da rein?

Allein die obige Fülle spannender Fragen macht deutlich, dass künftig weder im Personen- noch im Güterverkehr strategische Knappheiten lauern, die mithilfe einer bestimmten Basistechnologie oder einer bestimmten technischen Infrastruktur gelöst werden müssten. Diese strategische Knappheit lauert vielmehr eine Ebene darunter: in der Verfügbarkeit von Energie.

Peak Oil
Seit den Fünfzigerjahren des 19. Jahrhunderts wird in den USA und in Deutschland großtechnisch nach Öl gebohrt. Das erste saudische Erdöl wurde 1938 von Standard Oil gefördert. Zwischen 1860 und

heute hat sich durch die Nutzung fossiler Ressourcen der Weltenergieverbrauch mehr als verzwanzigfacht. Allein zwischen 1949 und 1972, dem Erscheinungsjahr der *Grenzen des Wachstums*, verdreifachte er sich. Und zwischen 1980 und heute hat er sich noch einmal verdoppelt.[3] Absolut krass: **Global verbrennen wir pro Jahr in etwa so viel fossile Energieträger, wie die Natur in einer Million Jahren gebildet hat.** Wenn Sie die fossilen Verbrauchswerte mit der Bevölkerungsentwicklung oder mit verschiedenen ökonomischen Grunddaten über diesen Zeitraum vergleichen, dann werden Sie fast immer exponentielle Funktionen erkennen. Es klingt platter, als es ist. **Aber ohne Kohle und Erdöl – kein Kapitalismus.** Irgendwie scheint der, neben anderen Wesensmerkmalen, auch eine fossile Wirtschaftsform zu sein.

Niemand bestreitet ernsthaft, dass die fossilen Energieträger Erdöl, Erdgas und Kohle endlich sind.[4] Die Frage ist einzig, wie lange sie noch reichen. Genauer: Wie lange welche Vorräte noch zu wirtschaftlich vertretbaren Kosten gefördert werden können. Selbstredend, ohne dass rein energetisch in Förderung und Weiterverarbeitung mehr hineingesteckt werden muss, als am Ende herauskommt. Es würde zu weit führen, die Problematik des sogenannten globalen Fördermaximums (»Peak Oil«) hier en détail zu diskutieren. Relativ sicher lässt sich nur für einzelne Fördergebiete feststellen bzw. prognostizieren, wann die erste – weitaus wirtschaftlicher zu gewinnende – Hälfte der Vorkommen ausgebeutet ist. Wie viel von der zweiten Hälfte dann noch förderbar ist, hängt von geologischen, technischen, vor allem aber von wirtschaftlichen Faktoren ab (Angebot-Nachfrage-Preisentwicklung). Anders gesagt: Irgendwann wäre Erdöl so teuer, dass seine Verwendung für immer weniger Zwecke wirtschaftlich sinnvoll wäre.

Die USA hatten ihr konventionelles Fördermaximum bereits 1970 erreicht, durch das hoch umstrittene »Fracking« allerdings 2014 wohl noch einmal übertroffen. Der Peak Oil des Iran war 1974 erreicht, der Russlands 1987, der Norwegens 2001. Der größte Erdölexporteur der Welt, Saudi-Arabien, hat vermutlich 2012 den Höhepunkt seiner Förderung überschritten – wobei die offiziellen Zahlen der Saudis mit großer Vorsicht zu genießen sind. Auf der arabischen Halbinsel sprudelt derzeit nur noch in den Vereinigten Arabischen Emiraten das Öl ohne Limit. Selbst in Katar, das hauptsächlich in Erdgas und nicht in Öl schwimmt, stagniert die Ölfördermenge seit rund drei Jahren. Die Internationale Energieagentur der OECD, nicht gerade das ZK der Ökopaxe, geht aktuell davon aus, dass das weltweite Fördermaximum bei konventionellem Rohöl bereits 2008 erreicht worden ist; bei schwer förderbarem, unkonventionellem Öl, etwa aus Teer- und Ölsanden, Tiefsee- und Polaröl, prognostiziert sie den Peak für das Jahr 2035.[5] Die unabhängige Energy Watch Group meint, dass das kombinierte globale Fördermaximum bei *allen* fossilen Energieträgern bereits 2015 erreicht wurde.[6] Wie auch immer: Der größte – und recht einsame – Optimist unter den Prognostikern, der ehemalige CEO der saudischen Aramco, Abdullah Jumah, glaubte vor Jahren, dass unsere Ölvorräte bei heutigem Verbrauch noch für gut 100 Jahre reichen. Weniger zweckoptimistische Schätzungen gehen von 40 oder gar nur 27 Jahren aus.

Auch mit der Kohle könnte es schneller vorbei sein, als viele heute noch glauben. Der globale »Peak Coal«, das Fördermaximum bei Kohle, so 2007 die Energy Watch Group, ist möglicherweise schon im Jahre 2030 erreicht.[7] Und selbst wenn auch hier die allergrößten Optimisten Recht behielten, wäre um 2200 vermutlich Schicht im Schacht. Traurig aber wahr: **Zwölf Menschheitsgenerationen hätten dann in 400 Jahren die in über 400 Millionen Jahre gebildeten fossilen Energiereserven der Erde abgefackelt.**

Lassen wir die Frage des Klimawandels mal beiseite. Die Tatsache, dass wir über 90 Prozent des weltweit geförderten Öls gegenwärtig immer noch verheizen, verstromen, verfahren und verfliegen, ist schon rein ökonomisch der größte Unsinn. Weitaus sinnvoller wäre es nämlich, diese inzwischen knappe, aber für die chemische und pharmazeutische Industrie nach wie vor unentbehrliche Ressource so schnell wie möglich nur noch stofflich statt energetisch zu verwerten. Wir sprechen da nicht von Plastiktüten und Kopfschmerztabletten. Wir sprechen von aberhunderten, teils sehr speziellen Industriewerkstoffen und von lebensrettenden Medikamenten.

Hinzu kommt noch, dass der Energieverbrauch extrem ungleich verteilt ist. Die meisten Menschen in den Entwicklungsländern verbrauchen weniger als 0,2 Kilowatt pro Kopf und Jahr. In Westeuropa liegt der Verbrauch zwischen 4,5 und 6 Kilowatt, in den USA bei circa 12 Kilowatt. Spitzenreiter ist Saudi-Arabien. Der Wüstenstaat verbraucht doppelt so viel Energie wie die USA und vier Mal so viel wie Deutschland. Dabei ist Deutschlands Volkswirtschaft fünf Mal größer. **Die reichsten 20 Prozent der Weltbevölkerung verbrauchen 70 Prozent der fossilen Brennstoffe.** Das ist nicht bloß ungerecht. Sollten allein Chinesen und Inder, die heute 1,1 bzw. 0,4 Kilowatt pro Kopf und Jahr verbrauchen, rund ein Drittel des westlichen Wohlstandsniveaus erreichen (und wer wollte ihnen das verwehren?), dann stiege der globale Energiebedarf noch einmal mindestens um den Faktor drei. Von einer ›gerechten‹ Verteilung des Zugriffs auf Energie wäre die Welt dann immer noch weit entfernt. Aber die ökologische Katastrophe wäre in jedem Fall programmiert. Fazit: **Das Ende des fossilen Zeitalters müssten wir auch einläuten, wenn Kohle, Öl und Gas für die Ewigkeit reichten.**

Woraus Deutschland seine Energie bezieht

Der Energiehunger einer hoch entwickelten Volkswirtschaft wie der deutschen ist gigantisch. Pro Jahr werden in unserem Land rund 13 000 Petajoule an Primärenergie (d. h. Energie *vor* Abzug aller Umwandlungs- und Verbrauchsverluste) verbraucht. Der Energiekonzern Exxon hat das auf seiner deutschen Homepage[8] recht anschaulich umgerechnet: Pro *Sekunde* Verbrauch entspricht das dem Energiegehalt von 11 540 Litern Rohöl. Füllte man diese in Literflaschen und packte sie in handelsübliche Zwölferkisten, dann wäre der Kistenstapel in etwa so hoch wie der Berliner Fernsehturm. Wer es etwas dramatischer mag: Wollten wir unseren jährlichen Bedarf an Primärenergie ausschließlich in Form privat genutzten Stroms verbrauchen, dann müsste die Bundesrepublik rund 1,2 Milliarden Zweipersonenhaushalte haben.

Jeweils rund 28 Prozent dieser Energie verbrauchen Industrie, Verkehr und private Haushalte, den ›Rest‹ Gewerbe, Handel und Dienstleistungsbranchen.[9] 35 Prozent stammen aus Mineralöl, 20 Prozent aus Erdgas, jeweils rund 12 Prozent aus Stein- und Braunkohle, derzeit noch acht Prozent aus Kernenergie. Sehr grob gerechnet stillt Deutschland damit heute neun Zehntel seines Energiehungers aus fossilen Quellen. Nur 11 Prozent liefern derzeit die erneuerbaren Energien. Und sogar hier wird meist Feuer gemacht: 9 Prozent trägt die Verbrennung von Holz, Müll, Klärschlamm und anderen erneuerbaren Brennstoffen bei. Der Anteil von Wind-, Wasser- und Solarenergie beträgt ganze 2,1 Prozent.[10]

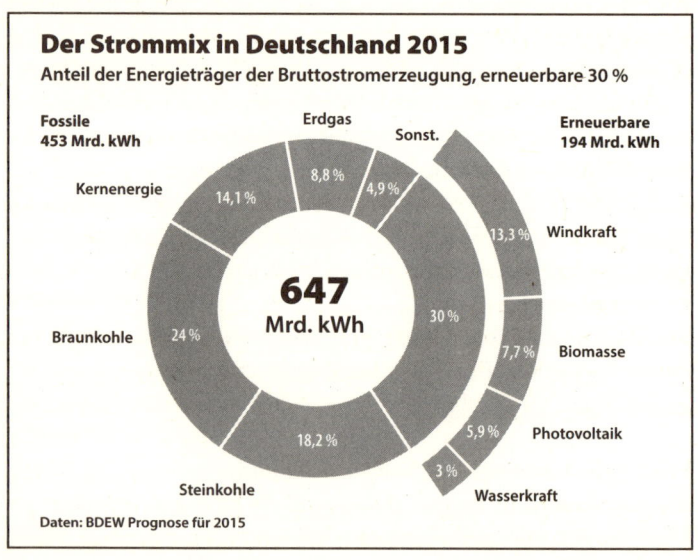

Einzig beim elektrischen Strom ist der Beitrag der erneuerbaren Energien schon heute mit einem knappen Drittel recht beachtlich. Doch nur ein Viertel des Stroms in Deutschland wird von den privaten Haushalten verbraucht, 47 Prozent dagegen von der Industrie. Und da liegt der direkte Anteil der Erneuerbaren bei wiederum sehr mageren 3,2 Prozent. Immerhin: Rechnet man den Verbrauchsanteil der Industrie am Allgemeinstrom hinzu, landet man bei rund 8 Prozent.

Für alle Skeptiker in Sachen »Energiewende« sind Daten wie diese Wasser auf die Mühlen. Ein Industrieland wie Deutschland allein mit Windrädern, Wassermühlen und Solarpanelen betreiben zu wollen, kommt ihnen wie eine lustige Kinderphantasie vor. Gerne könne sich ja jeder Häuslebauer eine Solaranlage aufs Dach schrauben lassen. Aber doch bitte nicht vom Steuerzahler hoch subventioniert! Warmwasser mit Hilfe von Solarthermie? Bitte, wenn's schön macht. Der Kaminofen mit Pellets? Super gemütlich. Aber umweltschonend? LOL! Tja, und ein Chemiewerk oder eine Autofabrik, die brauchen dann halt doch ein bisschen mehr Schub. Auch wenn die Sonne nicht scheint und der Wind nicht bläst. Aber all das wollen Ökofuzzis und »Gutmenschen« natürlich nicht begreifen. Wie sollten sie auch.

Für uns klingen die meist herben Polemiken solcher Schlaumeier eher wie das berühmte Pfeifen im Walde. Denn wäre statt Erdöl demnächst das Wasser knapp, wäre es ja auch nicht sonderlich hilfreich darauf zu verweisen, dass man schlecht jeden Tag in Eselsmilch baden könne. So die Skeptiker also das mehr oder minder nahe Ende vieler fossiler Ressourcen nicht schlicht bestreiten, heben sie dann meist entweder zur Verteidigung der Atomkraft an. Oder sie erklären, dass unser jetziger Energiemix zumindest als Brücke dienen müsse, bis die Kernfusion in x Jahren endlich zur Anwendungsreife gediehen sei.

Woher die Power vermutlich nicht kommt

Eine weltanschauliche Beurteilung der Atomkraft dürfen wir uns hier ersparen. Uns als Ökonomen reicht ein knapper Hinweis: Bevor die deutschen Energieversorger mit ihren Kernkraftwerken mehr als 30 Jahre prächtig verdienten, musste der Steuerzahler deren Bau mit rund 100 Milliarden D-Mark subventionieren. In dem Moment, wo die – zugegeben politische – Entscheidung fiel, dass Deutschland aus der Atomkraft aussteigt, wurden aus den einstigen »Oma-Aktien« von RWE, E.ON und Co. Ramschpapiere. Warum? Weil kein ›Anleger‹ glaubt, dass diese Firmen selbst den Rückbau der Anlagen – von der Endlagerung des radioaktiven Abfalls zu schweigen – jemals werden finanzieren können. Denn selbst wenn ihre AKWs noch hundert Jahre liefen, würden die Rückbaukosten ja nicht verschwinden. **Fazit: Atomstrom war, volkswirtschaftlich gesehen, niemals wirtschaftlich und wird es niemals sein.** Daher planen auch nur noch Staatskapitalisten (China: 43, Russland: 31) mehr als eine Handvoll Kraftwerke.

Außerdem hat die Atomenergie noch einen Nachteil. Der für ihre Erzeugung nötige Rohstoff ist die endlichste aller endlichen Ressourcen. Die weltweite Uranförderung deckt nur noch zwei Drittel des Bedarfs. Der Rest kommt aus Wiederaufbereitung und abgerüsteten militärischen Beständen. Bei gleichbleibendem Verbrauch reichen die gesicherten Vorräte noch knapp 50 Jahre. Das Bayerische Wirtschaftsministerium, gewiss keine Bastion der Anti-AKW-Bewegung, schätzt die Reichweite der weltweiten Uranvorräte sogar nur auf 35 Jahre.

Und die Kernfusion? Das ist der Versuch, die Sonne auf der Erde nachzubauen. In einem Fusionsreaktor wird ein Plasma mit einer Temperatur von gut 100 Millionen Grad Celsius erzeugt. Bei dieser kuscheligen Wärme verschmelzen Wasserstoffatome zu Heliumatomen. Man muss kein Astronom sein, um zu wissen, dass die Sonne bei diesem Prozess erhebliche Mengen an Energie freisetzt. Und das voraussichtlich noch für vier Milliarden Jahre, erst dann ist das Helium alle. Noch so eine endliche Ressource …

Das Tolle ist: Technische Kernfusion funktioniert! Im Labor des neuseeländischen Physikers Ernest Rutherford hat es 1934 mit zwei einzelnen Atomen geklappt. Beim zweiten Mal war die Energieausbeute besser. Dummerweise war die Reaktion am 1. November 1952 aber unkontrolliert – an diesem Tag wurde die erste amerikanische Wasserstoffbombe gezündet. 1958 beschloss die EWG im Rahmen des EURATOM-Vertrags, die Erforschung der Kernfusion zu fördern. 1973 wurde ein Versuchsreaktor im britischen Culham beschlossen. Der ging nach nur zehn Jahren in Betrieb. 1991 lieferte er erstmals für zwei Sekunden 1,8 Megawatt Leistung, sechs Jahre später sogar 16 Megawatt. Zur Erzeugung des Plasmas hatte man leider anderthalb mal so viel Energie verbraucht. 2017 sollte der Versuchsreaktor ITER im südfranzösischen Cadarache in Betrieb gehen, zurzeit steht der Wecker auf 2023. Nach etwa zwanzig Jahren Versuchsbetrieb soll er mehr Energie liefern, als er verbraucht. Sollte das, möglichst auch unfallfrei, klappen, dann ist das Problem einer strukturellen Energieknappheit definitiv gelöst. Ein kleiner Rest Skepsis bleibt. Bis dato lag unter den Basisinnovationen des modernen Kapitalismus die Dampfmaschine mit einer Entwicklungszeit von 55 Jahren vorne. Aber was nicht ist, kann ja noch werden ...

Woher die Power kommen könnte

So das Wunder der Kernfusion nicht doch noch gelingt (und Unternehmen damit sogar Geld verdienen können), spricht alles dafür, dass wir unsere Energie schon sehr bald überwiegend und in nicht allzu ferner Zukunft vollständig aus ›erneuerbaren‹[11] Quellen gewinnen müssen. Und da sich ohne Energiezufuhr weder im industriellen noch im ›postindustriellen‹ Kapitalismus ein einziges Rädchen dreht, wird es sich hier um Basistechnologien des 21. Jahrhunderts handeln. Gegenwärtig deckt die Weltgesellschaft gut ein Drittel ihres Energiebedarfs aus Öl, je ein Viertel aus Kohle und Erdgas, etwa 6 Prozent aus Kernenergie und rund 10 Prozent aus erneuerbaren Energien; hier beträgt der Anteil der Wasserkraft derzeit über 90 Prozent. Damit wird die nächste lange Welle der Konjunktur deutlich mehr als die Hälfte, am Ende gar neun Zehntel unserer Energieversorgung wegspülen. Die komplette Abwicklung der fossilen Ära der menschlichen Zivilisation mag daher auch 100 oder 150 Jahre dauern. Und viele heute lebende Erdenbürger mögen das noch für irrelevante Zukunftsmusik oder gar für ein Märchen halten. An der Größe der Aufgabe ändert das wenig.

Die Anzahl möglicher erneuerbarer primärer Lieferanten ist abzählbar: Wind, Sonne, Wasserkraft, Erdwärme und Biomasse. Mindestens genauso wichtig ist freilich das, was mit dem etwas unscharfen Begriff der Energieeffizienz bezeichnet wird. Da Energie bekanntlich weder ›gewonnen‹ noch ›eingespart‹, sondern nur umgewandelt werden kann, heißt das:

- erstens möglichst hohe Wirkungsgrade bei den primären Prozessen der Energieumwandlung zu erzielen;

- zweitens möglichst große Anteile der generierten Energie auch zweckgerichtet einzusetzen, statt sie technisch ungenutzt verpuffen zu lassen;

- drittens könnte es auch schlicht bedeuten, auf bestimmte energiehungrige Prozesse zu verzichten oder sie durch andere, weniger energiehungrige zu ersetzen.

Alle drei Ziele erfordern – und zwar teils noch erheblichen – technischen Fortschritt. Dasjenige also, wovon alle bisherigen »langen Wellen der Konjunktur« getragen wurden.

Wenn wir von der theoretischen (und unsinnigen) Möglichkeit absehen, wieder großflächig mit Holz zu heizen, dann sind alle Lieferanten von **Biomasse** potenziell Nahrungsmittel. Oder sie stehen zumindest in Flächenkonkurrenz zu entsprechendem Anbau. Unserer Meinung nach ist das keine gute Idee. Die Schätzungen der Experten über mögliche Potenziale gehen allerdings weit auseinander; was insbesondere an der Frage hängt, wie groß der Anteil degradierter, zum Anbau von Nährpflanzen zeitweise ungeeigneter Böden an den landwirtschaftlich nutzbaren Flächen tatsächlich ist. Ansonsten stehen als Biomasse ›nur‹ die pflanzlichen Abfälle aus Forst- und Landwirtschaft sowie aus Lebensmittelproduktion zur Verfügung, dazu noch der organische Hausmüll. Wo solche ›Müllverbrennung‹ heute noch nicht energetisch genutzt wird, gilt es das natürlich schleunigst zu ändern. Gemessen am Energiehunger unseres Wirtschaftssystems sind die Mengen hier allerdings eher begrenzt. Algen oder andere Mikroorganismen als Energiequelle zu nutzen, ist derzeit mehr graue Theorie als grüne Praxis. Immerhin: Es gibt Arbeit für Forschung und Entwicklung.

Regional begrenzt verfügbar sind Wasserkraft und Erdwärme. Wo **Wasserkraft** in nennenswertem Umfang zur Verfügung steht, wird sie schon lange Zeit genutzt. Mehr Effizienz geht immer, aber die Technologie ist ausgereift und auch weitgehend ausgereizt. Wie groß das Wachstumspotenzial der **Geothermie** ist, dazu gibt es verschieden optimistische Prognosen. Gegenwärtig deckt sie weniger als 0,1 Prozent des globalen Primärenergieverbrauchs, ungeachtet der Tatsache, dass einzelne Länder wie Island (über 50 Prozent des gesamten Energiebedarfs), Schweden oder Kenia (14 Prozent seines Strombedarfs) erhebliche Teile ihrer Energie aus Erd- und Quellwärme beziehen. Der Bundesverband Erneuerbare Energie (BEE) schätzt, dass die geothermische Stromerzeugung in Deutschland bis 2020 um den Faktor 100 auf jährlich 3750 Gigawattstunden (GWh) ansteigen wird, bei der Wärme rechnet der BEE bis dahin mit einer Leistung von 26 000 GWh. Zum Vergleich: Die deutschen Steinkohlekraftwerke produzieren derzeit pro Jahr um die 135 000 GWh. Langfristig sei ein gutes Viertel des deutschen Wärmebedarfs mit tiefer, zusammen mit oberflächennaher Geothermie (Bohrungen bis 400 Meter Tiefe) sogar über die Hälfte abzudecken.[12] Die Zielwerte im »Nationalen Aktionsplan für Erneuerbare Energien« der Bundesregierung von 2010 liegen etwa halb so hoch. So oder so: Da geht was! Und da wir zumindest bei Tiefenbohrungen – deren mögliche Risiken ein eigenes Thema wären – von Großkraftwerken reden, reden wir da auch von ›Grundlast‹ und Versorgungssicherheit für die Industrie.

Rund 40 Prozent des weltweiten Energiebedarfs werden schon gegenwärtig durch **Strom** gedeckt. Der Verkehr steht zusätzlich für ein knappes Viertel am globalen Primärenergieverbrauch, der Anteil des Straßenverkehrs allein liegt bei 17 Prozent. Noch werden 98 Prozent dieser Energie aus Erdöl gewonnen. Wie groß der Anteil der Elektromobilität am Verkehrsaufkommen künftig auch immer sein wird – es ist keine allzu kühne Prognose, dass in näherer Zukunft zwischen 50 und 60 Prozent des weltweiten Energiebedarfs Strombedarf sein wird.

Eher müßig finden wir es, mit religiöser Inbrunst darüber zu streiten, wie lange und in welchem Umfang Kohle- und/oder Erdgasverstromung daran Anteil haben werden. Das ökologische Herz schlägt eher für kürzer und weniger. Unser ökonomischer Verstand sagt uns, dass die Praxis und der Markt entscheiden werden, wie hoch die Reserve- und Spitzenlasten am Ende tatsächlich sind, die auf absehbare Zeit aus fossilen Quellen gedeckt werden müssen. Oder eben aus Geothermie. Ähnlich halten wir es mit dem Dauereinwand, wie es denn um die Versorgungssicherheit stehe, wenn die Sonne nicht scheine und der Wind nicht wehe. Gewiss, es gibt windstille Tage in Deutschland. In Norddeutschland sind es zwischen null und zwei im Jahr, in anderen Regionen kann auch mal 14 Tage am Stück Flaute herrschen. Vor allem im Winter, der Jahreszeit der Verbrauchsspitzen, kann gleichzeitig die Sonne nicht scheinen. Ja, dafür braucht es Reservekraftwerke. Es braucht größere und vor allem viel effizientere Speicherkapazitäten. Und ein viel intelligenteres Netzmanagement. Schon wieder: technischen Fortschritt. Dass der unmöglich oder unwirtschaftlich ist, dass er zumindest ganz anders verlaufen wird, wurde von den Fans des Status quo schon immer behauptet. Die Geschwindigkeit der Eisenbahn? Macht die Menschen krank! Autos? Es gibt doch gar nicht genug Chauffeure! Elektrizität? Millionen werden an Stromschlägen sterben! Internet? Handys? Braucht kein Mensch! Alles nur ein kurzfristiger Hype. Fernsehen? Die Menschheit wird komplett verblöden! Okay, schlechtes Beispiel ...

Den Hauptanteil beim Strom werden, wie es derzeit aussieht, jedenfalls künftig Windkraft und **Photovoltaik** liefern müssen. Keine Frage, dass die Sonne in Andalusien oder Arizona länger und intensiver scheint als in Ansbach oder auf Amrum. Doch abgesehen von Grönland, Nordskandinavien oder der Antarktis liegt die gesamte Landmasse der Erde in einem Gürtel nördlich und südlich des Äquators, in dem die lokale Sonneneinstrahlung im Jahresmittel und unter Berücksichtigung der Wolkenabdeckung zwischen 850 und 2100 Kilowattstunden (KWh) pro Quadratmeter beträgt. In Deutschland erreicht die mittlere jährliche Sonneneinstrahlung Werte zwischen 900 und 1200 KWh; 1 000 KWh entsprechen einem Energiegehalt von 100 Litern Öl. Und ja, auch der Wirkungsgrad von Solarmodulen muss noch erheblich verbessert werden. Derzeit liegt er zwischen 22 Prozent bei Modulen aus monokristallinem Silizium und 6 bis 9 Prozent bei den weit preiswerteren Dünnschichtmodulen. 40 Prozent gelten unter Fachleuten als erreichbar. Kohlekraftwerke liegen im Bereich von 30 bis 40 Prozent, die modernsten schaffen bis zu 45 Prozent. Der Wirkungsgrad von Kernkraftwerken beträgt um die 35 Prozent.

Entscheidend ist allerdings etwas anderes. Photovoltaik (PV) re-privatisiert sozusagen die Stromerzeugung. Sie ist eine grundsätzlich dezentrale Technologie. Dass Produzenten Teile ihres Stroms ins (lokale Niederspannungs-)Netz einspeisen können, ist eigentlich nur ein (erfreulicher) Nebeneffekt. Wogegen die Spekulation auf hohe Renditen dank garantierter Einspeisevergütung durch das Erneuerbare-Energien-Gesetz (EEG) nur ein (unerfreulicher) Nebeneffekt der ursprünglich ehrenwerten Absicht einer Anschubfinanzierung der PV war. Das hat in Deutschland weit besser funktioniert als gedacht – und sollte daher noch zügiger korrigiert werden. Als dezentrale Technologie wird die PV ihre Stärken aber nahezu ausschließlich im Bereich des privaten und des kleineren gewerblichen Strombedarfs ausspielen[13]. Das wird sicher Teile der privaten Elektromobilität einschließen, aber schwerlich die gesamte Personen- und Gütermobilität. Und das heißt: **Photovoltaik wird eine künftige Schlüsseltechnologie sein.** Als Basistechnologie für Industrie und Dienstleistungssektor ist sie aber bestenfalls ein Wackelkandidat.

Anders sieht das bei der **Windkraft** aus. Größere Windparks, vor allem Offshore-Anlagen, folgen der Logik traditioneller Großkraftwerke, ergo auch der von Hochspannungs-Überlandnetzen. Für manche Solarfans ist das ein Einwand gegen die Technologie; sie drohe die Monopole der Energieriesen zu zementieren. Doch Windkraft entspricht Art und Umfang des Strombedarfs großer industrieller und gewerblicher Abnehmer – einschließlich der Tatsache, dass auf dem Meer und nahe der Küsten fast immer der Wind weht. Geschenkt, Windparks sind nicht unbedingt schön. Stromtrassen auch nicht. Landschafts- und Naturschutz müssen unbedingt berücksichtigt werden. Aber das gilt auch für Braunkohletagebau, Großkraftwerke, Autobahnen, Chemiefabriken oder Bürohochhäuser. Einzelgehöfte, Windmühlen, Landbäckereien, Alleen und Pferdefuhrwerke sind malerischer. Aber auch die postindustrielle Gesellschaft wird kein Freilichtmuseum werden.

Wohin die Power gehen könnte – und nicht mehr gehen sollte

An den Glaubensscharmützeln um Energiesparlampen, Stand-by-Geräte, Kühlschränke A+++ oder **Wärmedämmung** beteiligen wir uns höchstens privat. Als Buchautoren suchen wir uns unsere Feinde lieber woanders. Welche Sanierungsverfahren zum Beispiel wie viel dazu beitragen, dass wir nur noch Innenräume beheizen und nicht mehr die Außenluft, das sollen die Experten und der Markt entscheiden. Dass sich solche Fragen in Mietshäusern, im Eigenheim oder im luxussanierten Gründerzeitbau technisch und finanziell anders darstellen, versteht sich. Dass das alles angesichts der Lebenszyklen von Gebäuden ziemlich lange dauern wird, auch. Fortschritte bei der **Energieeffizienz**, und zwar im Sinne einer grundlegenden technischen Umwälzung unserer Infrastruktur, werden künftig woanders erreicht. Erstens im Stromnetz. Zweitens in der energetischen Optimierung industrieller Prozesse. Und drittens beim Recycling.

Sicher lässt sich im Haushalt auf vielfältige Weise Strom sparen. Aber die Basisinnovation des dritten Kondratjew-Zyklus war eben das Kraftwerk, nicht die Glühbirne. An die Stelle fossil befeuerter Großkraftwerke wird künftig ein breiter Mix aus Stromlieferanten treten, die zu unterschiedlichen Tages- und Jahreszeiten unterschiedliche Mengen an Strom ins Netz einspeisen. Das erfordert ein wesentlich **flexibleres Netzmanagement**. Etwas vereinfacht gesagt, ist Strom heute eine reine Push-Technologie. Kraftwerke, die ihre Leistung nur in engen Bandbreiten steuern können und die sich auch nicht beliebig auf Knopfdruck an- und abschalten lassen, produzieren Strom und speisen ihn ins Hochspannungsnetz ein. Über verschiedene Spannungsstufen gelangt er zu den Endabnehmern. Man spricht von »unidirektionalem Lastfluss«. Wer ›da draußen‹ wann wie viel Strom benötigt, darüber haben die Versorger natürlich recht gute Erfahrungswerte. Aber sie ermitteln es eben nicht zeitgenau. Und natürlich sind die Netze auch nicht darauf ausgerichtet, dass jemand ›von unten‹ (aus dem Mittel- und Niederspannungsnetz) Strom liefert. Künftig müssen alle Anlagen, die Strom produzieren, ständig mit allen Anlagen kommunizieren, die Strom benötigen.

Sprich: Das ›dumme‹ Netz muss mit komplexer Informations- und Kommunikationstechnik aufgerüstet werden, damit eine intelligente Feinsteuerung der Netzlast möglich wird. Sodass zum Beispiel eine Waschmaschine künftig selbstständig mit dem *Smart Meter* im Haus aushandeln kann, wann der Kochwaschgang am günstigsten wäre. Oder ich dem Netz mitteilen kann, dass ich sofort frische Wäsche brauche. Dass das im industriellen und gewerblichen Energie-management weitaus komplexere Aufgaben stellt, dürfte einleuchten.

Produktion und Dienstleistungen verbrauchen Energie. Und sie schmutzen. Auf den ebenso langen wie verschlungenen Wegen vom Rohstoff zum Endverbraucher fällt schon reichlich Material ab. Wenn wir etwas auspacken: Müll. Und wenn wir es aufgegessen, ausgelesen, abgetragen, abgenutzt oder die Lust daran verloren ha-ben: noch mehr Müll. Die meisten denken bei **Recycling** an die vielen verschiedenfarbigen Tonnen im Hof oder im Keller. An häss-liche Altglas- und Altpapiercontainer an der Ecke. Neben Ordnung, Pünktlichkeit und Sauberkeit gilt heute Mülltrennung als sehr deut-sche Tugend. Und die nervt viele. Zu recht! Denn das Problem ließe sich technisch und organisatorisch viel besser, viel effizienter und mit hoher Wahrscheinlichkeit auch viel profitabler lösen. Ein großes Ge-schäft ist der Handel mit Abfällen längst. Ein seriöses bekanntlich nur bedingt. Dabei besteht die große Herausforderung der Zukunft nicht in einer weiteren Verfeinerung heimischer Sortierung. Und obwohl wir alle immer wieder darüber nachdenken sollten, ob wir diesen oder jenen Krempel wirklich brauchen, ob wir ihn jedes Mal in einer nagelneuen Plastiktüte nach Hause tragen müssen oder ob wir Lebensmittel nicht öfter unverpackt kaufen könnten – Menschen werden immer Krempel und abgepackten Käse kaufen. Und niemals werden alle einen Jutebeutel dabeihaben.

Was das mit Kondratjew und Konjunktur zu tun hat? Ganz einfach: **Recycling wird eine der künftigen Basistechnologien sein.** Keine Veranstaltung zur Beruhigung unseres schlechten ökologischen Gewissens. Sondern zentraler Teil des gesamten Rohstoffkreislaufs. Ein Kreislauf, in dem es *überhaupt keinen* ›Müll‹ mehr gibt. In dem vielmehr *jeder* physische Rückstand von Produktion und Konsum wieder zum Rohstoff wird. Hausmüll zu Biomasse. Alles Übrige zu neuen Chemikalien, Roh- oder Baustoffen. Konsequenzen? Alles kommt in eine, höchstens zwei Tonnen (d. h. Biomasse eventuell in eine eigene). Die wertvolle Ware namens ›Abfall‹ wird kostenfrei abgeholt, von privaten Recyclingfirmen statt von der städtischen ›Müllabfuhr‹. In modernen Hightech-Fabriken wird die Ware sortiert, in anderen Hightech-Fabriken zu zahllosen kommerziellen Produkten verarbeitet. An die Stelle von »Grünem Punkt«, Dosenpfand oder Wertstoffhof – alles eher gut gemeint als gut durchdachte Konzepte – treten gewinnorientierte Rohstoff-Unternehmen, die sich von Wirtschaftszweigen wie Bergbau oder Chemieindustrie nur in der Form ihrer technischen Prozesse unterscheiden.

Am Beispiel Aluminium lässt sich besonders eindrucksvoll zeigen, was das allein für die Energiebilanz bringt. Aluminium ist ja nicht knapp, sondern nach Sauerstoff und Silizium das dritthäufigste Element. Nur dass es ausschließlich in gebundener Form vorkommt. Industriell wird es aus Bauxit gewonnen. Und das ist einer der energieaufwendigsten Prozesse überhaupt (weswegen die Aluminiumindustrie auch besonders laut über Energiewende und Strompreise jammert). Die Herstellung von sogenanntem Sekundäraluminium aus Aluschrott benötigt nur 5 Prozent der Energie bei Primärgewinnung. Die gute Nachricht: Bei Aluminium funktioniert Wiederverwertung schon heute ziemlich gut. Die Recyclingquote in Europa liegt bei zwei Dritteln, Deutschland recycelt sogar schon 96 Prozent aller Getränkedosen.[14] Wenn das in Zukunft überall so wäre, müsste praktisch gar kein ›neues‹ Aluminium mehr hergestellt werden.

Bei den meisten anderen Rohstoffen ist es dagegen schlicht ihre natürliche Knappheit, die globale Recyclingquoten nahe 100 Prozent künftig nötig macht. So reichen beispielsweise die bekannten Vorräte von Chrom noch bis 2031, die von Kupfer bis 2052 und die von Eisenerz bis 2070.[15] Der Rest vom Recycling ist eine Mischung aus Umweltschutz und Wirtschaftlichkeit. Selbst wenn die Plastikmüllkontinente in den Ozeanen nach neueren Erkenntnissen vielleicht kleiner sind als lange vermutet[16] – bis zu 13 Millionen Tonnen

Kunststoffpartikel jeder Art und Größe landen jedes Jahr im Meer[17] – und damit irgendwann im Nahrungskreislauf. 13 Millionen Tonnen – wenn das kein Wirtschaftsfaktor ist, was dann?

Damit keine Missverständnisse aufkommen: Wir argumentieren an dieser Stelle mal nicht moralisch. Wir predigen auch keinen edlen Verzicht. Wir stellen lediglich fest, dass ›Müll‹ ein ökologischer und vor allem ökonomischer Unsinn allererster Güte ist. Dessen möglichst komplette Wiederverwertung dagegen ein exzellentes und zukunftsfähiges Geschäftsmodell.

Die Zukunft der Wasseraufbereitung

Das Wasser kommt aus dem Wasserhahn. Rund um die Uhr. In beliebiger Menge. Bei uns. Bevor Sie sich also fragen, wie wir beim Thema ›Basistechnologien‹ auf eine olle Kamelle wie Trinkwasseraufbereitung kommen, eines vorweg: In Deutschland und in weiten Teilen Europas war Wasserknappheit nie ein Thema, ist es nicht und wird es auch absehbar nicht sein.

Viele Städte und Gemeinden in Deutschland haben ganz andere Sorgen. Berlin zum Beispiel »steht das Wasser bis zum Hals«. Weil Industrie abgewandert ist und die Berliner fleißig wassersparende Geräte angeschafft haben, ist der Verbrauch in den letzten 25 Jahren um mehr als die Hälfte gesunken. Dafür steigt der Grundwasserspiegel bedrohlich an. Weshalb sechs der neun Wasserwerke der Stadt nicht in Betrieb sind, um die Bürger mit Wasser zu versorgen, sondern damit deren Keller nicht absaufen.[18] Viele kleinere Gemeinden kämpfen aufgrund von Bevölkerungsrückgang mit trocken fallender Kanalisation. Mit einem Wort: Wasser zu sparen ist in Deutschland kein Beitrag zum Umweltschutz, sondern eher ein teures Problem. Zumal die Kosten für die Bereitstellung von Wasser nahezu ausschließlich Fixkosten sind – für den Betrieb und den (oft mangelhaften) Unterhalt von Leitungsnetz und Wasserwerken. Würde Deutschland nur einen Kubikmeter am Tag verbrauchen, dann müsste dieser eben rund 20 Millionen Euro kosten. Vielleicht ist es ja unter diesen Bedingungen nicht bloße Phantasterei, doch einmal zu überlegen, ob Mitteleuropa künftig Wasser exportieren könnte. Wohl eher nicht bis in den Mittleren Osten. Aber bis Andalusien? Zugegeben: Wir wissen nicht, ob das technisch und ökonomisch darstellbar wäre. Aber das macht die Frage ja nicht falsch.

Denn schon Spanien liegt großteils in der sogenannten ariden[19] Klimazone, ebenso wie Nord- und Südafrika, der gesamte Mittlere Osten, Nordwest-China, Australien oder der Südwesten der USA. Die Süßwasserreserven werden jedoch gerade dort oft überstrapaziert. Forscher der Universität von Kalifornien haben ermittelt, dass acht der 37 größten Grundwasserspeicher der Welt überstrapaziert sind, fünf weitere seien »hochgradig gestresst«.[20] Hier wird das Wasser also weit schneller abgezapft, als die Vorräte sich regenerieren können. **Fast immer ist dafür eine extensive Landwirtschaft verantwortlich – auf deren Konto 90 Prozent des weltweiten Wasserverbrauchs gehen.** Und deren Produkte oft weder den Menschen vor Ort zugute kommen, noch dass deren Erlöse sie auskömmlich ernähren könnten. Dies gilt etwa für den letztlich ruinösen Obst- und Gemüseanbau in Andalusien oder die massive Zierblumenzucht in Kenia. Kaliforniens Winzer verdienen sicher nicht schlecht; aber auch hier droht der Staat zur Wüste zu werden. Und selbst der Großraum Paris könnte in näherer Zukunft auf dem Trockenen sitzen.

Weiter: 15 Prozent des weltweiten Grundwasserverbrauchs stammt aus Speichern, die *überhaupt nicht* erneuerbar sind; in Ländern wie Ägypten, Mozambique oder der Mongolei sind es sogar bis zu 30 Prozent.[21] Nordafrika und der Nahe Osten sind überwiegend »auf sogenannte fossile Aquifere angewiesen – Reservoirs, die sich vor Jahrtausenden gefüllt haben, als die Region noch wesentlich feuchter war«.[22] Für bis zu 100 Millionen Menschen könnte daher schon 2025 das Wasser knapp werden, wodurch Flucht und kriegerische Konflikte weiter angeheizt werden. Global ist die nachhaltige Sicherung der Wasserversorgung für die Menschen, die Landwirtschaft und letztlich auch für die Industrie daher ein Spitzenthema.

Wasserrecycling

Was das für die hoch entwickelten Industriestaaten des humiden Nordens bedeutet? Dass möglicherweise anderswo auf der Welt an einer der Basistechnologien des 21. Jahrhunderts verdient werden wird. Zum Beispiel im Stadtstaat Singapur. Dort regnet es zwar reichlich, aber die kleine Insel mit 5,7 Millionen Bewohnern hat weder große Grundwasserreservoirs noch genug Platz für große technische Wasserspeicher. Deshalb betreibt Singapur seit 2003 eine Anlage für **Wasserrecycling**.[23] Mit Hilfe von Mikrofiltern und ultravioletter Bestrahlung wird aus Abwasser Betriebswasser. Ein Drittel seiner Abwässer bereitet Singapur so mittlerweile auf. Der größte Teil wird für die Industrie oder zur Kühlung verwendet, nur ein kleiner Teil in die Trinkwasserreservoirs geleitet. Unter Mikrobiologen und Medizinern gibt es Kritik am Projekt »Newater«. Das spricht für weiteren Forschungs- und Entwicklungsbedarf. Der größte Vorteil des Verfahrens ist sein vergleichsweise geringer Energiebedarf: Er beträgt nur ein Viertel desjenigen einer Meerwasser-Entsalzungsanlage. Apropos Geld verdienen: Singapurs wichtigster Technologiepartner bei diesem Projekt ist ein in München ansässiger Elektrokonzern.

»WaLu«: Trinkwassergewinnung aus Luftfeuchtigkeit

In Gebieten mit aridem oder semi-aridem Klima verdunstet mehr Wasser als durch Niederschläge vom Boden wieder aufgenommen wird. Doch in der Luft befinden sich teilweise beträchtliche Mengen an Wasser. Ein gutes Beispiel ist der Ort Beer Sheva in der israelischen Negev-Wüste. Um diese Wasserressource als Trinkwasserquelle zu erschließen, arbeitet das Fraunhofer-Institut für Grenzflächen- und Bioverfahrenstechnik IGB in Kooperation mit der Universität Stuttgart und mittelständischen Industriepartnern an einem neuartigen Konzept: »WaLu«.

Im ersten Schritt wird die Feuchte aus der Luft mittels einer hoch konzentrierten Salzlösung gebunden. Dieser Schritt erfolgt in hohen, turmförmigen, luftdurchströmten Modulen, in denen die Salzlösung an langen sogenannten Sorptionssträngen herunter fließt.

Anschließend wird diese verdünnte Salzlösung destilliert und das von der Salzlösung getrennte Wasser als Trinkwasser kondensiert.

Bei der sogenannten Desorption wird die verdünnte Salzlösung einem Vakuum ausgesetzt, was die Verdampfungstemperaturen stark heruntersetzt. Diese Temperaturen können mit einfachen thermischen Solarkollektoren oder auch mit Abwärme erreicht werden. Da die Anlage mit Unterdruck arbeitet, ist es zudem möglich, die eingesetzte Wärmeenergie mehrfach zu nutzen. Der bei der Destillation entstandene Wasserdampf wird kondensiert und steht als Trinkwasser in hoher Qualität zur Verfügung.

Das Verfahren ermöglicht eine nachhaltige Gewinnung von Trinkwasser aus Luftfeuchte in dezentralen und autarken Anlagen. Alle elektrischen Teile der Anlage werden mit Photovoltaik oder Windkraft betrieben, thermische Energie wird durch thermische Solarkollektoren bereitgestellt. Die Anlage produziert auch kein Abwasser oder, wie etwa die Meer- oder Brackwasserentsalzung, zu entsorgendes Salzkonzentrat. Die Technologie ist CO_2-neutral und verursacht keine Emissionen.[24]

Meerwasserentsalzung

Auf der arabischen Halbinsel ist die Meerwasserentsalzung schon heute die Hauptquelle für Trink-, Betriebs- und Kühlwasser. Das ist nicht nur deshalb so, weil die Scheichs auf wenig Wasser, sondern auch, weil sie auf sehr viel Öl und Gas sitzen. Konventionelle Verfahren sind Energiefresser. Die Entspannungsverdampfung etwa verbraucht bis zu zehn Kilowattstunden (KWh) Energie, um einen Kubikmeter Meerwasser zu entsalzen, das Verfahren der Umkehrosmose circa 3 KWh. Doch auch hier gibt es neue Versuchstechniken. Eine Pilotanlage des – richtig! – besagten Münchner Elektroladens in – richtig! – Singapur schafft das bereits mit 1,5 Kilowattstunden.[25] Bei diesem sogenannten Ionen-Verfahren wird das Salz mittels eines elektrischen Feldes dem Wasser entzogen. Ebenso kräftig wird auf dem Gebiet der solaren Meerwasserentsalzung geforscht und entwickelt.[26]

Weil es vielleicht nicht immer und überall Spitzentechnologie sein muss: Seit etwa 1500 Jahren betreiben die Omanis ein traditionelles

Bewässerungssystem namens *Faladsch*. Es gehört seit 2006 zum Weltkulturerbe der UNESCO, und versorgt den – im Norden allerdings gebirgigen und daher dort nicht wasserarmen – Wüstenstaat Oman ganzjährig mit Wasser.

Und übrigens: Falls Sie den Film *The Big Short* schon gesehen haben, dann kennen Sie Michael Burry (der als einzige der Hauptfiguren des Films so heißt wie im realen Leben). Burry, der auch am Asperger-Syndrom leidet, einer milden Form des Autismus, war einer der wenigen auf der Welt, der die große Immobilienblase in den USA kommen sah – kein Ökonom, kein Mathematiker oder gewiefter Trader an der Wall Street, sondern ein gelernter Arzt und Hedgefond-Manager. Seine Wette *gegen* den Markt mit Immobilien-Derivaten *(to go short)* machte ihn selbst um 100 Millionen Dollar reicher, seine Kunden um 700 Millionen Dollar. Anfang 2016 prophezeite er eine neue Finanzmarktblase. Raten Sie, in was sein privater Hedgefond derzeit investiert. Richtig! In ein einziges knappes Gut: Wasser.

*»An allem Unfug, der passiert,
sind nicht etwa nur die schuld, die ihn tun,
sondern auch die, die ihn nicht verhindern.«*

Erich Kästner

5 Trampelpfad und Masterplan

*Über gelenktes, ungelenktes und falsch gelenktes
Wirtschaften*

Europa, die USA und Japan stecken – teils aus verschiedenen Gründen und zudem in unterschiedlichem Maße – in der Krise. China rutscht gerade mit Karacho in die Krise. Brasilien, Russland oder Indien mögen wirtschaftlich wie politisch wenig gemeinsam haben – aber sie stecken ebenfalls in der Krise. Und für weite Teile dessen, was angelsächsische Vertriebsleute gerne ROW (Rest of the World) nennen, wäre ›Krise‹ oft eher ein Euphemismus. Fraglos ist nicht überall, wo wir gegenwärtig das Suffix ›Krise‹ dranhängen, ›der Markt‹, ›der Kapitalismus‹ oder ›der Neoliberalismus‹ schuld. Aber vollkommen getrennt von deren miserablen Entwicklungen kann man Elend, Hunger und Kriege in Afrika, kann man die grauenhaften Konflikte und Bürgerkriege in der arabischen Welt, kann man das wirtschaftliche und soziale Desaster in vielen Ländern Mittel- und Südamerikas auch nicht betrachten. Es hat also gute Gründe, dass wir unsere Diagnose der Kapitalfehler des gegenwärtigen Kapitalismus mit einigen historischen Tiefenbohrungen zum Thema Krise begonnen haben. Weil diese leider streckenweise etwas theoretischer ausfallen mussten, starten wir mit einer eher flapsigen Zusammenfassung unserer Untersuchungsergebnisse ins nächste Kapitel.

Konjunktur ist okay

Im Kapitalismus entscheiden Einzelne (seien es Personen oder Unternehmen) aufgrund mehr oder weniger guter Informationen über mehr oder weniger schlaue Investitionen. Ebenso entscheiden sich Konsumenten aus unterschiedlichsten Gründen und Motiven für (und gegen) bestimmte Käufe. So lange alle bereit sind, die Folgen möglicher Fehlentscheidungen (und Fehlkäufe) zu tragen, ist das grundsätzlich in Ordnung. Für die kapitalistische Gesellschaft als Ganzes gibt es allerdings ein kleines Problem. Die millionenfachen Einzelentscheidungen von Unternehmen und Konsumenten werden – mittels Preisen – ausschließlich über Märkte synchronisiert. Mit der Folge, dass es immer ein bisschen dauert, bis alle Beteiligten sehen, was bei ihrem Treiben herausgekommen ist. Ein wenig knirscht es daher immer im Gebälk der kapitalistischen Marktwirtschaft. Und manchmal knirscht es auch heftiger.

Das regelmäßige, letztlich unvermeidliche – und wohl auch erträgliche – Knirschen heißt ›Konjunktur‹. Wer bei diesen circa alle sieben Jahre auftretenden ökonomischen Erkältungen immer gleich ›Krise‹ schreit, der erklärt vermutlich auch jede Schnupfenwelle zur Grippeepidemie. Vernünftige Ökonomen – und wir halten uns halbwegs für solche – empfehlen dagegen ähnliche Therapien wie vernünftige Ärzte: ein, zwei Tage Bettruhe, heiße Milch mit Honig, Nasentropfen. Gegen Schnupfen kann man nichts machen. Zur Linderung der Symptome empfehlen sich rezeptfrei erhältliche Medikamente. Nasentropfen für zyklische Konjunkturschwäche heißen zum Beispiel ›Rationalisierung‹; weil das unangenehme Medizin ist, gibt es gegen Risiken und Nebenwirkungen schon seit langem die Arbeitslosenversicherung. Andere Präparate heißen ›Konjunkturprogramm‹ oder ›Steuererleichterung‹. Wie bei den Nasentropfen gilt auch hier: Niemals länger als eine Woche einnehmen! Wenn dann keine Besserung eintritt, muss der Arzt stärkere Medikamente verschreiben.

Fazit: Kapitalismus und Konjunktur sind Zwillinge. Es gibt sie nur im Doppelpack. Und weil das wenige Minuten ältere Brüderchen einem nicht unerheblichen Teil der Menschheit unterm Strich in den letzten drei Jahrhunderten einigen Fortschritt beschert hat, müssen wir auch sein bisweilen nerviges kleines Schwesterchen ertragen. Nicht zuletzt, weil sie den etwas Älteren stoppt, wenn er in seinem wilden Einfallsreichtum über die Stränge zu schlagen droht. Konjunktur ist genauso lästig wie Schnupfen. Aber beides gibt es halt. Und wie sagt der Schwabe? Da kannsch' nix mache!

Wohlgemerkt: Wir reden hier über Bruder Kapitalismus als Produzent von Waren und Dienstleistungen! Sein Vorname: ›Realwirtschaft‹. Er spielt am liebsten mit Maschinen und Anlagen. Zusammen mit Ingenieuren, Designern, Facharbeitern. Und weil er für alle seine famosen Produkte vernünftige Preise kalkuliert, kann er nicht nur seinen Topleuten faire Löhne und Gehälter zahlen, sondern auch den einfachen Arbeitern und den Reinigungskräften. Er zahlt idealerweise sogar Männern und Frauen gleiche Löhne für gleiche Arbeit. Und er sucht natürlich immer »einen Ingenieur/eine Ingenieurin«. Oder »DesignerInnen«. Oder »eine(n) Mechatroniker*in« bzw. »Mechatroniker_in«. Auf diese Schreibweisen verzichten wir in unseren dicken Büchern *ausschließlich* aus Gründen der Lesbarkeit. Wenn der ehrbare Kaufmann im Ausland unterwegs ist, hält er sich zudem an alle Spielregeln – an die, die zuhause gelten, und an die seines Gastlandes. Wenn alle das so machen, lässt sich dabei trotzdem Geld verdienen.

Wenn es Herrn K. so richtig schlecht geht

Alle vierzig bis sechzig Jahre wird Bruder Kapitalismus dann allerdings doch ernstlich krank. Wie beim Menschen lebenswichtige Organe, so können bei ihm die normalerweise beachtlichen Triebkräfte seiner Innovationsfähigkeit erlahmen. Technologien, Organisationsstrukturen und Prozesse, die über Jahre und Jahrzehnte ganz ordentlich, teils sogar prächtig funktioniert haben, wollen plötzlich nicht mehr. Wie bei ernsten physischen Erkrankungen, so dauert es auch hier eine ziemliche Weile, bis sich erste schmerzhafte Symptome zeigen. Und sogar die wird Herr K. erst mal ignorieren. Ich hab doch nix! Ein paar Tage ausspannen, und das wird schon wieder.

Wahrscheinlich hab ich nur etwas Falsches gegessen. Schließlich geht Herr K. dann doch zum Arzt. Natürlich – er ist ja ein Vernunftmensch – konsultiert er zunächst einen Schulmediziner. In der Praxis der Bundesvereinigung der deutschen Arbeitgeberverbände oder des Sachverständigenrates zur Begutachtung der gesamtwirtschaftlichen Lage wird ein heftiger grippaler Infekt diagnostiziert – und die übliche Sinekure verordnet. Einige Kollegen tippen auf eine infektiöse Entzündung – und verschreiben handelsübliche Breitband-Antibiotika. Zum Beispiel Massenentlassungen. Ein paar Lockerungsübungen beim Kündigungsschutz. Längerfristige ›Lohnzurückhaltung‹. Senkung von Unternehmenssteuern. ›Bürokratieabbau‹. Und so weiter.

Je weniger die erprobten Therapien fruchten, umso härter werden die Folgeverordnungen. Am besten, wir senken die Kapitalertragssteuer nicht nur, wir schaffen sie ab! Alles, was irgendwie nach Regulierung riecht, wird kassiert. Kaum noch steigende Löhne? Fein. Aber die völlige Abschaffung von Tarifverträgen wäre noch besser. Kündigungsschutz lockern? Okay. Aber wie wäre es, wenn es den gar nicht mehr gäbe? Nur noch Zeitverträge? Leiharbeiter? Vielleicht sollten die Firmen ihren Niedriglöhnern nur noch die Fahrkarte zahlen – den Rest legt das Jobcenter drauf! Irgendwann dürfte sich wohl noch ein Quacksalber finden lassen, der die Wiedereinführung der Sklaverei empfiehlt.

Doch zum Glück gibt es auch Mediziner, die über den Tag und über die Praxisroutine hinausdenken. Sie erinnern sich an ihr Studium, in dem in Anatomie (lies: Makroökonomie) oder Medizingeschichte (Wirtschaftsgeschichte) auch Autoren erwähnt wurden, die im klinischen Alltag als weniger hilfreich galten. Für ihre Klausuren mussten sie den Pschyrembel (Mankiw/Taylor) einst nahezu auswendig lernen. Weshalb für detaillierte Lektüren dickleibiger Standardwerke wie Joseph Schumpeters *Business Cycles*, Karl Polanyis *The Great Transformation* (dazu im folgenden Kapitel) oder selbst John Maynard Keynes *Allgemeine Theorie der Beschäftigung, des Zinses und des Geldes* keine Zeit blieb. Na ja, *Das Kapital* gilt eh nicht. Und in Grenzwissenschaften wie Philosophie, Soziologie oder Geschichte haben höchstens ein paar Freaks Vorlesungen besucht. Medizinethik (Wirtschaftsethik) – das war bloß ein ›Sitzschein‹. Doch wenn die Heilung des Patienten K. nach jahrelangen Standardtherapien keine Fortschritte macht, dann schauen sich irgendwann auch einige Betonköpfe der Zunft versunkene Quellen an.

Dabei entpuppen sich ein paar Standardannahmen der Disziplin vielleicht als gut gepflegte Vorurteile. Und die Geschichte des Kapitalismus lässt sich vielleicht doch nicht nur als eine des ewigen Fortschritts erzählen, einzig von hässlichen Dellen wie dem Gründerzeitkrach oder der Weltwirtschaftskrise abgesehen. Sondern als ein Auf und Ab »langer Wellen der Konjunktur«, hinter denen Aufstieg und Niedergang großer technischer, infrastruktureller und organisationstechnischer »Basisinnovationen« wirken. Die deshalb nicht nur von Pionieren, Erfindergeist, Fortschritt und wachsendem Wohlstand handelt, sondern auch von »schöpferischer Zerstörung«. Und zusammen mit dieser auch von echten Krisen und von schweren Wohlstandsverlusten für große Teile der Gesellschaft.

Unsere knappe Schlussfolgerung aus Kapitel 3: Es gibt diese langfristigen Entwicklungstendenzen. Und ein jeder, der Krisendiagnosen anstellt und Krisentherapien empfiehlt, erst recht jeder Ökonom und jeder Unternehmer, sollte sie kennen und im Grundsatz verstehen. Warum? Weil Sie bei einem Hausarzt, der immer nur Ihren Blutdruck misst, zu ausreichend Schlaf, gesunder Ernährung und im Fall des Falles zu zwei Aspirin rät, an der falschen Adresse sind, wenn Verdacht auf Herzinfarkt oder Lungenkrebs besteht. Leider aber sind viele Volkswirte, deren Ratschläge Sie aus der Zeitung kennen, kaum bessere Mediziner als jene Ärzte, die das Ausstellen von Krankmeldungen als ihre wichtigste Leistung verstehen. Bitte verstehen Sie das nicht falsch: So eitel, dass wir uns für die besseren Ärzte halten, sind wir nun auch wieder nicht. Was wir in diesem Buch versuchen, gleicht eher dem Bemühen, ein paar Defizite unseres eigenen Studiums zu beheben.

Wie sagte der große schwäbische Dichter Friedrich Hölderlin: »Wo aber Gefahr ist, wächst das Rettende auch.« Auf die Suche nach dem Rettenden in jener Krise, die vermutlich etwas mit dem

Ende eines Kondratjew'schen Innovationszyklus zu tun hat, haben wir uns in Kapitel 4 begeben. Gegen Irrtümer, was denn nun das nächste ›große Ding‹ sein könnte, sind wir natürlich genauso wenig gefeit wie jeder andere Prognostiker. Wir wären schon zufrieden, wenn unsere Leser erkennen, dass wir nicht bloß gerätselt, sondern uns etwas gründlicher den Kopf zerbrochen haben. Weshalb zum Beispiel im letzten Kapitel nicht von 3D-Druckern die Rede war – die unseres Erachtens in Zukunft gewiss exzellente Designstudien, hübsche Dekoteile und möglicherweise auch den einen oder anderen Wegwerfartikel in Gewerbe und Verwaltung ›drucken‹ werden. Die aber gewiss niemals industrielle Massenprodukte (die es allein aus kalkulatorischen Gründen auch in Zukunft geben wird), die niemals hoch belastbare technische Komponenten und Bauteile und die erst recht nicht komplette Werkzeuge, Fahrzeuge oder Maschinen produzieren werden. Es sei denn, man erklärt komplette computergesteuerte Fertigungsanlagen für komplexe Industrieprodukte ebenfalls zu 3D-Druckern.

Innovative Unternehmen rund um den Erdball suchen nicht erst seit gestern nach genau diesem ›nächsten großen Ding‹. Und echte Investoren (das ist das Gegenteil von ›Zockern‹) stecken in diese Suche auch schon länger sehr viel Geld. Von vielen wissen wir, von manch anderen haben vielleicht weder Sie noch wir bislang gehört. Manch ›großes Ding‹ wird sich am Ende vielleicht lediglich als eine von vielen normalen Innovationen entpuppen. Wir haben uns hauptsächlich auf drei Themen – erneuerbare Energien, Recycling und Wasseraufbereitung – konzentriert, weil hier für uns die Schlüsselstellung der zugrunde liegenden »strategischen Knappheit« offensichtlich ist. Weil in diesen Sektoren das Geschäft bereits aus den Startlöchern raus ist. Und weil dort längst nicht mehr nur exzentrische Visionäre und Millionäre investieren, sondern ganz normale, abgebrühte Geschäftsleute.

Sollten wir jedoch tatsächlich das wirkliche nächste große Ding, den wahren Rettungsanker des schlingernden Schiffes Kapitalismus übersehen haben – lassen Sie es uns bitte wissen. Besser noch: Machen Sie es einfach, dieses Ding! Wenn Sie richtig liegen, dann werden Sie unfassbar reich werden. Sobald wir von Ihnen hören, werden wir, die großen Börsenskeptiker, Ihre Aktie auch empfehlen.

Realkapitalismus und Finanzkapitalismus

Wenden wir uns, nach der schnupfengleichen Konjunktur und den schweren Herzinfarkten der Kondratjew-Zyklen, nun einer dritten – sozusagen seelischen – Erkrankung des Kapitalismus zu: der pathologisch übersteigerten Liebe zum Geld. Solange Bruder K. in der Fabrik, im Kaufhaus, in Kinos, Kneipen und Hotels, in einem Ingenieurbüro oder in einer Werbeagentur spielt, ist alles gut. Er investiert in die – hoffentlich richtigen – Produkte oder Dienstleistungen und hofft auf gute Geschäfte. Auf Gewinne. Auf Profit! Wie gesagt: alles gut. Denn das ist die normale, gesunde kaufmännische Liebe zum Geld. Gesund ist sie, weil zu ihr noch zwei ganz wesentliche Einsichten gehören.

Erstens: Kohle kommt nicht von alleine rein. Man muss schon zunächst echte Ideen haben, echtes Geld in die Hand nehmen, dafür echte Gebäude anmieten und echte Menschen anwerben, eventuell auch in echte Rohstoffe, Vorprodukte und Maschinen investieren. Das alles ist harte Arbeit. Manche Leser mögen das vielleicht weniger rosig sehen. Aber ja, auch ›der Kapitalist‹ muss richtig arbeiten. Natürlich nicht körperlich. Aber das tun Ingenieure, Buchhalter oder Vertriebsleiter schließlich auch nicht. Die Arbeit des Kapitalisten ist auf eine sehr grundsätzliche Weise konzeptionell. Ohne seine unternehmerische Idee, ohne seine Vorstellung, wie die vielen Rädchen seiner Firma zusammenlaufen sollen, und ohne seinen Mut, dafür eigenes und oft auch noch fremdes Geld in die Hand zu nehmen, wäre seine Firma letztlich nur ein Haufen Schrott, von dem eine mehr oder weniger große Anzahl Menschen nicht so recht wüsste, was sie damit anfangen soll. Nach getaner Arbeit müssen er und viele Mitarbeiter seines Unternehmens auch noch echte Menschen, die ebenso hart für ihr Geld arbeiten, davon überzeugen, die Endergebnisse seiner Idee zu kaufen. Wie jede andere Arbeit in einem kapitalistischen Unternehmen wird auch die Arbeit des Kapitalisten selbst – Ideen haben und Risiken übernehmen – bezahlt. Man nennt das Gewinn. Oder Verlust.

Zweitens: Jeder wirkliche Unternehmer weiß genau, dass das Risiko, mit seinen Ideen, Produkten oder Dienstleistungen Verluste zu machen, mindestens ebenso hoch ist wie die Aussicht auf Gewinn. Daraus folgt eine gewisse Umsicht beim Geldausgeben. Weil mit den Gewinnaussichten auch die Risiken einer Investition steigen, braucht es eine gesunde Mischung aus Risikobereitschaft und Risikoscheu. Das Ganze wiederum fußt auf der unerschütterlichen Einsicht in den Zusammenhang von Risiko und Haftung. Sprich: auf der Bereitschaft, den Schaden (und nicht selten auch den Spott) zu tragen, wenn die Sache schiefgeht. Und dann nicht etwa nach der Hilfe von anderen zu rufen, weil man doch für all das gar nichts kann. Und weil man schließlich nur Arbeitsplätze retten will.

Doch aus Gründen, auf die wir gleich kommen, treibt es Bruder K. in gewissen größeren Abständen aus seiner Fabrik oder seinem Warenhaus heraus. Und zwar – in dieser Reihenfolge – zur Bank, zur Börse, zur Terminbörse, schließlich zu allen möglichen Formen des außerbörslichen Handels mit zunehmend windigen Finanzpapieren. Dort trifft er auf Stiefbrüder, die es weder mit dem produktiven unternehmerischen Ethos noch mit den obigen zwei Einsichten zum Thema Risiko ganz so genau nehmen. Mit etwas Vulgärpsychologie ist sogar zu verstehen, warum. Erstens sieht man in den Vierteln, wo die Treffpunkte dieser Stiefbrüder liegen, außer Kollegen und gehobenem Servicepersonal höchst selten jemanden ›richtig‹ arbeiten. Und wenn, dann verrichten diese Menschen meist ›unqualifizierte‹ Tätigkeiten, deren Sinn man zwar im Allgemeinen einsieht, auf die man im Konkreten aber eher verächtlich hinabsieht. Zweitens versteht man hinter Computermonitoren unter ›Risiken‹ dann doch etwas anderes als im echten Leben. Im Grunde hält man es in den Finanzbezirken für das einzige echte Risiko, dass einem jemand hinter die Schliche kommt, wie man das macht: Geld scheffeln, ohne einen einzigen eigenen Cent in die Hand zu nehmen. Da kann es schon passieren, dass man das Wort ›Risiko‹ ganz klein und das Wort ›Rendite‹ dafür riesengroß schreibt.

Je öfter der ›echte‹ Kapitalist im Finanzsandkasten spielt, desto mehr färbt die Haltung der Stiefbrüder auf ihn ab. Und weil er anfangs dort zudem oft besser verdient als im alten Stammgeschäft, erlahmt irgendwann auch sein Interesse an der Produktion. Denn deren Renditeschwäche scheint ihm immer weniger ein konjunkturelles, sondern immer mehr ein prinzipielles Problem zu sein. Seine Liebe zum Geld löst sich daher langsam von den schwierigen und komplexen Zusammenhängen des Tagesgeschäfts, um immer mehr zur Selbstreferenz zu neigen. Sie wird quasi autoerotisch. Geld wird jetzt mit Geld verdient. Der mühsame Umweg über realwirtschaftliche Geschäfte entfällt. Oder er verschwindet zumindest hinter einer Nebelwand von ›Investments‹, die nur noch indirekt – über Kurse – statt direkt – über Markterfolge – beobachtet und bewertet werden.

Allerdings hat das ganze seinen Preis. Die Geschwindigkeit, mit der Entscheidungen getroffen werden müssen, nimmt rasant zu. Und die Ausschläge in der Bilanz werden mit der Zeit auch immer zittriger. Salopp gesagt: Die kleine Schwester Konjunktur nervt jetzt nicht mehr alle paar Jahre oder Monate. Während sie mit ihren kleinen Bullen und Bären spielt, geht sie Bruder K. jetzt ununterbrochen auf den Senkel. Manche ertragen das nicht – und suchen sich einen ›Vermögensberater‹. Der muss dann alle gegebenenfalls nötigen fiesen Tricks mit sich selbst ausmachen und alle schlechten Nachrichten hübsch umverpacken. So, jetzt ist aber Schluss mit lustig! Zeit für eine Rückkehr zu seriöser ökonomischer Analyse. Und für eine Antwort auf die Frage, warum und wann es zu diesem Umkippen von Realkapitalismus in Finanzkapitalismus[1] kommt.

Die langen Zyklen von Investition und Spekulation

Im Kern hat diese Wendung zum scheinbar schnellen Geld damit zu tun, dass es mit dem Geldverdienen in der realen Wirtschaft der Güter und Dienstleistungen periodisch schwieriger wird. Gegen Ende eines Zyklus wird es oft *sehr* schwierig. Auch wenn sich die

Ökonomen bis heute nicht wirklich einig sind, woran das genau liegt, so lässt sich doch immer wieder über längere Zeiträume ein Rückgang der Rentabilität von Unternehmen, von ganzen Branchen, bisweilen sogar in ganzen Volkswirtschaften feststellen.

Es gibt in der unternehmerischen Rechnungslegung und in der volkswirtschaftlichen Gesamtrechnung verschiedene Definitionen von Rentabilität.[2] Schon die Entscheidung, ob man das Verhältnis von Umsatz und Gewinn vor (Brutto-Umsatzrendite) oder nach der Abführung von Steuern (Netto-Umsatzrendite) berechnet, ob man zudem noch fällige Zinszahlungen oder Abschreibungen auf Investitionen hinein- oder herausrechnet[3], macht natürlich erhebliche Unterschiede. Dass in den letzten beiden Dekaden zunehmend hektische Übernahmen, Fusionen, Abspaltungen und Untergänge ganzer Konzerne das Nachrechnen auch nicht gerade vereinfacht haben, wäre fast schon Thema für ein eigenes Buch. Selbst Profis fällt es bisweilen schwer zu ermitteln, ob Firmen, die sich wie Schlangen jährlich häuten, zwischendurch auch mal echtes Geld verdienen.

Wieder anders in der volkswirtschaftlichen Gesamtrechnung: Hier wird Rentabilität oft als Verhältnis des Nettobetriebsüberschusses zum Bruttoanlagevermögen statt zum jährlichen Umsatz definiert. Über die Frage, ob man Letzteres zu Anschaffungs- oder zu Wiederbeschaffungspreisen zu berechnen habe, fetzen sich die Volkswirte mit guten Gründen. Aber lassen wir das …

Wenn Märkte ›reifen‹

Simpel gesagt: **Am besten wird immer der verdienen, der keine** (oder jedenfalls keine ernst zu nehmenden) **Konkurrenten hat. Auf hart umkämpften Märkten mit vielen Wettbewerbern herrscht dagegen verständlicherweise Preisdruck. Scharfe Kalkulation** *und* **satte Gewinne – schwierig.** Das gilt umso mehr, wenn die vielen Wettbewerber sehr ähnliche Produkte oder Leistungen anbieten.

Wettbewerbsrisiken können Firmen auf zwei Wegen minimieren: einem besonders langen und steinigen und einem schnelleren, dafür aber meist sehr teuren Weg. Der lange: Alle oder wenigstens die meisten Wettbewerber wegzubeißen; dann hat man ein Monopol oder Oligopol und kann die Preise auf ›seinem‹ Markt mehr oder weniger diktieren. Beispiele in den aktuellen Top Ten der profitabelsten Unternehmen der Welt sind hier Tabakkonzerne wie British American Tobacco (BAT) und Altria (ehemals Philip Morris) oder der Bierbrauer Anheuser-Busch InBev (u. a. Beck's) mit operativen Gewinnen um die 40 Prozent.[4] Diese Konzerne haben in ihrer langen Geschichte Dutzende ehemaliger Konkurrenten geschluckt.

Der teure Weg: Produkte oder Dienstleistungen zu entwickeln, die sonst keiner im Angebot hat. Im Business-Englisch heißen solche Unternehmen *first mover*. Auf Deutsch könnte man sie als ›**Innovationsmonopole**‹ bezeichnen. Ein solches ist zum Beispiel das derzeit profitabelste Unternehmen der Welt, Gilead Sciences im kalifornischen Foster City. Die Firma ist führend bei Medikamenten gegen HIV oder Hepatitis; unter anderem gehört ihnen auch die Vogelgrippe-Pille Tamiflu. Die Nummer Sieben, Biogen, ein Spezialist für Therapeutika gegen Multiple Sklerose, kommt auf eine Rendite von knapp 41 Prozent. Ein Volltreffer für die Menschheit wäre auch ein wirksames Medikament zur ursächlichen Bekämpfung von Malaria. Leider leben die allermeisten Malaria-Opfer in sehr armen Ländern – und da gibt's nix zu verdienen. Träte dagegen heute eine Seuche auf, von der nur Menschen mit Jahreseinkommen über 100 000 Dollar befallen würden, ab morgen früh würden 150 Pharmafirmen um die Wette forschen.

Noch einmal: **Gut verdienen manche, aber längst nicht alle Riesen in sogenannten ›reifen‹ Märkten, in denen es kaum noch Innovation gibt und folglich nur noch Größe zählt** (Ökonomen sprechen hier von ›Skaleneffekten‹). Solche Monopole oder Oligopole, zu denen Konsumgüterkonzerne wie Procter & Gamble, Unilever, Nestlé oder Ikea gehören, bilden sich, wenn überhaupt, naturgemäß am Ende eines (Branchen-)Zyklus heraus. Der heilige Wettbewerb wird hier zum harten Kampf der Titanen, bei dem nur noch minimale Produktunterschiede, Menge und Marketing zählen. Der in solch einem Umfeld nötige hohe Aufwand wird bei den Größten der Branche mit EBIT-Margen zwischen derzeit 12 und 15 Prozent belohnt. Was nach Steuern – soweit man diese nicht geschickt am

Fiskus vorbeischleust – immer noch nette Gewinne darstellt, aber einem Management auch keine feuchten Träume mehr beschert. Der Rest im Feld muss schauen, wie er klarkommt.

Für den Handel, der den Preiskampf gegenüber den Endkunden letztlich austragen muss, bleibt dementsprechend wenig übrig. Im deutschen Lebensmitteleinzelhandel etwa liegt die Umsatzrendite *nach* Steuern derzeit – nach mehreren Jahren mit »historischen Spitzenwerten« beim Gewinn – bei rund 3,5 Prozent.[5] Vor zehn Jahren hatte man nur Margen zwischen 0,5 und 2 Prozent.[6] Auch eine bekannte deutsche Drogeriemarktkette kommt nach eigenen Angaben nur auf eine Umsatzrendite von 1 bis 2 Prozent – wofür es dort sogar Bonuszahlungen für die Mitarbeiter gibt.[7] Sodass man für den Einzelhandel mit Gütern des täglichen Bedarfs eigentlich sagen müsste: **Handel treibt überhaupt nur noch jemand, weil es ja irgendjemand machen muss.** So erklärt sich unter anderem, warum der traditionelle Einzelhandel aus unseren Innenstädten so gut wie verschwunden ist. Warum auch Warenhäuser ein Auslaufmodell sind (und die, die es noch gibt, zu bloßen Vermietern von »Shop-in-Shop«-Teilflächen mutieren). Warum in schnelllebigen Märkten wie dem für Klamotten immer mehr Hersteller ihre Ladenketten selbst betreiben. Warum Menschen ihre Möbel selbst abholen und aufbauen sollen. Oder warum Kapitalisten die Idee mit dem Online-Handel so sexy finden.

Besser, zum Teil *sehr* viel besser verdienen ›Innovationsmonopole‹. Die nämlich drängen nicht in vorhandene, sie definieren ganz neue Märkte. Hier finden wir derzeit vor allem Pharmafirmen und Unternehmen im Bereich der Medizin- und Biotechnologie. EBIT-Margen von im Schnitt über 20 Prozent, in der Spitze auch mit mehr als dem Doppelten, sind in diesen Branchen an der Tagesordnung. Dafür ist der Aufwand für Forschung und Entwicklung enorm hoch.

In der IT-Industrie – in Sonntagsreden immer noch gern als ›Wachstumsmotor‹ beschworen – ist der Wandel vom boomenden zum reifen Markt dagegen schon weitgehend abgeschlossen. Während wenige Global Player wie Facebook, Google oder Apple noch im Geld ersaufen, muss sich die Mehrheit der Branche inzwischen mit eher alltäglichen Renditen begnügen. In Deutschland – gut, nicht gerade der Heimathafen der digitalen Welt – kam die Informations- und Kommunikationstechnik 2011 auf eine Netto-Umsatzrendite von gerade einmal 5,8 Prozent.[8] Immerhin: Die Firmensoftware-Schmiede SAP erzielt als derzeit profitabelstes deutsches Unternehmen einen operativen Gewinn von 27,1 Prozent.[9] Dafür ist es mittlerweile eine Binse, dass sich mit Hardware allenfalls noch bei Großanlagen gutes Geld verdienen lässt. Alles andere ist Unterhaltungselektronik. Und da werfen Kaffee und Kekse zum Teil schon wieder bessere Renditen ab.

Wie aber geht's dem Rückgrat der deutschen Wirtschaft, dem viel beschworenen Mittelstand? Zu dem ja auch die zahllosen, bekanntlich sehr oft bei uns im Ländle angesiedelten ›Hidden Champions‹ des Maschinen- und Anlagenbaus und anderer Investitionsgüter-Industrien gehören. Nun, am besten verdient im so genannten ›Verarbeitenden Gewerbe‹ immer noch die Chemieindustrie. Die betreibt nämlich fast ausschließlich Firmengeschäft. Netto-Umsatzrendite 2011: 7 Prozent. Gefolgt von Maschinenbau und EDV-Hardware (5,4 bzw. 5,2 Prozent), Metallindustrie (4,5 Prozent) und Elektrotechnik (3,9 Prozent).[10] In der gesamten Metall- und Elektroindustrie, quasi der rechten Herzkammer des deutschen Ingenieurwesens, schwankten die Renditen in den letzten zehn Jahren zwischen 1,8 und 4,8 Prozent (Ausbrecher nach unten war das Krisenjahr 2009, in dem die Branche so gut wie nichts verdient hat).[11] Hallo? Fehlt da nicht noch wer? Richtig, die linke Herzkammer des deutschen Ingenieurwesens, der Fahrzeugbau! Dumm gelaufen. Der verdient im Schnitt ungefähr so gut wie ein Drogeriemarkt. Netto-Umsatzrendite in 2011: 1,3 Prozent.[12]

Was ist dran am »tendenziellen Fall der Profitrate«?

Mit ökonometrischen Analysen über längere Zeiträume ist es immer so eine Sache. Wie schon in Kapitel 2 erwähnt, ist die Wirtschaftsstatistik eigentlich erst ein Kind der Dreißigerjahre des 20. Jahrhunderts. Selbst für diese Zeiträume jedoch gibt es nicht für alle Referenzgrößen und für alle Länder durchgängig vergleichbare

Zahlen. Steuer- und Bilanzrecht gleichen Schiffen auf offener See, die ständig ihren Kurs korrigieren müssen. Da in der Wirtschaft kaum etwas ohne den ›Umweg‹ über Geldflüsse messbar ist: Auch die Bereinigung um Währungs- oder Inflationseffekte ist keine völlig banale Angelegenheit. Und da die Statistiker nebenbei noch durch Kriege oder die deutsche Wiedervereinigung bei der Arbeit gestört werden, wird die Sache auch nicht simpler.

Auch in der Wirtschaftstheorie ist die Sache kompliziert. Schon Marx' eigene Darlegungen zum bereits öfter erwähnten »Gesetz vom tendenziellen Fall der Profitrate« in Band III des *Kapital* und in den *Grundrissen der Kritik der politischen Ökonomie* sind – hier mussten wir uns von Kennern flüchtig belehren lassen – nicht ganz frei von Widersprüchen und Varianten. Und die innermarxistische Debatte dieses Theorems ist entsprechend verzwickt. Unter Schulökonomen gilt es als fragwürdig, wenn nicht gar als Schabernack. Unter anderem der junge Hans-Werner Sinn hat das ›Gesetz‹ vor über 40 Jahren mal als schwer belegbar und im Effekt irrelevant demontiert.[13] Weshalb wir uns denn auch nicht orthodox an jenes ›Gesetz‹ klammern – und schon gar nicht an die irrige Hoffnung seines Erfinders, es sei ein empirischer Beweis dafür, dass der Kapitalismus an seinen eigenen Erfolgen unweigerlich zugrunde gehen müsse. Wir nehmen es, salopp gesagt, als anschauliche Redensart.

Ein jüngerer Aufsatz aus der Feder eines Referenten im Bundesministerium für Arbeit und Soziales[14] lässt uns jedoch immerhin die Vermutung teilen, an der Sache könne im Kern etwas dran sein. Thomas Weiß machte sich 2015 die Mühe, »eine wichtige Frage kapitalistisch verfasster Ökonomien am Beispiel der Bundesrepublik Deutschland ab 1970 empirisch« zu untersuchen: »Wie entwickelte sich langfristig die Rendite des Sachkapitals«?[15] Wir lassen hier alle Theorie und alle statistischen Subtilitäten weg. Damit unsere Leser die folgenden Daten nicht in unzulässige Relation zu Kennzahlen wie EBIT & Co. setzen, nur soviel: Weiß definiert Rentabilität von Unternehmen als Verhältnis von Nettobetriebsüberschuss (d. h. Gewinn nach Steuern) zum Bruttoanlagevermögen (dies zu Wiederbeschaffungspreisen) der Unternehmen.

Und siehe da: Über alle Wirtschaftsbereiche hinweg sank die **Rentabilität der Unternehmen in Deutschland zwischen 1970 und 1982 von knapp acht auf etwas mehr als vier Prozent. Bis zur Wiedervereinigung erholte sie sich auf gut fünf Prozent – um dann seit Mitte der Neunziger in einer Seitwärtsbewegung um die Vier-Prozent-Marke zu schwanken.** Im Produzierenden Gewerbe (Bergbau, Energiewirtschaft, Verarbeitendes Gewerbe und Baugewerbe) halbierte sich der Wert allein zwischen 1970 und 1974 von 16 auf gut acht Prozent – um dann fast 18 Jahre lang um diesen Wert herumzuschwanken. Der Zusammenbruch der DDR-Wirtschaft sorgte für einen statistischen Abrutsch auf unter vier Prozent. Seit 2004, unterbrochen vom Krisenjahr 2009, erholt sich die Industrie. In Weiß' Rechnung liegt die Rentabilität des Verarbeitenden Gewerbes derzeit bei 7,5 Prozent. Das steht zu den aktuellen Zahlen des arbeitgebernahen IW Köln nicht in schreiendem Widerspruch. Und die Entwicklung fällt vielleicht nicht ganz zufällig annähernd mit jenem Zeitraum zusammen, in dem wir den fünften, den digitalen Kondratjew-Zyklus verorten. Zu dem hat die deutsche Industrie zwar international eher unterdurchschnittlich mit eigenen Innovationen beigetragen. Aber profitiert hat sie von ihm ähnlich stark wie alle anderen entwickelten Volkswirtschaften. Jedenfalls in den Anfangsdekaden.

Neben der Güterproduktion und den nicht ganz so schwankungsanfälligen Dienstleistungsbranchen zeigt sich in der Statistik **das volkswirtschaftliche Aufputschmittel Nummer eins** völlig unverblümt: **die Finanzindustrie. Deren Renditen schwanken wie in einer heftigen Fieberkurve zwischen 17 und knapp vier Prozent. Party und Kater folgen in Schüben von drei bis sechs Jahren aufeinander.** Dafür gibt es aber auch ein ökonomisches Schlafmittel: das Grundstücks- und Wohnungswesen. Konjunktur? Nahezu unbekannt! Man verdient seit 35 Jahren per anno um die 2 Prozent. Das ist nachvollziehbar: Aufs Konto der Immobilienbranche geht nämlich fast die Hälfte des deutschen Brutto-Anlagevermögens, aber nur ein Zehntel der Wertschöpfung und gerade einmal 0,8 Prozent der Lohnsumme[16]. Vereinfacht gesagt: Hier wird zwar ungeheuerer Reichtum verwaltet, aber es wird nur in Einzelfällen (und da wohl eher in Form papierener Spekulationsgewinne) Reichtum geschaffen.

Lernen vom Schulmeister:
Real- und Finanzkapitalismus

Eine bestechende Analyse dieser beiden »Spielanordnungen« des Kapitalismus haben wir beim österreichischen Ökonomen Stephan Schulmeister gefunden. Schulmeister gilt gemeinhin als ›linker‹ Keynesianer. Zuletzt hat er sich 2014/15 von konservativen Ökonomen heftige Watschen für seine lautstarken Sympathiebekundungen zugunsten der Politik von Alexis Tsipras und seiner Syriza-Regierung abholen dürfen. In Fragen der österreichischen Wirtschaftspolitik ist er wohl auch selten bei der Mehrheit der Zunft. Aber hier geht es schließlich nicht darum, ein Lebenswerk in allen Aspekten zu ratifizieren. Wir beziehen uns positiv auf sachliche Darlegungen und Argumente seines folgend zitierten Aufsatzes.[17]

Unser erster Anknüpfungspunkt war ulkigerweise eine Fußnote seines Essays. Schulmeister selbst bezieht sich in ihr positiv auf Kondratjew, Schumpeter und van Duijn.[18] Außerdem skizziert er in seinem Text neben der Entwicklung in der Nachkriegszeit auch eine Bewertung des langen Zyklus zwischen 1848 und 1914 (dem »Eisenbahn-Kondratjew«). Und er kündigt an, sich in seiner künftigen Forschung einer historischen Rückverfolgung seines Modells widmen zu wollen.[19] Zugegeben: Schulmeisters Periodisierungen und die unseren passen nicht immer zusammen. So deckt seine Einordnung der Entwicklung ab 1982 als »finanzkapitalistische« Periode eine Phase ab, die in unserer Analyse nahezu dem kompletten »digitalen Kondratjew« entspricht. Ebenso erstreckt sich seine Phase des »Realkapitalismus« der 1950er- und 1960er-Jahre über mehr als einen halben Kondratjew-Zyklus. In solchen Unterschieden – wir sagen bewusst nicht ›Differenzen‹ – sehen wir jedoch nur Ansatzpunkte für spannende Diskussionen. Etwa darüber, warum nach Schulmeisters Daten Westeuropa von einer an sich zu erwartenden Dynamik des »digitalen Kondratjew« realwirtschaftlich kaum profitiert zu haben scheint.

Schulmeisters zentrale These: »**Die Aufschwungsphase im langfristigen Entwicklungszyklus wird von realkapitalistischen Rahmenbedingungen geprägt, die Abschwungsphase vom Finanzkapitalismus.**«[20]

In beiden Spielordnungen – keine Überraschung – wollen die Protagonisten Geld verdienen. Doch das »Vermehrungsinteresse des Realkapitals« entfaltet sich unter Bedingungen, die denen des Finanzkapitals beinahe diametral entgegengesetzt sind. Wer Güter und Dienstleistungen zu Markte trägt, zielt auf zwar dynamisches, nicht aber auf überhitztes Wirtschaftswachstum. Für die Realwirtschaft sind niedrige Zinssätze, stabile Wechselkurse, stabile Rohstoffpreise und generell langfristig stabile Finanzierungsbedingungen für Produktion, Investition und Handel unabdingbar. Zu diesen Bedingungen gehört ebenfalls eine maßvolle, am Wachstum der Produktivität orientierte Steigerung von Löhnen und Einkommen. Denn nur diese erzeugen letztlich Nachfrage. Anschaulich formuliert: **Fabrikanten fürchten Fieberkurven in allen zentralen Bereichen der Wirtschaftsstatistik.**

Ganz anders das »Vermehrungsinteresse des Finanzkapitals«. Dieses kann zwei unterschiedliche Strategien verfolgen. Entweder ein »längerfristiges Halten von Finanzvermögen« oder ein »kurzfristiges Handeln mit Finanztiteln. Die erstgenannte Profitquelle verlangt einen hohen Zinssatz, einen hohen und steigenden Wechselkurs sowie generell ein längerfristiges ›trending‹ von ›asset prices‹« – sprich: möglichst lang anhaltende ›Bullenmärkte‹ an den Börsen. »Die zweite Profitquelle verlangt eine hohe Instabilität von Zinssätzen, Wechselkursen und Rohstoffpreisen«, ergo ein kurzfristiges ›trending‹ von ›asset prices‹.[21] Wieder anschaulich formuliert: **Je spekulativer die Spekulanten agieren, desto mehr stehen sie auf Fieberkurven in ihren Statistiken.**

Noch einmal: **Realwirtschaftliche Investitionen sind nur rentabel bei »stabilen und unter der Wachstumsrate liegenden Zinssätzen«** sowie **»›schlummernden‹ Aktienmärkten«, die keine attraktiven Anlagealternativen bieten.** Nur dann ermöglicht eine »expandierende Investitionsnachfrage (...) ein hohes Wirtschaftswachstum und damit anhaltende Vollbeschäftigung«[22]. Tatsächlich war genau dies in den 1950er- und 1960er-Jahren der Fall: Die Kurse an allen wichtigen Börsen stagnierten. Und die Zinssätze lagen »permanent und deutlich unter der Wachstumsrate der Gesamtwirtschaft«.[23]

Wenn die Finanzmärkte das Kommando übernehmen, bläst den Unternehmen dagegen der Wind der Investition ins Gesicht. Nun »dämpfen instabile Wechselkurse und Rohstoffpreise, über der Wachstumsrate liegende Zinssätze und boomende Aktienmärkte unternehmerische Aktivitäten in der Realwirtschaft, gleichzeitig werden Finanzspekulationen immer attraktiver.«[24]

Die Entfesselung der Finanzmärkte sowie die Lockerung wirtschaftlicher Rahmenbedingungen wie Steuerrecht, Kündigungsschutz oder Tarifverträge sollte – so die ›neoliberale‹ Verheißung, auch die Realwirtschaft ankurbeln. Nach diesen Maßstäben hätten sämtliche Industrieländer in den 1950er- und 1960er-Jahren allerdings am Boden liegen müssen. Denn in der Aufschwungphase der Nachkriegszeit konnten sich – auch wenn man die Sondereffekte nach den Verwüstungen des Zweiten Weltkriegs beiseite lässt – »bedeutende Märkte nicht frei entfalten, die Arbeits- und Finanzmärkte waren strikt reguliert, der Devisenmarkt überhaupt geschlossen«.[25] Dafür war »die ökonomische und soziale Performance (…) in allen europäischen Gesellschaften nach allen relevanten Kriterien in den 1950er- und 1960er-Jahren besser«. Das Wirtschaftswachstum war höher und stabiler, die Beschäftigungslage besser, die Einkommensverteilung ausgeglichener, das »Grundvertrauen in den gesellschaftlichen Zusammenhalt« stabiler.[26] Und nicht zuletzt wurde »der Sozialstaat stetig ausgebaut«, während zeitgleich das für Neoliberale Undenkbare geschah: **Trotz all der bösen ›sozialen Wohltaten‹ ging »die Staatsverschuldung (relativ zum BIP) stetig zurück«.**[27]

Ende der 1980er-Jahre, so Schulmeister, war dann »der Übergang vom Real- zum Finanzkapitalismus abgeschlossen«. Seitdem plagen alle westlichen Industriegesellschaften die »›Zwillingsprobleme‹ Arbeitslosigkeit und Staatsverschuldung«. Wogegen sich die Politik mit »Symptomkuren« selbst kastriert. Statt die Finanzmärkte zu regulieren, lässt sie diese immer weiter von der Leine – und unterwirft schlussendlich sogar die staatliche »Fiskal- und Geldpolitik« bedingungslos deren Kommando. Darüber hinaus fällt ihr – von fortgesetzter Deregulierung der Arbeitsmärkte abgesehen – nichts ein.[28]

Wie sehr sich die beiden »Spielanordnungen« des Kapitalismus unterscheiden, lässt sich sogar noch im Börsenteil der Zeitung verfolgen. Bis weit in die 1970er-Jahre hinein »konzentrierte sich das unternehmerische Gewinnstreben auf realwirtschaftliche Aktivitäten. Dementsprechend stieg der Wert des Kapitalstocks der Aktiengesellschaften ebenso wie ihr Netto-Gesamtwert in Deutschland zwischen 1960 und 1980 auf das Siebenfache, gleichzeitig stagnierten die Aktienkurse«. Die Marktkapitalisierung erhöhte sich zwar aufgrund »positiver Netto-Emissionen« – »allerdings nur auf das Doppelte«. Zwischen 1982 und 1999 drehte sich dieses Verhältnis dann ins völlige Gegenteil: Der »Börsenwert der Aktiengesellschaften (stieg) auf etwa das Zwölffache, der Wert ihres Realkapitals und ihr Netto-Gesamtwert aber nur auf das Doppelte«[29] der Ausgangswerte von 1982. Mit einem Wort: **Die Investitionen, ergo die realen Kapitalstöcke der Unternehmen, wuchsen linear und nur höchst bescheiden; ihre Aktienkurse dagegen wurden exponentiell aufgebläht. Das darf man guten Mutes eine Blase nennen.** Selbst wenn es fast zwanzig Jahre gebraucht hat, um die heiße Luft in die Ballons zu pusten.

Immerhin haben wir hier noch von den Aktienmärkten geredet. Aktien, wir erinnern uns, das waren mal Anteilsscheine an echten Unternehmen, die echte, möglichst nützliche Produkte herstellen oder wirklich nützliche Dienstleistungen erbringen. Lang ist's her. **In den letzten 25 Jahren hat sich die Entwicklung der Börsen von Handelsplätzen für Sachwerte hin zu Wettbüros auf geradezu irrsinnige Weise beschleunigt. Das Volumen der globalen Finanztransaktionen ist seit 1990 »vom 16-fachen des Welt-BIP auf das 67-fache« angestiegen.**[30]

Auch wenn Sie in den Fernsehnachrichten immer noch über die Bewegungen von DAX, Dow Jones und Nikkei-Index informiert werden: Der Handel mit Aktien ist längst ein nostalgisches Hobby der Börsianer. Zwar hat der Wert aller weltweit gehandelten Aktien mit 73,3 Billionen Dollar 2015 einen historischen Rekordwert erreicht.[31] Nettes Sümmchen. Doch schon 2008 hatte allein der *börsennotierte* Handel mit Derivaten, meist mit Futures und Optionen, einen Umfang von über 200 Billionen US-Dollar. Das ist das Dreifache – schon besser. Aber die allermeisten Derivate werden *nicht* an Börsen, sondern direkt zwischen Handelspartnern in Büros vertickt, »Over The Counter« (OTC), wie das so schön heißt. Im Klartext: vollkommen unreguliert. »Der Nominalwert außerbörslich gehandelter Derivate lag 2008 bei 547,4 Billionen US-Dollar. Damit hat er sich gegenüber dem Jahr 2000 nahezu versechsfacht und überstieg den Nominalwert der börsengehandelten Derivate um fast das Zehnfache.«[32] So geht Finanzkapitalismus.

Weshalb wir denn auch das Fazit von Stephan Schulmeisters Essay Silbe für Silbe unterschreiben: »Finanzkapitalistische Anreizbedingungen führen zu Booms, welche immer mehr Vermögensmärkte erfassen. Die Bewertung der ›financial assets‹, aber schließlich auch jene von Immobilien, übersteigen zunehmend ihre ›Fundamentalwerte‹, es wird immer mehr ›fiktives Kapital‹ gebildet. **Früher oder später muss es daher zu ›Korrekturen‹ kommen, also zu massiven Entwertungen des Finanzkapitals und damit zu einer schweren Finanz- und Wirtschaftskrise.«**[33]

Der »Minsky-Moment«

Zur Erklärung spektakulärer Börsencrashs am Ende langer Boomphasen hat auch der 1996 verstorbene Ökonom Hyman Minsky eine höchst plausible Theorie entwickelt.[34] Minsky zufolge ist finanzielle Instabilität geradezu eine notwendige Folge wirtschaftlicher Prosperität. Und weil das so ist, vertrat Minsky die auch von uns geteilte Auffassung, dass die Finanzindustrie in einer an sich produktiven kapitalistischen Ökonomie tendenziell destabilisierend, bisweilen gar ruinös wirkt. Die Konsequenz für ihn: **Freie Märkte für Güter und Dienstleistungen sind meistens die richtige Wahl. Freie und unregulierte Finanzmärkte aber sind *immer* falsch!**

Woran liegt's? Im Boom, so Minskys Kernargument, steigen die Gewinnerwartungen von Unternehmen und Investoren. Also steigt auch deren Risikofreude, weil sie für ihre Unternehmungen meist

Kredite aufnehmen. In normalen Zeiten tendieren Firmen, Banken oder Haushalte zu sicheren Finanzierungen. Das heißt, sie schätzen ihre zu erwartenden Einnahmen eher vorsichtig ab und streben danach, aus diesen Einnahmen sowohl ihren Kredit als auch die Zinsen zurückzuzahlen.

Je mehr dann die Gewinne steigen, desto mehr nehmen die Spekulanten das Heft in die Hand. Die kalkulieren anders: Sie wollen aus ihren Einnahmen nur noch die *Zinsen* bedienen. Ihre Kredite selbst verlängern sie dagegen ständig – was auf liquiden Finanzmärkten auch gut funktioniert. Am Schluss betreten die Hasardeure das Feld: Diese hoffen, *Tilgung und Zinsen* ihrer Kredite aus der Wertsteigerung ihrer Investments aufbringen zu können. Ihr Geschäftsmodell basiert also nur noch darauf, dass sie permanent größere Dummköpfe finden, die ihnen ihre Anlagen zu höheren Preisen wieder abkaufen. So wird der Ballon aus Zahlungserwartungen immer weiter aufgeblasen, bis er schließlich unvermeidlicherweise platzt.

Warum aber wird eine langfristige strategische Planung für immer mehr Unternehmen unattraktiv oder sogar kontraproduktiv? Nun, die Lösung des Rätsels ist im Kern nicht schwer. Wenn die Verzinsung des Realkapitals gegen Ende eines langen Zyklus fällt, dann sucht das Geld selbstredend nach alternativen, höher verzinslichen Anlageformen. Was in der vorangegangenen Phase der Prosperität verdient wurde, kann schließlich von den ›Kapitalisten‹ nicht komplett privat verfrühstückt werden. Das Geld stattdessen unters Volk zu bringen, also den Konsum anzukurbeln, würde – rein volkswirtschaftlich betrachtet – jetzt auch nicht mehr viel nutzen. Denn sehr bald flösse es den Herstellern ausgereifter Konsum- und Investitionsgüter wieder zu, die innerhalb der bestehenden Strukturen erneut keine hinreichend rentable Anlage dafür fänden. Teile der Wirtschaft – die sogenannten ›defensiven‹ Branchen – machen zwar weitgehend weiter wie bisher, schließlich werden viele Güter des täglichen Bedarfs ja eben dieses: täglich benötigt. Gleichwohl fließt immer weniger Kapital in die Herstellung von Gütern und in die Bereitstellung von Dienstleistungen – und immer mehr Kapital in Finanzanlagen. Denn wenn die Renditen unter eine bestimmte

Größe fallen, dann können viele Firmen ihr Geld auch gleich in den Strumpf stecken, statt dafür Maschinen und Rohstoffe zu kaufen und Arbeiter anzustellen.

Fast alle großen und nicht wenige mittlere Unternehmen rund um den Globus machen das übrigens tatsächlich seit Längerem. Nicht dass sie irgendwo Geldscheine, Gold oder Kunstwerke horten – obwohl einige schon imposante Sammlungen besitzen. Nein, Firmen bunkern Geld entweder in Form von kurzfristig angelegten Barreserven. Oder mit Aktienrückkaufprogrammen. Denn eigene Aktien zu besitzen fördert ja nicht etwa die Innovationsfähigkeit. Im Gegenteil: Es verhindert Investitionen. Und es baut nur Schutzwälle vor möglichen feindlichen Übernahmen auf. Den ›Rest‹ ihrer Erträge werfen die Konzerne zuvor ihren übrigen Anteilseignern in den Rachen – die es natürlich auch nicht nur privat verfuttern, sondern ihrerseits wieder der Finanzbranche zur gefälligen Verwendung überlassen. Das System nährt sich sozusagen selbst.

Deutsche Konzerne sind bei diesem Spiel natürlich dabei. »Siemens etwa ist seit Jahren auf Schrumpfkurs, fährt aber ein Rückkaufprogramm über vier Milliarden Euro. (…) Aus Zahlen des Statistischen Bundesamts geht hervor, dass die deutsche Wirtschaft insgesamt nur noch gut sechs Prozent des Bruttoinlandsprodukts in neue Ausrüstungen steckt – der niedrigste Wert seit Jahrzehnten«.[35]

Der Chefökonom der ehrwürdigen Bank of England, Andrew Haldane, sicher auch kein Mann, der marxistischer Anwandlungen verdächtig wäre, hat das Ausmaß des internationalen Innovationsstaus 2015 berechnet. Noch in den 1970er-Jahren, so Haldane, schütteten börsennotierte Unternehmen im Schnitt nur zehn Prozent ihrer Profite an die Aktionäre aus. Heute seien es 60 bis 70 Prozent! Die Unternehmen würden sich so förmlich »selbst auffressen«.[36]

Für eigene Aktien gilt denn auch notfalls *nicht* die folgende Faustregel: An den Kapitalmärkten sind ›konservative‹ Produkte in den Hitzeperioden unattraktiv. Denn wo die Verzinsung des Anlagekapitals niedrig ist, da ist auch kaum noch Musik in den Aktien der volkswirtschaftlich (noch) tragenden Branchen. Ebenso passen sich Staatspapiere oder Unternehmensanleihen dem niedrigen Zinsniveau am Ende eines langen Zyklus an. Ohne dass es dafür besonders ausgekochter Bösewichter bedürfte, fließt folglich immer mehr Geld in – Wetten. Zum Teil sind das zwar schon Wetten auf das nächste ›große Ding‹. Sie kennen diese Wettscheine unter dem Namen ›Risikokapital‹. Hier müssen Anleger bei vielen ihrer Investments mit Verlusten bis hin zum Totalausfall rechnen. Weshalb es keine böse Gier, sondern bloß kaufmännische Vernunft ist, im Einzelfall Renditen von 25 Prozent und mehr zu verlangen.

Leider steckt genau diese Fantasie, ohne die die Pioniere eines neuen Wachstumszyklus sich nicht entwickeln könnten, früher oder später auch den Rest des Kapitalmarkts an. Nur: Da die Anzahl echter Innovatoren mit wirklich vielversprechenden Ideen naturgemäß begrenzt ist, wächst die Versuchung, mit ungedeckten Schecks zu dealen. Anfangs zum Beispiel mit 20-seitigen luftigen ›Businessplänen‹. Dann mit usbekischen Aktien – totalen ›Geheimtipps‹! Schließlich mit mathematisch ausgetüftelten Finanzderivaten. Im Klartext: Wetten zweiter oder dritter Ordnung. **Wichtig für diese Schlussphase der reinen Spekulation: Je geringer die Möglichkeiten sind, die Risikokette einer Anlage zurückzuverfolgen, desto höher sind die Gewinnchancen. Fehlende Transparenz wird in Blasenmärkten zur Systemvoraussetzung.** Das geht gut, solange alle die Tricks und Lügen für bare Münze nehmen. Bis am Ende des Zyklus abrupt die Gegenwetten einsetzen. Die Profis wissen natürlich schon länger, dass die Möglichkeiten der wundersamen Geldvermehrung ausgereizt sind. Allerdings trauen sich nur die Ausgebufftesten auszusteigen, wenn alle ihre Kumpels noch in Schampus baden. Wir wiederholen uns hier gern: Starkes Herdenverhalten gibt's gerade in kleinen Herden. So sind zwar die Börseninsider am Schluss, wenn das Geld der Kleinanleger eingesammelt ist, weitgehend unter sich. Aber gerade unter den auf permanente gegenseitige Dauerbeobachtung gepolten Profis braucht es Mut und sehr gutes Timing, um gegen den Markt zu wetten. Die Frage ist trotzdem nicht, ob es geschieht, sondern nur wann. Doch **wenn die Baissiers die Parketts stürmen, geht alles sehr schnell. Dann ruiniert die Finanzwirtschaft die Realwirtschaft binnen Tagen.**

Was ist ein gutes Unternehmen?

Heute leben wir in der Zeit des globalen und totalen Kapitalismus. Die ›Märkte‹ diktieren die Marschrichtung. Es dreht sich nur noch um eins – Profit. Werte, Moral, Anstand, Fairness, Nachhaltigkeit und Umweltschutz – all das zählt nur noch sekundär. Es geht um Gewinne im Hier und Jetzt. Wen interessiert heute noch morgen? Mehr denn je heißt es »Nach mir die Sintflut«. Anders ist uns das Verhalten in der heutigen Wirtschaftswelt nicht mehr erklärbar. Werfen wir einen Blick auf die weltweit fünf profitabelsten Unternehmen 2014. Entscheiden Sie selbst, inwieweit sich diese Unternehmen Werten wie Moral, Anstand, Fairness, Nachhaltigkeit oder Umweltschutz verschrieben haben.

Erwartungsgemäß ist kein Unternehmen aus dem sozialen Bereich darunter, dafür aber einige äußerst erfolgreiche Steuervermeider. Auf Platz fünf mit 42,5 Prozent Gewinn findet sich ein Konzern, der sein Geld mit dem Verkauf von Tabakwaren macht. Das schon erwähnte Unternehmen Altria (Ex Philip Morris). Unter anderem werden die Marken Marlboro und L&M produziert. Platz vier belegt Alibaba, das chinesische Äquivalent zu Ebay. Die Rendite liegt bei stolzen 47,5 Prozent. Auch mit der Suche nach und dem Erforschen von Erdöl kann man hochprofitabel sein. Dies belegt der australische Konzern Woodside Petroleum mit einem Gewinn von 54,8 Prozent. Die Silbermedaille mit 55 Prozent Gewinn hat das japanische Unternehmen Inpex ergattert, das sein Geld ebenfalls mit natürlichen Ressourcen, insbesondere Erdöl und Erdgas verdient. Auf Platz eins mit einer Rendite von 61,3 Prozent steht unangefochten das US-Pharmazie- und Biotechnologieunternehmen Gilead Sciences[37] – einer der erfolgreichsten Steuervermeider.[38]

In unserer konsumgetriebenen Gesellschaft haben Erfolg und materielle Reichtümer den gleichen Stellenwert. Gilt ein Unternehmer tatsächlich heute nur als erfolgreich, wenn er als sogenannter knallharter Geschäftsmann auf Kosten anderer haufenweise immaterielle und materielle Reichtümer anhäuft, Aktionäre mit immer höheren Dividenden überschüttet, in einer schicken, kostspieligen

Unternehmenszentrale residiert und einen unverschämt teuren Geschäftswagen fährt? Seit geraumer Zeit stellen wir uns die Frage, warum sich so viele Menschen von derlei Schall und Rauch so stark beeindrucken lassen. Warum freuen sich Auftraggeber über Werbeagenturen, Anwälte oder Berater, die in imposanten Kanzleien oder Agenturen in bester Lage residieren, anstatt sich die Frage zu stellen, ob dieser Protz überhaupt notwendig ist und vor allem, wer diesen Irrsinn eigentlich bezahlt?

Selbstverständlich ist es ein völlig berechtigtes Ziel, wenn Unternehmen Geld verdienen wollen. Die Frage ist jedoch, wie viel und um welchen Preis. Ist es tatsächlich sinnvoll und erstrebenswert, Mensch und Natur auszubeuten, um kurzfristigen Reibach zu machen? Warum müssen staatliche Unternehmen wie Krankenhäuser, Kindergärten, Kitas, Jugendhäuser, Universitäten oder Altenheime immer stärker auf Effizienz getrimmt werden, immer höhere Gewinne erzielen und dabei immer unmenschlicher werden? Zählen schwarze Zahlen heute mehr als glückliche Kinder, umfassend gebildete Studenten, in ihrer selbstständigen Lebensführung optimal unterstützte Senioren und zufriedene Patienten? Kann man tatsächlich alles monetär bemessen?

Sollte sich der Mehrwert eines Unternehmens nicht an dem messen lassen, was er dem Einzelnen und der Gesellschaft bringt? Was meint Erfolg? Unserer Ansicht nach sind Unternehmer dann erfolgreich, wenn sie ihre Arbeitnehmer fair behandeln und fair bezahlen und Profite re-investieren, statt die Gewinne größtenteils an die Aktionäre auszuschütten. Für uns steigt der Wert eines Unternehmens nicht, wenn das Management verkündet, Arbeitnehmer zu entlassen und dafür die Anzahl der Leiharbeiter zu erhöhen. Wir meinen, dass sich ein erfolgreicher Unternehmer auch dadurch auszeichnet, dass er nachhaltig wirtschaftet, sich an Recht und Gesetz und an Umweltauflagen hält; Steuern bezahlt, statt sich davor zu drücken und die zusammengerafften Milliardengewinne in Steueroasen zu bunkern.

Controller an der Macht

»Planwirtschaft«, obwohl als Ausdruck salonfähig, ist unter Ökonomen ein hartes Schimpfwort. Alles, was in der Wirtschaft nicht aus Eigeninitiative entspringt und über das danach nicht der eisige Wind von Angebot und Nachfrage weht, ist von Übel. Das erste Wort, das aufrechte Marktwirtschaftler morgens in den Spiegel sprechen, heißt »Wettbewerb«. Das Gegenteil von uneingeschränktem Wettbewerb wäre – Planung.

Wäre. Wenn nicht auch jeder Unternehmer ein wenig planen müsste, bevor er etwas auf den Markt bringt. Ergo gibt es in der Marktwirtschaft auch gute Planwirtschaft. Wenn sie sich den großen Fragen widmet, heißt sie »Unternehmensstrategie«. In ihrer Öffentlichkeitsarbeit können Kapitalisten bisweilen sogar tiefsinnig werden – sie haben dann eine »Vision« oder eine »Unternehmensphilosophie«.

Den Mühen der Ebene widmet sich dagegen die Disziplin der Budgetplanung, neudeutsch »Controlling« genannt. Das klingt nach Fahrscheinkontrolle. Aber anders als in der Buchhaltung wird hier nicht geschaut, ob es für jeden Zahlungsvorgang einen ordentlichen Beleg gibt (und ob dessen Einreicher die fragliche Summe auch wirklich ausgeben durfte). Controller legen fest, wann ein Unternehmen mit welchen Dingen wie viel Geld einnehmen soll – und wer zuvor wie viel Geld für was ausgeben darf. Anders gesagt: Controller verwandeln ein Stockwerk tiefer die großen Strategien und Visionen der Chefetage in penible Zahlenwerke. In gigantische Excel-Tabellen aus Einkaufsbudgets bis hinunter zu den Bleistiften. Aus Absatzzahlen und Endpreisen für jedes einzelne Produkt. Und aus Gehaltslisten vom CEO bis zum Hausmeister. Buchhaltung ist Vergangenheitsbewältigung. Controlling berechnet Zukunft in Kleingeld.

Man könnte das an sich sinnvolle Tun dieser Stabsabteilung allerdings auch ganz böse beschreiben. Nennen wir das Topmanagement spaßeshalber mal »Zentralkomitee«. Was war das noch? Ach ja, das weise Gremium, das genau wusste, was »die Arbeiterklasse« so alles braucht. Jetzt ersetzen wir »Arbeiterklasse« wieder durch »Markt« oder »Kundenwünsche«. Im Prinzip machen Plankommission und Controlling nun das gleiche: Beide legen en détail die Zukunft fest. Und sie verpetzen jeden beim ZK, der seine Planvorgaben verfehlt.

Diese Art des Wirtschaftens kann auch in der Marktwirtschaft lustige Blüten treiben. Unser Verleger hört jetzt mal kurz weg: Auch Buchverlage legen ein Jahr im Voraus fest, wie viel Umsatz und wie viel Gewinn sie machen wollen. Verständlich. Wie alle Unternehmen können auch Verlage nicht wissen, ob die Kunden ihre tollen Bücher kaufen werden. Logisch. Doch oft gibt es sogar Bücher, von denen sie vor einem Jahr noch gar nicht wussten, dass sie deren Autoren unter Vertrag nehmen werden. In der Planung sind das die sogenannten »N. N.-Titel« (von lat. *nomen nescio* = »Name unbekannt«). Autor, Titel, Inhalt, Umfang und Ausstattung des Buches, all das ist noch unbekannt. Zwei Dinge weiß das Controlling allerdings schon ganz genau: Was das Buch kosten wird; und wie viele Exemplare man im kommenden Jahr verkauft. Klasse, oder?

In der sozialistischen Planwirtschaft sollte die ganze Welt so funktionieren. Fail! In der kapitalistischen Planwirtschaft endet diese eitle Hoffnung immerhin am Werkstor oder an der Ladentür. Bestünde die schöne Welt der freien Marktwirtschaft nur aus lauter kleinen Buchverlagen, Bäckereien und Beherbergungsbetrieben, wäre das auch alles überhaupt kein Problem. Der ganze Planungswahn fiele komplett in die Abteilung »Irren ist menschlich«. Doch in der heutigen globalen Marktwirtschaft gibt es nicht wenige multinationale Konzerne, deren Umsatz das BIP der meisten Nationen deutlich übersteigt. Und gegen deren Controlling-Abteilungen selbst die Planbürokratie der untergegangenen UdSSR eher schlank wirkt. **Fatale Folge: Je größer Marktmacht und politischer Einfluss der Global Player werden, desto mehr ähnelt die kapitalistische der sozialistischen Planwirtschaft.**

Planwirtschaft in Großkonzernen

Was geschieht, wenn Controller in großen Konzernen das Zepter der Macht übernehmen? Und was geschieht, wenn in eben diesen Konzernen das Controlling komplett versagt?

Zahlen bestimmen die Welt der Unternehmen. Keine wichtige Entscheidung wird ohne die Zustimmung des Controllings getroffen. Folglich hat es heutzutage einen immensen Einfluss in großen Konzernen. Das hat, wie gesagt, starke Züge von Planwirtschaft. War Martin Winterkorn also der Breschnew von VW? Das ist natürlich überspitzt formuliert. Doch auch Konzerne sind eher hierarchisch und bürokratisch strukturiert. Entscheidungen werden weniger von den Mitarbeitern erwartet, sondern oftmals von oben vorgegeben. Zuviel Eigeninitiative ist nicht erwünscht. Die Angst vor Fehlern und dem Verfehlen von Vorgaben ist groß, weil die eigene Karriere an der Planerfüllung hängt, nicht an neuen Ideen, geschweige an gut begründeten Einwänden. Nicht selten schwimmen die eigentlichen Fachleute sogar wider besseres Wissen mit dem Strom. Größe und Flexibilität von Unternehmen verhalten sich daher meist umgekehrt proportional. Pfründe werden erbittert verteidigt. Und Konzerne planen viele Jahre im Voraus. Nicht zuletzt im Zuge solcher »Fünfjahrespläne« wird Marktwirtschaft durch interne Planbürokratie ersetzt.

Auch anderes Verhalten in großen Konzernen erinnert stark an sozialistische Staaten. Seit Jahr und Tag wird von Abteilungen, Bereichen, Regionen oder Direktionen am Ende des Jahres sinnfrei Geld verbraten – weil sonst im kommenden Jahr das Budget gekürzt wird. Sich freuen, dass man manche Dinge günstiger einkaufen konnte? Oder dass sie sich als entbehrlich erwiesen haben? Sparen fürs nächste Jahr? Um Himmels willen! Genau wie in Staaten mit Planwirtschaft gehört die Frage nach dem »Warum?« nicht zu den populärsten. Oftmals entscheiden in großen Konzernen Menschen über Dinge, von denen sie wenig bis nichts verstehen. Konzernbosse, die von ihren Stäben komplett von den Problemen des Tagesgeschäfts abgeschirmt werden, agieren teilweise wie absolutistische Herrscher. Umsatz, Gewinn und Börsenkurs – im Sozialismus war das die Tonnage – sind alles. Wogegen bei vielen wichtigen Entscheidungen Faktoren wie Mensch, Natur oder soziale Verantwortung in den Hintergrund rücken.

Wenn das Controlling versagt

Was aber ist, wenn das Controlling versagt oder wenn absolutistische Unternehmenslenker ihre Firma in existenzielle Schwierigkeiten bringen? Nehmen wir zwei Beispiele aus einer der wichtigsten Branchen Deutschlands.

Volkswagen: Das wohl gravierendste Beispiel ist der deutsche Volkswagen-Konzern. Bis dato sind die Kosten dieses Skandals sowohl monetär als auch bezogen aufs Image noch völlig offen. Zweifellos hat ein massiver Betrug stattgefunden – es wurde eine Betrugssoftware in Fahrzeuge des Konzerns eingebaut. Weltweit sind Millionen Fahrzeuge der Marken VW, Škoda, SEAT und Audi betroffen. Allein im dritten Quartal 2015 fuhr VW einen **Verlust von 3,5 Milliarden Euro** vor Zinsen und Steuern (EBIT) ein.[39] Wie kann so etwas markenübergreifend geschehen, ohne dass es jemand bemerkte? Warum sind die massiven Manipulationen von Abgastests bei VW erst nach so langer Zeit, aufgeflogen? Wie kann die interne Kontrolle dermaßen versagen? Was ist seit der Aufdeckung der Affäre um Schmiergeldzahlungen und Lustreisen im Jahr 2005 in punkto Regeltreue (neudeutsch: »Compliance«) geschehen? Die Antwort ist ganz einfach – offensichtlich nicht viel. Der Skandal zeigt auf drastische Weise die Schwächen in den Regelwerken großer Konzerne auf.

Das Schlimme ist, dass der Fisch meist vom Kopf her stinkt. Selbst im Januar 2016 noch versuchte VW-Boss Matthias Müller den Skandal zu verharmlosen, als er in einem Interview mit dem Radiosender NPR am Rande der Detroiter Automesse sagte: »Wir haben nicht gelogen.« Volkswagen habe lediglich die US-Gesetze »falsch interpretiert«.[40] Diese Aussage wird den VW-Konzern noch teuer zu stehen kommen, denn so etwas kommt bei den amerikanischen Behörden alles andere als gut an, vor allem, nachdem im März 2016 bekannt wurde, dass Martin Winterkorn schon 2014 davon wusste.

Daimler-Benz – Das Beste oder nichts: Diesen knackigen Werbeslogan hätte man besser auch auf das eigene Management anwenden sollen. Anscheinend war das Beste aber nicht mehr verfügbar, und man hat sich für die zweite Wahl entschieden. Dass

Daimler überhaupt noch existiert, ist ein kleines schwäbisches Wunder. Die letzten 30 Jahre sind von Größenwahn, Hybris und Inkompetenz geprägt. Edzard Reuter, Vorstandsvorsitzender der Daimler-Benz AG von 1987 bis 1995, schaffte es, die Erfinder des Automobils in ernsthafte Schwierigkeiten zu bringen. Seine absurden Expansionspläne mit der ›Vision‹ der Daimler-Benz AG als integriertem Technologie-Weltkonzern, seine parallele Untätigkeit im Kerngeschäft des Konzerns, dem Automobilbereich, kosteten die Aktionäre sehr viel Geld und bescherten Mercedes ebenso nachhaltige wie massive Marktanteilsverluste. Der Gesamtverlust dieses irrsinnigen Konzernumbaus durch Käufe, Betriebsverluste bei den neuen Gesellschaften und Wertberichtigungen summierte sich auf rund 36 Milliarden DM. Professor Ekkehard Wenger kommentierte dies als die »größte Kapitalvernichtung, die es jemals in Deutschland zu Friedenszeiten gegeben hat«.[41] Unter Reuters Ägide überholte nicht nur der damals viel kleinere Konkurrent BMW die Stuttgarter, auch Audi setzte durch eine Mischung aus Innovation, Technik, Design und hervorragendem Marketing zum Überholmanöver an. Das damalige Topmanagement aber erfüllte sich einen Schlagertraum und baute sich ein Schloss, das in den Wolken schwebt – auf Kosten der Aktionäre und Mitarbeiter. Die neue Daimler-Zentrale in Stuttgart- Möhringen kostete wahnsinnige 300 Millionen Euro und wird spöttisch »Bullshit Castle« genannt. Mittlerweile wurde das Gebäude als »überflüssig« eingestuft und für 240 Millionen Euro verkauft.[42] Die Konzernzentrale ist unter dem aktuellen Herrscher Dieter Zetsche wieder nach Untertürkheim gezogen. Reuter lebt als gut versorgter Pensionär und Millionär entspannt in Stuttgart und Berlin.[43]

Jürgen Schrempp – Reuters Nachfolger, welcher den Konzern nach Gutsherrenart führte – verkaufte die eine oder andere Firma, welche sein Vorgänger gekauft hatte. Meist mit Verlust. Sein Ziel war es, aus dem Gemischtwarenladen wieder einen Autoladen zu machen. Aber auch Schrempp schien der Erfolg zu Kopf zu steigen: In seinem Größenwahn fusionierte er Daimler-Benz mit Chrysler, stieg bei Mitsubishi und Hyundai ein und verfolgte die ganz großen

Visionen: Wieder eine Welt AG! Diesmal aber nur mit Autos! Was er schlussendlich erschaffen hatte, war das nächste Milliardengrab für die Aktionäre von Daimler-Benz.[44] Zur Belohnung wählte ihn das amerikanische Wirtschaftsmagazin *Business Week* 2003 zum schlechtesten Manager des Jahres. Parallel hat die Konkurrenz Mercedes gnadenlos die Rücklichter präsentiert und die ewige Nummer eins unter den »Premiumanbietern« auf Platz drei verwiesen.[45]

Schrempp steht für maximales Abkassieren bei schlechtester Leistung. 2003 war er mit knapp 11 Millionen Euro Einkünften der bestbezahlte Manager Deutschlands. Seine Sekretärin war die bestbezahlte Sekretärin aller Zeiten, mit einem Salär von 200 000 Euro. Rein zufällig handelte es sich hierbei um seine Frau Lydia, die erst drei Jahre nach des Gatten Abgang ihren attraktiven Posten aufgab.[46]

Schrempp stürzte die Daimler-Benz AG in eine heftige Krise. Leider wurde er gerade dadurch zu einem vermögenden Mann. Denn neben seinem Millionengehalt bezog der Manager haufenweise Aktienoptionen. Je schlimmer es um Daimler Chrysler stand, je stärker der Aktienkurs fiel, desto mehr Aktien bekam er für seine Optionsscheine. Die Sanierung des Konzerns kostete Milliarden, Zehntausende verloren ihren Job. Mit der Zeit stieg der Aktienkurs wieder – und mit ihm der Wert von Schrempps während der Talfahrt billig eingesammelten Anteilen. Ungefähr 80 Millionen Euro soll er in seiner zehnjährigen Amtszeit kassiert haben. Und da sind die Aktienoptionen zur ›Belohnung‹ des Deals mit Chrysler noch nicht eingerechnet.[47] Schrempp pendelt heute als Privatier und Honorarkonsul der Republik Südafrika zwischen seinen Villen in München und Kitzbühel sowie seinem großen Anwesen nahe Kapstadt.

Über Brücken und andere Gemeingüter

Gibt es eine Nachfrage nach Brücken? Blöde Frage, werden Sie sagen. Klar gibt es die! Wo es Flüsse oder andere Hindernisse für Menschen und Waren gibt, da gibt es Nachfrage nach Hindernisüberwindung. Weil es Nachfrage nach Brot und Butter gibt, eröffnen

Menschen ja schließlich auch Bäckereien und Milchgeschäfte. Oder Supermärkte. Und weil es Nachfrage nach Flussüberquerungen gibt, werden Brücken gebaut.

Zugegeben, Brücken sind ziemlich teuer. Weshalb die ›Markteintrittsbarrieren‹, wie Ökonomen das nennen, für Brückenbauer ziemlich hoch sind. Weil ihre Investition sich nur über sehr lange Zeiträume amortisiert, müssen sie zudem mit besonders langer Kapitalbindung rechnen. Denn anders als bei den Preisen für die Brücken selbst ist die Schmerzgrenze beim Preis für deren Nutzung schnell erreicht, sodass eine Refinanzierung mittels Maut zwar denkbar ist, deren Kalkulation aber starke Nerven erfordert. Gleichwohl: Großkapital mit langem ›Anlagehorizont‹ gibt es.

Leider haben wir es auf Angebots- wie auf Nachfrageseite mit weiteren Beschränkungen zu tun. Erstens bei der Planung. Wer ein Geschäft eröffnen möchte, beobachtet den Markt. Beispielsweise gibt es Halter, die ihre Hunde vegan zu ernähren versuchen (und dabei ausblenden, dass Hunde von Natur aus Fleischfresser sind). Idee: ein Webshop für veganes Hundefutter! Gute Produkte und eine pfiffige Werbekampagne vorausgesetzt, mag das funktionieren. Es könnte sich freilich auch herausstellen, dass die Menge strikt veganer Vierbeiner kleiner ist als vermutet. Dann vertickt man seine – hoffentlich vorsichtig kalkulierten – Lagerbestände zum Einkaufspreis und macht den Webshop wieder dicht.

Dass Leute und Lieferanten an einer bestimmten Stelle über die Wupper gehen wollen, lässt sich dagegen nicht beobachten, sondern nur vermuten. Und weil Brücken ohne Zufahrt wenig bringen, muss man auch noch Zufahrtsstraßen planen. Und so weiter. Aus guten Gründen machen das fast überall auf der Welt Planungsbehörden oder Verkehrsministerien.

Dass in Deutschland ein paar Brücken einsam in der Landschaft stehen, beweist noch nicht, dass Infrastrukturplanung falsch ist, sondern nur, dass zu *jeder* Planung auch Planungsfehler gehören. Dass in Deutschland wiederum viele Brücken völlig verrottet sind, hat dagegen weniger mit Planungsversagen zu tun, sondern damit, dass die Politik seit Jahrzehnten schlicht viel zu wenig in die Infrastruktur investiert.

Ob private Investoren hier weitsichtiger verfahren würden, ist zumindest fraglich. Warum erneuern Unternehmer zum Beispiel regelmäßig ihren Maschinenpark? Weil mit alten und kaputten Maschinen Produktion und Verkauf irgendwann zum Erliegen kämen. Wo immer auf der Welt Straßen, Schienen oder Brücken privat betrieben wurden, hat sich dagegen gezeigt, dass für deren Betreiber die Einnahmen aus Gebühren oder staatlichen Transfers in keinem direkten Verhältnis zum Zustand des Objektes stehen. Sprich: Die Kohle fließt, bis das Ding einstürzt. Der einzige Unterschied zum Staat: Für den bedeutet der Unterhalt vorhandener Infrastruktur *nur* Kosten, wogegen sie weder zusätzliche Steuern noch Wählerstimmen einbringt.

Problem Nummer zwei für private Brückenbetreiber ist der fehlende Wettbewerb. Da es unsinnig wäre, zwei, drei, viele Brücken nebeneinander zu bauen, wäre jede *Über die Wupper AG* Monopolist. Oder sie hätte zumindest ein Gebietsmonopol – und könnte ihre Preise nach Belieben festsetzen. Während die Verbraucher praktisch keine Wahl hätten. Selbst wenn wir annähmen, ein tollkühner Unternehmer eröffnete direkt nebenan eine Konkurrenzbrücke – sein *einziger* möglicher Wettbewerbsvorteil wären niedrigere Nutzungsgebühren. Was sonst? Qualität? Service? Komfort? Image? Beim reinen Überqueren von Flüssen sind diesbezügliche Unterschiede schwer vorstellbar. Anders als etwa bei Brot. Das braucht auch jeder. Aber das Bedürfnis lässt sich – zumindest in Deutschland – mit mehr als 300 verschiedenen Sorten verschiedenster Geschmacksrichtungen und Qualität befriedigen. Der Brückenwettbewerb hingegen würde die benachbarten Betreiber bloß in einen ruinösen Preiskampf treiben. Wenn schon Wettbewerb, dann sollte unser Mann es besser mit einer Fähre versuchen.

Problem Nummer drei: Marktforschung und Unternehmensplanung könnten, wie so oft, daneben liegen, die Brücke sich als unrentabel entpuppen. Mitleidslose Marktwirtschaftler würden sagen: tja, unternehmerisches Risiko. In solchen Fällen gehen Firmen in die

Insolvenz. Dann werden sie entweder verkauft (falls jemand eine Brücke kauft, über die niemand fahren oder laufen will) oder liquidiert. Bei Brücken würde man das umgangssprachlich vermutlich ›Abriss‹ nennen. Nur dass der in jedem Fall mehr kostet, als der Stahlschrott je einbringen würde. Weil solche Totalverluste unternehmerisch kaum kalkulierbar sind, bauen private Unternehmen zwar wahnsinnig gerne Brücken. Aber doch lieber auf Kosten der Steuerzahler.

Problem Nummer vier: Auch der kommerzielle Brückenbetreiber müsste früher oder später jeden über den Fluss lassen, unabhängig davon, ob er sich die Maut leisten kann oder nicht. Denn jeder Bürger im Umfeld der Brücke wird irgendwann auch nicht private, nicht beliebig verschiebbare oder am Ende gar lebenswichtige Gründe für eine Passage haben: Behördengänge, Arztbesuche, Notfälle und so weiter. Klar, das könnte man in die Tickets der anderen einkalkulieren. Aber wie will man den sozialen Aufschlag egoistischen, rational ihren Nutzen maximierenden Passanten vom Typ *homo oeconomicus* vermitteln? Also lieber Mautgutscheine für Geringverdiener? Staatliche Subventionen? Oder doch lieber gleich Brücken als Teil einer steuerfinanzierten öffentlichen Infrastruktur?

Gemeingüter: Was jeder braucht und keinem verwehrt werden darf

Es gibt eine Reihe von Gütern und Leistungen, die jeder Mensch benötigt und deren Nutzung zudem nicht von Einkommen, Status oder Wohnort abhängig sein darf. Deren Nutzung auch niemandem vollkommen verwehrt oder versperrt werden darf. Solche Güter nennt man in der Wirtschaftslehre Gemeingüter – und die sollten nach allgemeiner Auffassung daher auch nicht den üblichen Mechanismen von Angebot und Nachfrage unterliegen. Denn auf freien Märkten ist man eben immer aufgeschmissen, wenn man sich etwas nicht leisten kann.

Nun muss jeder Mensch auch essen und trinken. Dennoch sind Nahrungsmittel keine Gemeingüter. Denn sie teilen sich, zumindest in den reichen Gesellschaften des Nordens, in eine kaum noch zu überschauende Menge von Einzelprodukten. Und da darf jedem Verbraucher – auf Basis seiner verfügbaren Mittel – die Qual der Wahl schon zugemutet werden. Jedenfalls solange garantiert ist, dass jeder Mensch direkt oder indirekt über ein Einkommen verfügt, von dem er sich grundsätzlich ernähren kann.

Es gibt aber auch sogenannte ›homogene Güter‹ wie Wasser oder Strom. Man erkennt sie oft schon daran, dass ihre Bezeichnung keinen Plural kennt. Die benötigt jeder Mensch sogar täglich – und zudem in halbwegs gut berechenbaren Mengen. Für deren Bereitstellung werden flächendeckende, aufwendige und teure Infrastrukturen benötigt. Und die baut man vernünftigerweise nur einmal. Nix Wettbewerb. Also auch nix Markt. **Es gibt nicht so rasend viele wirtschaftliche Fragen, wo wir wie Luther sagen: »Hier stehe ich, ich kann nicht anders.« Beim Thema Infrastruktur ist das so. Diese muss nach unserer festen Überzeugung in öffentlicher Hand liegen. Punkt.** Ob man sie dann aus (per definitionem nicht zweckgebundenen) Steuern oder über (per definitionem zweckgebundene) Abgaben finanziert, ist eine andere Frage.

Gewinn mit Wasser? Höchstens in Flaschen!

Beim Wasser spricht zunächst für eine Steuerfinanzierung (und ergo einen gebührenfreien Bezug), dass fast alle Kosten auf die Infrastruktur entfallen, kaum welche auf die Aufbereitung des Wassers selbst. Da Wasser in Deutschland grundsätzlich nicht knapp ist, wäre wohl auch die fehlende ›Lenkungswirkung‹ einer reinen Steuerfinanzierung akzeptabel. Doch weltweit gehen 90 Prozent des Wasserverbrauchs auf das Konto der Landwirtschaft. Global *ist* Wasser ein kostbares Wirtschaftsgut, das nachhaltig bewirtschaftet werden muss. Das ist für uns allerdings gerade *kein* Argument für Privatisierung. Sondern für eine sorgsam geplante, notfalls auch rigide regulierte und durch Abgaben finanzierte öffentliche Versorgung. Ja, manchmal muss Wasser teuer sein, d. h. die Nachfrage über Preise gedrosselt werden. Wohlgemerkt: hauptsächlich die *gewerbliche* Nachfrage, niemals ein (vernünftiger) privater Grundverbrauch. Aber dann soll der hohe Preis eben eine profitable Verschwendung begrenzen. Und nicht die Taschen privater Anleger füllen.

Nieder mit der Stromsubvention!

Strom wird nicht nur auf unterschiedliche (und ökonomisch wie ökologisch sehr verschieden sinnvolle) Weise erzeugt. Es liegt auch in stärkerem Maße in der Entscheidung des Verbrauchers, wie viel er verbraucht. Daher spricht hier erst recht alles für eine Finanzierung per zweckgebundener und kostendeckender Abgabe. Die aber sollte dafür *ausschließlich* nach Verbrauchsmenge auf sämtliche Verbraucher umgelegt werden. Es gibt *keinen* ökonomisch vertretbaren Grund, warum Strom für gewerbliche und industrielle Abnehmer billiger sein sollte als für private Haushalte. **Mengenrabatt bei Strom ist volkswirtschaftlicher Schwachsinn!** Wer viel verbraucht, der muss die höheren Kosten halt einpreisen. Entweder lassen sich die Endkunden den Spaß dann etwas kosten. Oder übermäßig Strom fressende Dinge werden vom Markt verschwinden. Sollten bestimmte Unternehmen bloß deswegen ›abwandern‹, weil sie keinen subventionierten Strom mehr kriegen, dann haben sie schon länger auf der Grundlage von Milchmädchenrechnungen kalkuliert. An denen erkennt man schlechte Unternehmer meist zuerst. Aber wenn Firmen andernorts solche ›Standortvorteile‹ doch nun mal geboten bekommen? Gegenfrage: Und wenn andernorts Gewerkschaften verboten sind? Wenn Kinderarbeit oder die Einleitung giftiger Abwässer in die Flüsse erlaubt ist? Am Ende des Tages entpuppt sich der ›Standortvorteil‹ fast immer als Totschlagargument. Und daher sind wir hier ausnahmsweise marktliberaler als die meisten Liberalen.

Was noch? **Private Stromnetze sind immer Gebietsmonopole. Daher müssen sie ohne Ausnahme verstaatlicht werden.** Und private Stromerzeuger? Nun, die haben sich in der Vergangenheit stets irgendwann als Oligopolisten entpuppt. Nicht gut. Solaranlagen machen (nicht für jeden, aber zumindest für die meisten Hausbesitzer) heute eine weitgehende Selbstversorgung möglich. Großanlagen gehören dagegen für uns in öffentliche Hand. Und das heißt: entweder in die staatliche Hand von Kommunen oder Kommunalverbünden; oder in die Hand von genossenschaftlich organisierten Trägern. Ausnahmen: keine.

Die Maut – voll korrekt

Da wir mit den Brücken angefangen haben, schließen wir unseren Exkurs zum Thema Gemeingüter mit der übrigen Verkehrsinfrastruktur. Straßen wurden schon von den alten Römern steuerfinanziert. Und das ist auch gut so. Zunächst mal. Denn auch im Straßennetz gibt es schlicht keinen Wettbewerb. Doch nicht alle Straßen werden von allen Bewohnern und Passanten eines Wirtschaftsraumes in gleichem Maße benutzt. Innerstädtische Straßen braucht jeder, auch wenn er zu Fuß geht oder mit dem Rad fährt. Außerdem würde jede Art von Mauterhebung unwirtschaftlichen Verwaltungsaufwand erfordern. Überregionale Verkehrswege, vor allem Autobahnen, nutzen dagegen weder alle (es gibt Bürger ohne Auto), noch alle in gleichem Umfang.

Vor allem aber: Verschleiß und damit Unterhalt von Straßen gehen fast ausschließlich auf Kosten des kommerziellen Schwerlastverkehrs. Ein Lkw schädigt eine Straße bis zu 100 000-mal so stark wie ein Pkw.[48] Das ist ein überzeugendes Argument dafür, überregionale Verkehrswege zumindest nicht ausschließlich über Steuern, sondern auch über Maut, am besten über eine reine Lkw-Maut zu finanzieren. Diese Kosten würden zudem ziemlich genau das Ausmaß abbilden, in dem Handel und Industrie ihre privatwirtschaftlichen Warenbestände ins öffentliche Straßennetz verlagern. Die Gesellschaft trüge die Kosten am langen Ende nicht in ihrer Gestalt als Kollektiv von Steuerzahlern, sondern (über die Preise) in ihrer Gestalt als Kollektiv von Verbrauchern.

Das wiederum hätte überaus vernünftige Lenkungswirkungen. Seit der inzwischen legendären ›Erdbeerjoghurt-Studie‹, die Stefanie Böge 1992 für das Wuppertal Institut für Klima, Energie, Umwelt (WI) erstellt hat, wissen wir, dass Joghurt, Verpackung und sämtliche Vorprodukte bis zum Supermarktregal 9115 Kilometer unterwegs sind.[49] Ökonomisch wie ökologisch – geschätzt 20 Prozent des CO_2-Ausstoßes im Verkehrssektor gehen auf das Konto des Transports von Lebensmitteln[50] – ist es vollkommen vernünftig, wenn diese Tatsache am Preis eines Joghurts ablesbar ist. **Denn solange derartige Kosten auf die Allgemeinheit abgewälzt (›externalisiert‹) werden,** hat der einzelne Verbraucher schlicht keinen ökonomischen Anreiz, zum Beispiel auf regionale Produkte umzusteigen.

Mit der Einführung genau solch einer Maut im Jahre 2005 wurde daher ausnahmsweise einmal eine richtige wirtschaftspolitische Entscheidung getroffen – auch wenn deren Umsetzung zunächst eher suboptimal war, weil der Staat es für eine gute Idee hielt, das Eintreiben der Abgabe zu privatisieren. Für alle, die weniger als 7,5 Tonnen auf die Straße bringen, ist die Straße dagegen Daseinsvorsorge. Ergo: steuerfinanziert.

Auch Schienennetze sollten immer öffentliche Infrastruktur sein. Das beste Beispiel, wie man eine Bahn vor die Wand fährt, war die Privatisierung von British Rail 1993. Deren Schienennetz ging unter dem Namen Railtrack an die Börse. 2001 war das Unternehmen pleite – und die anschließende Modernisierung des heruntergewirtschafteten Netzes kostete die britischen Steuerzahler Milliarden. Einzig sinnvoll ist die komplette Trennung von Schienennetz und Fahrbetrieb. Wo Personenverkehr nicht rentabel ist, müssen zudem kommunale oder regionale öffentliche Betreiber einspringen. Denn mit *irgendeinem* öffentlichen Verkehrsmittel in jedem Fall von A nach B zu kommen – auch das ist unserer Meinung nach allgemeine Daseinsvorsorge.

Nahverkehr für lau?

Auch wenn die Befürworter eines kostenlosen, für jeden Bürger frei nutzbaren Öffentlichen Personennahverkehrs (ÖPNV) jetzt von uns enttäuscht sein werden – wir sind dagegen. Und zwar aus dem gleichen Grund, aus dem wir dagegen sind, dass jeder Bürger ein Fahrrad oder ein Auto geschenkt bekommt. Das Grundrecht, auf dem das Gemeingut Verkehrsinfrastruktur ruht, ist Mobilität im Allgemeinen. Nicht aber die konkrete Art und Ausgestaltung der Mobilität. Darum gehört zwar auch eine kommunale Verkehrsinfrastruktur (Straßenbahnschienen, Oberleitungen oder Haltestellen) in öffentliche Hände. Ob das am besten Behörden, öffentlich-rechtliche oder privatrechtlich organisierte kommunale Wirtschaftsunternehmen sein sollten, ist eine untergeordnete Frage. Hauptsache, die

Schienen werden über Steuern finanziert. Wozu gehört, dass deren Kosten *nicht* auf die Fahrgäste umgelegt werden. Dass die Träger des ÖPNV dies gegenwärtig großenteils tun, ist bei näherem Hinsehen meist der einzige Grund, warum sie mit Fahrpreiserhöhungen ständig ihren Defiziten hinterher rennen.

Busse, Bahnen, Sammeltaxis oder andere denkbare Verkehrsmittel verhalten sich ökonomisch dagegen wie Ihr altes klappriges Fahrrad oder Ihr nagelneuer Porsche Cayenne. Die müssen Sie, im Gegensatz zur Straßenbenutzung, ja auch privat finanzieren. Damit auf steuerfinanzierten Straßen und Schienen tatsächlich öffentliche Verkehrsmittel verkehren können, gibt es folglich – Fahrscheine. Und daran ist nichts unfair. Jedenfalls solange diese Fahrscheine für jeden erschwinglich bleiben. Solange Betreiber vernünftig begründen können, warum eine vergleichbare Leistung an unterschiedlichen Orten teils doch sehr unterschiedliche Preise hat. Und wenn außerdem für einige Gruppen von Bürgern Fahrkarten aus verschiedenen Gründen vergünstigt angeboten (von uns aus auch ›subventioniert‹) werden. Ob es dann auch in der Tram eine erste Klasse geben könnte, ist Geschmackssache. Like it or not – so ist es nun mal: Mit mehr Geld kann man sich immer ein schöneres Leben leisten. Auch im Straßenverkehr. Solange bestimmte Dinge allen Menschen in einer vertretbaren Grundversion zu vertretbaren Preisen zur Verfügung stehen, ist daran nichts Verwerfliches. Den Palästen sollten die Bewohner der Hütten erst dann den Krieg erklären, wenn es nicht einmal mehr für die Miete einer (hierzulande auch beheizten) Hütte mit Wasseranschluss, Strom und hinreichender Verkehrsanbindung reicht.

Der Ressourcenfluch: Warum sind die rohstoffreichsten Länder die korruptesten?

Rohstoffe und vor allem Öl, ein Drittel aller Güter im Welthandel, sind ein riesengroßes und äußerst lukratives Geschäft. Und: Ihr weltweiter Verbrauch wird weiterhin rapide steigen. In den letzten 50 Jahren haben wir davon mehr verbraucht als die komplette Menschheit zuvor.[51] Zunächst stellt sich die Frage: Wem gehören die Rohstoffe und wem nicht? Unserer Meinung nach gehören die Rohstoffe den Menschen, dem gesamten Volk eines Landes. Sie gehören weder den Eliten, noch Unternehmen oder Eignern des Landes. **Auch Rohstoffe sind Gemeingüter. Und die Profite aus Rohstoffen müssen daher der Gesellschaft und dem Gemeinwohl zufließen.**

Aus diesem Grund muss der Staat (das Volk) das Recht haben, über Lizenzgebühren, Steuern oder staatliche Unternehmungen direkt von den Rohstoffen eines Landes zu profitieren. Idealerweise sollten die Rohstoffeinnahmen an konkrete Maßnahmen im Bereich Bildung und Infrastruktur gekoppelt sein, um damit dem Allgemeinwohl nachhaltig zu dienen. Leider sieht die Realität jedoch größtenteils vollkommen anders aus. Gegenwärtig sind knapp sechzig Entwicklungs- und Schwellenländer bezüglich ihrer öffentlichen Einnahmen vom Erdöl-, Erdgas- und Bergbausektor abhängig. Und kaum etwas davon kommt den Bürgern der rohstoffreichen Länder zugute.[52] Zwölf von 25 Ländern mit der weltweit höchsten Kindersterblichkeit sind rohstoffreiche afrikanische Staaten.[53]

Betrachtet man den »Corruption Perceptions Index«, ist festzustellen, dass die korruptesten und ärmsten Länder der Welt nichts oder fast nichts außer Rohstoffen verkaufen. Egal ob Libyen, Irak, Angola, Turkmenistan, Usbekistan, Südsudan, Venezuela, Burundi, Myanmar, Kambodscha – überall steht Korruption auf der Tagesordnung.[54] Im Grunde genommen sind die teilweise bettelarmen Länder gar nicht unvermögend, denn sie sind reich an Rohstoffen. Egal ob Erdöl- und/oder Erdgasvorkommen, Phosphat, Bauxit, Gold, Holz oder Edelsteine. Doch der Rohstoffreichtum wird für diese Länder zum Fluch statt zum Segen. Statt Wohlstand und Wohlfahrt grassieren Korruption, Gewalt und immer häufiger sogar Kriege.

Woran liegt es nun, dass gerade rohstoffreiche Länder dahin tendieren, Korruption und Armut zu begünstigen? Die meisten dieser Länder werden von einer kleinen, zumeist im Ausland ausgebildeten Elite gnadenlos ausgebeutet. Dieser Raubzug wird begünstigt durch fragile Staatsformen und ineffiziente Institutionen. Aber auch internationale Konzerne plündern rücksichtslos die Ressourcen Afrikas aus, ohne dass es einen nennenswerten Nutzen für die Bevölkerung gäbe. James A. Robinson und Daron Acemoglu nennen das »extraktive Institutionen«: eine kleine Elite aus Politik und Wirtschaft, die sich auf Kosten der Mehrheit bereichert.[55] Diese Umverteilung von Vermögen schadet nicht nur der Stabilität des Landes, sondern sie ist mitverantwortlich für Armut, mangelnde Bildung, Korruption und das Verharren auf dem Niveau eines Drittwelt-Landes. Nicht zuletzt liegen hier auch die Ursachen der weltweiten Fluchtbewegungen; vielfach ausgerechnet in jene Länder, die sich eine goldene Nase mit Rohstoffen aus eben den Fluchtländern verdienen.

Mit geraubten Rohstoffen werden kolossale Gewinne erzielt. Und mit Hilfe westlicher Finanzdienstleister werden sie außer Landes geschafft. Vorzugsweise in sichere Steueroasen, versteht sich. Laut einer Studie über *Illegitime Kapitalflüsse* des Center for Global Development (CGD) verlieren die Entwicklungsländer alleine durch Einlagen in der Schweiz jährlich mindestens 8 Milliarden Dollar. Insgesamt hat das CGD vier Modelle mit unterschiedlichen Annahmen durchgerechnet. Auf über 100 Milliarden Dollar beläuft sich die höchste Schätzung. Das Volumen der gesamten internationalen Entwicklungshilfe beträgt rund 135 Milliarden Dollar. Die Eidgenossen übernehmen davon rund 3 Milliarden Dollar. Unsere Schweizer Nachbarn dienen den internationalen Rohstoffkonzernen als sicherer Steuerfluchthafen. Das ist aber nicht alles: Addiert man die über fünfzig anderen Steueroasen hinzu, kann man sich vorstellen in welchem gigantischen Rahmen sich die Einnahmen bewegen, die den Entwicklungsländern entgehen. Und wir reden hier nicht nur über die exotischen Steueroasen Bahamas, Panama, St. Lucia oder Vanuatu, sondern vor allem auch über Luxemburg, Irland, die Niederlande, Singapur, Hongkong oder die USA.

Das System der Steuervermeidung über das Steuerparadies Schweiz ist nicht so komplex, wie man meinen könnte. Es ist sogar zumeist äußerst simpel und läuft häufig innerhalb derselben Holdinggesellschaft ab. Der Rohstoff wird zum Beispiel von der Tochterfirma im Entwicklungsland abgebaut und dann zu einem extrem niedrigen Preis (Unterfakturierung) an die eigene Muttergesellschaft in der Schweiz veräußert. Diese verkauft den Rohstoff zu einem wesentlich höheren Preis weiter, ohne dass der physische Rohstoff je die Schweiz durchquert. Die Holdinggesellschaft erzielt mit diesem sogenannten »Trade Mispricing« exorbitante Gewinne, welche nicht in dem Entwicklungsland anfallen und besteuert werden, wo der Rohstoff abgebaut wird, sondern in der Schweiz. Die Rohstoffkonzerne sitzen obendrein zumeist in Kantonen mit extrem niedrigen Steuersätzen. Da die Schweiz keine gesetzlichen Regelungen bezüglich Geld- und Güterflüsse kennt, bleiben diese im Dunkeln. Während die Eidgenossen von den Rohstoffkonzernen profitieren, fehlen in den bettelarmen Entwicklungsländern dringend benötigte Steuereinnahmen.[56]

Bereits im Jahr 1995 kamen die beiden US-Ökonomen Jeffrey Sachs und Andrew Warner in ihrer Studie *Natural Resource Abundance and Economic Growth* (»Ressourcenreichtum und Wirtschaftswachstum«) zu dem Ergebnis, dass Länder mit Ressourcenreichtum ein langsameres Wirtschaftswachstum aufweisen als Länder mit wenigen Rohstoffen. An ihrem Rohstoffreichtum gemessen, sind Länder, die von ihren Rohstoffexporten leben, unterentwickelt. Im internationalen Vergleich haben sie nicht nur einen geringeren Human Development Index, sondern leiden zudem unter weitaus größerer Korruption und politischer Instabilität als ressourcenärmere Länder. Leidtragende sind vor allem die Zivilbevölkerung, aber auch der Umweltschutz.

Egal ob Kupfer-, Kohle-, Erdölförderung – Mensch und Natur haben für die Ressourcen-»Räuber« keine Bedeutung. Die Landbevölkerung wird bestenfalls verjagt und schlimmstenfalls als Arbeitssklaven missbraucht. Die Natur wird rücksichtslos ausgebeutet und zerstört. Korruption ist im Öl-, Gas- und Bergbausektor allgegenwärtig. Insbesondere in afrikanischen Ländern sind Rohstoffe häufig eine Quelle von gewaltsamen Konflikten und dienen hauptsächlich deren Finanzierung. Sogar in großen Industrienationen machen reiche Rohstoffvorkommen wirtschaftliche und politische Probleme.

Raubzüge der Eliten – Kennen Sie Glencore?

Im Naturparadies Sambia leben auf einer Fläche, die etwa doppelt so groß wie Deutschland ist, circa 13 Millionen Menschen. Doch das Land trumpft nicht nur mit Naturschauspielen wie den faszinierenden Victoria-Wasserfällen oder einzigartigen Wildtier-Reservaten auf, sondern auch mit Bodenschätzen. In Sambia befindet sich eine der größten Kupferlagerstätten der Welt. Das Edelmetall ist heute eines der bedeutendsten Industriemetalle, kaum eine Industrie oder Technologie kann darauf verzichten. Dementsprechend hoch ist die Nachfrage. Gegen Ende der 1990er-Jahre wurden die staatlichen Kupferminen privatisiert, und der Schweizer Konzern Glencore schlug zu. Er verdoppelte die Kupferproduktion, der Weltmarktpreis für Kupfer begann parallel global zu steigen. 2011 erreichte der Kupferpreis bis zu zehntausend Dollar pro Tonne. Derzeit steht der Preis bei knapp fünftausend Dollar.[57]

Eigentlich müsste Sambia heute ein wohlhabendes Land sein – ist es aber nicht. Es geht dem Land schlechter denn je, denn es ist eines der ärmsten Länder der Welt. Über 60 Prozent der Bevölkerung leben unterhalb des Existenzminimums. Die Kupferproduktion ist für erhebliche Umweltschäden verantwortlich. Es wurden Trinkwasserreservoirs verseucht. Giftige Gase aus der Kupferschmelze gefährden die Anwohner. Das große Geld ist bei einer kleinen Elite des Landes und vor allem im Örtchen Baar in der vornehmen Schweiz gelandet. Hier sitzt Glencore. Vielen ist der Name wahrscheinlich unbekannt. Dabei handelt es sich um den größten Rohstoffhändler der Welt. Zudem ist Glencore nach Nestlé mit einem Umsatz von über 233 Milliarden Dollar das zweitgrößte Schweizer Unternehmen nach Umsatz. Aus steuerlichen Gründen liegt der registrierte Hauptsitz natürlich auf der Kanalinsel Jersey.[58]

Der Konzern umgeht in den geplünderten Staaten Abgaben und Steuerzahlungen durch verschiedene Tricks. Besonders kreativ in der Umgehung von Steuern ist der oberste Boss von Glencore: Ivan Glasenberg (!), der mit einem Vermögen von über 5 Milliarden Euro auch der reichste Südafrikaner ist. So hat er sich in den Jahren 2012 und 2013 seinen Lohn in Form von Dividenden steuerfrei auszahlen lassen. Das waren 100 Millionen Franken im Jahr 2012 und im ersten Halbjahr 2013 beachtliche 60 Millionen Dollar. Tja, von nichts kommt eben nichts.[59]

Internationale Konzerne plündern Afrika aus

Mit der Vorgabe, keine oder fast keine Steuern zu zahlen, plündern seit Jahrzehnten westliche Konzerne den Kontinent Afrika aus. Ohne Zweifel ist Afrika das Steuerschlupfloch schlechthin. Laut dem ehemaligen UN-Generalsekretär Kofi Annan gehen den Ländern Afrikas jährlich über 30 Milliarden Dollar verloren, weil Unternehmen von windigen Steuererlassen profitieren oder ihre Gewinne direkt ungehindert in Steueroasen abführen. Annan spricht von einer modernen Form der »Plünderung«.[60] In Sambia wurden die Löhne der Bergarbeiter jahrelang prozentual höher besteuert als die Gewinne der multinationalen Bergbaukonzerne. Zwischen 2010 und 2012 wurden im Kongo hochwertige Bergbaukonzessionen unter größter Geheimhaltung, größtmöglicher Steuerbefreiung und größtmöglicher Gewinnbeteiligung von regierungsnahen Herrschaften verschleudert. Laut Annan sind dem kongolesischen Staat deshalb rund 1,3 Milliarden Dollar an Einnahmen verloren gegangen. Mit diesem Geld hätte man das Jahresbudget für Gesundheit und Bildung verdoppeln können. Diverse Offshore-Firmen mit Sitz auf den britischen Virgin Islands waren im Kongo auch an der Aufteilung des staatlichen Bergbauunternehmens Gecamines in der reichsten Rohstoffprovinz Katanga beteiligt. Die Lizenzen wurden weit unter Wert verhökert. Inländische Kleptokraten und ausländische Konzerne machen dann den großen Reibach, indem sie mit Profitraten von mehreren Hundert Prozent weiterverkaufen.[61]

Auch in Simbabwe hat die Bevölkerung nichts von den Rohstoffen ihres Landes. Gegenwärtig liegt dort die Wirtschaft komplett am Boden. Eine Hyperinflation à la Weimarer Republik grassiert, während das Land und dessen Infrastruktur zerfallen. Der 100-Trillionen-Dollar-Schein Simbabwes, den es bei eBay für circa 20 Euro gibt, ist bei Numismatikern besonders beliebt. In dem Land werden wertvolle Bodenschätze wie Gold, Platin und Diamanten zwar nicht von ausländischen Konzernen, sondern von einem durch und durch korrupten Staat mit einem korrumpierten, steinalten Diktator gefördert. Manche Minen hat sogar das Militär übernommen. Menschen aus der Region arbeiten dort als Zwangsarbeiter. Nach seiner Unabhängigkeit galt Simbabwe als Beispiel für eine positive Entwicklung. Heute ist davon nichts mehr zu sehen. Die gewählte Regierung ist mit Hilfe der heimischen Bodenschätze zu einer grausamen Diktatur verkommen. Damit Robert Mugabe seine Macht erhalten kann, fließen die Einnahmen aus dem Rohstoffsektor vorzugsweise auch an das Militär.

Aus Nigeria kommen nicht nur lustige Spammails à la: »Hallo, ich bin Dr. Miller, und ich möchte Ihnen ein Geschäft anbieten. Ich habe ein Konto von einem ehemaligen afrikanischen Diktator gefunden, mit 14 Millionen Dollar. Für die Auszahlung brauche ich ein Konto in Deutschland. Sie wurden mir empfohlen. Ich würde Sie mit 50 Prozent beteiligen. Bitte überweisen Sie mir 100 Euro, und ich bahne den Deal Ihres Lebens an ...« Vor allem kommt aus Nigeria – Erdöl.

Allerdings brachte das Öl nicht die große Verheißung, die man sich erhofft hatte, sondern es zerstörte das Land. Als man 1956 erstmals Öl aus den Sümpfen des Niger-Deltas pumpte, begann ein rapider Wandel des Landes. Das einst naturschöne Flussdelta ist heute eine durch Öl verschmutzte und verseuchte Industrielandschaft, dessen Bewohner zu den Ärmsten des Landes gehören.[62] In den vergangenen Jahren wuchs die Wirtschaft Nigerias zwischen vier und sieben Prozent, jedoch leben immer noch mehr als 60 Prozent der Bevölkerung in bitterer Armut. Vom Öl ist der Staat abhängiger denn je, denn aus der Ölindustrie stammen mehr als 90 Prozent der Exporteinnahmen.[63]

Nigeria ist der weltweit achtgrößte Ölproduzent und steht vor einem Dilemma. Einerseits produziert das Land gegenwärtig rund 2,2 Millionen Barrel Öl pro Tag – das bei Raffineriekonzernen aufgrund seines sehr geringen Schwefelanteils äußerst begehrt ist (dadurch lassen sich leichter die strikten Umweltauflagen im Westen erfüllen). Andererseits ist die Technik der Raffinerien in einem dermaßen bemitleidenswerten Zustand, dass Nigeria sogar auf Benzineinfuhren angewiesen ist.[64] Im Jahr 1970 lebte ein Drittel der damals knapp 56 Millionen Nigerianer unter der Armutsgrenze. Heute – 450 Milliarden US-Dollar Erdöleinnahmen später – leben sage und schreibe 120 Millionen von insgesamt 180 Millionen Einwohnern, also zwei Drittel der Bevölkerung unter der Armutsgrenze.[65] Nach wie vor kann eine vollkommen unterentwickelte Landwirtschaft den inländischen Nahrungsmittelbedarf nicht decken.[66]

Während sich lange Zeit Konzerne wie beispielsweise Shell und Total sowie eine kleine inländische Elite die Taschen voll machten bzw. machen, bekommt die Bevölkerung weiterhin nichts vom großen Öl-Kuchen ab.[67] Laut Schätzungen versickert rund die Hälfte der Erdöleinnahmen in privaten Taschen. Das bedeutet, dass Hunderte von Milliarden Dollar seit der Entdeckung der Ölfelder der Bevölkerung gestohlen wurden.[68] Laut einer Studie der Analysefirma New World Wealth wird es 2018 in Nigeria über 20 000 Millionäre geben.[69] Bereits heute kommt der reichste Afrikaner aus Nigeria: Aliko Dangote, mit 14,7 Milliarden US-Dollar Vermögen.[70] Unterdessen explodiert die Bevölkerung. Derzeit werden jährlich sieben Millionen Kinder geboren. Das sind rund zehnmal so viele wie in Deutschland. Schätzungen zufolge dürfte Nigeria bis zum Jahr 2050 mit 450 Millionen Einwohnern hinter China und Indien auf Platz drei der bevölkerungsreichsten Länder der Erde liegen.[71]

Laut einer Studie der US-Beratungsfirma Mercer ist Luanda, die Hauptstadt Angolas, für Ausländer die teuerste Stadt der Welt.[72] Wie kann das sein in einem Land, in dem zwei Drittel der Bevölkerung von weniger als zwei Dollar am Tag leben und jedes Jahr 150 000 Kinder vor ihrem fünften Geburtstag aufgrund von bitterer Armut sterben? 98 Prozent der Exporte des Landes bestehen aus Rohöl und Diamanten. Die immensen Einnahmen daraus verbleiben selten in Angola, sondern werden in Steueroasen verschoben. Zwischen 1970 und 2009 waren es sage und schreibe 80 Milliarden Dollar.[73] Misereor bringt es knallhart auf den Punkt: »Die Plünderung der reichen Ressourcen Afrikas, wie Mineralien, Erdöl, Gas, Holz, Fisch durch die westlichen Industriestaaten und jetzt auch die Schwellenländer bringt keine spürbaren Verbesserungen für die Bevölkerung, die oft sogar ihre Lebensgrundlagen verlieren und noch ärmer werden.«[74]

Ein Land hat es in Afrika bisher anscheinend richtig gemacht: Botswana. Nach der Unabhängigkeit von Großbritannien im Jahr 1966 war es noch eines der ärmsten Länder der Welt. Dank seiner Diamantenschätze und einer umsichtigen Elite und deren nachhaltiger Politik ist Botswana heute eine der reichsten und stabilsten Demokratien des afrikanischen Kontinents. Gehen wir dieser scheinbar erfreulichen Entwicklung einmal näher auf den Grund: Tatsächlich wurde all das richtig gemacht, was Angola, Sambia, Nigeria und viele andere Länder falsch gemacht haben. Nachdem die Diamanten entdeckt worden waren, holte man sich einen kompetenten Partner ins Land. Zusammen mit dem Weltmarktführer De Beers wurde ein Joint Venture gegründet. Heißt: Nicht die Südafrikaner allein kassieren für ihr Know-how in der Diamantenförderung. 50 Prozent der Gewinne gehen an den botswanischen Staat. Und diese Gewinne versickern nicht etwa wie anderenorts in dunklen Kanälen, sondern sie werden gerecht verteilt und von gewissenhaften Politikern bisher klug in Bildung, Gesundheitswesen und Infrastruktur investiert. Möglich war dies durch funktionierende Institutionen und eine tüchtige Verwaltung, eine unabhängige Justiz und eine relativ niedrige Korruptionsrate.[75]

Trotz des Rohstoffreichtums beklagt Botswana aktuell eine Arbeitslosenquote von 18 Prozent. Und der richtige Härtetest wird erst noch kommen. 70 Prozent seiner Staatseinnahmen verdankt das Land den glitzernden Steinchen. Die Abhängigkeit der Volkswirtschaft vom Diamanten kann man getrost als ›Klumpenrisiko‹ bezeichnen. Denn es wird immer schwieriger und teurer, die Steine zu finden. Ab 2020 soll der »Peak Diamond« erreicht und in zwanzig bis dreißig Jahren der Quell des Reichtums endgültig versiegt sein.[76] Was dann? Hat man bis dahin alternative Branchen aufgebaut, die den Ausfall auffangen können? Hat man nachsichtig und vorsorglich investiert? Falls nicht, werden Bildung und die derzeit noch kostenlose medizinische Versorgung nicht mehr zu finanzieren sein. Schließlich gibt es ein gravierendes medizinisches Problem:

Botswana hat die dritthöchste HIV-Rate der Welt; 18,5 Prozent aller Erwachsenen leiden an Aids.[77]

Venezuela – ein reiches Land kurz vor der Pleite

Noch ein krasses Beispiel, wie Rohstoffreichtum ein Land korrumpieren und zerstören kann, ist Venezuela. Bereits in den 1970ern bezeichnete der ehemalige venezolanische Energieminister Perez Alfonso Öl als »Exkremente des Teufels«.[78] Inzwischen wissen wir, dass er Recht hatte. Bis in die 1970er, dem Beginn des Erdölbooms, schien die Demokratie zu funktionieren. Heute ist das Land am Ende. Vier Fünftel der Exporte sind Ölausfuhren. Auf der Liste zum Wohlstandsindex belegt Venezuela inzwischen einen der hintersten Plätze. Die Mordrate hat sich in den letzten 16 Jahren fast versechsfacht – 2014 starben 24 980 Personen eines gewaltsamen Todes (82 Morde pro 100 000 Einwohner).[79] 2016 lag die ›offizielle‹ Inflationsrate bei 800 Prozent, wobei die inoffizielle wahrscheinlich zigfach höher sein dürfte. Präsident Nicolás Maduro ordnete an, bei über 21 000 Produkten die Preise einzufrieren, um das gescheiterte planwirtschaftliche Wahnsinnsexperiment weiterzuführen.[80] Was vermutlich eine Verzweiflungstat gewesen ist. Aber was will das schon heißen, wenn in einem Land eine Packung Kondome mit 36 Verhüterli 755 Dollar kostet?[81]

Rohstoffe als Segen für Couponschneider

Was sind die Ursachen des »Ressourcenfluchs«? Aufgrund des leicht verdienten Geldes verwandeln sich die Volkswirtschaften rohstoffreicher Länder in sogenannte »Rentiers-Ökonomien«. Vereinfacht ausgedrückt: Der Staat erzielt Einnahmen aus Boden bzw. Bodenschätzen (per definitionem: Renten), ohne dass es dafür allzu großer eigener Anstrengungen bedarf.[82] Folglich fehlt der Ansporn, zu investieren oder nachhaltig zu agieren. Des Weiteren werden gut bezahlte Jobs vermehrt an Personal aus dem Ausland vergeben und Hilfsarbeiterjobs an die eigene Bevölkerung. Das schnelle, unerwartet verdiente Geld befördert die Korruption. Ausländische Großkonzerne drängen ohne Moral und Anstand, dafür aber von

Gier getrieben und mit Taschen voller Geld, in die teilweise bettelarmen Länder, um Politiker und Militärs zu bestechen. Westliche
Steuerparadiese, Banken und Vermögensverwalter stehen ihnen
gerne zur Seite, um das schmutzige Geld zu verstecken. Obwohl ein
gemeinsames Abkommen gegen Korruption existiert, unternehmen
zahlreiche Industrieländer, wie beispielsweise Russland, Brasilien
und die Türkei, aber auch EU-Mitglieder wie Polen, Belgien und
Spanien, immer noch nichts gegen Bestechungszahlungen bei
Auslandgeschäften. Einem Bericht der Antikorruptionsorganisa-
tion Transparency International (TI) zur Folge findet lediglich in
Deutschland, den USA, Großbritannien und der Schweiz eine aktive
Strafverfolgung bei Korruptionsfällen statt.[83]

Fazit: Der Ressourcenreichtum löst zumeist keine Probleme, sondern er schafft erst welche. Es sei denn, es existieren in den Ländern
funktionierende Institutionen und eine effektive Gewaltenteilung.
Damit Bodenschätze einen positiven Effekt für ein Land und die
Gesellschaft haben, braucht es eine transparente Politik, nachvoll-
ziehbare Warenströme und eine nachhaltige Produktion.[84] Essenziell
für nachhaltiges Wirtschaftswachstum sind eine korruptionsfreie
Politik und Verwaltung, funktionierende gesellschaftliche Institutionen, ein faires Justizwesen und ein gutes und allgemein zugäng-
liches Bildungssystem. Nur so werden Investitionen, Innovationen
und nachhaltige Prosperität für alle möglich.

Demokratien, die die Bevölkerung am Rohstoffboom beteiligen
und wirtschaftlich effiziente und funktionierende Institutionen aufbauen, schaffen Wohlstand. Regierungen oder Wirtschaftseliten, die
ihren Bevölkerungen Ressourcen klauen und Bildung erschweren,
sorgen für Armut, Kriminalität und schlussendlich den Niedergang
des eigenen Landes. Um dem Allgemeinwohl langfristig und nachhaltig zu dienen, sollten Rohstoffeinnahmen idealerweise an konkrete Maßnahmen im Bereich Bildung und Infrastruktur gekoppelt
sein. Einige Länder haben auch sogenannte Staatsfonds geschaffen,
damit das erwirtschaftete Geld nicht in dunklen Kanälen versickert.
Doch wie wir gleich sehen werden, beißt sich auch hier die Katze der
Transparenz gerne mal selbst in den Schwanz des Rohstoffreichtums.

Fallstudie: Katar versus Norwegen

Nein, es geht im Folgenden nicht um das Eröffnungsspiel der strittigen Fußballweltmeisterschaft in Katar im Jahr 2022, sondern um einen Vergleich von zwei der mächtigsten Staatsfonds der Welt. Im Bereich der Staatsfonds ist Norwegen bereits Weltmeister, und das unangefochten seit einigen Jahren. Das Volumen des größten Fonds der Welt beträgt satte 825 Milliarden Dollar. Und der *Statens Pensjonsfond* (auch *Oljefondet* genannt) ist direkt dem Finanzministerium, ergo der demokratisch gewählten norwegischen Regierung unterstellt. Katar kann immerhin stolze 170 Milliarden Dollar vorweisen.[85] Beide Fonds haben ihre Reichtümer dank sprudelnder Gewinne aus den natürlichen, aber limitierten Ressourcen Öl und Gas angehäuft. Um diesen temporären Geldsegen nachhaltig für weitere Generationen anzulegen, kamen zwei völlig verschiedene Länder auf die gute Idee, Staatsfonds zu gründen.

Während die meisten Länder der Welt lediglich Staatsschulden vorweisen können, sind manche, insbesondere rohstoffreiche Länder durchaus in der Lage, etwas auf die Seite zu legen. Davon allerdings kann die gesamte Eurozone, können aber auch die USA, Japan oder die Staaten Südamerikas nur träumen. Staatsfonds obliegt die Aufgabe, das Volksvermögen im Interesse der Bürger langfristig anzulegen und zu verwalten – idealerweise ohne direkten Zugriff der Politik. Ziel ist es, Gewinne sinnvoll zu reinvestieren und Vorsorge für die Zeit nach dem Öl- und Gasboom zu schaffen. Staatsfonds gelten in ihrer Anlagepolitik generell als konservativ. Nummer zwei weltweit ist der Staatsfonds von Abu Dhabi mit 773 Milliarden Dollar. Auch China, das aus unverständlichen Gründen bis 2011 deutsche Entwicklungsgelder erhalten hat, stieg in den letzten Jahren in das Geschäft der Staatsfonds ein, um die enormen Gewinne seiner Exportüberschüsse anzulegen (650 Milliarden Dollar).[86] Weltweit verwalten derzeit insgesamt 72 Staatsfonds circa 7 Billionen Dollar.[87]

Transparenz, klare Obergrenzen bei einzelnen Beteiligungen und klare Regeln, wo investiert werden darf und wo nicht, werden in Norwegen großgeschrieben. So kann sich jeder Bürger auf einer

Webseite über den aktuellen Stand des Volksvermögens, aber auch über den Wert einzelner Investments informieren.[88] 60 Prozent des Vermögens ist breit in Aktien von über 9500 Unternehmen gestreut, 37 Prozent in Anleihen und Geldmarktpapiere (darunter 12 Milliarden Dollar in deutsche Staatsanleihen) sowie 3 Prozent in Immobilien weltweit. 2,5 Prozent aller europäischen Aktien liegen in Oslo. Die größten Aktieninvestments sind Nestlé, Apple, Novartis, Roche und Royal Dutch Shell. Außerdem sind die Norweger größter Anteilseigner der britischen Supermarktkette Tesco mit derzeit 6 Prozent.

Seit seinem Start im Jahr 1990 erwirtschaftete der norwegische Staatsfond jährlich eine Rendite von ordentlichen 5,7 Prozent. Was beweist, dass es tatsächlich Staaten gibt, die mit Geld umgehen können. Zwar füllte man den Staatsfond bislang mit Gewinnen aus dem Öl- und Gasverkauf, doch in Zukunft soll eine ethische und nachhaltige Investmentphilosophie verfolgt und die Investments im Bereich der natürlichen Ressourcen massiv reduziert werden. Hierfür wurde ein Ethikrat implementiert, der alle Entscheidungen streng kontrolliert. Unternehmen wie etwa E.ON und RWE, die mehr als 30 Prozent ihres Umsatzes mit Kohle erwirtschaften, sollen ausgemustert werden. Schon immer tabu waren Unternehmen, die die Menschenrechte verletzen, Kinderarbeit tolerieren, Waffen und Tabak herstellen und die Umwelt massiv schädigen.

Wenn weder Geld noch Moral eine Rolle spielen – Geschmack und Stil sind nicht käuflich

Das glatte Gegenteil von Norwegen macht der Staatsfonds von Katar – die übrigen Scheichstaaten operieren kaum anders. In der katarischen Hauptstadt Doha gibt man sich lieber verschwiegen; Transparenz ist ein Fremdwort. Zudem gehört der Fonds nicht den Bürgern, wie in Norwegen, sondern offiziell der königlichen Familie, die wiederum damit tut und lässt, was sie will. Die Posten beim Fond werden an Verwandte oder Günstlinge vergeben.[89] Gerne wird die Macht auch benutzt, um politisch Einfluss zu nehmen. Das Hauptziel jedoch: eine jährliche Rendite von 17 Prozent. Aus sehr naheliegenden Gründen investiert der Ölstaat vorzugsweise in verlässliche Garanten für

Ölbedarf: Man besitzt 17 Prozent an Volkswagen, 10 Prozent an Porsche und knapp 7 Prozent an Daimler. Böse Zungen behaupten, dass dieses starke Engagement auch dafür verantwortlich ist, dass es immer noch kein massentaugliches Elektroauto gibt. Nicht minder strategisch dürfte für die bauwütigen Kataris ihr zehnprozentiger Anteil am Baukonzern Hochtief sein. Oder das etwa gleich hohe Engagement bei der London Stock Exchange. Bei der Deutschen Bank ist man mit 6 Prozent, bei Siemens mit 3 Prozent auch nicht gerade Kleinaktionär. Zusätzlich zu solchen Blue Chips investiert Katar in alles, was die 17-Prozent-Rendite in erreichbare Nähe rückt. Ganz zufällig hält man zum Beispiel knapp 9 Prozent am Schweizer Unternehmen Glencore. Schon mal gehört? Richtig! Siehe Seite 197f. Ethik oder Nachhaltigkeit spielen eben keine große Rolle.

Gerne wird im Wüstenstaat die überdicke Brieftasche auch ge-zückt, um Eindruck zu schinden und eher zweifelhafte Investments wie beispielsweise den Erwerb des US-Juweliers Tiffany oder des französischen Fußballklubs Paris St. Germain zu tätigen. Weil die Scheichs sich zudem gerne mit ihrer Entourage zum Shopping in London aufhalten, gehören ihnen etliche Immobilien vor Ort. Ihre flinken Luxusflitzer lassen sie gerne aufwendig und teuer in die bri-tische Hauptstadt einfliegen – meist nur, um die Briten mit Standgas im Stau zu nerven, ab und an, um sie mit Karacho an eine Laterne zu fahren.[90] Da man besonders gerne zum Luxustempel *Harrod's* pilgert, hat man den ganzen Laden 2010 praktischerweise gleich für 1,8 Milliarden Euro an der Kasse von Mohamed Al-Fayed, dem Beinahe-Schwiegervater von Lady Di, erworben.[91] Solange Öl und Gas sprudeln, lautet das Motto: Was kostet die Welt?

Projekt Größenwahn: Nichts ist für die Ewigkeit

Jahrzehntelang wurden die Gewinne aus der Ölförderung in die sandige Heimat gepumpt. Allerdings nicht in nachhaltige Projekte, sondern vorrangig in protzige und teilweise irrsinnige Bauten und Infrastrukturmaßnahmen. Hierfür wurden Hunderte Milliarden im wahrsten Sinne in den Sand gesetzt. So stehen zum Beispiel von den 50 höchsten Gebäuden der Welt allein 17 in den arabischen Ölstaaten.

Darunter die Nummern eins und drei: In Dubai steht der *Burj Khalifa* mit 163 Etagen und 828 Meter Höhe. Es kostete eine Milliarde Euro und verbraucht täglich 1000 Kubikmeter Wasser. In einem wasserarmen Land, wohlgemerkt. Bis heute sind nicht alle Flächen vermietet. Die Nummer drei, das Pilgerhotel *Mecca Royal Clock Tower Hotel* mit 120 Etagen und 601 Höhenmetern steht in Saudi-Arabien. Gebaut wurde es von der *Saudi Binladin Group*. Klingt bekannt? Ja, das ist die Familie von Top-Terrorist Osama bin Laden. Kostenpunkt des Gebäudes: 15 Milliarden Dollar! Ja, Sie haben richtig gelesen: 15 000 Millionen für *ein* Gebäude.

Eine Menge Geld wurde etwa auch in ein 190 Kilometer langes, fahrerloses U-Bahn-Netz in Riad mit vergoldeten Stationen und Marmorfußboden investiert. Nicht zu vergessen sind enorme Waffenkäufe, Atomprogramme, diverse Skihallen und andere gigantische Immobilienprojekte der Wahabiten-Herrscher.[92]

Fakt ist: Die Ölstaaten im Mittleren Osten verfügen über keine wertschöpfende, zukunftsfähige Industrie. Statt ihre Öleinnahmen in diesen Bereich zu stecken, werden sie mit beiden Händen aus dem Fenster geschmissen. Noch wird das ganze System mit den Gewinnen aus der Gas- und Ölförderung zusammengehalten. Aber was kommt danach? Wir sind sicher: Wenn die Ressourcen erschöpft sind, werden massive Probleme kommen. Der IWF nimmt an, dass Saudi-Arabien bereits 2020 enorme finanzielle Probleme haben wird, da der Staatshaushalt völlig aus dem Ruder läuft und hochdefizitär ist.[93] Parallel schmelzen die Geldreserven wie Speiseeis in der Wüstensonne. 90 Prozent der Staatseinnahmen sind vom Öl abhängig. Alleine die 5000 Prinzen und deren aufwendiger Lebensstil verschlingen einen Haufen Geld. Saudi-Arabien braucht, um seinen aufgeblähten Staatsapparat zu finanzieren, einen Ölpreis von 320 Dollar pro Fass. Sollte der Ölpreis weiterhin auf einem niedrigen Niveau wie Anfang 2016 bleiben, werden die Probleme Saudi-Arabien wesentlich früher erreichen und auch etliche andere Länder werden heftige Probleme bekommen. Sicher ist: Wenn die Ölvorkommen und damit das Geld weg ist, werden auch die Touristen, Geschäftsleute und Weltenbummler ausbleiben.

Staatliche Planwirtschaft funktioniert nicht

Während man bei der EU-Politik quasi von Planwirtschaft light sprechen kann, hatten sich die kommunistischen Regime völlig der Planwirtschaft verschrieben. **Planwirtschaft ist jedoch bisher immer grandios gescheitert und wird dies auch zukünftig tun.** Die Vergangenheit zeigt, dass dieses System lediglich auf Zeit angelegt ist. Selbst in China funktioniert Planwirtschaft im Endeffekt nicht. Jetzt sind die Regierenden gezwungen, mit sehr viel Geld drastische Notoperationen vorzunehmen, um das auseinanderfallende System zusammenzuhalten. Das Dilemma der Planwirtschaft ist, dass naiverweise davon ausgegangen wird, dass die zuständigen Planer alle notwendigen Informationen (mikro- und makroökonomisch) besitzen, um die Güter und Ressourcen optimal und gerecht für das Gemeinwohl verteilen zu können. Geht nicht – funktioniert nicht! Zudem meint man, dass menschliche Eigenschaften wie etwa Gier oder Verschwendungssucht nicht existieren. Doch Menschen sind keine Roboter.

Dass Planwirtschaft nicht funktioniert, ist uns spätestens seit dem Zusammenbruch des »Ostblocks« bekannt. Die Wirtschaft der Deutschen Demokratischen Republik (DDR) ist ein typisches Beispiel. Während die verheerenden Folgen zumindest Deutschen älteren Semesters noch geläufig sein sollten, dürfte sich die jüngere Generation unter Planwirtschaft kaum noch etwas vorstellen können. Kein Wunder, dass ein mit Menschen vollgepackter Trabbi – in Berlin ist das eine Touristenattraktion – lediglich Kopfschütteln auslöst. Wie konnte es so weit kommen, dass es die DDR automobiltechnisch nicht weiter als bis zu Trabbi und Wartburg geschafft hat, währenddessen im Westen technisch weit überlegene Fahrzeuge gebaut wurden? Warum war die DDR-Wirtschaft im Vergleich zur westlichen Wirtschaft nicht konkurrenzfähig? Was ist die Krux an der Planwirtschaft?

In der DDR wurde alles langfristig geplant. Wirtschaftspläne waren für die Lenkung der Wirtschaft entscheidend. Diese wurden von der staatlichen Planungsbehörde als Steuerinstrument erstellt, und an ihnen wurde starr festgehalten. Es gab unter anderem Produktionspläne für die Betriebe und Bedarfspläne für die arbeitende Bevölkerung. Arbeitslosigkeit war ebenso ein Fremdwort wie freie Berufswahl. Nicht die Konsumenten bestimmten, was produziert wird, sondern oben wurde entschieden, wie der Konsumbedarf auszusehen hat. Die Betriebe erhielten zahllose Produktionsauflagen bezüglich Güterarten, Preisen und Mengen. Das wichtigste Ziel war, die in den Plänen festgelegten Vorgaben zu erfüllen, was regelmäßig überprüft wurde.

Hinlänglich bekannt ist, dass zwischen Theorie und Praxis, Konzeption und Realität große Unterschiede bestanden. Etwas, das auf dem Papier durchaus sinnvoll erscheinen mochte, musste in der Realität noch lange nicht funktionieren. Es ist nicht zu verkennen, dass in sozialistischen Staaten eine gravierende Diskrepanz zwischen Ideologie und Wirklichkeit herrschte. Hinzu kam eine ausufernde Bürokratie, die zumeist unproduktiv arbeitete und die Wirtschaft lähmte. Beispielsweise durchlief der Jahresplan für einen größeren Volkseigenen Betrieb (VEB) bis zur Vollendung teilweise mehrmals Parlament, Ministerrat, Staatliches Plankomitee, Fachministerium und Industrieministerium. Den Kombinaten wurde von 2500 Mitarbeitern der Staatlichen Planungskommission vorgegeben, was und wie viel – egal ob Pkw, Autoatlanten, Lkw, Handtücher, Schweine, Kräne, Eier, Kartoffeln oder Seifenlauge – sie herzustellen hatten.

Bekanntlich scheiterte die DDR-Planwirtschaft fatal. Doch warum? »Es ist unmöglich, eine gesamte Volkswirtschaft durchzuplanen, selbst mit der Rechentechnik von heute«, sagt André Steiner vom Zentrum für Zeithistorische Forschung in Potsdam.[94] Seiner Meinung schließen wir uns an. Eines der Kernprobleme war, dass die Planer in Ostberlin mit möglichst wenig Aufwand möglichst viel herstellen wollten, die Betriebe jedoch das genaue Gegenteil bezweckten. Viel Material – wunderbar! Kann man immer gebrauchen. Hoher Output – nicht so gut. Denn dafür gab's im besten Fall Orden, im weit häufigeren schlechten Fall noch mehr Druck im nächsten Planungszeitraum. Des Weiteren fehlte in der DDR, wie in allen anderen sozialistischen Ländern auch, der Preismechanismus.

Preise zeigen an, welche Waren aktuell knapp sind, wo sich folglich Investitionen lohnen und wo nicht. Preise sorgen in einer Marktwirtschaft für einen Ausgleich zwischen Angebot und Nachfrage. Unternehmen und Konsumenten richten sich danach. In der DDR hatten Preise dagegen keinerlei Signalfunktion. Sie waren lediglich Recheneinheiten. Preise wurden als Kosten plus rechnerischem Gewinn definiert.[95] Und auch die – niemals frei konvertierbare – DDR-Mark in den Taschen der Bürger war kein wirkliches Geld, sondern eher eine Art fälschungssicherer Bezugsschein. Der Volksmund der DDR brachte das oberste Prinzip der Planwirtschaft auf zwei knappe Leitsätze: Der Staat tut so, als würde er die Leute bezahlen. Und die Leute tun so, als würden sie für ihre Löhne arbeiten.

Auch deshalb waren Innovationen nicht eben eine Stärke der sozialistischen Planwirtschaft, weshalb – soweit möglich – gerne Westprodukte kopiert wurden. Realitätsfern waren auch die Ansagen des Generalsekretärs der SED, Erich Honecker: »Die Leute brauchen billiges Brot, eine trockene Wohnung und Arbeit, wenn diese drei Dinge stimmen, kann dem Sozialismus nichts passieren.«[96] Leider verkannte Honecker die Wünsche der Bürger vollkommen. Die Lebensmittelpreise in der DDR wurden staatlich subventioniert, und zwar was das Zeug hielt. Sodass Brot billiger war als Getreide, das als Schweinefutter diente. Obwohl die Getreidepreise drastisch stiegen, lag der Brötchenpreis konstant bei 5 Pfennig.[97] Kaninchenzüchter konnten für 60 Mark ein Tier verkaufen, dasselbe Tier geschlachtet und ausgenommen bei der Handelsorganisation (HO) aber für 15 Mark zurückkaufen.[98] Im Jahr 1989 hätten die Konsumenten eigentlich das Doppelte für Nahrungsmittel bezahlen müssen, nur damit die Preise alleine deren Produktionskosten gedeckt hätten.[99] Die Subventionen kletterten von acht Milliarden DDR-Mark im Jahr 1970 auf die astronomische Summe von 58 Milliarden im Jahr 1989 – das war etwa ein Sechstel der damaligen DDR-Wirtschaftsleistung.[100]

In der DDR herrschten gravierende Abstimmungsprobleme. Die Planungen im materiellen, güterwirtschaftlichen und finanziellen Bereich gingen nicht Hand in Hand – oftmals wusste die eine Hand nicht, was die andere tat. Eine denkbar schlechte Voraussetzung für eine funktionierende Planwirtschaft. Produktionsunterbrechungen aufgrund fehlenden Materials beziehungsweise fehlender finanzieller Mittel waren keine Seltenheit. Die DDR-Wirtschaft litt einerseits unter dem Embargo des Westens[101] und andererseits insbesondere an der schwachen Ost-Mark, welche den Import von Rohstoffen auf dem Weltmarkt sehr teuer machte. Darüber hinaus spielte der Faktor Mensch eine bedeutende Rolle. Betriebe waren oftmals an niedrigen Planauflagen interessiert, weil sie weniger arbeiten mussten, obwohl das Unternehmen de facto wesentlich mehr hätte produzieren können. Umgekehrt konnten Firmen nicht pleite gehen – egal, wie teuer sie produzierten. Letztlich wurden sie allesamt vom Staat alimentiert.

Auch dieser Irrsinn trug mit dazu bei, dass die DDR am Ende völlig bankrott war. Außerdem fehlte eine wichtige Triebfeder für den Strukturwandel: Man hielt es schlichtweg nicht für nötig, kostengünstig zu produzieren und Neues zu erfinden. In der DDR gab es »Vollbeschäftigung« und ein verfassungsmäßig garantiertes »Recht auf Arbeit«. Wer keine Stelle annahm, dem drohte sogar Gefängnis.[102] Dadurch wurde der Beschäftigungsgrad künstlich hochgehalten. Bei der Arbeitsproduktivität lag die DDR deshalb weit hinter der Bundesrepublik und anderen ›kapitalistischen‹ Volkswirtschaften zurück. Machte 1950 die Wirtschaftsleistung pro Kopf noch 53 Prozent des westdeutschen Vergleichswertes aus, waren es hingegen 1989 nur noch 33 Prozent.[103] Des Weiteren waren viele Produktionsanlagen marode, da viel zu wenig investiert wurde. Viele Stellen waren quasi doppelt und teilweise sogar dreifach besetzt. Der klassische West-Burn-out und 70- oder 80-Stunden-Wochen waren in der DDR äußerst selten. 1989 fehlte ein Arbeiter im Schnitt sechs Stunden pro Woche unentschuldigt an seinem Arbeitsplatz, was daran lag, dass die Beschäftigten immer länger anstehen mussten, um Lebensmittel und Güter des täglichen Bedarfs zu ergattern.[104]

Ebenfalls fehlten Anreize, um mehr, innovativer, produktiver und effizienter zu arbeiten. Auch mit Ehrentiteln wie »Held der Arbeit«, »Aktivist der sozialistischen Arbeit« oder »Verdienter Bauarbeiter der Deutschen Demokratischen Republik« konnte man sich nichts kaufen – schon gar nicht im Intershop, wo man lediglich mit Westmark zahlen konnte. Während der 1980er-Jahre garantierten vorwiegend westliche Kredite das Überleben der DDR. 1989 nahm die Westverschuldung monatlich um 500 Millionen DM zu. Wäre die Mauer nicht gefallen, wäre die DDR spätestens 1991 zahlungsunfähig gewesen.[105]

Nicht zu verkennen ist schließlich, dass die DDR bis zum Mauerfall 1989 von vielen Westfirmen als Billiglohnland genutzt wurde. Ob Neckermann, Ikea oder Quelle. Made in DDR war populär, weil äußerst preiswert.[106] Die DDR-Führung kam so an die dringend benötigten Devisen, und West-Firmen erzielten durch niedrige Löhne große Gewinne. Auch wurden Lebensmittel nach Westdeutschland und West-Berlin geliefert. Egal ob Schweinehälften, Obst, Gemüse – alles, was nicht niet- und nagelfest war, wurde gegen harte Devisen an den Westen verschachert. Ermöglicht wurde der Export häufig durch sogenannte »Gestattungsproduktion«. Das Grundmaterial, Maschinen und Pläne wurden vom Westen in die DDR geliefert. Von dort kamen die fertigen oder weiterverarbeiteten Waren zurück. Nur ein kleiner Teil der Erzeugnisse verblieb in der DDR und ergänzte das Angebot in den Intershops.[107]

Der Konzentration von wirtschaftlicher und staatlicher Macht entsprach, dass bestimmte Stellen und Ämter zu Schlüsselpositionen wurden. Gelegenheit macht ja bekanntlich Diebe, und somit war es nicht überraschend, dass Korruption und Misswirtschaft verbreitet waren, dass sich mancher Funktionär im Arbeiter- und Bauernstaat ein prächtiges Leben leisten konnte. Ein anderes Problem war die teilweise unterirdische Qualität der Waren, die oftmals außerhalb des Ostblocks keine Käufer fanden.

Rücksichten auf Natur und Gesundheit der Menschen hätten die Malaise des ineffizienten Wirtschaftens nur verschlimmert. In manchen Regionen litten Lebensstandard und Gesundheit der Bevölkerung unter der Art und Weise, wie produziert wurde – nämlich gnadenlos auf Kosten der Umwelt. In einem »vertraulichen Informationsgespräch« berichtete Mitte der 1980er-Jahre der Umweltminister der DDR, Hans Reichelt, dem für Wirtschaftsfragen zuständigen

Politbüromitglied Günter Mittag, dass die Schwefeldioxidkonzentration in Berlin neunmal so hoch sei wie in Tokio. Die Chemieregion Leuna-Bitterfeld war allerdings noch stärker belastet als die Hauptstadt der DDR.[108] Der südlich von Wolfen gelegene »Silbersee« wurde zu einem Synonym für eine Umweltzerstörung schlimmsten Ausmaßes. Schon seit Mitte der 1930er-Jahre wurden dort Abwässer aus der Filmfabrik Wolfen und der Kunstfaserproduktion eingeleitet. Schlussendlich sollte die schwermetallhaltige Schlammschicht im See 1990 zwölf Meter dick sein. Ein anderes Beispiel für unvorstellbaren Raub an der Natur ist das in der Nähe von Espenhain gelegene Dorf Mölbis, das als dreckigster Ort Europas galt. An besonders schlimmen Tagen sah man hier die Hand nicht vor den Augen.[109] Da steht die Planwirtschaft dem Kapitalismus in nichts nach.

Fazit: Planwirtschaft auf staatlicher Ebene funktioniert langfristig nicht. Die Erstellung eines langfristigen Produktionsplans, in dem die Tätigkeit vieler hundert oder gar tausender Betriebe mit unzähligen Verflechtungen und Verzahnungen organisiert wird, ist faktisch nicht zu leisten. Sobald ein »Rädchen« an einer Stelle in der Planungskette nicht mehr läuft, stottert das ganze System, wenn es nicht sogar komplett lahmgelegt wird. Die Wirtschaftswelt dreht sich immer schneller, und Flexibilität, welche bei der Planwirtschaft nicht gegeben ist, wird immer wichtiger. Auch der Faktor Mensch lässt sich nicht ausblenden.

Was können Märkte regeln?

Wer kennt nicht die Aussagen, man müsse »den Markt in Ruhe lassen«; oder man dürfe »die Märkte nicht verunsichern«. Damit ist nicht der Markt im ursprünglichen Sinn gemeint, der durch Angebot und Nachfrage den Preis bestimmt, sondern der globale Finanzmarkt mit seinen Börsen. Dieser Markt ist omnipräsent und anscheinend die ›heilige Kuh‹ des Kapitalismus. Wann immer die Börsen der Welt in den Keller rauschen, sind Politik und Notenbank alarmiert und versuchen, das unkontrollierbare Ungetüm zu beruhigen – mit

Geldspritzen, Rettungspaketen, waghalsigen Versprechungen und anderen Opfergaben. Immer stärker hat es den Anschein, dass die Finanzmärkte die Politik nach Lust und Laune vor sich hertreiben. Nicht mehr die Politik hat die Oberhand und das System im Griff, sondern die Märkte.

Diesen Markt kann man mit einem Auto oder einem Smartphone vergleichen: Solange alles funktioniert, interessiert sich niemand dafür, wie es funktioniert. Man lässt es laufen und fährt/telefoniert unbekümmert durch die Weltgeschichte. Sobald es aber stottert, kaputt geht und nichts mehr läuft, ist Panik angesagt. Die Finanzmärkte sind, vor allem seit 2008, gigantisch groß und dadurch sehr mächtig geworden. Sie spülen sehr viel mehr Geld durch ihr System, als jeder einzelne Staat an Steuern einnimmt oder besitzt. Sie sind die wahren Besitzer dieser Welt. Über den Verkauf von Staatsanleihen sind alle Staaten der Welt bei ihnen verschuldet. Daher beeinflussen und regeln die Finanzmärkte neben dem Preis für Aktie X oder Derivat Y vor allem eins: die Politik!

Jeder hat sicherlich schon einmal gehört: Der Markt bestimmt den Preis. Ob dies im Supermarkt um die Ecke geschieht, auf dem Wochenmarkt im Hochland Perus, in der Wildnis Alaskas, bei Auktionen in London oder in der digitalen Welt des Internet. Angebot und Nachfrage (siehe auch Kapitel 2) führen im Idealfall, wenn alles korrekt abläuft, zur richtigen Preisfindung für Tomaten, Autos und Häuser – und das schon sehr lange. Das System funktioniert im Allgemeinen gut, ist auch nachweislich die beste Methode, um den fairen Preis einer Sache oder Dienstleistung zu ermitteln. Insgesamt hat der Kapitalismus mit seinem freien Markt in den letzten Jahrzehnten unabstreitbar eine unglaubliche Wertschöpfung betrieben und dadurch für so viele Menschen wie noch nie zuvor einen beträchtlichen Wohlstand geschaffen. Selbstverständlich hat immer alles zwei Seiten. So auch der Markt. Trotz allem hat er sich aber in vielen Bereichen bewährt, wenn er denn frei ist und die Teilnehmer sich an bestimmte Regeln halten. Werden bestimmte Regeln nicht eingehalten, kommt es zu Monopolbildungen, Ungleichgewichten, Verarmung und immer wieder zu neuen Krisen.

Das Gegenteil von freiem Markt ist Staatsinterventionismus. Dabei greift der Staat in Form von Gesetzen und Regeln in das Marktgeschehen ein und bestimmt damit den Markt oder die Preise. Wie die Vergangenheit zeigt – mit teilweise fragwürdigem Erfolg. Der bekannteste Vertreter von gemäßigten Eingriffen des Staates in Form von Konjunkturprogrammen und staatlichen Regeln heißt John Maynard Keynes. Für ihn waren freie Märkte eine tickende Zeitbombe, die irrationales Verhalten begünstigen und in katastrophalen Krisen enden. Recht sollte ihm der Börsencrash 1929 und die daraus resultierende Große Depression geben. Etabliert wurde der Keynesianismus erstmalig, wie schon in Kapitel 3 erwähnt, mit dem »New Deal« von US-Präsident Franklin D. Roosevelt, welcher für die folgenden Jahrzehnte Stabilität und Wachstum brachte.[110] Einige Ökonomen unken, dass Keynes lediglich Glück hatte. So wie manchmal neue Regierungsparteien vom Programm ihrer Vorläufer profitieren oder darunter leiden.

Es ist ein schmaler Grat, auf dem der Staat sich beim Intervenieren in Form von Rahmenbedingungen und Gesetzen in der Wirtschaftswelt bewegt. Was man als roten Faden der letzten Jahrzehnte sehen kann, ist: Je mehr der Staat sich in die Realwirtschaft einmischt, umso größer die Fehlentwicklungen. In Regimen, in denen der Staat so handelt und den Markt regelt und die Preise vorgibt (zumeist autoritäre Systeme, Kommunismus oder Sozialismus), kann man die Uhr danach stellen, wann die Regale leergeräumt werden, ein Schwarzmarkt entsteht und diese Staaten schließlich durch Mangelwirtschaft und damit einhergehende Unzufriedenheit der Bevölkerung schlussendlich zusammenbrechen.

Doch auch der freie Markt hat seine Grenzen. Und insbesondere in einer Branche erwies sich der deregulierte Markt als absolut kontraproduktiv: in der Finanzwelt. Hier erleben wir immer wieder das Komplettversagen des freien Marktes. Wiederkehrende Finanzkrisen werden fortlaufend heftiger und teurer. Nur durch ein massives Eingreifen in Form von Finanzspritzen im Billionenbereich konnte zuletzt 2008 der Zusammenbruch gestoppt beziehungsweise verschoben werden. Nach wie vor hat sich aber nichts Grundlegendes in der Finanzbranche verändert. Im Nachhinein könnte man fast meinen, dass die Krise ein willkommener Anlass für Vermögensverschiebungen in noch nie da gewesenem Umfang gewesen ist. **Die Quintessenz der Krise: In der Finanzbranche funktioniert der freie, deregulierte Markt nicht.** Hier kann der Markt doch nicht alles am besten regeln und schon gar nicht sich selbst. Dies liegt an den Teilnehmern und der großen Versuchung, das ganz große Rad zu drehen und das ganz große Geld zu machen. So fließen kreative und kriminelle Energien in diese Branche ein.

Selbst die deutschen Staatsbanken waren im unregulierten Finanzmarkt außer Kontrolle geraten. Neben der KfW-Tochter IKB, welche den Steuerzahler 10 Milliarden Euro gekostet hat, sind vor allem die Landesbanken grandios und teuer gescheitert: WestLB, SachsenLB, HSH Nordbank und BayernLB, um nur die großen zu nennen. Die Skandale und Betrügereien in diesen staatlichen Banken verschlagen einem nicht nur die Sprache, sondern sie stehen den großen, internationalen Banken in nichts nach.

Was kann der freie Markt besser regeln – was der Staat?

Nur weil der Markt versagt, muss dies noch lange nicht bedeuten, dass der Staat es deshalb besser macht. Auch der Staat ist nicht perfekt. Davon können wir in Deutschland ein Liedchen oder sogar eine ganze Konzertreihe singen – wie die Bürger in anderen Ländern auch. Wir sprechen nicht nur von prominenten Beispielen wie den Landesbanken, dem Hauptstadt-Flughafen BER, der Elbphilharmonie oder Brücken, die ins Nichts führen. Regierungen und Verwaltungen sind mit Menschen besetzt und Menschen machen nun einmal Fehler. Sie haben persönliche Interessen, Machtgelüste, unterschiedliche Ansichten und Ideale, sind bestechlich, gierig etc. So war es schon immer, und so wird es wohl auch bleiben. Außer, wir werden eines Tages durch rational handelnde, emotionslose Roboter ersetzt.

Neben den menschlichen Schwächen ist der praktische Opportunismus der Politiker sowie ihre Neigung, die bittere Wahrheit auszusparen, ein weiteres großes Problem: Um wiedergewählt zu werden, entscheidet sich die Politik für das Programm, das die größten Siegeschancen hat, nicht was am besten für die Gesellschaft ist. Kein Politiker würde gewählt werden, wenn er uns die bittere Wahrheit einschenken würde. Schlussendlich bedeutet dies, dass wir selbst alle Teil des Problems sind. Umso wichtiger ist Bildung und Aufklärung der Bürger. Dies ist aber nicht überall gewollt. Ein deutscher Politiker sagte einmal zu uns: »**Ein uninformiertes Volk ist einfacher zu regieren als ein informiertes.**«

Zurück zum Thema: Was Märkte, neben der Preisfindung von Waren und Dienstleistungen, zum Beispiel deutlich besser eruieren können als Staaten, ist der Preis für Rohstoffe und Geld. Sobald Staaten oder deren Institutionen sich daran versucht haben, vor allem bei der Ware Geld, ging dies mächtig in die Hose, wie etliche Negativbeispiele der Vergangenheit bewiesen haben. Zuletzt die Bindung des Schweizer Franken an den Euro. Bei festen Wechselkursen wird der dauerhafte Wechselkurs zu einer anderen Währung festgelegt. Die Kosten für dieses zweifelsohne sinnfreie Unterfangen belaufen sich für den Schweizer Bürger jetzt schon im zweistelligen Milliardenbereich, und es wird auch weiterhin teuer zu Buche schlagen.

Um die festgezurrte, künstliche Obergrenze zu halten, musste die Schweizer Nationalbank bis zur Auflösung der fatalen Devisenheirat im Januar 2015 kräftig Euros mit dem Ziel einkaufen, den Franken günstig zu halten. Dadurch sollte die heimische Exportwirtschaft geschützt werden. Das kann ein kleines Land nicht lange durchhalten. Parallel wurden zusätzlich Negativzinsen eingeführt, um die Kapitalflut aus dem Ausland zu drosseln. Für alle Schweizer Sparer werden eher früher als später Negativzinsen gelten.[111] Der Devisenberg der Schweizer Notenbank ist auf ein Volumen von über 600 Milliarden Franken angewachsen, was ungefähr dem BIP des Landes entspricht! Sollte dieses Experiment scheitern, hat die Schweiz ein unvorstellbar großes Problem.[112]

Die Vorteile fixer Devisenkurse (keine Währungsschwankungen, Planbarkeit, weniger Kosten) sind gering und nur von temporärer Natur – langfristig überwiegen die schädlichen und zumeist teuren Nachteile. Feste, staatlich verordnete Wechselkurse sind zudem beliebte Ziele für Angriffe von Spekulanten. Weil hier gigantische

Gewinne generiert werden können, werden sie angezogen wie die Motten vom Licht. Prominentestes Beispiel ist der Angriff auf das Britische Pfund im Sommer 1992. Damals war das Pfund fest im Europäischen Währungssystem (EWS) verankert und stark überbewertet. George Soros, Jim Rogers und andere Spekulanten erkannten dies prompt und wetteten mit Derivaten (shorts) massiv auf einen fallenden Pfundkurs. Mit diesem Deal verdiente allein Soros eine Milliarde Pfund, während der britische Steuerzahler auf der Gegenseite 3,3 Milliarden Pfund verlor. Beinahe wäre das Europäische Währungssystem kollabiert.[113]

Subventionswahnsinn

Ein anderes Beispiel für negative Auswirkungen staatlicher, institutioneller Eingriffe sind Subventionen. Die bekanntesten sind die Steinkohlesubventionen und vor allem die Subventionen der Landwirtschaft. Diese falsch angelegten Motivationsgelder führten in den 1980er-Jahren in Europa zu Butter- und Fleischbergen sowie Milchseen. Die EU garantierte feste Abnahmemengen zu fixen Preisen, um die europäischen Landwirte zu stützen – mit fatalen Auswirkungen. Der Subventionswahnsinn ist ein Lehrbuchbeispiel dafür, wie der Staat nicht in die Märkte eingreifen sollte. Das, was die EU-Bürger zig Milliarden gekostet hat, verhinderte das ›Bauernsterben‹ nicht; es wurde durch die Subventionen vielmehr leidvoll in die Länge gezogen. Bauern geben ihre Höfe nicht auf, weil die Subventionen wegfallen, sondern weil ein Großteil der Bevölkerung nicht gewillt ist, angemessene Preise für heimische Lebensmittel zu zahlen, und lieber billig beim Discounter einkauft. **Solange sich unser Konsumverhalten nicht verändert, werden wir Konsumenten nach und nach alle kleinen Betriebe zerstören.** Angefangen beim Bauern über den Müller, Metzger, Bäcker bis hin zum Laden um die Ecke.

Ein Paradebeispiel für das Versagen staatlicher Eingriffe sind auch die vielen gescheiterten Währungsunionen sowie aktuell das Dilemma des dahinvegetierenden Euro, der sich seit Jahren im Dauerkrisenzustand befindet und permanent gerettet werden muss. Es war von Anfang an volkswirtschaftlicher Unsinn, unterschiedlich starke und schwache Volkswirtschaften in ein Währungs- und Zinskorsett zu zwängen. Ein Währungsexperiment – das zum Scheitern verurteilt war. Beredte Beispiele sind die Euro-, Banken- und Griechenlandkrise, aber auch Steueroasen inmitten Europas und fehlende einheitliche Steuersätze. Freilich will das kein Verantwortlicher zugeben. In allen Ländern führte der Euro zu ungesunden Marktverzerrungen; die Volkswirtschaften wurden stark in Mitleidenschaft gezogen. Schwache Länder der Eurozone wie beispielsweise Spanien, Griechenland, Italien oder Portugal, die lange vom billigen Zinssatz der Eurozone überproportional profitiert hatten, haben einen historischen Kreditboom erfahren. Nach dem Platzen der Blase zahlen die Menschen einen hohen Preis dafür: horrende Schuldenberge, eine Wirtschaft, die am Boden liegt, und Massenarbeitslosigkeit.

Das Paradoxon ist die Finanzwelt

An den Börsen der Welt, dem Herzen des Kapitalismus, werden im Millisekundentakt Preise von Unternehmen, Rohstoffen etc. ermittelt. Geschieht das ohne kriminelle Energie und Manipulationen, funktioniert es einwandfrei. Dass die Finanzwelt aber gerade kriminelle Energien magisch anzieht und vor kapitalen Verbrechen nicht gefeit ist, haben wir seit 2008 vielfach bitter erfahren. Diverse Betrugsskandale von Banken und Versicherungen führten zur größten Wirtschaftskrise seit der Depression. Bis heute kommen immer wieder neue Schandtaten ans Licht. Neben der naiven Deregulierung sind für diese fatale Entwicklung der moralische Verfall in der Geldbranche, das Streben nach Gewinnmaximierung und die Gier nach Boni verantwortlich. Und die Politiker und Wirtschaftsbosse dieser Welt? Die schauten während der Finanzkrise, als die Märkte total versagten und ein Krisenbeben ausgelöst wurde, dessen Nachwehen wir bis heute spüren, mit großen Augen in den Abgrund.

Wie konnte es soweit kommen? Seit Ende der 1970er trieb der neoliberale Gedanke die Deregulierung erfolgreich voran. Neben Maggie Thatcher in Großbritannien sind vor allem Ronald Reagan, Bill Clinton, John Mayor, aber auch Helmut Kohl und Gerhard

Schröder führende Deregulierer gewesen. Sie alle glaubten an die Unverwundbarkeit und die heilende Kraft freier Märkte. Hörig folgte man insbesondere den Aussagen der sogenannten Chicagoer Schule um den wirtschaftsliberalen Ökonomen und Wirtschaftsnobelpreisträger Milton Friedman. Bereits 200 Jahre zuvor hatte der britische Philosoph Adam Smith die freien Märkte gelobt. Er war fest davon überzeugt, dass sein wirtschaftsliberales Programm (»System der natürlichen Freiheit«) im Zuge der Globalisierung den Wohlstand steigern würde.

Maßgeblich für diese Entwicklung war auch die Gründung der Welthandelsorganisation (WTO) im Jahre 1995. Weltweit einigten sich 100 Länder, ihre Märkte für Landwirtschaft, aber vor allem für Banken, Versicherungen und andere Dienstleistungen zu öffnen. Nutznießer der Liberalisierungsorgie war neben der Realwirtschaft hauptsächlich die Finanzbranche. Vielen Entwicklungsländern wird bis heute empfohlen, die Zollschranken fallen zu lassen, Subventionen ad acta zu legen und die Märkte zu deregulieren. All das, was in Europa oder den USA munter gemacht wird, um die heimische Industrie zu stützen und zu schützen. So werden beispielsweise nach wie vor Autos aus Japan, China oder den USA mit Einfuhrzöllen versehen, um die europäischen Autobauer zu schützen. Wann immer es opportun erscheint, werden Zölle auf unentbehrliche Rohstoffe gesenkt oder ganz fallen gelassen. Werden sie hingegen vor Ort verarbeitet und dann nach Europa verkauft, werden Schutzzölle erhoben.

Die Unterstützerfront reichte von den Liberalen über Institutionen wie IWF, Notenbanken oder WTO bis hin zu den Vertretern der Österreichischen Schule um Ludwig von Mises und Friedrich August von Hayek. Gemeinsam war ihnen der Glaube an die Effizienz freier Märkte und eine tiefe Abneigung gegenüber jeglichen Staatseingriffen in die Wirtschaft. So wuchs das Vertrauen in die Märkte; bei Unternehmern und Lobbyisten war es grenzenlos. Mit viel Engagement und viel Geld wurde die Politik für die Idee der absolut freien Märkte eingenommen. Die Aussicht, unlimitiert Schulden über Banken und Versicherungen aufzunehmen, um teure

Wahlversprechen, Missmanagement und Schuldenlöcher damit zu finanzieren, und nach der Politikerkarriere einen lukrativen Posten in der Wirtschaft anzutreten, versüßte ihnen das Ganze noch. **Dass diese ungesunde Verschmelzung der beiden Eliten aus Politik und Geldwirtschaft Abhängigkeiten schaffte, rächte sich nach der Finanzkrise 2008 bitter – vor allem für die Bürger und Sparer.** Die Geldbranche ist mächtiger als jeder Politiker auf der Welt. Indem sich die Politik in die Hände der international tätigen Finanzinstitute begeben hat, kastrierte sie sich selbst. Deshalb sind auch keine wirklichen Veränderungen oder Reglementierungen im bestehenden System zu erwarten. The show must go on.

Das Motto des liberalen Wunschkonzerts ist recht einfach gestrickt: **Staat = böse und Markt = gut = $$$.** Deregulierung und Privatisierung waren die Patentrezepte für beinahe alles: mehr Markt, mehr Wettbewerb, mehr Arbeitsplätze, mehr Einkommen, mehr Reichtum und mehr Freiheit. Viele können sich sicherlich noch an die graue Vorzeit erinnern, als es einen Telefonmonopolisten in Deutschland gab und in jedem Haushalt dasselbe Telefon stand. Die Öffnung der Märkte erhöhte die Auswahl an Modellen und führte dazu, dass die Preise zugunsten der Endverbraucher drastisch fielen. Das gilt etwa auch für den Bereich Luftfahrt. Andererseits gibt es auch Negativbeispiele. Eines ist die bereits erwähnte Privatisierung der Bahn in England. Ziel war es, den Subventionsbedarf zu drosseln, was aber nicht eintraf, im Gegenteil. Das teure Experiment wurde mit der Rückverstaatlichung beendet.

Nach mehr als drei Jahrzehnten liegt es auf der Hand, dass nicht die Realwirtschaft liberalisiert wurde, sondern die Finanzwirtschaft – mit ebenso weit reichenden wie schlimmen Folgen. Denn es wurden Maßnahmen und Regeln außer Kraft gesetzt, die nach der großen Depression gerade erst installiert worden waren, um das System zu stabilisieren. Eine tragende Säule in den USA war dafür der *Glass Steagall Act*, der 1932 eingeführt worden war, um die Deflation einzudämmen und zukünftige Krisen zu vermeiden. Damit gemeint ist das so genannte Trennbankensystem – die Trennung der Geschäftsbanken im klassischen Sinn, also jenen mit Einlagen von und Kreditvergabe an Privatkunden und Unternehmen, von den im Eigeninteresse handelnden Investmentbanken. Dadurch sollte verhindert werden, dass Investmentbanken mit dem Geld ihrer Kunden spekulieren, was über siebzig Jahre auch recht gut funktioniert hat. Für die Banker war das jedoch kein besonders ergiebiges Geschäft, und außerdem waren ihre Provisionen begrenzt. Unter dem Vorwand der Globalisierung und auf enormen Druck der Banker der Wall Street wurde unter Bill Clinton der *Glass Steagall Act* 1999 aufgehoben. Sieht man von der fragwürdigen Notenbankpolitik und einem falsch gestrickten Geldsystem ab, ist diese Entscheidung maßgeblich für die Krisen verantwortlich, die uns in diesem Jahrtausend überrollen.

Was können Märkte nicht regeln – womit sollte nicht frei gehandelt werden?

Der Markt ist effizienter bei der Preisbestimmung und der Frage, was, wie und wo produziert werden soll. Aber es gibt bestimmte Dinge, die der Staat besser als der Markt regelt. Neben den typischen Bereichen des Nachtwächter-Staates wie Justiz, Militär, Zoll und Polizei sollte der Staat außerdem für folgende Bereiche Hoheitsrechte haben:

1. Infrastruktur: Straßen, Schienennetz, Öffentlicher Fern- und Nahverkehr, Wasser/Strom und Wasserstraßen. Sehr teure, teilweise zukunftsweisende Infrastrukturprojekte müssen weiterhin von der Gemeinschaft, also dem Staat, initiiert und finanziert werden. So war es in der Vergangenheit immer: Autobahn, Internet, Atomkraft – gut, das letztere war nicht zukunftsweisend. Solche Großprojekte stärken die Konjunktur und dienen der Allgemeinheit. Unternehmen sollten Gebühren für die Nutzung zahlen, zum Beispiel für die Autobahn oder das Internet. Ohne das enorme Investment der US-Militärs hätten Google und Apple heute keine Plattform für ihre exorbitanten Gewinne.[114] Ein einzelnes Unternehmen hätte diese Investition niemals alleine stemmen können. Es darf jedoch nicht sein, dass wir Steuerzahler

Anlaufkosten tragen, Unternehmen und Konzerne danach nichts investieren und schlussendlich den Reibach machen. Von ihrer Steuermuffeligkeit ganz zu schweigen.

2. Gesundheitswesen: Über dieses Thema könnte man ein ganzes Buch verfassen. Die Kommerzialisierung des Gesundheitsbereiches ist enorm profitabel. Aber leider zeigt die Realität, dass Menschen deshalb auch ihr Leben lassen müssen. Wenn Unternehmen wie Asklepios & Co. an oberste Stelle Profit und Shareholder Value stellen, anstelle des Wohls der Menschen, dann bekommt jedes Leben ein Preisschild angeheftet. Leben und Gesundheit dürfen nicht der Gewinnmaximierung unterworfen sein.

3. Schul- und Universitätswesen: Die Grundbildung sollte für alle gleich sein und kostenlos. Die Idee, Bildungsgutscheine zu vergeben, hat in unseren Augen durchaus Charme. So können Eltern selbst entscheiden, ob sie ihr Kind auf eine staatliche Schule, Waldorf-, Montessori- oder sonstige Privatschule schicken möchten. Negativbeispiel sind die Millionen von jungen Akademikern in den USA, die über 1,4 Billionen Dollar Studentenkredite am Hals haben. Viele werden diese niemals zurückzahlen können. Ein denkbar ungünstiger Start ins Leben.

4. Kontrolle über Monopole, Kartelle, Banken und Börsen: Indem der freie Markt große Unternehmen begünstigt, sorgt er zugleich für eine gefährliche und ungesunde Dominanz dieser Unternehmen. Damit wird genau das Gegenteil von nutzbringendem Wettbewerb erreicht. Diese einseitige Marktmacht verstärkt soziale Ungerechtigkeit, Ausbeutung und Umweltzerstörung. Um dies zu vermeiden, ist eine unabhängige staatliche Kontrolle wichtig. Der Staat hat die Pflicht, das Ausufern der Finanzwirtschaft und die Bildung von Monopolen zu überwachen und zu verhindern. Sonst kosten die daraus resultierenden Schäden die Gesellschaft mehr, als sie Nutzen bringen.

5. Schutz und Verteilung öffentlicher Güter: Umwelt, Natur, Luft, Wasser, Grund und Boden müssen ebenfalls vom Staat zum Wohle der Allgemeinheit geschützt werden. Das System Angebot und Nachfrage funktioniert aus folgenden Gründen bei natürlichen Ressourcen und Gemeingütern ohne definierte Eigentumsrechte nicht: **Sobald Rohstoffe keinen eindeutigen Eigentümer haben und der Preis nicht fixiert ist, gibt es keinen Wettbewerb und das System Angebot und Nachfrage funktioniert nicht.** Wenn die Eigentumsfrage ungeklärt ist, hat dies erhebliche Nebenwirkungen wie Umweltverschmutzung, Ressourcenausbeutung und Verarmung. Beispiele gibt es hierfür viele: Im 19. Jahrhundert gab es Millionen Bisons in den USA. Als der Preis für die Felle anstieg, wurden diese unkontrolliert von fast jedem erlegt, der ein Gewehr halten konnte – in wenigen Jahren fast bis zur Ausrottung. Das hatten die Indianer in Hunderten Jahren zuvor nicht geschafft. Oder der Goldrush am Yukon. Ein jeder besetzte den Claim, den er wollte und fing an zu buddeln. Die Kollateralschäden waren immens, wurden aber billigend in Kauf genommen.

Einfach übersetzt: Grundsätzlich sollte alles, was nicht hergestellt werden kann und allen dient, dem Handel nicht zur Verfügung stehen. **Der Handel mit Gemeingütern wie Wasser und Luft muss verboten werden.** Auch bei Bodenschätzen muss man den Abbau überdenken. Unternehmen, Staaten und Bevölkerung sollten gleichberechtigt vom Ressourcenreichtum profitieren. So könnte man entweder Genossenschaften gründen, Bürgergesellschaften oder öffentliche Partnerschaften nach dem Public-Partnership-Programm (PPP-Prinzip). Die Verträge hierzu müssen fair für Land, Unternehmen, Natur und Bevölkerung sein. Wir würden sogar eine Volksabstimmung empfehlen, um die Bürger noch mehr einzubinden, den Prozess zu demokratisieren und die Bindung der Menschen an ihr Land zu stärken. Auch die Verwendung der Einnahmen sollte gemeinsam mit den Bürgern entschieden werden – Stichwort: nutzenspezifische Verwendung.

Was passiert, wenn privaten Konzernen unbeschränkter Zugriff auf Gemeingüter eingeräumt wird? Was die Deutsche Bank in der Finanzbranche ist, das ist Nestlé im Lebensmittelbereich. Die Liste der Skandale ist ellenlang. Vom Mordvorwurf (kein Spaß!), Kinderarbeit, Betrug über Überwachung von Kritikern, Korruption bis hin zur Regenwaldzerstörung und Tierversuchen.[115] Es ist alles dabei. Der weltgrößte Nahrungsmittelkonzern ist mit über 2000 Marken in 197 Ländern vertreten. Damit übertrumpft Nestlé sogar die UNO, die 193 Mitgliedsländer hat.[116] 2014 machte der Lebensmittelgigant einen Umsatz von über 91 Milliarden Franken bei einem Reingewinn von 14 Milliarden Franken. Die UNO dagegen verfügt über ca. 250 Millionen Dollar.

Vielleicht fragen Sie sich, warum wir hier die UNO heranziehen? Und nicht Unilever oder Kraft, die unmittelbaren Konkurrenten von Nestlé? Ganz einfach, weil das Ungleichgewicht so deutlicher wird. Außerdem deklarierte die UNO im Jahr 2010 das Recht auf Zugang zur Ressource Wasser als Menschenrecht.[117] Jetzt fragen Sie, was hat das mit Nestlé zu tun? Wir sagen, eine ganze Menge: nämlich mehrere Milliarden Liter Wasser pro Jahr und acht Prozent des Konzernumsatzes. Nestlé kauft weltweit günstig Wasserrechte auf und pumpt vielerorts das Grundwasser ab. Menschen von Amerika bis Afrika sitzen sprichwörtlich auf dem Trockenen. Von den Milliarden leeren Plastikflaschen, die als Müll enden, ganz zu schweigen. In Kanada zahlt Nestlè für eine Million Liter feinstes Wasser gerade mal 2,25 Dollar.[118] So viel zahlt der Kanadier für sein Wasser, abgefüllt in 1-Liter-Flaschen, im Supermarkt. Ein kapitaler Fehler! Im wasserarmen Kalifornien sind es 5,24 Dollar, die Nestlé für eine Million Liter zahlt. Aber Nestlé ist hier nicht der alleinige Bösewicht, sondern auch die verantwortlichen Institutionen, die so etwas genehmigen. Nicht besser sind Pepsi, Coca-Cola & Co. Kein Land, keine Organisation hatte bisher den Mut, gegen diese skandalösen Machenschaften vorzugehen. Wenn alle Menschen Nestlé & Co. boykottieren würden, dann würden diese Konzerne ihre unmoralische Geschäftsphilosophie schnell aufgeben. Wir fordern: **Wasser ist keine Handelsware, sondern ein Recht für jeden Menschen.**

Mit Gesundheit, Infrastruktur, Gemeingütern und Bildung sollte man nicht zocken. Diese Faktoren sind essenziell für die Entwicklung von Staaten und der ganzen Welt. Da dies aber immer häufiger geschieht, verlieren immer mehr Menschen das Vertrauen in den Markt und in den Staat. Diese Ohnmacht wird vermehrt durch verschiedene Projekte kompensiert. So werden Genossenschaften gegründet, die ihre Wasser- oder Stromversorgung selbst in die Hand nehmen, es werden Elektrizitäts- und Stadtwerke zurückgekauft, Unternehmen von der Börse genommen, solidarische Projekte, Windkraftanlagen und Biogasanlagen bürgerfinanziert. Dieser Trend ist zu begrüßen, und wird sich weiter verstärken, wenn der Markt weiterhin die Großen unterstützt und der Staat den Finanzmärkten und Konzernen machtlos gegenübersteht.

Um wieder Vertrauen zu gewinnen, muss der Staat aktiv werden und sich das Subsidiaritätsprinzip wieder zu Herzen nehmen. Dieser Grundpfeiler der sozialen Marktwirtschaft funktioniert folgendermaßen: Erst wenn der Einzelne nichts bewirken kann, dann schreitet die nächsthöhere Instanz regulierend oder kontrollierend ein. Die oberste Instanz Staat greift nur dann ein, wenn alle anderen im System zuvor dazu nicht in der Lage gewesen sind, die Angelegenheit zu lösen. Da die meisten, selbst die Staaten, gegen große Konzerne und die Finanzbranche machtlos sind, muss der Staat sich wieder emanzipieren und das Ruder in die Hand nehmen. Dies wird nur durch Druck seitens der Bevölkerung und Wähler geschehen. Sonst wird sich nichts verändern. Von oben wird sich nichts verändern, der Wandel muss von unten kommen. Wir müssen von unserem Recht auf Meinungsäußerung Gebrauch machen, uns politisch engagieren und uns einmischen. Zum Wohle aller sollte parallel dazu die Idee von Bürgereigentum, Souveränitätsfonds, Genossenschaften, Bürgerstiftungen und gemeinschaftlichem Besitz stärker verfolgt werden.

Absolut freie Wirtschaft funktioniert nicht

Unter Pinochet war ausgerechnet Chile eines der ersten Länder, das die Idee des freien Marktes radikal umgesetzt hat. Chilenische Absolventen der Chicagoer Universität und Schüler von Milton Friedman, die sogenannten *Chicago-Boys*, übernahmen nach dem Putsch gegen Salvador Allende ab 1975 wichtige Machtpositionen im Finanz- und Wirtschaftsministerium sowie bei der Zentralbank und dem Planungsamt. Friedman selbst empfahl Chile eine Schockbehandlung, bei zu langsamen Reformen würde der Patient anderenfalls sterben. Eifrig wurde das neoliberale Experiment der Deregulierung und Privatisierung vorangetrieben. So wurden die Staatsausgaben massiv gekürzt, das Bildungs-, Gesundheits- und Rentensystem reformiert und (teil)privatisiert und viele Staatsunternehmen, verschiedentlich deutlich unter Wert, verkauft. Durch Beseitigung und Absenkung von Zöllen wurde der Markt geöffnet und damit der Export stark angekurbelt. Insgesamt zog der Staat sich stark zurück. Die sozialistische Regierung, die zuvor im Amt gewesen war, hatte genau das Gegenteil unternommen. Unter Allende wurden Unternehmen verstaatlicht, Zölle erhöht und die Staatskontrolle insgesamt hochgefahren. Diese falsche Wirtschaftspolitik als auch die von den USA initiierten Embargos führten zur Krise, die im Putsch endete.

Doch auch die verordnete Rosskur der »Boys« mündete in ein Desaster: Lediglich die Oberschicht profitierte von der Deregulierung. Die Mehrheit der Chilenen litt unter der neoliberalen Wirtschaftspolitik. Das Gesundheitssystem mutierte zur Zweiklassengesellschaft. Probleme bereiteten zudem fixe Wechselkurse. Durch die Bindung an den Dollar war der Peso stark überbewertet, was zu starken Kapitalzuflüssen führte, den Exportmarkt schwächte, was eine Rezession zur Folge hatte. Die Arbeitslosigkeit stieg von knapp 5 Prozent 1973 auf bis zu 25 Prozent 1982; dem gleichen Jahr in dem das Experiment der Boys wegen Misserfolg eingestellt wurde.[119]

Wir sehen also, dass Extreme nicht zielführend sind. In Chile wurde beides innerhalb von einem Jahrzehnt erprobt und schlug beides Mal fehl. Der absolut freie Markt funktioniert genau so wenig wie sein Gegenteil. Der Markt mit der »unsichtbaren Hand«, ein Synonym für ein selbstregulierendes System, ist kein Garant dafür, dass sich auch das durchsetzt, was für die Allgemeinheit am besten ist. Denn der Markt verfügt über keine Intelligenz, keinen eigenen Willen, kein Ziel und keine Moralvorstellungen. Für die Moral ist alleine der Mensch zuständig! Allerdings wird die Moral schnell lästig, wenn es um Rendite, schnellen Reichtum und Profit geht.

Adam Smith ging davon aus, dass die Teilnehmer des freien Marktes sich gegenseitig regulieren und beschränken. Inzwischen wissen wir längst, dass diese Denke naiv ist. So sind die Teilnehmer nicht gleich stark. Bevorzugt werden große Teilnehmer, die dadurch automatisch immer stärker werden. Auf diese Weise entstehen Monopole. Und **Monopole sind nie gut!** Außer für die Monopolisten selbst. Monopole bewirken geradezu das Gegenteil vom nutzbringenden Wettbewerb. Sie verstärken soziale Ungerechtigkeit, Ausbeutung und Umweltzerstörung.

Tatsache ist: Eine Wirtschaft mit perfekten Märkten existiert in Realität nicht, denn die unberechenbare Variable Mensch bleibt außen vor; Egoismus und kriminelle Machenschaften bleiben unberücksichtigt. Wir sehen, auch freie Märkte kennen Schwächen wie Arbeitslosigkeit, Ungerechtigkeit und Ausbeutung von Ressourcen. Anarcho-Kapitalisten und Marktradikalen müssen leider einsehen: Es gibt genügend gute Gründe für das Eingreifen seitens der Bürger und des ihnen dienenden Staates. Der Staat hat nicht nur die Berechtigung, nein sondern sogar die Pflicht, Gemeinwohl und Bürger zu schützen.

Fassen wir zusammen: Die Vergangenheit hat gezeigt, dass sowohl zu viel Staat als auch zu wenig Staat ungesund sind. Wie immer benötigt es ein gesundes Mittelmaß. Im ausufernden Turbokapitalismus wurde das Fundament für die Krisen der letzten Jahre gelegt. Durch die Umverteilung von Vermögen wurden die Reichen immer reicher und die Armen immer ärmer – und die Mittelschicht immer kleiner und unbedeutender. Mächtige Einzelplayer sowie Großkonzerne sorgen mit intensiver Lobbyarbeit für Spielregeln zu ihren Gunsten und bringen so das ganze System ins Wanken. So weh es tut, aber unbestreitbar ist: **Ohne Regeln bricht Chaos und Anarchie aus.** Erst durch Staaten und Regeln können Märkte funktionieren. Hier sind wir eher Befürworter des Ordoliberalismus. Einer der Väter des Ordoliberalismus, Walter Eucken, beschreibt dies in seinem Buch »Grundsätze der Wirtschaftspolitik« so: *»Investitionen werden umso sorgfältiger gemacht, je mehr der Verantwortliche für diese Investitionen haftet.«* Weiter heißt es: *»Die Haftung wirkt insofern also prophylaktisch gegen eine Verschleuderung von Kapital und zwingt dazu, die Märkte vorsichtig abzutasten. Nur bei fehlender Haftung kommt es zu Exzessen und Zügellosigkeit.«*

Ohne Haftung der Verantwortlichen springt das System aus dem Gleis. Das Ziel einer jeden Großbank ist die Systemrelevanz, um sich in der Sicherheit zu wiegen, im Notfall durch Steuergelder gerettet zu werden. Die Finanzbranche ist heute genau da, wo sie vor der Krise war; Konsequenzen wurden keine gezogen. Man hat sich genüsslich mit dem billigen Geld der Notenbanken vollgesogen und zockt längst wieder maßlos mit unseren Geldern. Das darf nicht sein! Da der vollständig freie Markt dazu neigt, sich ungesund zu verselbstständigen und sich schließlich selbstzerstörerisch aufzulösen, braucht es zwingend ein Regulativ. Einfach formuliert: **Ohne Regeln – kein Markt!**

Der durch die Globalisierung angewendete Laissez-faire-Liberalismus stärkt Großunternehmen, Monopolstellungen und Lobbyismus, gegen deren Geld und Einfluss die Politik vermehrt machtlos ist. Nicht nur in der Energiebranche oder im Lebensmittelbereich finden sich ungesunde Konzentrationen. Auch US-Giganten wie Amazon, Apple, Facebook und Google sind mächtige Platzhirsche mit Monopolstellung, die gemeinsam sieben Milliarden Kunden haben – und es werden täglich mehr. Ihr Wert ist doppelt so hoch zu veranschlagen wie der komplette deutsche Aktienmarkt DAX. Zusammen kommen sie auf mehr Umsatz als das BIP von Dänemark. Die marktbeherrschende Stellung allein von Amazon in Deutschland wird dadurch deutlich, dass die nächsten zehn Onlineunternehmen genauso viel Umsatz machen wie Amazon allein.[120] **Jeder Klick stärkt Amazon & Co. und schwächt den lokalen Einzelhandel!**

Die Krisen der letzten Jahre haben aufgezeigt, dass die Staaten zu langsam, zu ineffizient und teilweise überfordert sind, komplexe Probleme zielsicher zu lösen. Zig Krisengipfel haben keine nachhaltige Lösung gebracht. Etliche Konferenzen und Treffen auf globaler Ebene haben wenig bewirkt. Auch bei Umweltfragen propagieren gewöhnlich alle Beteiligten, an einem Strang zu ziehen. Das mag zwar stimmen, allerdings ziehen alle in unterschiedliche Richtungen. Dementsprechend sind dann auch die Ergebnisse. Wir als Ökonomen halten es da mit Fakten und Zahlen, die deutlich aufzeigen, dass Unternehmen oder Systeme ab einer gewissen Größenordnung nicht mehr sinnvoll funktionieren. Oftmals kristallisierte sich zudem heraus, dass der Staat der Wirtschaft gerne als verlängerter Arm dient und deren Interessen notfalls auch gegen die eigenen Bürger durchsetzt. Während die Politik umstrittene Maßnahmen zur Banken- und Eurorettung oder zum Freihandelsabkommen zügig durchwinkt, macht sie bei anderen Problemen gerne einen Rückzieher.

Diese ungesunde Abhängigkeit muss zum Wohle aller durchbrochen werden. Allerdings haben wir wenig Hoffnung, dass dies geschieht – aus welcher Motivation heraus auch? Schließlich profitieren die Politiker und Staatsbeamten von diesem System. Von der Wirtschaft brauchen wir erst gar nicht zu reden. Die Bürger jedoch werden immer mehr herangezogen, sie sind es, die für die Krisenkosten einstehen müssen – direkt und indirekt. Beispielsweise durch die Niedrigzinsphase, durch immer höhere Abgaben einerseits und immer geringere staatliche Leistungen andererseits. Kein Wunder, dass der Bürger denkt, der Staat würde ihn gängeln, ausnehmen und bevormunden. Die große Koalition hätte bei uns die seltene und fast schon historische Möglichkeit gehabt, tief greifende Strukturreformen anzuschieben. Tatsächlich aber will sie den Status quo aufrechterhalten und bleibt tatenlos. So schaffen wir das nicht! Zum Beispiel wären weniger Bürokratie oder ein einfaches, verständliches und gerechtes Steuersystem essenziell für die Zukunft. Doch Mut und Wille fehlen leider.

Aus diesem Grund fordern wir: **Mehr direkte Demokratie, ergo mehr Volksabstimmungen!**

Die Staatsquote ist weltweit ordinär hoch. Sie bezeichnet das Verhältnis der Staatsausgaben zum Bruttoinlandsprodukt (BIP). In der Eurozone sind wir bei knapp 50 Prozent. Das heißt, für die Hälfte des BIP sind jetzt schon die Staaten verantwortlich. Es ist kaum fraglich, dass diese Entwicklung ungesund ist. In Deutschland sind wir bei 44 Prozent. Doch der Staat will nun ausgerechnet Autobahnen privatisieren und seine langjährig erworbenen Kernkompetenzen outsourcen. Was für ein Irrsinn! Der Königsweg wäre eine Rückbesinnung auf den neutralen und fairen Staat, der für das Allgemeinwohl einsteht. Ein solcher Staat sollte seiner Funktion nachkommen, den Bürgern zu dienen und sie zu beschützen, die Infrastruktur zur Verfügung zu stellen und alles transparent und professionell zu managen.

> *»Wer glaubt, das ganze Leben bestehe nur*
> *aus Marktbeziehungen, der kennt letztlich*
> *von allem den Preis und von nichts mehr den Wert.«*
>
> Johannes Rau

6 Nur für bare Münze

Warum Geld erst herausgeschlagen werden musste

Geldgeschichte gilt zu Unrecht als akademisches Orchideenfach. Dabei ist sie ein gutes Heilmittel gegen fast alle Irrtümer betreffs der Funktion des Geldes. Darum: Spätestens mit der Durchsetzung des römischen Münzwesens im gesamten Mittelmeerraum wird die europäische Geldgeschichte zu einer Disziplin, die auf relativ festen Fundamenten ruht. Auch nach dem Zerfall des Imperiums im 5. Jahrhundert kursierten dessen Münzen noch ziemlich lange – in der Regel sogar zu ihren nominellen Werten. Das Frankenreich übernahm dann die römischen Münzformate. Und selbst als in Britannien nach den »Dark Ages« zwischen 400 und 600 n. Chr. wieder Münzen geschlagen wurden, waren das (wenngleich sehr unelegante) Kopien römischer Münzen. In China lassen sich ab 500 v. Chr. erste einfache Formen von Münzgeld nachweisen. Der Gründer der chinesischen Qin-Dynastie, Qin Shihuangdi, verordnete seinem neu geeinten Kaiserreich 221 vor unserer Zeit eine einheitliche Kupferwährung mit dem schönen Namen *Käsch* (von Sanskrit *karsha* = kleine Münze). Diese blieb mehr als 2000 Jahre lang gültig. Taler, Gulden, Pfund und Franc, Mark, Heller und Pfennig, die anfangs ziemlich rumpelige ›Erfindung‹, deshalb später sehr gemächliche Durchsetzung des Papiergeldes, der Dollar als Weltwährung, schließlich der bargeldlose Zahlungsverkehr – das und mehr sind Gegenstände einer ebenso faszinierenden wie wechselvollen Geldgeschichte. Doch all das können Sie andernorts besser nachlesen.[1]

Allerdings dürfen Sie sich in nahezu allen Darstellungen der Geldgeschichte das erste Kapitel sparen. Da geht es meist um Biberfelle, Ziegen oder Kamele. Um Senfkörner als frühe Maßeinheit. Um Kerbhölzer und Knotenschnüre. Oder um Muscheln und Metallbatzen. Kurz, um alles Mögliche, was durch das Fernrohr der modernen Volkswirtschaftslehre wie Geld aussehen mag, bei dem Anthropologen und Kulturhistoriker aber großenteils bis heute diskutieren, welche ›wirtschaftlichen‹, sozialen oder auch magischen Funktionen es gehabt haben könnte. Mit einem jedenfalls hatten die meisten dieser Sachen garantiert nichts zu tun: mit dem ›Tausch‹. Was Ökonomen spätestens seit Adam Smith zur Frühgeschichte des menschlichen Handels erzählen, sind Märchen!

Wer hat eigentlich das Geld erfunden?

»Die Phönizier«, antwortete 1847 der österreichische Bühnenautor und Komödiant Johann Nestroy (1801–1862) – und ließ den Hauptprotagonisten seiner musikalischen Posse *Der Schützling* sogleich die ebenso scherzhafte wie sinnige Frage nachschieben: »… aber warum so wenig?« Nestroys Bonmot kolportiert eine wesentliche Wahrheit über die Funktionsweise des Geldes – und einen verzeihlichen Irrtum über dessen historischen Ursprung. Die Wahrheit: Geld muss strukturell knapp sein, sonst funktioniert es nicht. Der Irrtum: Die Phönizier haben mitnichten das Geld erfunden. Dieser Irrtum ist aber nicht nur deshalb verzeihlich, weil ein Autor populärer Lustspiele so etwas nicht wissen muss. Er ist es auch, weil die These seinerzeit selbst in akademischen Abhandlungen zu finden war. Klingt es doch mehr als plausibel, dass das älteste und bekannteste Händlervolk der mediterranen Antike seinen Geschäften schwerlich ohne ein allgemeines Tauschmittel nachgehen konnte.

Doch anders als man denkt, zeigten ausgerechnet die Phönizier eine »überraschende Zurückhaltung (…) bei der Einführung von Münzen«[2], so der ungarisch-österreichische Wirtschaftshistoriker Karl Polanyi (1886–1964). Als einer der ersten seiner Zunft hatte Polanyi sich ab den 1920er-Jahren nicht nur für die kanonischen Schriften und die als allgemeingültig betrachteten Theorien der

Nationalökonomie interessiert. Zugleich griff er auf die Befunde fachfremder Disziplinen wie Archäologie oder Kulturanthropologie zurück. Und siehe da: Die ältesten Münzfunde aus Hafenstädten wie Tyros oder Sidon stammten vom Ende des 5. Jahrhunderts vor Christus. Endgültig setzten sich phönizische Silbermünzen, die dann auf dem attischen Münzfuß beruhten, erst nach Alexanders Eroberungszügen Mitte des 4. Jahrhunderts durch.

Andere waren schneller mit dem Münzgeld gewesen. Die frühesten beidseitig geprägten Münzen aus Elektron, einer natürlich vorkommenden Gold-Silber-Legierung, stammen aus dem Reich der Lyder im Westen Kleinasiens, und zwar aus der Zeit ihres Königs Gyges, der vermutlich von 680 bis 644 v. Chr. regierte. Der Reichtum der Lyder war bereits in der Antike legendär. Weit berühmter als der Gründer ihrer Mermnaden-Dynastie ist daher auch deren letzter Herrscher: **Krösus.** Mit der Eroberung der Hauptstadt Sardes (knapp 100 Kilometer östlich vom heutigen Izmir gelegen) durch die Perser im Jahre 541 v. Chr. ging das Lyderreich unter. Seinen bis heute sprichwörtlichen Reichtum verdankte Krösus vor allem den Goldvorkommen im Fluss Paktolos und in den Bergwerken der Gegend um Pergamon. Und weil in der Mythologie des Goldes, seines Segens und Fluches, alles mit allem zusammenhängt: Der sagenhafte König Midas, dem der Gott Dionysos den fatalen Wunsch erfüllt hatte, alles, was er berühre, möge zu Gold werden, konnte sich von diesem Fluch nur durch ein Bad in eben jenem Fluss Paktalos befreien, dem Krösus seinen enormen Reichtum – und die Welt die Erfindung des Münzgeldes verdankt.

Die Phönizier haben dafür etwas anderes erfunden: das Alphabet. Ihre erstmals allein auf 22 Lautzeichen beruhende Schrift wurde zum Vorbild aller späteren westlichen Zeichensysteme. Auf den ersten Blick seltsam: So bedeutend diese Innovation war, so schmal ist die schriftliche Überlieferung der Phönizier. Erhalten sind nur wenige Inschriften. Und etliche Tontäfelchen. Auf denen ist jedoch nicht etwa von Göttern, Helden und Herrschern die Rede – sondern von Getreide, Purpur und Zedernholz, den wichtigsten Handelsgütern der Phönizier. Ihre Tauschgeschäfte betrieben sie anfangs nämlich nicht mit Geld, sondern mit Hilfe von Lager- und Preislisten. Und nicht im Rahmen einer frühen Form von ›Marktwirtschaft‹, sondern mit einer ziemlich planwirtschaftlichen Bürokratie.

Der phönizische Handel basierte auf der Institution abgegrenzter Handelsplätze. Man darf sich diese ähnlich einem heutigen Freihafen vorstellen, dessen Zugangskontrollen ja ebenfalls mit reichlich Papierkram verbunden sind. Und schon in Tyros und den zahlreichen Niederlassungen der Phönizier rund ums Mittelmeer hatte »die Verwaltung den Vorrang vor dem ›ökonomischen‹ Prozess des Wettbewerbs«[3]. Sprich: Es wurde nicht gefeilscht, gehandelt und gezahlt, sondern es wurden Güterbestände nach festen Vorgaben transferiert und verrechnet. Ganz ähnlich hatten es schon die Zentralverwaltungswirtschaften der Sumerer, der Babylonier, der Assyrer oder der Ägypter gehandhabt, bei denen die Mehrzahl aller Erzeugnisse und Handelsgüter zunächst von den Tempeln und Palästen eingesammelt und dann *par ordre du mufti* wieder verteilt wurden. Anders hätte das mit dem klugen Vorschlag Josephs, der Pharao möge doch Vorräte für die kommenden sieben mageren Jahre anlegen, wohl auch kaum geklappt.

Auch in einer ganz anderen Weltgegend wurde der Güterverkehr im Rahmen einer derartigen (in dem Fall schriftlosen) Lagerwirtschaft abgewickelt: bei den Irokesen. Das belegten erstmals Feldstudien des amerikanischen Anthropologen und Mitbegründers der Ethnologie, Lewis Henry Morgan (1818-1881). Selbstredend konnte Adam Smith dessen Forschungsergebnisse nicht kennen. Weshalb er die Irokesen, von denen er über ihre pure Existenz hinaus schlicht gar nichts wusste, im *Wohlstand der Nationen* denn auch munter Waffen gegen Wildbret tauschen lässt. Und weil direkter Tauschhandel auf Dauer so unpraktisch erscheint, kommen Smith' nationalökonomische Fantasieindianer einen Absatz später auf die Idee eines allgemeinen Tauschgutes: Pelze.

Vom Tausch zum Geld?

So erzählt man die Geschichte im Prinzip seit Aristoteles. **Es war einmal die Arbeitsteilung. Darum ›tauschen‹ die Menschen Fi-**

sche gegen Felle oder, wie bei Marx, einen Rock gegen 20 Ellen Leinwand. Und schließlich erklären sie irgendetwas Haltbares und möglichst leicht Transportierbares zu ›Geld‹: Felle, Muscheln, Salz, Zucker – oder Schmuckstücke. Von derlei prinzipiell endlosen Tauschgeld-Katalogen ist es dann nur noch ein gedanklicher Katzensprung zu Gold, Silber und Kupfer – auf die schließlich Herrscher einen Garantiestempel für deren Metallgehalt prägen lassen. Fertig ist das Münzgeld! Und mit ihm der dem Menschen scheinbar angeborene Hang zur ›Marktwirtschaft‹.

Diesen »großen Gründungsmythos der Wirtschaftswissenschaften«[4] verbreiten sämtliche Lehrbücher bis heute. Das Dumme an der Sache: Die ökonomisch zumeist unbelesenen Völkerkundler und Althistoriker haben bis heute kein einziges Volk und keine einzige frühe Kultur gefunden, die auf diese Weise tauschten oder Handel trieben. Generell, so schon der Wirtschaftshistoriker Karl Polanyi, sei es ein »Trugschluss«, »das Prinzip der Arbeitsteilung mit Tausch und Tauschhandel gleich(zu)setzen«.[5] Macht aber nix. Man schreibt unbeirrt bei Adam Smith und vor allem aus William Stanley Jevons' Buch *Money and the mechanism of exchange* (1875; deutsch: Geld und Geldverkehr, Leipzig 1876) ab. Weshalb wir alle schon in der Schule lernen: Geld ist erstens Zahlungsmittel, zweitens Wertmaßstab und dient drittens der Wertaufbewahrung. Fast alle Schulen der Volkswirtschaftslehre setzen mit diesem Merksatz die scheinbar logische Ableitung des Geldes mit dessen historischer Entwicklung gleich.[6]

Die Realität sah anders aus. In ihr war eine der ältesten Funktionen von Zahlungsvorgängen nicht der Tausch – sondern die Vergeltung. **Wohl jeder kennt die alttestamentarische Formel des »Auge um Auge, Zahn um Zahn«.** Leider verbinden diese Formel fast alle zugleich mit dem Irrtum, es handle sich hier um etwas, das Rechtshistoriker als ›Spiegelstrafe‹ bezeichnen: Du hast mir einen Zahn ausgeschlagen, also schlage ich dir auch einen aus. Tatsächlich formuliert die Formel des jüdischen Tanach (Ex 21,23f. / Lev 24,19f. / Dtn 20,19ff.) aber **das sogenannte Talionsrecht: Gleiches soll mit Gleichem vergolten werden.** Und das heißt: Wer anderen einen Schaden zufügt, soll diesen in angemessener Weise sühnen bzw. kompensieren. Der Sinn dieses Rechtsprinzips: Selbstjustiz, vor allem endlose Stammesfehden infolge archaischer Blutrache zu unterbinden. Das Talionsrecht schließt physische Strafen natürlich keineswegs aus. Aber es ist der früheste Versuch der Menschen, sinnvolles Recht an die Stelle sinnloser Rache zu setzen. Sehr früh ging man deshalb auch dazu über, alle nicht todeswürdigen Vergehen mit Buß- bzw. Sühnezahlungen zu belegen. **Salopp gesagt: Das Opfer einer Schlägerei haut dem Täter nicht seinerseits eine rein, sondern der Täter bezahlt dem Opfer den Zahnarzt.** Die Höhe einer angemessenen Bußzahlung konnte vom Opfer selbst, von dessen Sippe oder von Weisen, Ältesten oder anderen Respektspersonen festgelegt werden. Schon in alten sumerischen Gesetzestexten wie dem Codex Hammurabi oder dem Codex Lipit Ištar werden auch konkrete Geldsummen als Schadenstaxen genannt. **Insofern könnte man sagen: Am Anfang war das Bußgeld.**

Oder der ›Brautpreis‹ bzw. die Braut- oder Morgengabe. Die Übergabe von Kostbarkeiten als Ehrbezeigung, deren Hortung zum Zwecke der Repräsentation und Demonstration politischer und sozialer Geltung.[7] Von den komplexen Funktionen und Regeln des Gabentausches, den Völkerkundler erstmals im 19. Jahrhundert bei nordamerikanischen und pazifischen Völkern studierten, haben wir dabei noch gar nicht gesprochen. Hauptsächlich, weil seine Logik verschwenderischer Überbietung der Denkweise des *homo oeconomicus* geradezu höhnisch widerspricht.[8] Ebenso wenig von Schulden, ergo Kredit und Zins, die ebenfalls rund 2000 Jahre älter sind als der wirtschaftliche Tauschhandel.

Anders als seine todlangweilige Herleitung aus dem Warentausch in der grauen Theorie der Ökonomen sind die kulturhistorischen Befunde zum Thema ›Geld‹ ebenso vielfältig wie spannend. Deshalb scheint es uns auch sinnlos, überhaupt für *eine* bestimmte Geldentstehungstheorie zu votieren. Weitaus wahrscheinlicher ist es, dass verschiedene Leistungen, die heute meist ein und dasselbe nominale Geld erbringt, ursprünglich überhaupt nicht zusammenhingen. Auch hier folgen wir Karl Polanyi: »**Das frühe Geld war (…) Spezialgeld. Verschiedene Arten von Objekten werden für verschiedene Arten der Geldverwendung benützt; außerdem werden diese Verwendungen unabhängig**

voneinander eingeführt. Die Bedeutung dessen ist außerordentlich. So ist es (…) keineswegs widersprüchlich, wenn man mit einem Mittel ›bezahlt‹, mit dem man nichts kaufen kann, oder wenn man Objekte als ›Zahlungsmittel‹ benutzt, die nicht als Tauschmittel verwendet werden«.[9] Selbst die von Jevons als grundlegend definierten »Verwendungen von Geld für Bezahlung, Aufbewahrung und Verrechnung hatten getrennte Ursprünge und waren unabhängig voneinander institutionalisiert«.[10]

Als eine Drachme noch ein fetter Tageslohn war

Aber wann und wo kam das Geld denn nun in den Handel? Hing nicht schon Sokrates immer auf dem Marktplatz rum? Und den werden die Athener doch wohl kaum erbaut haben, nur damit er sie dort mit seinen komischen Fragen nerven konnte! Nun ja. Zunächst war die *Agora* ausschließlich Versammlungs- und Gerichtsplatz, also ein Bürgerforum und kein Marktplatz. Olivenhändler, Seifensieder, Schneider und andere Kleingewerbetreibende haben sich dort erst später eingeschlichen. Ebenso deren Kunden mit ihren Geldsäckchen. Aber immerhin – sie taten es zu Sokrates' Lebzeiten. Wobei der Philosoph sich bekanntlich nicht zuletzt darüber mokierte, dass seine Kollegen von der sophistischen Konkurrenz dann auch gleich aus der Liebe zur Weisheit ein bezahltes Geschäft machten. Wie übrigens auch Platons Schüler Aristoteles dem Geld überaus kritisch gegenüberstand. Sein zentrales Argument: Im Gegensatz zu allen anderen materiellen Bedürfnissen, Wünschen und Gelüsten sei der Drang zum Gelderwerb leider prinzipiell grenzenlos. Und genau dies gefährde das vernunftgemäße Ziel einer autarken Versorgung der Hausgemeinschaft, des *oikos*.

Die ersten athenischen Silbermünzen werden zwar schon auf die Zeit zwischen 594 und 525 v. Chr. datiert. Aber mit diesen Geldstücken seinen täglichen Einkauf erledigen zu wollen, das wäre so gewesen, als würden Sie beim Discounter einen 500-Euro-Schein zücken. Die Basis des attischen Münzstandards war die Tetradrachme aus Silber mit einem Gewicht von 17,2 Gramm.[11] Das klingt zunächst halbwegs nach Kleingeld – schwankte doch der Preis für die Feinunze Silber (ca. 31,1 Gramm) 2015 zwischen rund 14 und 18 Euro. Doch ein freier Athener erhielt damals eine Drachme (= $^1/_4$ Tetradrachme = ca. 4,3 g Silber) pro Tag als ›Aufwandsentschädigung‹ für die Teilnahme an der Volksversammlung – und das war keineswegs ein Betrag, bei dem wohlhabende Bürger müde lächelnd daheim blieben. Den gleichen Betrag erhielt ein freier Arbeiter als Tageslohn im Silberbergbau.[12] Ergo: **Die antike Drachme war eher kein Geld für den Gang zum Bäcker.** Die ersten griechischen Bronzemünzen – mithin das erste wirklich zum Kramhandel taugende Kleingeld – datieren dagegen erst auf das Ende des 5. Jahrhunderts v. Chr. Und sie finden sich auch nur in wenigen ökonomisch fortgeschrittenen Stadtstaaten.[13]

Wenn wir hier schon das Bild vom bunten Markttreiben in der antiken Plaka trüben: Wie stand es denn dann mit Import und Export bei Onassis' Ahnen? Da werden doch ihre 500-Euro-Münzen wohl Verwendung gefunden haben? Antwort: Leider nein. Wie schon bei den Phöniziern. Gegen die Annahme, dass Münzgeld eine tragende Funktion im Außenhandel griechischer Stadtstaaten gespielt habe, sprechen vor allem Untersuchungen von Schatzfunden (die nachvollziehbarerweise nur große Nominale enthalten). Diese Funde zeigen fast durchgängig, »dass die meisten griechischen Münzen vorwiegend in den Gegenden verblieben, in denen sie geprägt worden waren«, dass es folglich »nicht die ursprüngliche Intention des Münzwesens war, den Außenhandel zu erleichtern«. Geldverwendung im Handel war generell »eine nachgelagerte Entwicklung«.[14]

Warum? Der interlokale Handel hatte in der Antike eine völlig andere Struktur als der moderne Außenhandel. Vor allem war er fast ausschließlich import- und verbraucherorientiert. Es ging nicht um kaufmännische Ziele und Tugenden, sondern hauptsächlich um die Einfuhr lebensnotwendiger und nicht selbsterzeugbarer Grundgüter. Und um wenige Luxusprodukte. Vor allem die Sicherung ausreichender Getreideimporte aber war eine viel zu elementare, ergo von möglichen Risiken freizuhaltende Notwendigkeit. Die Grundversorgung konnte man unmöglich einem geldgesteuerten Handel, am Ende gar der Spekulation überlassen. Der Getreidehandel war deshalb noch stärker reglementiert als der Handel im Allgemeinen.[15]

Noch unberechtigter ist die Annahme, ein interner geldvermittelter Markthandel hätte quasi per Analogie an den (älteren) Außenhandel anknüpfen können. Denn »Handel und Märkte waren nicht nur durch verschiedene Örtlichkeiten, Status und Personal gekennzeichnet, sie unterschieden sich auch im Zweck, im Ethos und in der Organisation«.[16] Mehr noch: Die alle ›klassischen‹ Tauschtheorien beherrschende Vorstellung, Märkte, Handel und Preise seien das Resultat einer Gewohnheit (an zunächst gelegentliche, dann mehr und mehr institutionalisierte Tauschakte), ist unhaltbar. »Tauschakte auf persönlicher Ebene führen nur dann zu Preisbildung, wenn sie im Rahmen eines Systems von preisbildenden Märkten stattfinden, einer institutionellen Form, die nirgendwo durch bloße regellose Tauschakte geschaffen wird«.[17] **Der Punkt ist nicht, dass Menschen gewiss seit Jahrtausenden Güter tauschen. Der Punkt ist, dass das Jahrtausendelang nicht zu irgendeiner Form von Marktwirtschaft geführt hat.**

Es geht auch ohne Ökonomie

Vom Umfang und von der Bedeutung im heutigen Sinne ökonomischer Tausch- und Marktbeziehungen im frühen Griechenland darf man sich kein allzu farbiges und übertriebenes Bild machen. **Wo es Frühformen »preisbildender Märkte« gab, da waren sie nur ein Randphänomen.** Wirtschaftsfaktor Nummer eins bei den alten Griechen war der Grundbesitz. Grundbesitzer aber hielten sich mit ihren Produkten vom Markt ebenso fern wie die einheimischen gewerblichen Produzenten. Entweder nahmen die größeren Hersteller ihre benötigten Produkte direkt ab (die Waffenhersteller etwa Eisen), oder es wurde an den Staat oder die Exporteure im Seehandel ausgeliefert. Freie Preisbildung war dabei explizit ausgeschlossen. Ein eigenständiger Großhandel war verboten. Was auf der *Agora* zur Zeit des Sokrates stattfand, war die begrenzte Verteilung von Erzeugnissen bäuerlicher oder handwerklicher Kleinproduktion für den täglichen Bedarf. Doch dieser freie Handel war nicht etwa in athenischer Hand, sondern in der von ansässigen ›Fremden‹ ohne Grundbesitz und Bürgerrecht, den Metöken.[18]

Kurz: Märkte und Geld waren für die alten Griechen eher »eine befremdliche Neuheit«.[19] »Von einer vorbehaltlosen Durchsetzung von Geldbeziehungen kann in Griechenland nicht gesprochen werden.«[20] Verwunderlich ist das nicht: Der *oikos*, das ist die auf Grundbesitz basierende Hauswirtschaft. Und deren ursprüngliches Ideal ist – abgesehen von wenigen Luxusgütern – eine weitgehende Selbstversorgung. Wogegen Warenverkehr, Geldgeschäfte und freier Außenhandel beides bedrohen: Die Autarkie des *oikos* und die Autarkie der *polis*. Logisch, wie die ›politische Ökonomie‹ der griechischen Stadtstaaten reagierte: Je nach Lage der Dinge neigte sie zu einer deutlichen, bisweilen auch militanten »Beschränkung und Restriktion von Geldverhältnissen«.[21] Athen war eine direkte Demokratie (allerdings nur freier, Steuern zahlender Männer). Und eine Mischung aus Selbstversorgungs- und Staatswirtschaft.

Unsere lieben Kollegen von der Volkswirtschaftslehre hören das nicht gern. Aber die klassische Ökonomie steht leider auf zwei bröckeligen Fundamenten: erstens einer naiven Anthropologie und zweitens einer kultur- und sozialhistorischen Ignoranz, die sich gewaschen hat. Die naive Anthropologie: Der Mensch neige quasi von Natur aus zu Eigennutz und zur rationalen Maximierung des eigenen Vorteils. Dabei ist das bestenfalls die halbe Wahrheit. Denn nicht minder werden wir von unbewussten und alles andere als vernünftigen Motiven angetrieben. Vor allem aber war individueller Egoismus für unsere frühen Vorfahren eher ein Todesurteil als eine nützliche Schwäche. Zuerst an sich selbst zu denken, muss der Mensch sich nämlich erst mal leisten können. Sprich: Er muss materiell so weit unabhängig sein, dass er, höflich formuliert, auch mit etwas weniger Rücksicht auf andere überleben kann.

Die Ignoranz: ›Wirtschaft‹ in einem auch nur halbwegs heutigen Sinne ist eine ziemlich späte Erfindung – und keine Grundkonstante unseres Daseins. **Man muss einfach zur Kenntnis nehmen, dass zahlreiche funktionierende Gesellschaften schlicht keine Ökonomie kannten**[22], bzw. die »Fakten der Ökonomie ursprünglich in Verhältnisse eingebettet (waren), die ihrerseits nichtökonomischer Natur waren«.[23] Menschliche Motive wie Hunger, Eigennutz, Gier oder Neid sind zunächst »ebenso wenig ›ökonomisch‹ wie Liebe oder Hass, Stolz oder Vorurteil. Kein menschlicher Trieb ist *per se* ökonomisch. Es gibt keine ökonomische Erfahrung *sui generis* in dem Sinne, in dem der Mensch eine religiöse, ästhetische oder sexuelle Erfahrung haben kann.«[24]

Wir zitieren hier ziemlich üppig einen einzelnen Autor. Doch wenn es gute Werbung für die gemeinhin als staubtrocken geltende Ökonomie gibt, dann sind es die Bücher eben dieses Außenseiters der Zunft: Karl Polanyi. Und der ist vor allem deshalb originell, weil er seine Nase eben nicht nur in ›Wirtschaftsbücher‹ gesteckt hat. Wer sich nicht gleich auf seine beiden wichtigsten Werke (*Ökonomie und Gesellschaft* und vor allem *The Great Transformation*) stürzen möchte, der sollte sich wenigstens auf YouTube die hervorragende arte-Dokumentation *Der Kapitalismus – Karl Polanyi, Wirtschaft als Teil des menschlichen Kulturschaffens* ansehen. So sind nämlich auch wir auf diesen Autor gestoßen.

Warum es »die Marktwirtschaft« erst seit 250 Jahren gibt

Dass die klassische Ökonomie bei der Herleitung einiger ihrer zentralen Begriffe auf ebenso verblüffende wie unsinnige Weise pseudo-anthropologisch argumentiert, führt, man muss das so hart sagen, zu einer völligen Verwirrung eben dieser Begriffe. Gewiss: Wie lange auch immer Menschen nicht mehr jagend und sammelnd von der Hand in den Mund leben, werden sie aus den verschiedensten Gründen einander Dinge überlassen haben. Oft einfach so. Und oft sicher auch im ›Tausch‹ gegen andere Dinge. Aber so vielfältig die Motive solchen Austauschs gewesen sein mögen – weder ›Nutzenmaximierung‹ noch gar Gewinnerzielung gehörten zu ihren vordringlichsten Motiven. Mehr noch: Nicht alles, eher das wenigste, was wie ›Tausch‹ aussah, war eine im heutigen Sinne wirtschaftliche Aktivität.

Vorgänge, die wir heutzutage alle mithilfe des gleichen Geldes abwickeln – eine Hose kaufen, ein Restaurant besuchen, an *Brot für die Welt* spenden, ein Hochzeitsgeschenk machen, Kindern etwas ins Sparschwein stecken, Freunden einen Fuffi pumpen –, wurden die längste Zeit der Geschichte mithilfe ganz unterschiedlicher Dinge erledigt. Solche Dinge darf man gerne ›Geld‹ nennen. Muss man aber auch nicht unbedingt. Noch weniger wurde das, was Ökonomen so alles ›Tausch‹ nennen, mithilfe von ›Geld‹ auf ›Märkten‹ abgewickelt. Am allerwenigsten aber waren Märkte, wo es sie denn gab, zentrale Institutionen wirtschaftlicher Aktivitäten einer Gesellschaft. Bekannt – und durchaus auch verbreitet – waren sie seit der Jungsteinzeit, spätestens seit der Sesshaftwerdung des Menschen und dem Beginn der bäuerlichen Landwirtschaft. Aber weder trafen sich auf diesen Märkten Bauern, Bürger und Kaufleute zu buntem Treiben. Noch regulierten diese Märkte sich selbst nach einer rein ›ökonomischen‹ Eigenlogik. Und schon gar nicht regulierten sie das materielle Überleben oder den gesamten gesellschaftlichen Umgang der Menschen.

Wo die erdrückende Mehrheit der Menschen Landwirtschaft betreibt und sich selbst versorgt, da gibt es nicht sehr viel zu handeln. **Märkte spielen in agrarischen Gesellschaften eine Nebenrolle. Und daran hat sich im Prinzip bis zum Beginn der industriellen Moderne nicht viel geändert.** »Vor unserer Zeit«, so Karl Polanyi, »hat es noch niemals eine Wirtschaftsform gegeben, die, und sei es auch nur im Prinzip, vom Markt gelenkt worden wäre.«[25]

Klassisch wird die Geschichte der ›Marktwirtschaft‹ ja so rum erzählt: Am Anfang gibt es gelegentlichen und ungeregelten Tausch. Quasi am Wegesrand. Dann entstehen lokale Märkte, auf denen die Menschen einer mehr oder weniger großen Gegend sich an regelmäßigen ›Markttagen‹ zum Handel mit ihren verschiedenen bäuerlichen und handwerklichen Produkten – und natürlich zu Klatsch und Tratsch – treffen. Je mehr sich Handwerk und Gewerbe verfeinern und spezialisieren, desto weiter müssen die Händler reisen. So entstehen regionale und schließlich nationale Märkte. Buchstäblich das Salz (und die Gewürze) in der Suppe sowie allerlei exotische Kostbarkeiten liefert das jüngste Kind der merkantilen Wirtschaft: der Fernhandel. Schöne Geschichte. Und so logisch. Aber leider falsch.

In der historischen Wirklichkeit war es umgekehrt. Außerdem waren alle drei Formen des Handels – lokaler Handel, Binnenhandel und Fernhandel – unterschiedlichen Ursprungs, wurden in unterschiedlichen Formen und im Rahmen ganz unterschiedlicher Institutionen und Organisationen abgewickelt.

Dass es Fernhandel schon in der Bronzezeit gab, verwundert nicht. Schließlich sind die wenigsten Grund- und Rohstoffe, vor allem die des handwerklichen und des gehobenen Bedarfs, überall vorhanden. Ob nun Kupfer, Eisen, Edelmetalle, Bernstein, Seide oder Gewürze: Kaufleute, die die zumeist extremen Risiken langer und gefahrvoller Reisen auf sich zu nehmen bereit waren, durften schon immer auf gute Geschäfte hoffen. Und sie allein durften sich auch schon immer auf den gerechten Lohn des ehrbaren Kaufmanns freuen: den fetten Profit. Umgekehrt musste jede agrarische Gesellschaft bei Strafe ihres Untergangs aber auch damit leben können, dass im schlimmsten Fall jedes Schiff sank und jede Karawane ausgeraubt wurde. Wo dagegen mit Lebensnotwendigem gehandelt wurde, etwa mit Getreide, da galten die denkbar rigidesten staatlichen Regelungen. Oder es operierten gleich staatlich gelenkte Handelsmonopole.

Vor allem in der Binnenwirtschaft waren Märkte »bis in die neuere Zeit unbedeutend«.[26] Und wie bei den Griechen waren lokale Märkte »von allem Anfang an durch eine Vielzahl von Sicherheitsmaßregeln eingeschränkt«.[27] Eine Geschichte, die sich mit der ausgeprägten Pedanterie dieser Regelungswut von Herrschern, Fürsten, Räten oder Zünften befasste, dürfte man in Anspielung an Freuds berühmte Studie *Totem und Tabu* durchaus *Tauschen und Tabu* nennen. Dass das wackere Bäuerlein mit seinem Tischchen voller Gemüse, Käse und Eier die längste Zeit auf kaum einem Marktplatz zu finden war, zeigt das Beispiel der altehrwürdigen thüringischen Stadt Mühlhausen.[28]

Seit 1251 reichsunmittelbar, hatte sie einen eigenen Schultheiß, eine Art Bürgermeister, Finanzsenator und Amtsrichter in Personalunion. Seit 1286 war sie, dank ihrer verkehrsstrategisch günstigen Lage, zudem Mitglied der Hanse. Da läuft vor dem inneren Auge natürlich sofort ein farbenfroher Mittelalter-Film ab, in dem Bürger,

Bauern, Bettler und Bänkelsänger sich auf malerischen Plätzen und in engen Gassen drängen. Doch wie in den meisten mittelalterlichen Städten boten auch in Mühlhausen Bauern auf dem Markt nicht eine einzige Gurke feil. Vielmehr waren anfangs 19, später bis zu 60 der umliegenden Dörfer in direktem Eigentum der Stadt. Erworben hatte sie diese von ehemals königlichen Lehnsherren und vom Deutschen Orden. Diese Dörfer waren fest den 14 Kirchgemeinden der Stadt zugeteilt – und hatten diesen gegenüber, wie das im ›Feudalismus‹ nun mal so üblich war, festgelegte Abgaben zu entrichten, die unter anderem über die 26 Mühlen der Stadt verteilt wurden. Nix Handel. Totale Planwirtschaft! Überregional bekannt war Mühlhausen dank seiner exzellenten Tuchmacher. Auch die lebten aber nicht vom lokalen Markt-, sondern vom Fernhandel. Und damit da nichts durcheinander kam, war den reisenden Kaufleuten wiederum jegliches Markttreiben untersagt. Denn in der gesamten Hanse galt ein »völliges Verbot des Einzelhandels für fremde Kaufleute«.[29] Ein paar vorwitzige Kollegen hätten nämlich ganz fix die Preise verdorben.

Unseren täglichen Bedarf decken wir heute alle im nächstgelegenen Supermarkt. Wahlweise auch bei einem der verbliebenen Bäcker, Metzger oder Feinkosthändler, auf dem Wochenmarkt oder im Bioladen. Für Großeinkäufe geht's mit dem Auto zum Shoppingcenter auf der grünen Wiese. Und wenn wir etwas Exklusives oder Ausgefallenes suchen, dann führt nichts an einer Fahrt ins nächste ›Mittelzentrum‹ oder in die Großstadt vorbei. Das verführt zu der Annahme, die Menschen früherer Zeiten hätten das wohl ähnlich gemacht. Doch der Bauer aus Pfafferode fuhr für eine neue Hacke nicht nach Mühlhausen, sondern lief zum nächsten Schmied. Sein meist einziges Hemd kam nicht vom Schneider, sondern aus der eigenen Stube. Und wer sich auf dem Lande feinere Mühlhausener Tuche leisten konnte, durfte die weder beim Tuchmacher erwerben, dem die Zunftordnung den preisschädigenden Verkauf an jedermann untersagte; noch gar beim hanseatischen Kaufmann, denn die Hanse selbst schloss »das Hinterland absichtlich vom Handel aus«.[30]

Etwas anderes hätte schon aus ganz praktischen Gründen kaum

funktioniert. Denn Mühlhausen oder Lübeck waren ebenso wenig ›deutsche‹ Hansestädte, wie Reval ›estnisch‹, Wisby auf der Insel Gotland ›schwedisch‹ oder Amsterdam ›holländisch‹ waren. In den abgegrenzten Hafen- und Kaufmannsbezirken aller Hansestädte agierten Händler aus aller Herren Länder. Wofür andernorts Mehrsprachigkeit so gut wie nicht zu finden war. **Wer was wann an wen verkaufen durfte, war bis ins letzte Kaff penibel geregelt. Prinzip: Stoff gibt's beim Tuchmacher (oder einem lizenzierten Zwischenhändler) nur für den Schneider. Und nur beim örtlichen Couturier hätten Sie damals eine Jacke kaufen dürfen.**

Sich die seit dem Hochmittelalter zahlreicher, größer und zunehmend reicher werdenden Städte als Motoren des aufblühenden Binnenhandels vorzustellen, widerspricht so ziemlich allem, was man seit Langem über Steuer-, Zunft- und Marktordnungen weiß. Im Gegenteil: **Die Bremser auf der langen Straße zu einer echten Marktwirtschaft im heutigen Sinne saßen die längste Zeit in den Städten.** Deren Oberschichten legten der Bildung eines »nationalen« – oder auch nur überregionalen – »Binnenmarktes, den die kapitalistischen Großhändler nachdrücklich anstrebten, alle nur möglichen Hindernisse in den Weg«.[31]

Warum das? Nun, was ist nach orthodoxem Verständnis das Wesen des Marktes? Eben nicht, dass sich irgendwo Leute treffen, um etwas zu verkaufen oder zu kaufen. Das Wesen einer Marktwirtschaft von echtem Schrot und Korn ist – Wettbewerb. Ein einsamer Schmied auf weiter Flur aber hat keine ›Wettbewerber‹ – und der Bauer folglich weder beim Preis noch bei der Qualität von Hacken eine Wahl. Als Bürger aller frühen Städte hätten Sie auch kaum zum preiswertesten oder zum besten Bäcker gehen können. Denn als Mitglied der Gemeinde von St. Josef hätte Sie der Bäcker von St. Marien schlicht und einfach nicht bedient. Für die Mühlhausener Tuchmacher wäre ein Mitglied ihrer Zunft, das auf eigene Rechnung Geschäfte macht, die Pest gewesen. Zunftwesen plus Wettbewerb ist gleich Teufel plus Weihwasser.

Und so richtig scharf auf Konkurrenten waren Kaufleute, die Bernstein von der Ostsee nach Tirol, Salz von Tirol nach Köln oder

Muskat von den Molukken in die Niederlande verfrachteten, aus leicht nachvollziehbaren Gründen auch nicht. Mit einem Wort: **Bis vor rund 250 Jahren war eine Idee namens ›Wettbewerb‹ nahezu allen Wirtschaftssubjekten vollkommen fremd.**

Weder der lokale noch der Fernhandel ist wettbewerbsorientiert. Wenn es eine Wahl gibt, etwa bei Preis und Qualität von Stoffen ähnlicher Machart, dann erst im überregionalen Binnenhandel. Und der konnte sich – nicht zuletzt auch im Zuge des europäischen *nation building* – erst im Zeitalter des Merkantilismus durchsetzen. Gegen den erbitterten Widerstand der hergebrachten ›Stände‹. Sowie im Korsett wiederum kräftiger, diesmal zentralstaatlicher Regulierung. Denn der oberste Glaubenssatz der Merkantilisten war es, nichts außer Landes zu lassen, was auch im Lande verbraucht werden konnte; darüber hinaus alles zu exportieren, was die Staatskasse füllen würde; und stets weniger für Importe auszugeben, als man durch Exporte erlöst hatte. Das klappt nur, wenn letztlich nicht der Markt bestimmt, mit welchen Gütern in welchem Umfang zu welchen Preisen Handel getrieben werden darf, sondern der Staat. Jean-Baptiste Colbert (1619–1683) und Ludwig XIV. hätten sich mit den Sowjets auf jeden Fall besser verstanden als mit den Verfechtern von NAFTA, CETA, TTIP & Co.

Nicht nur der Kapitalismus, die Wirtschaftsordnung, die zum Zwecke der Gewinnerzielung in die Produktion handelbarer Güter investiert, auch eine wettbewerbsorientierte, sich selbst allein über Preise, ergo über Angebot und Nachfrage regulierende **Marktwirtschaft ist von einer ganz bestimmten Entwicklung in der Wirtschaftsgeschichte abhängig: der industriellen Massenproduktion.** Erst die Fabrik erfordert die Kommerzialisierung aller verfügbaren materiellen, personellen und infrastrukturellen Ressourcen einer Gesellschaft. Anders formuliert: Alle ›Produktionsfaktoren‹ müssen permanent handelbar sein. Ohne eine kontinuierlich gesicherte Versorgung mit sämtlichen Rohstoffen, Vorprodukten und Maschinen kann es keine industrielle Produktion geben. Deren gigantischer Güterausstoß lässt sich umgekehrt nur losschlagen, wenn der Warenabsatz durch nichts, allenfalls durch stockende Nachfrage, behindert wird. Und letztere lässt sich nur halbwegs in Fahrt halten, wenn die Preise freigegeben sind. Ohne Schlussverkauf – kein Kapitalismus.

Fiktive Waren: Arbeit, Boden, Geld

Deshalb entstehen sich selbst regulierende Märkte erst mit Beginn des industriellen Zeitalters gegen Ende des 18. Jahrhunderts. Und zwar zuerst im Mutterland der Industriegesellschaft, in England. Dort wird auch das erste Mal zur allgemein handelbaren Ware, was eigentlich keine Ware sein kann: menschliche Tätigkeit – in Form von Arbeitskraft; Natur – in Form von Grundbesitz; und schließlich dieses seltsame soziale Konstrukt namens Geld.

Noch bis ins 20. Jahrhundert hinein betreiben Bauern oder Farmer zu weiten Teilen Selbstversorgung. Aber Aussichten auf größeren Wohlstand haben sie nur, wenn sie für den Markt produzieren. Dem Wettbewerb können sie sich wiederum nur stellen, wenn sie sich spezialisieren. Entweder der Gemüsegarten oder die Kuh werden damit zum Hobby. Der zünftige Handwerker darf seinen Handwerkerstolz weiterhin pflegen. Aber das ist nun tendenziell Folklore. Denn Schönheit oder handwerkliche Qualität einer Kommode sind nur noch Teilkriterien der Preisbildung. Vor allem aber: Aus den meisten Bauern und aus sehr vielen stolzen Handwerkern werden Arbeiter ohne eigenen Acker, eigene Werkstatt oder auch nur eigene Werkzeuge. Allein zu den rüden Praktiken des »Bauernlegens« in England und anderen Ländern Europas haben Marx, Polanyi und andere halbe Bücher verfasst.

Ja, Geld regiert die Welt. Aber eben erst, seitdem (fast) alles käuflich ist. Und seitdem daher umgekehrt gilt: Ohne Moos nix los. Generell bedeutet entwickelte Marktwirtschaft: Ausnahmslos jede Art von Einkommen kann nur aus dem Verkauf von irgendetwas entspringen. Und ohne Einkommen kann heutzutage kein Mensch mehr an irgendwelche Güter (um von Dienstleistungen zu schweigen) herankommen. Aber eben erst mit der Etablierung der industriellen Produktion wird die gesamte Wirtschaft, mehr noch, wird die gesamte Gesellschaft von Selbstversorgung auf Fremdversorgung umgestellt. Noch simpler gesagt: Jeder muss was zu verkaufen haben. Und alle müssen alles kaufen. Täglich. Wenn es gut läuft, können zwei, drei Angehörige (bei den Reichen gegebenenfalls auch ein paar mehr) von diesem Zwang zeitweise freigestellt werden. Das Fachwort dafür lautet »Haushaltseinkommen«. Doch in schlechteren Zeiten gilt die Regel ganz schnell uneingeschränkt. Viele Familien mit Haupt-, Zweit- und mehreren Nebenjobs können gegenwärtig ein Lied davon singen.

Bevor das jetzt zu sehr danach klingt, dass es nur um Arbeitseinkommen geht: Auch die oft gescholtenen »leistungslosen Einkommen« sind, ob es uns nun gefällt oder nicht, Teil des ewigen Kreislaufs der Marktwirtschaft. Denn auch der ›Verkauf‹ oder die zeitweilige Überlassung von Immobilien und Geld ist eine notwendige Voraussetzung sich selbst regulierender Marktwirtschaften. Ohne die im Prinzip ständig verfügbaren Produktionsfaktoren Boden (bzw. Rohstoffe) und Kapital könnte das System ebenso wenig funktionieren wie ohne freie Arbeits- und Gütermärkte. Wir erlauben uns hier ein längeres Polanyi-Zitat, da er dieses Prinzip besonders bündig (zugegeben: etwas theoretischer) darlegt:

»Selbstregulierung bedeutet, dass die gesamte Produktion auf dem Markt zum Verkauf steht und dass alle Einkommen aus diesen Verkäufen entstehen. Dementsprechend gibt es Märkte für alle Wirtschaftsfaktoren, nicht nur für Güter (immer mit Einschluss der Dienstleistungen), sondern auch für Arbeit, Boden und Geld, deren Preise jeweils Warenpreise, Löhne, Bodenrente und Zins genannt werden. Diese Begriffe weisen bereits daraufhin, dass Preise die Einkommen bilden: der Zins ist der Preis für die Geldnutzung und bildet das Einkommen jener, die in der Lage sind, Geld zur Verfügung zu stellen; die Bodenrente ist der Preis für die Landnutzung und bildet das Einkommen jener, die Boden zur Verfügung stellen; der Lohn ist der Preis für die Nutzung von Arbeitskraft und bildet das Einkommen jener, die sie anbieten; der Warenpreis schließlich trägt zum Einkommen jener bei, die ihre unternehmerischen Fähigkeiten anbieten. Das als Profit bezeichnete Einkommen entsteht in Wirklichkeit aus der Differenz zwischen zwei Arten von Preisen, dem Preis der produzierten Güter und deren Kosten, das heißt, dem Preis der Waren, die für ihre Erzeugung erforderlich sind. Wenn diese Voraussetzungen erfüllt sind, dann werden alle Einkommen aus Verkäufen auf dem Markt entstehen, und die Einkommen werden gerade ausreichen, alle produzierten Waren zu kaufen.«[32]

Was nicht käuflich bzw. verkäuflich ist, existiert für eine entwickelte Marktwirtschaft quasi überhaupt nicht. Natürlich wissen auch moderne Ökonomen, dass Menschen in einer Marktwirtschaft ständig Dinge tun, für die sie sich nicht bezahlen lassen. Und leider auch ein paar Dinge, die der Gesetzgeber grundsätzlich aus dem Wirtschaftskreislauf ausgeschlossen hat. Aber selbst für solche Fälle haben die Ökonomen wohlklingende Begriffe erfunden. Und am Ende schaffen sie es meist sogar, diese Dinge wenigstens auf dem Papier, wenn schon nicht in der Realität, präzise zu monetarisieren. Wer im *Berghain* Party macht oder Tante Erika zum Geburtstag ein Fläschchen Schaumwein schenkt, bewegt sich eindeutig im System. Er oder sie zahlt Eintritt, konsumiert Drinks und hat den Sekt hoffentlich nicht geklaut. Ob Tante Erika ihn dann alleine trinkt oder mit ihren Gästen teilt, ist (zumindest bei der ersten Flasche) ökonomisch irrelevant. Anders ist das mit gewissen Pillen, die manche Gäste im *Berghain* angeblich einwerfen. Die haben zwar auch ihren Preis, aber der taucht in der volkswirtschaftlichen Gesamtrechnung aus naheliegenden Gründen nicht auf. Ebenso wenig wie das cash geflossene Honorar, das der DJ unter Umständen seinem Finanzamt verschweigt. So was fällt in der Volkswirtschaftslehre unter ›Schattenwirtschaft‹ – und die soll 2016 laut einer Studie der Uni Linz und des Tübinger Instituts für Angewandte Wirtschaftsforschung übrigens auf ein »Rekordtief« von 10,8 Prozent der Wirtschaftsleistung fallen[33]. Ob sich der Stand der volkswirtschaftlichen Sonne und die Höhe aller Bäume, folglich die Länge der Schatten, tatsächlich so präzise berechnen lassen, darf hier offen bleiben.

Der zweite riesengroße graue Posten: Die Leute kaufen nicht nur

Suppengrün, Staubsauger oder Schulhefte. Sie kochen, waschen und putzen, sie helfen ihren Kindern bei den Hausaufgaben, engagieren sich in Vereinen oder schreiben Gedichte. Wenn wir zu Hause statt im *Berghain* feiern, legt ein Kumpel für lau auf – und es werden *keine* bewusstseinserweiternden Substanzen gereicht! All solches Treiben hält die Menschen nun nicht nur von gewerblicher Arbeit – oder von kommerziell relevanten Freizeitaktivitäten – ab. Lässt man den Streitfall des Dichtens weg, dann tragen alle diese unbezahlten Tätigkeiten auf die eine oder andere Weise auch zur ›wirtschaftlichen‹ Leistungsfähigkeit einer Gesellschaft etwas bei. Und sei es nur in Form von gesteigerter Lebensfreude. Informationen über Quantität und Qualität dieser Beiträge sind freilich noch schwerer zu erheben als bei Drogenhandel und Schwarzarbeit. Deswegen sprechen Ökonomen hier vom »informellen Sektor«.

Der Mensch im Ökonomen findet es natürlich wunderbar, wenn wir uns in Familie und Freundeskreis gegenseitig unter die Arme greifen. Wenn wir die Nachbarskinder mit zur Schule nehmen und uns dafür jederzeit Zucker oder die Bohrmaschine borgen dürfen. Wenn wir einen privaten Tauschring gründen. Oder wenn wir ehrenamtlich im Seniorenstift Fontane vorlesen. Der Mensch im Ökonomen drückt sogar ein Auge zu, wenn Sie eine private Restaurantrechnung in Ihre Steuererklärung schmuggeln oder Ihr Ältester in den Osterferien schwarz die Hecke der Meyers stutzt. Schließlich bezahlt er ja seine Putzfrau auch bar. Aber sobald er seine Excel-Tabellen öffnet, wird der Blick des Ökonomen auf die Welt frostig. Dann wäre es ihm nämlich lieber, dass noch der ärmste Student nicht mithilfe von Freunden, sondern mit einem bilanzpflichtigen Umzugsunternehmen umzieht. Dass alle Schulkinder eine (unsubventionierte!) Monatskarte haben. Dass es Bohrmaschinen nur im Baumarkt oder bei Verleihfirmen gibt. Und dass im Seniorenstift nur Sozialarbeiter (oder wenigstens Hartz-IV-Empfänger) vorlesen. Und dass auch er sich endlich durchringt, für seine gute Fee Lohnsteuer und Sozialversicherungsbeiträge abzuführen. Denn am besten wäre es für die Statistik, wenn kein Mensch noch irgendetwas täte, ohne dass im Gegenzug Geld fließt. Wenn ausnahmslos alle Eltern Vollzeit arbeiten würden – und sich dafür ab dem Zeitpunkt des Abstillens ausgebildete und bezahlte Profis in Hort und Kindergarten um die lieben Kleinen kümmerten. Der Monetarist Milton Friedman befürwortete sogar die Legalisierung sämtlicher Drogen. Nicht nur, dass dadurch mit Drogenmafia und Beschaffungskriminalität zugleich hässliche Staatsausgaben verschwänden. Zugleich könnte ein globaler Milliardenmarkt ungehindert in die volkswirtschaftliche Gesamtrechnung einfließen.

Doch auch wenn das helle Licht von Angebot und Nachfrage wohl niemals sämtliche Ecken des menschlichen Daseins erleuchten und noch den letzten Schatten aus der Wirtschaft vertreiben wird: Schon lange ist die Marktwirtschaft alternativlos genug. Seit sie auch Arbeit, Natur und Geld, seit sie sich ergo vollkommen selbst reguliert, ist »die menschliche Gesellschaft zu einem Beiwerk des Wirtschaftssystems herabgesunken«.[34] Seit der Arbeitsmarkt, der Immobilienmarkt und der Kapitalmarkt »einen unerlässlichen Teil des Wirtschaftssystems« bilden, fällt es deshalb auch zunehmend schwer, sich die Welt noch so vorzustellen, wie sie wirklich ist. Menschen können Kinder bekommen. Aber sie stellen keine Arbeiter her. Menschen können Zäune errichten, nach Gold graben oder nach Erdöl bohren. Aber sie stellen keine Grundstücke her – sieht man von obskuren Ausnahmen wie den »Palmeninseln« in Dubai oder einem mit Millionen Tonnen ins Mittelmeer gewuchteten Appartementkomplex des winzigen Fürstentums Monaco ab. Und am Goldmachen sind bekanntlich schon die Alchimisten des Mittelalters gescheitert. Man kann es begrifflich drehen und wenden, wie man will, Polanyis Schlussfolgerung dürfte kaum zu knacken sein:

»Arbeit, Boden und Geld (sind) ganz offensichtlich keine Waren: die Behauptung, dass alles, was gekauft und verkauft wird, zum Zwecke des Verkaufs produziert werden musste, ist in Bezug auf diese Faktoren eindeutig falsch. Mit anderen Worten, nach der empirischen Definition der Ware handelt es sich nicht um Waren. Arbeit ist bloß eine andere Bezeichnung für eine menschliche Tätigkeit, die zum Leben an sich gehört, das seinerseits nicht zum Zwecke des Verkaufs, sondern zu gänzlich anderen Zwecken hervorgebracht wird; auch kann diese Tätigkeit nicht vom restlichen Leben abgetrennt, aufbewahrt oder flüssig gemacht werden. Boden wiederum ist nur eine andere Bezeichnung für Natur, die nicht vom Menschen produziert wird; und das eigentliche Geld, schließlich, ist nur ein Symbol für Kaufkraft, das in der Regel überhaupt nicht produziert, sondern durch den Mechanismus des Bankwesens oder der Staatsfinanzen in die Welt gesetzt wird. Keiner dieser Faktoren wird produziert, um verkauft zu werden. Die Bezeichnung von Arbeit, Boden und Geld als Waren ist somit völlig fiktiv.«[35]

Vom ›Kredit‹ der Götter zum Geld

Starten Sie mal bei Google eine Bildersuche mit dem Stichwort ›Bankgebäude‹. Da finden Sie hauptsächlich Impressionen aus der Wunderwelt der modernen und postmodernen Büroarchitektur. Dazu ein paar klassizistische Gebäude. Wenn Sie stattdessen ›Bank Clipart‹ eingeben, sehen dagegen (die Sparschweinchen abgerechnet) fast alle Bildchen wie griechische Tempel aus. Oder: wie Cartoons der Bank of England. Der Börse an der Wall Street. Und wie viele erhaltene Bankgebäude aus dem späten 18. und dem 19. Jahrhundert. Die simple Erklärung: Nicht nur Banken, viele öffentliche Bauten aus dieser Zeit schmücken sich mit Giebelportalen und mit ionischen oder korinthischen Säulen. Doch hinter diesem Baustil der ›Geldtempel‹ verbirgt sich zugleich eine tiefgründige Wahrheit über den sakralen Ursprung des Geldes. Im babylonischen Sippar (nahe dem heutigen Bagdad) befand sich vor 3800 Jahren der Tempel des Sonnengottes Schamasch. Nach Meinung des amerikanischen Wirtschaftshistorikers Benjamin Bromberg war dieser Tempel die älteste Bank der Welt.[36] Um zu verstehen, was die Götter mit Geld zu tun haben, müssen wir leider schon wieder ein bisschen ausholen.

Schon in archaischen Stammesgesellschaften waren geregelte Beziehungen zu den toten Ahnen und zu den Göttern eine unabdingbare Voraussetzung für die Sicherung von Lebensunterhalt und sozialem Zusammenhalt. Und zwar in einem viel tieferen Sinne, als wir uns das vorstellen, wenn in einschlägigen Steinzeit-Dokus zottelige Schamanen für Regen oder Jagdglück ›beten‹. Der frühe Mensch haute nicht irgendwo seinen Faustkeil rein und rief freudestrahlend »Meins!« Ganz im Gegenteil: Er war zutiefst von dem Glauben beseelt, dass er mit jedem erlegten Tier, jedem gefällten Baum und jeder verzehrten Frucht anderen etwas wegnimmt. Die ›Natur‹ war ihm keine nützliche Ressource. Sie war fremdes Eigentum. Die Toten und die Götter galten als »die wahren Eigentümer der Dinge und Güter der Welt. Mit ihnen war der Austausch am notwendigsten und der Nichtaustausch am gefährlichsten.«[37]

Die gesamte Produktion, Reproduktion und Konsumtion der Gesellschaft beruhte also auf einem *Verschuldungsverhältnis* gegenüber den Mächten des Jenseits und der Natur. Ahnen und Götter gaben etwas – und erwarteten dafür Gaben. ›Wirtschaftlich‹ gesehen gehörten sie unbedingt *zum Diesseits*. »Der Wert der Dinge (muss) von den Göttern gekauft werden«, bevor also jemand Holz schlägt, den Boden umgräbt oder ein Haus errichtet, »muss er die Götter bezahlen.«[38] Erst das »Opfer gibt der heiligen Welt zurück, was der dienstbare Gebrauch degradiert, profaniert hat«[39], so der französische Philosoph Georges Bataille. In jedem Opfer, als Tilgung dieser Schuld gegenüber dem Ursprung, drückt sich »ein primäres Tauschverhältnis zwischen Menschen und Göttern aus, wodurch allererst das ›menschliche Leben‹, was immer darunter zu verstehen sei, ermöglicht wird«[40]. Kult und Opferhandlungen sind also im weiteren Sinne etwas durchaus Ökonomisches.

Heute mag jeder von Religion halten, was er will. Anderes Thema. Was wir ›Wirtschaft‹ nennen, das basiert auf Naturwissenschaft, Technik und hochgradig komplexen sozialen Verabredungen. Und wenn wir uns über ›Konsumfetischismus‹ mokieren oder behaupten, dass unsere Gesellschaft nur noch ›das Geld anbete‹, dann sind das, jedenfalls im alltäglichen Sprachgebrauch, doch eher metaphorische

Redeweisen. Aber: Angesichts archaischer Kulte hochmütig von ›Aberglaube‹ oder ›Götzendienst‹ zu sprechen, verfehlt deren soziale Funktion komplett. Aus dieser Perspektive übersieht man nämlich, »dass in den Religionen der Antike nicht der Glaube, sondern der Kult entscheidend war; er garantierte die Reproduktion des Gemeinwesens, das durch Opferrituale zusammengehalten wurde«.[41] Anders als ein geistiger oder spiritueller Glaube – an was auch immer – sind kultische Praktiken etwas höchst Diesseitiges.

Und was hat das jetzt bitte mit Geld zu tun? Dass »alles hellenische Geld sakral (ist)«, konnte man bereits seit Ernst Curtius' Berliner Akademievortrag *Über den religiösen Charakter der griechischen Münzen* von 1870 wissen.[42] Ausführlich begründet hat diesen Zusammenhang erstmals der deutsche Wirtschaftshistoriker Bernhard Laum (1884–1974) in seiner Habilitationsschrift *Heiliges Geld*.[43] Deren Stil ist fraglos etwas altbacken. Aber bis heute eröffnet das gleichwohl gut lesbare, schmale Bändchen eine ganz andere als die gewöhnliche Sicht auf unser Geld. Gleich zu Beginn der Einleitung widerspricht Laum der in der Nationalökonomie bis heute vorherrschenden rein theoretischen Ableitung des Geldes aus seiner Zahlungsfunktion. Die »Erkenntnis des Wesens des Geldes« müsse vielmehr »von den historischen Geldformen ausgehen«.[44] Nun sei »der sakrale Charakter der griechischen Münzen« aus deren »Prägebildern unmittelbar zu erschließen«[45] – Laum belegt diesen faktischen Zusammenhang im Schlusskapitel seines Buches penibel. Im Kern geht es ihm aber um etwas anderes. Warum führt vom Tausch kein Weg zum Geld? Sehr wohl aber vom Kult?

Allein der Opferritus, so Laum, sei in der Lage, eine Typisierung und Wertschätzung von Gütern zu erzwingen, und zwar durch die Auswahl, die Kategorisierung und den Qualitätsstandard von Opfertieren. Demgegenüber kenne der begrenzte und gelegentliche Handel »keinerlei Typisierung« und bleibe »rein individuell«[46] auf zufällige und beliebige private Gebrauchswertungen gegründet. Doch auch der Wert von Opfertieren ist zunächst nicht allgemein. Denn jeder Gott bzw. jede Göttin verlangt spezifische Opfer. Ursprünglich ist also jede sakrale ›Währung‹ ebenfalls ›Spezialgeld‹, das keine

»Wertrelationen unter den Gütern selbst erzeugt«.[47] Simpel gesagt: Es gibt keinen Tausch zwischen Zeus und Athene. Folglich muss der Staat dazwischentreten.

In Griechenland war das Opfer genau das: eine staatliche Veranstaltung. Daher liegen »im sakralen Nomos die Anfänge der staatlichen Währung; denn hier zuerst setzt der Staat ein Gut fest und leistet Gewähr für seine Qualität, und dies vom Staate bestimmte und gewährleistete Gut dient als gültiges Entgeltungsmittel«.[48] Mittels dieser ›Währung‹ erfolgt dann auch die Entlohnung von Priestern und Beamten, mit ihr werden Preisgelder in rituellen Wettkämpfen vergeben oder Anteilsrechte der Bürger am staatlichen Reichtum entgolten. Nun landete beim blutigen Tieropfer nur ein sehr kleiner Teil des Opfergutes in den Räucherschalen der Altäre. Das meiste Fleisch wurde dagegen – gegessen. Jetzt könnte man witzeln, dass »Zeus-Platte« und »Poseidon-Teller« späte Schwundformen dieser kultischen Praktiken seien. Und in der Tat hatten die antiken Opfermahle wohl oft auch Züge von Gelagen oder gar Orgien – jedenfalls zu Zeiten »spätrömischer Dekadenz«. Doch den alten Griechen war die Sache – ganz im weiter oben beschriebenen Sinne – sehr wohl noch heilig. Und die Teilnahme am »Ritus des sakramentalen Speisegenusses«[49] war zugleich die staatliche ›Entlohnung‹ für die Teilnahme an dieser zentralen sozialen Zeremonie.

Insofern ursprünglich »der Kult der Götter die einzige Staatsaufgabe (ist), die zu ihrer Durchführung materielle Mittel erfordert«[50], werden die Tempel zum Ort der Akkumulation von Reichtum. Opfer produzieren Überschüsse. Denn das Schuldverhältnis zwischen Menschen und Göttern ist durch rationales ökonomisches Kalkül nicht zu begrenzen. Trotz der kollektiven Verzehrung großer Teile des Opfers kommt es zu einer Ansammlung von überschüssigem Opfergut, zumal wenn die verbindlichen Staatsopfer um private Opfergaben ergänzt werden. Es liegt in der Natur der Sache, dass diese angesammelten Reichtümer in Naturalform vorliegen und ihre Lagerfähigkeit somit begrenzt ist. Daraus ergibt sich die Notwendigkeit, »den Überschuß der geopferten Güter umzusetzen«.[51] Das wird früher oder später zur Einlassstelle für eine Ablösung naturaler durch symbolische Opfergüter.

Diese Ablösung erfolgt gleichsam experimentell, geleitet von dem Bestreben, die Differenz von symbolischem und realem Opfer zunächst nicht allzu offensichtlich werden zu lassen, indem man etwa Kuchen in Tierform und schließlich massenhaft verfertigte Tierfiguren aus dauerhafteren Materialien verwendet[52], aus denen sich schließlich Münzen mit Tierdarstellungen entwickeln.[53] Ein zweiter Strang früher Münzformen verläuft ausgehend vom rituellen Opfermahl selbst. Das Opferfleisch wird an Spießen, den *obeloi*, gebraten und verteilt. Aus diesen Bratspießen entwickelt sich in einem längeren Prozess die Münzeinheit des *obolos*.[54] Im Grunde ist also »die Münze in ihren Anfängen nichts anderes als die vermarktete Gottheit«[55], genauer: deren vermarktetes Opfer. Nach Laum wurde im 8. und 7. Jahrhundert v. Chr. der »Höhepunkt dieser Entmaterialisierung des Götterkultes«[56] erreicht.

Dieser Symbolisierungsprozess vom blutigen Tieropfer zur sakralen Münze führt interessanterweise zugleich an die Wurzel des Gelddeckungsproblems. Entwickelt man nämlich das Geld aus seiner Tauschfunktion, so erscheint es stets in der Form einer allgemeinen Ware. Die Deckung des Geldes durch einen ›realen‹ Wert, als der dann bald ausschließlich die Edelmetalle betrachtet werden, ist für diese Argumentation absolut zwingend. Ganz anders stellt sich das Problem ausgehend von einem kultischen Ursprung des Geldes dar. Da schwingt sich das Gold nicht ob seines dinglichen Wertes zum »Gott der Waaren« (Marx) auf. Umgekehrt: Nur weil es ursprünglich göttlich ist, kann es später auch im Reich der Waren herrschen. Und mehr noch: Die Opferhandlung verweigert sich im Gegensatz zur strikt ökonomischen Tauschhandlung nicht einer funktionalistischen Sichtweise. Anders gesagt: Es braucht keine Verständigung über ›Wert‹ und ›Deckung‹ des Geldes oder über die Äquivalenz von Ware und Geld.

Für Geldtheoretiker: Die Nutzer sakraler Münzen müssen keine Metallisten sein, sie kommen auch mit einer nominalistischen Gelddefinition bestens klar. Die besondere Eigenschaft der Opfersymbole liegt nämlich darin, »daß sie nur einen Funktionswert, keinen realen Wert repräsentieren. Ihr Wert liegt nicht in ihrem materiellen Gehalt, sondern nur in der Funktion, die sie im Verkehr zwischen Gott und Mensch erfüllen; diese Funktion besteht darin, Lösemittel eines Schuldverhältnisses zu sein«.[57] Der *rituelle Vollzug* der Entschuldung ist dabei im Grunde wichtiger als deren materielle Substrate. Magisches Denken kennt keinen Unterschied zwischen einem realen Objekt und seiner symbolischen Nachbildung. Wir haben es da sozusagen mit frühen *Voodoo Economics* zu tun: Die verlässlichsten Wirkungen lassen sich gerade mit magischen Symbolen erzielen. Nur im Rahmen kultischer Zusammenhänge, so Laum, kann deshalb »der Ersatz des wertvollen Realgutes durch das wertlose Symbol seinen Ursprung und seinen Sinn« haben. Und erst die »Übertragung der sakralen Formen in den profanen Verkehr hat den Streit um das substantielle und funktionelle Element des Geldes hervorgerufen; auf primitiver Stufe gab es diese Unterscheidung nicht«.[58]

Gleichwohl vollzieht sich im Prozess der zunächst noch magisch aufgeladenen Symbolisierung des Opfers eine unmerkliche Rationalisierung. Das qualitativ bestimmte Opfergut jedes Gottes wird zunehmend quantifizierbar. Man muss nicht mehr Zeus Stiere, Poseidon Schafböcke und Athene Blumen, Kuchen oder Schmuck opfern, sondern kann nun in allen Tempeln seinen Obolus entrichten. Vor allem aber kommt es zu einer zunächst wahrscheinlich kaum wahrgenommenen Verschiebung in der Anhäufung von Reichtümern. Ein Teil des der Natur entrissenen Reichtums der Gesellschaft wird den Göttern geschuldet. Im traditionellen Kult wurde dieser »verfemte Teil« (Georges Bataille) rituell vernichtet, die geopferten Güter wurden auf verschwenderische Weise zerstört oder verzehrt.

Anders beim Geldopfer: Jetzt findet die Akkumulation dieses den Göttern geschuldeten Reichtums im Tempel – und also *im Rahmen gesellschaftlicher Verhältnisse* statt. Die Götter werden nur noch symbolisch bezahlt, während der stoffliche Reichtum aufseiten der Menschen verbleibt, angehäuft wird und schließlich in ihren Händen zirkulieren kann. So kann es in keiner Weise verwundern, wenn die Schuldverhältnisse gegenüber den Göttern schließlich abgelöst werden durch Schuldverhältnisse gegenüber den Institutionen ihrer Verehrung. Im antiken Griechenland, dessen Wirtschaft (wie danach erst wieder in der modernen Industriegesellschaft) auf justiziablen Eigentumstiteln an Grund und Boden beruhte, kamen als Schuldner nur Grundeigentümer infrage.

Doch Schulden, das wissen wir nicht erst dank David Graebers Bestseller, sind weit älter als das Münzgeld und die griechische Tempelwirtschaft. Der Unterschied: In den frühen sumerischen, assyrischen und babylonischen Tempelwirtschaften ruhte der Kredit auf *Pachtschulden* gegenüber den weltlichen und kultischen Autoritäten. Vereinfacht gesagt: Bauern wurde Boden zur land- oder viehwirtschaftlichen Nutzung überlassen. Blieben Erträge aus, konnten Palast oder Tempel Kredite gewähren. Wurden diese schuldhaft nicht bedient (heißt: der Bauer war faul oder unfähig), gingen der Schuldner oder dessen Kinder, vorzugsweise die Töchter, in die Schuldknechtschaft. Weil Ertragsausfälle (und mit ihnen die Schulden) aber viel häufiger lage- oder witterungsbedingt waren, gab es das ›Sabbatjahr‹: Im Schnitt alle sieben Jahre wurden sämtliche Schulden gestrichen. Bei den Ägyptern wiederum waren Schulden unbekannt. Aber all das ist ein anderes Thema – zu dem es eben auch schon ein hervorragendes Buch von David Graeber gibt.

»Sie dachten, sie seien an der Macht,
dabei waren sie nur an der Regierung.«

Kurt Tucholsky

7 Schuldknechtschaft für alle

Auf unserer Erde sind unermessliche Reichtümer. Wir sprechen nicht von der Artenvielfalt der Natur, sondern von monetärem Reichtum. Wer ist eigentlich Eigentümer all der großen und kleinen Unternehmen? Wem gehören all die Häuser und Wohnungen, Ländereien, Edelmetalle und sonstige Rohstoffe? Ja, **wem gehört die Welt?** Es heißt immer, die Welt versinkt in Schulden. Ob für Haus, Wohnung, Auto oder sonstige Anschaffungen – es werden laufend neue Schulden aufgenommen. Ganz gleich ob Staaten, Unternehmen, Bürger – jeder ist verschuldet. **Seit der Jahrtausendwende hat sich die weltweite Verschuldung verdreifacht.** Mittlerweile beläuft sich die globale Kreditlast auf knapp 300 Billionen Dollar, besonders prekär ist die Lage in China.[1]

Wer sich einen realistischen Blick von der wirtschaftlichen Lage eines Landes verschaffen will, muss die Gesamtverschuldung in Augenschein nehmen, das heißt, die Schulden des Staates, der Unternehmen und der Privathaushalte. Wenn Haushalte oder Unternehmen maßlos verschuldet sind, nützen niedrige Staatsschulden wenig. Andererseits kann ein Land auch mit exorbitant hohen Staatsschulden klarkommen wie beispielsweise Japan, wenn die Bürger fleißig sparen und ihr Geld in Staatsanleihen stecken. Machen die Japaner das allerdings nicht mehr, dann kommen massive Probleme auf das Land der aufgehenden Sonne zu.

Bleiben wir auf unserem Kontinent: Nach wie vor sind die Niederländer dank ihres Finanzsektors (362 Prozent Verschuldung von 687 Prozent Gesamtverschuldung) der absolute Schuldenchampion. Gemessen an der Wirtschaftsleistung hat kein anderes europäisches Land eine höhere prozentuale Verschuldungsquote. Um ihre Schulden zu tilgen, müssten die Niederländer knapp sieben Jahre lang arbeiten, ohne einen Cent in dieser Zeit auszugeben. Auch Irland steht längst nichts so gut dar wie oftmals behauptet. Hier stieg die Quote von 663 auf 680 Prozent. Auf Platz drei halten sich, ebenfalls dank ihres hoch verschuldeten Finanzsektors (235 Prozent Verschuldung), unsere dänischen Nachbarn. Auf den Plätzen 4 bis 7 folgen Großbritannien, Spanien, Frankreich und Italien.

Das sind besorgniserregende Zahlen, die die Vermutung nahelegen, dass die Welt komplett verschuldet ist. Kann das sein? Irgendjemand muss doch auch etwas anderes haben außer Schulden? Wem gehören all die Wohnungen, Häuser, Autos und sonstigen Güter, die auf Kredit erworben wurden? Logischerweise der Bank. Doch wem gehören die Banken? Wem gehört die Welt eigentlich? Wer das genauer wissen will, der muss sich eingehender mit den Themen Geld, Schulden, Guthaben, Besitz und Eigentum beschäftigen.

Wer vergibt Kredite? Die Magie der Geldschöpfung aus dem Nichts

Kredit kann von der Bank, einem beliebigen Unternehmen oder einer Privatperson gewährt werden. Freilich sind die Unterschiede zwischen den Kreditgebern groß. Nach wie vor haben Noten-, aber auch alle Geschäftsbanken die Möglichkeit, mittels der sogenannten Giralgeldschöpfung **Geld aus dem Nichts zu schöpfen.** Geldscheine drucken oder Münzen prägen können sie nicht, das ist im Euroraum der Europäischen Zentralbank (EZB) und den nationalen Notenbanken vorbehalten. Wer sich nicht daran hält, bekommt die Härte des Gesetzes zu spüren und wird gemäß Paragraph 146 des Strafgesetzbuches mit einer Freiheitsstrafe nicht unter einem Jahr bestraft.[2] Freilich nutzen Geschäftsbanken noch einen anderen Weg, Geld zu »erzeugen«. Sie schöpfen Geld durch die Vergabe von Krediten an Privatpersonen oder Unternehmen. Dieses Geld nennt man »Buchgeld« oder »Giralgeld«. **Giralgeld entsteht durch einen Buchungsvorgang: Auf dem Girokonto des Kunden wird ein ver-**

einbarter Kredit in der entsprechenden Währung als Sichteinlage gutgeschrieben.

Ein Beispiel: Einem Bankkunden wird ein Kredit in Höhe von 10 000 Euro gewährt. Die Geschäftsbank bucht in ihrer Bilanz auf der Aktivseite eine Kreditforderung gegenüber dem Kunden ein – in diesem Fall 10 000 Euro. Parallel schreibt die Geschäftsbank dem Kunden auf dessen Girokonto, das auf der Passivseite der Bankbilanz geführt wird, 10 000 Euro gut. Diese Gutschrift erhöht die Einlagen des Kunden um 10 000 Euro auf seinem Girokonto – es entsteht Giralgeld. Und dadurch wiederum wird die Geldmenge erhöht.

Aktiva		Geschäftsbank	Passiva	
Forderungen	10 000,00 €		Sichtverbind-lichkeiten	10 000,00 €

Aktiva		Kunde	Passiva	
Sichtguthaben	10 000,00 €		Verbindlich-keiten	10 000,00 €

Hier wird etwas als Geld deklariert, was real gar nicht vorhanden war – es wurde Geld aus dem Nichts geschöpft, für das der Kreditnehmer selbstredend Zinsen an die Geschäftsbank zahlen muss. Ein brillantes und äußerst lukratives Geschäftsmodell. Der Kreditnehmer kann den Betrag – in diesem Fall 10 000 Euro – wie Geld ausgeben. Er kann das Geld anderen überweisen, seine EC-Karte einsetzen, um es auszugeben, oder das Geld bar am Bankschalter oder Geldautomaten abheben. Ein Kredit macht also heute schon zu Geld, was erst morgen real erwirtschaftet wird. Wenn es denn überhaupt erwirtschaftet wird! Für eine Privatperson oder eine Firma bedeutet das ein erhebliches individuelles Risiko. Wenn das Gehalt oder der unternehmerische Erfolg ausbleibt und der Kredit platzt, muss man dafür geradestehen.

Im Unterschied zu Privatpersonen verwenden Geschäftsbanken nicht das eigene Geld beziehungsweise das Geld ihrer Kunden, um einen Kredit zu gewähren. Denn wie es Benoît Cœuré, Mitglied des Direktoriums der EZB, so passend formuliert: »Die Banken haben das außergewöhnliche Privileg, Geld zu schöpfen. Das unterscheidet sie von anderen Branchen.«[3] Wenn sie die erforderlichen notenbankfähigen Sicherheiten (Wertpapiere wie beispielsweise Schuldverschreibungen oder Kreditforderungen[4]) mitbringen und die entsprechenden Zinsen zahlen, bekommen sie von der Zentralbank Kredit.

Heute müssen die Geschäftsbanken für 100 Euro, die sie verleihen, lediglich einen Mindestreservesatz von einem Euro (1 Prozent) – in Form von Sicherheiten – bei der Zentralbank hinterlegen. Würde die Mindestreservepflicht für Kreditinstitute, die die EZB verlangt, auf 100 Prozent steigen, müssten die Banken für jeden Euro, den sie verleihen, einen Euro bei der Zentralbank hinterlegen, so wie der Ottonormalverbraucher sich die Kreditvergabe vorstellt. Damit wäre der Geldschöpfung der Geschäftsbanken die Grundlage entzogen. Die Zentralbank hätte die vollständige Kontrolle über die Geldschöpfung, und die Gefahren von Spekulationsblasen wären stark minimiert. Da dies nicht praktiziert wird, verfügen die Notenbanken lediglich über zwei Steuerungsgrößen, um die umlaufende Geldmenge zu kontrollieren:

1. Den Mindestreservesatz. Wird der Satz gesenkt, können die Geschäftsbanken mehr Geld schaffen. Wird dieser angehoben, weniger.

2. Den Zins, den die Notenbank von den Geschäftsbanken für Kredite verlangt. Ist der Zins höher, dann halten die Geschäftsbanken sich mit Ausleihungen tendenziell zurück. Deshalb wurde der Zins von den Notenbanken massiv gesenkt. Die Niedrigzinsphase verfolgt das Ziel, dass mehr Kredite vergeben werden, um die Wirtschaft anzukurbeln. Die EZB erhofft so, eine Inflationsrate von zwei Prozent zu erreichen.

Unter Inflation versteht man eine Erhöhung des allgemeinen Preis-niveaus. Umgangssprachlich bedeutet es, dass Waren und Dienst-leistungen am Markt teurer werden. Wir haben das Gefühl, dass das Geld immer weniger wert wird, weil wir immer weniger dafür kaufen können. Die Steigerung von Inflation ist die Hyperinflati-on. Als die Inflation in Deutschland 1923 ihren Höhepunkt erreicht hatte, musste man für einen Laib Brot dermaßen viele Geldscheine ausgeben, dass man für ihren Transport zum Bäcker eine Schubkarre benutzen musste. Die Inflation in Deutschland berechnet das Statis-tische Bundesamt anhand des Warenkorbes. Die Gewinner in Zei-ten hoher Inflation sind: 1.) Schuldner, denn sie haben »gutes Geld« erhalten und zahlen »schlechtes Geld« zurück. 2.) Der Staat, da die Staatsschulden entwertet und die Staatseinnahmen erhöht werden. 3.) Vermögende Personen, da der Nominalwert des Vermögens steigt, das in Sachanlagen und Immobilien angelegt ist. Die Verlierer sind: 1.) Die Bezieher fester Einkommen ohne Ausgleich, Gläubiger, Spa-rer und Geldanleger, da die Zinserträge fallen. 2.) Unternehmen, die teure Kredite bezahlen, da die Banken hohe Zinsen verlangen, um den Wertverlust auszugleichen.

Eine niedrige Inflation ist jedoch nicht notwendigerweise schlecht. Im Gegenteil. In einer gesunden Volkswirtschaft sollten Preise durchgängig leicht steigen – die Betonung liegt auf leicht. Eine moderate Preissteigerung ist notwendig, anderenfalls droht De-flation, ein kontinuierlicher Rückgang des Preisniveaus (alles wird billiger) – der Supergau für jede Volkswirtschaft. Warum ist das so? In Erwartung weiterer Preissenkungen halten sich die Verbraucher erfahrungsgemäß bei Anschaffungen und Konsum zurück. Mit ver-heerenden Folgen. Wenn die Bürger weniger konsumieren, nehmen Staat und Unternehmen weniger ein. Die Folge ist, dass der Staat seine Ausgaben senkt und die Unternehmen auf Rationalisierungs-maßnahmen setzen. Die Menschen sparen daraufhin noch mehr, um Rücklagen zu bilden.

Es entsteht eine sogenannte deflationäre Abwärtsspirale. Die Löh-ne sinken, Menschen werden entlassen. Im Kampf um das letzte Geld sinken die Preise. Immer mehr Menschen geraten in finanzielle Notlagen und beginnen, ihr privates Eigentum zu veräußern, was einen weiteren Preisverfall zur Folge hat. Verlierer einer Deflation sind fast alle, da das Einkommen durch niedrigere Löhne, den Verlust des Arbeitsplatzes oder des Vermögens sinkt. Noch größere Probleme haben Schuldner. Gewinner einer Deflation sind diejenigen, die sehr viel Geld besitzen. **In der Deflation ist Cash King und sonst gar nichts.**

Allerdings ist der EZB bisher noch immer nicht gelungen, die bis dato gewünschte Inflation in Höhe von zwei Prozent zu erreichen. Maßgeblich sind nämlich nicht allein Zins und Mindestreserve. Es geht insbesondere auch darum, wie viel Kredite die Geschäftsbanken vergeben. In Zeiten, in denen die Wirtschaft gut läuft, ist die Nachfrage nach Krediten beispielsweise durch Unternehmen hoch und auch die Geschäftsbanken vergeben gerne Kredite, da die Aussichten auf gewinnbringende Geschäfte gut sind. In wirtschaftlich unsicheren Zeiten hingegen sinkt die Kreditnachfrage und die Geschäftsbanken sind bei der Vergabe ebenfalls vorsichtig. Genau dies ist momentan der Fall, insbesondere im Süden Europas. Die EZB vergibt massenweise billige Kredite. Trotz Strafzinsen (wenn überschüssige Gelder bei der EZB geparkt werden)[5] halten sich die Geschäftsbanken extrem zurück, weil sie befürchten, dass sie das Geld nie wiederbekommen.

Woher kommen Schulden, und warum gibt es sie?

Generell entstehen Schulden dann, wenn eine natürliche oder juristische Person eine Leistung in Anspruch nimmt und die Gegenleistung dafür noch nicht erbracht hat. Wichtig zu wissen ist, dass wir ein sogenanntes **Schuldgeldsystem** haben. Dies bedeutet: **Die Schulden der einen sind die Ersparnisse der anderen – und umgekehrt.** Wenn niemand Schulden haben wollte, dann könnte auch niemand sparen. Und wenn die Bürger besonders viel sparen, muss ihnen ja irgendjemand das Geld abnehmen, seien es nun andere Menschen, seien es Banken, Unternehmen oder Staaten. Die Verschuldung wächst also mit den Ersparnissen automatisch mit.

Warum Staaten Schulden machen

Warum machen Staaten überhaupt Schulden und begeben sich damit in Abhängigkeit von Banken, Versicherungen und Hedgefonds? Ganz einfach, weil sie immer dazu neigen mehr auszugeben, als sie durch Steuern, Gebühren und Abgaben einnehmen. Dies kann unter Umständen ökonomisch zwar durchaus sinnvoll sein. Doch die Schuldenstandsquote – das Verhältnis von gesamter Staatsschuld zum BIP – steigt in den meisten Staaten drastisch an. Dies bedeutet, dass die Schulden der Länder schneller wachsen als ihre Wirtschaftsleistung. Im folgenden Chart sehen wir das am Beispiel USA. Seit 1970 ist hier das BIP um stolze 1700 Prozent gewachsen. Notwendig dafür war aber mehr als eine doppelte Verschuldung, die um spektakuläre 3900 Prozent gestiegen ist.

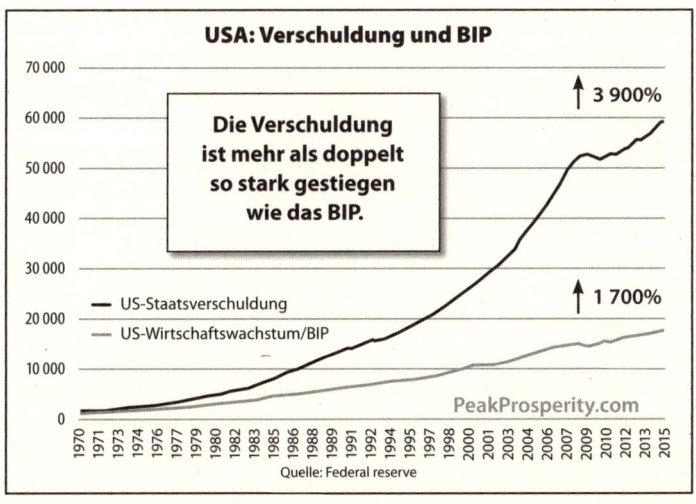

Trauriger Fakt ist, dass **Staatsschulden nie zurückgezahlt werden.** Gezahlt werden lediglich die Zinsen durch die Ausgabe neuer Staatsanleihen. **Staatsschulden lösen sich nur auf durch Inflation, Währungsreform oder im schlimmsten Fall durch Krieg.** Staaten erneuern ihre Schulden laufend, anstatt sie zu begleichen. Sie zahlen faktisch alte Schulden mit neuen Schulden ab. Kann ein Staat im Laufe der Zeit seine Zinszahlungen nicht mehr bedienen, geht er bankrott. Überall dasselbe Problem, egal ob Bund, Länder, Städte oder Kommunen.

Die öffentlichen Haushalte in Deutschland sind mit mehr als 2,2 Billionen Euro verschuldet.[6] Um an frisches Geld zu kommen, bietet der Bund solch spannende Papiere wie Bundesschatzanweisungen, Bundesobligationen, Bundesanleihen oder inflationsindexierte Obligationen[7] an, die in Niedrigzinsphasen nicht empfehlenswert sind. Selbst in stabilen konjunkturellen Zeiten – mit Rekordsteuereinnahmen und Rekordbeschäftigung – gelingt es Deutschland nicht, die horrenden Schuldenberge abzutragen. Wenn wir das schon nicht schaffen, wie kann man das dann von Ländern mit einer desolaten Wirtschaft und hoher Arbeitslosigkeit wie Griechenland, Portugal, Italien, Spanien oder Frankreich erwarten? Vor allem wenn sie noch dazu zur berüchtigten ›Austeritätspolitik‹, zu einem strengen Sparkurs des Staates, verdonnert wurden, womit einer schwächelnden Volkswirtschaft der Garaus gemacht wird.

Bei uns werden weiterhin fleißig Wählergeschenke auf Pump finanziert. Das letzte große Wahlgeschenk der schwarz-roten Bundesregierung war die sogenannte Rentenreform, welche den Steuerzahler pro Jahr rund zehn Milliarden Euro kosten wird.[8] In Anbetracht der demografischen Entwicklung ein Schlag ins Gesicht aller jungen Deutschen. So lange Staaten Geld geliehen wird, werden sie sich verschulden, und zwar so lange, bis sie pleite sind. Dennoch werden Staatsschulden seltsamerweise nach wie vor selbst von solchen Ländern wie Japan, den USA, Italien, Spanien und Frankreich für qualitativ hochwertige Schuldenpapiere gehalten. Langfristig sind sie jedoch als Vermögensanlage eine denkbar schlechte Wahl.

Warum machen Unternehmen Schulden?

Unternehmen machen Schulden, um wertschöpfend zu investieren. Sei es beispielsweise in eine neue Produktionshalle, ein neues Fahrzeug oder Materialien zur Weiterverarbeitung. Oberstes Ziel ist es, aufgrund der Investition mehr Geld zu verdienen, die Schulden nebst

Zins und Zinseszins zu begleichen und schlussendlich mehr Geld in der Tasche zu haben als vorher. Aus keinem anderen Grund würde sich ein verantwortungsbewusster Unternehmer verschulden. Die Behauptung, dass Unternehmer im Unterschied zu Privatpersonen ohne Schulden auskommen können, ist größtenteils falsch. Ein jeder Unternehmer sollte sich jedoch genau überlegen, bis zu welchem Grad er sich verschuldet.

Ohne Kredite funktioniert die Wirtschaft heute nicht mehr. Warum ist das so? Nehmen wir des Deutschen liebstes Kind – das Auto. Ein Pkw besteht aus vielen Einzelteilen, die in diversen Fabriken auf dem Erdball hergestellt werden. Viele dieser Fabriken wurden größtenteils mithilfe von Krediten gebaut. Für den Transport der Vorprodukte zur Endmontage haben Airlines Flugzeuge, Reedereien Schiffe und Speditionen Lkws gekauft – oftmals auch auf Pump. Unterwegs wechseln die Einzelteile mehrmals die Eigentümer, und ein jeder von ihnen finanzierte seine Bestellungen ebenfalls mit Krediten. Noch dazu müssen die Bauteile versichert werden. Fast alle Geschäfte – vom Rohstoff bis zum fertigen Auto – werden gegen Preis- und Währungsschwankungen abgesichert; das war ursprünglich der Sinn von Optionsgeschäften. Und am Ende der Kette nehmen auch die Käufer für ihren neuen Wagen einen Kredit auf.

Ohne teure Kredite wäre nicht eine einzige Schraube produziert worden. Sodass in einer modernen Geldwirtschaft die entscheidende Frage nicht lautet, *ob* es Kredit und Zins gibt. Die entscheidenden Fragen lauten a) ob am Ende auch einmal einer bar bezahlt und b) wann sich zu viele Kreditagenten zwischen Produzenten und Konsumenten breitgemacht haben.

Warum machen Privatpersonen Schulden?

Fast niemand ist gezwungen, sich zu verschulden – insbesondere nicht für Konsumgüter oder Immobilien. Dennoch haben 55 Prozent der Bundesbürger, also jeder Zweite[9], einen Kredit an der Backe, sei es für eine Immobilie (26 Prozent der Bevölkerung), Mobiliar für die Wohnung oder ein Auto.[10] Weltweit verschulden sich immer mehr Menschen für Konsumgüter. Das heißt: einerseits kaufen sie sich Dinge, die sie an sich gar nicht brauchen, und andererseits sich eigentlich auch nicht leisten können. Über die Hälfte aller Bundesbürger hat eine Bringschuld gegenüber der Finanzindustrie. Man könnte auch sagen, sie sind nicht frei, sondern unterstehen der Herrschaft der Finanzindustrie. Wie mächtig diese Herrschaft ist, erkennen die meisten erst dann, wenn sie ihre Schulden nicht mehr bezahlen können.

Während die Verschuldung der Privathaushalte in Deutschland und Japan relativ moderat ist, stehen andere Länder weitaus schlechter da. Noch dazu wird der globale Verschuldungsboom des Privatsektors immer größer; so wuchs das saisonbereinigte Volumen im September 2015 weltweit auf 3499 Milliarden Dollar an.[11] In Deutschland stiegen die privaten Kredite zwischen 2000 und 2015 um 7,8 Prozent. In den USA erhöhte sich das Volumen um 84,6 Prozent, in Großbritannien um 92,0 Prozent, in Frankreich um 94,2 Prozent, in Italien um 104,2 Prozent und in Spanien um sage und schreibe 144,2 Prozent.[12] Den Rahmen sprengt jedoch China. Dort wuchs zwischen 2000 und 2015 (2. Quartal) das Kreditvolumen des Privatsektors um *830* Prozent.[13] Wohin das führt, wenn man auf ›großem Fuß‹ lebt, obwohl man sich das nicht leisten kann, haben viele beim letzten großen Crash bitter zu spüren bekommen.

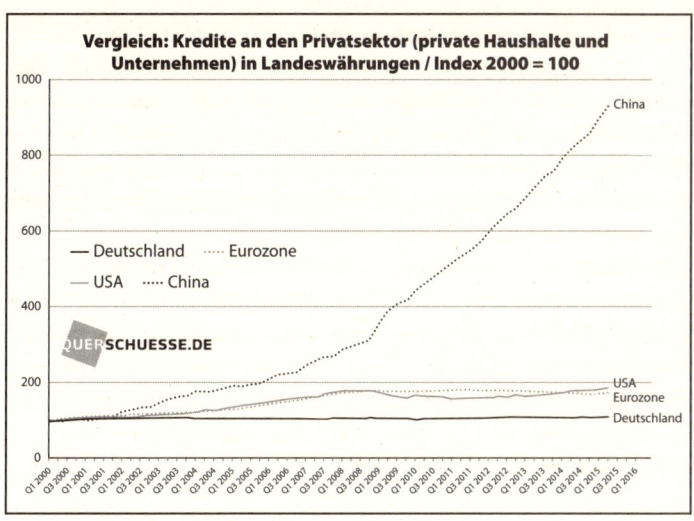

Vergleich: Kredite an den Privatsektor (private Haushalte und Unternehmen) in Landeswährungen / Index 2000 = 100

— Deutschland ···· Eurozone
— USA ···· China

QUERSCHUESSE.DE

Was gute und was schlechte Schulden sind

Zunächst muss unterschieden werden, wer die Schulden aufnimmt und wofür. Es macht einen großen Unterschied, ob sich Privatpersonen für Konsumgüter oder Unternehmen für Investitionen verschulden, wobei auch sie genau überdenken sollten, bis zu welchem Grad sie sich verschulden wollen. In wirtschaftlich turbulenten Zeiten wie diesen raten wir von einem hohen Verschuldungsgrad entschieden ab. Für Privatpersonen sind Schulden unserer Ansicht nach in der gegenwärtigen Situation keinesfalls empfehlenswert, und zwar aus den folgenden Gründen: 1.) Wer Schulden hat, ist nicht frei, sondern ein Sklave der Bank. 2.) Sollte eine schwere Deflation kommen, werden nicht wenige Schuldner massive Probleme haben, ihre Schulden zu begleichen. 3.) Schlussendlich ist es nur noch eine Frage der Zeit, bis das ohnehin gescheiterte Euroexperiment vollends im- oder explodiert. Guthaben und Verbindlichkeiten wurden bei den Währungsreformen in der Vergangenheit in der Regel unterschiedlich behandelt. Es ist anzunehmen, dass das auch zukünftig so gehandhabt wird. Dann werden all jene, die einen Batzen Schulden haben, vermutlich vor einem gravierenden Problem stehen.

Von einem weniger schlechten Kredit kann man dann sprechen, wenn damit eine Immobilie finanziert, also in einen Sachwert investiert wird. Aber Achtung: Mindestens 50 Prozent Eigenkapital sollten unbedingt dabei sein. Die Finanzierung von Konsumgütern, egal ob Urlaub, Unterhaltungselektronik (ist bereits nach kurzer Zeit veraltet und kann nur weit unter Neupreis verkauft werden), Möbeln (bereits einen Tag nach dem Kauf haben sie einen großen Teil ihres Wertes verloren und können sehr schlecht zu einem angemessenen Preis verkauft werden) oder Kleidung (in der Regel äußerst geringer Wiederverkaufswert), halten wir für völlig falsch.

Warum kaufen Notenbanken Staatsanleihen und Aktien?

Das hehre Ziel, durch billige Kredite die Konjunktur und die Inflation anzutreiben, hat die EZB mit ihrer Geldsteuerungspolitik nicht erreicht. Indem die Zinsen auf 0 Prozent gesenkt wurden, hat sie einen Großteil ihres Pulvers verschossen. Dennoch hält sie unvermindert an ihrem Plan fest. Dies belegt auch folgende Aussage von Peter Praet, Chefökonom der EZB: »Es gibt keinen Plan B. Es gibt nur einen Plan. Wir sind bereit, alles zu unternehmen, um die Inflationsrate auf knapp unter zwei Prozent zu bringen. Wenn man genug Geld druckt, wird man immer Inflation bekommen. Immer. Aber wenn die Preise von Öl und anderen Rohstoffen fallen, ist es schwieriger, die Inflationsrate anzutreiben.«[14]

Die EZB versucht mit allen Mittel eine Deflation zu verhindern, da bei einem anhaltenden Preisrückgang quer durch alle Warengruppen die Gefahr groß ist, dass Verbraucher und Unternehmen beabsichtigte Anschaffungen in Erwartung weiterer Preissenkungen verschieben und die Wirtschaft aufgrund mangelnder Nachfrage erlahmt. Um dem entgegenzusteuern und die Inflation anzuheizen, druckt sich die EZB quasi selbst Geld. Dadurch nimmt die Menge (Quantität) des Zentralbankgeldes zu, weshalb man von »Quantitative Easing« (Quantitativer Lockerung, kurz QE) spricht.

Das Ganze funktioniert so: Die EZB erwirbt von Staaten des Euroraumes, von Emittenten mit EU-Förderaufträgen und von europäischen Institutionen Anleihen im Sekundärmarkt. Und sie bezahlt diese mit selbst geschaffenem Zentralbankgeld.[15] Außerdem wurde beschlossen, sogenannte Asset-Backed Securities (ABS) und gedeckte Schuldverschreibungen (CBPP3) zu erwerben. Das sind Pfandbriefe, pfandbriefähnliche Anleiheformen und Schuldverschreibungen, die durch Immobilienkredite gedeckt sind und auch Covered Bonds genannt werden.[16] Wir halten diese Entwicklung für brandgefährlich, weil die EZB mit ABS zu genau jenen komplexen Finanzierungsinstrumenten greift, die die letzte Finanzkrise mit verursacht haben. Es handelt sich dabei lediglich um eine mathematisch-juristische Konstruktion, die es den Banken möglich macht, Kredite zu vergeben, ohne dafür selbst zu haften. Getrennt werden nicht nur der Schuldner vom Gläubiger, sondern auch das Risiko von der Haftung und der Kredit von der Kreditwürdigkeit. Zu Recht bezeichnete der Investor Warren Buffett das riskante Spiel als »finanzielle Massenvernichtungswaffen«.[17] – Wir wollten von der EZB wissen, warum sie sich solche faulen Eier ins Nest legt, haben aber bislang keine Antwort erhalten.

In der falschen Erwartung, dass Banken mehr Kredite vergeben und Unternehmen leichter an Kredite kommen, um Investitionen zu tätigen und Arbeitsplätze zu schaffen, schleust die EZB durch den Aufkauf solcher Papiere Geld in das Finanzsystem. Wir sind nicht die alleinigen Gegner dieser Politik. Unsere Bedenken teilt der Bundesbankpräsident Jens Weidmann ebenfalls, der ein Nachlassen des Reformeifers in den Krisenländern Europas befürchtet, wenn Schuldenmachen für die Länder billiger ist. Selbst die Bundesbank sieht als Nebeneffekt, dass die verbilligte Schuldenfinanzierung den Konsolidierungseifer des Staates erlahmen lässt. Zwar kritisiert sie die EZB immer wieder, im Endeffekt aber trägt sie alle Entscheidungen brav mit.

Woher kommt eigentlich das viele Geld, um die besagten Wertpapiere zu erwerben, und inwiefern beeinflusst das unser Geld? Anfang 2015 hatte EZB-Boss Draghi verkündet, Staatsanleihen und andere Wertpapiere in einer noch nie dagewesenen Dimension aufzukaufen. **Damit wurde das größte Gelddruckprogramm in der Geschichte Europas gestartet.** Seitdem werden pro Monat Papiere im Wert von 60 Milliarden Euro von der EZB und den Notenbanken der Euroländer erworben. Insgesamt sollten es bis Ende September 2016 Papiere im Gesamtwert von 1,14 Billionen Euro sein.[18] Dem nicht genug: Im Dezember 2015 beschloss die EZB – gegen den Willen der Bundesbank, ihrem größten Eigentümer –, das Aufkaufprogramm um ein halbes Jahr bis März 2017 zu verlängern – wovon wir stark ausgegangen sind und was dann auch geschehen ist. Vorübergehender, trauriger Höhepunkt war die EZB-Sitzung im März 2016. Der geldpolitische Amoklauf des Mario Draghi geht weiter: Der Zins wurde auf 0 Prozent gesenkt!, das Aufkaufprogramm um Unternehmenspapiere erweitert und auf 80 Milliarden Euro pro Monat erhöht. Insgesamt haben die Notenbanken der Euroländer mit ihren fragwürdigen und wirkungslosen Aufkaufprogrammen unvorstellbare 2,23 Billionen Euro bis Ende 2017 in die Märkte gepumpt[19]. Man darf gespannt sein, was als nächstes folgt. Wir sind sicher, dass dies noch nicht das Ende der Fahnenstange ist. **Es muss also richtig gut laufen, wenn die EZB ständig lebensverlängernde Geldspritzen verabreicht …** Da bisher alles relativ wirkungslos war, macht schon das »Helikoptergeld« die Runde. In diesem Fall würde die EZB Geld an die Menschen verschenken. Dann würde André Gorz mit seiner »Umsonst-Ökonmie« recht behalten, »Dass sich der Kapitalismus seine Kunden, seine Käufer kaufen muss, indem es Zahlungsmittel umsonst verteilt.«

Auch nationale Notenbanken kaufen fleißig Staatsanleihen. Allein zwischen 2006 und 2012 wurden für knapp 510 Milliarden Euro Wertpapiere von einigen Notenbanken aufgekauft. Bis Ende 2014 stiegen die Wertpapierkäufe sogar auf mehr als 720 Milliarden Euro, um im Jahresverlauf 2015 wieder auf 490 Milliarden Euro zu sinken. Besonders die Banca d'Italia und die Banque de France waren dabei sehr aktiv.[20] Die Käufe finden in einer Grauzone statt, dem vertraulichen, nicht-öffentlichen ANFA-Abkommen (Agreement on Net-Financial Assets), das die Spielräume regelt, die nationale Notenbanken für »nichtgeldpolitische« Anlagen haben.[21]

Finanziert wird das Ganze schlicht und einfach über die Geld-schöpfung, was heißt: Zentralbankgeld wird aus dem Nichts per Knopfdruck geschaffen. Nicht grundlos heißt unser Geld FIAT-Geld. Fiat kommt aus dem Lateinischen und bedeutet ›es werde‹. Jeden Dienstagmorgen melden die Geschäftsbanken der Eurozone ihren jeweiligen nationalen Notenbanken bis 9.30 Uhr ihren Geldbedarf. Die Notenbanken wiederum melden das an die EZB, die nach ein-gehender Prüfung die Beträge freigibt. Am Dienstagnachmittag teilt sie ihnen dann mit, wie viel neues Geld erschaffen wurde. Welche Si-cherheiten die Banken für die Kredite hinterlegen müssen, liegt allein im Ermessen der EZB. Sogar griechische und portugiesische Staats-anleihen müssen akzeptiert werden. Erfahrungsgemäß fließt das bil-lige Geld dann vornehmlich in die Aktien- und Immobilienmärkte, womit zwei bereits bestehende Blasen noch weiter aufgebläht werden.

Die Notenbanken kreieren eine Finanzmarktblase nach der anderen.

Zu seinen Topzeiten konnte der DAX seinen Höchststand dank des billigen Geldes seit dem Lehmancrash verdreifachen. Sobald die Notenbanken den Zufluss stoppen, korrigieren die Kurse massiv. Spätestens dann wird sich erweisen, wie viel heiße Luft im prall aufgeblasenen Ballon der Aktienmärkte tatsächlich ist. Bis dahin werden sich die Blasen jedoch noch weiter aufblasen. Etwa werden die Immobilienpreise und die Mieten vielerorts noch weiter steigen und gleichzeitig immer mehr Menschen aufgrund der niedrigen Zinsen völlig überteuerte Immobilien erwerben, die sie sich oftmals eigentlich überhaupt nicht leisten können. Sollte die EZB die Zin-sen zukünftig drastisch erhöhen, dann stünden vielen Immobilien-besitzern unruhige Nächte bevor. Doch keine Sorge, das wird absehbar nicht geschehen. Anderenfalls müssten nämlich Griechenland und Portugal unverzüglich Insolvenz anmelden. Obendrein hätten dann Italien, Spanien, Frankreich, Irland und einige Banken gravie-rende Probleme. Und schlussendlich wäre auch Schäubles ›Schwarze Null‹ ein für alle Mal Geschichte.

Dank Draghis Politik der günstigen Refinanzierung werden

die Euro-Staaten dazu verführt, dringend erforderliche Reformen aufzuschieben und weiter entspannt auf Pump zu leben. Trotz verheerender Wirtschaftslage, Rekordarbeitslosigkeit und Rekordverschuldung ist für viele Staaten Geld billiger denn je. Klar ist, dass anstehende Probleme dadurch nicht gelöst, sondern noch vergrößert werden. Durch die exzessive Verschuldung und die mangelnde Bereitschaft, nachhaltige Strukturreformen anzuschieben, ist der Crash mehr als nur vorhersehbar. **Die größte Insolvenzverschleppung der Geschichte geht munter weiter.**

Als die neue EZB-Zentrale in Frankfurt im März 2015 eröffnet wurde, fand sich an einer Brücke dieses Graffiti: »**Krank, kränker, Notenbanker – Stoppt die EZB**«. Ein Kern Wahrheit steckt in diesem kreativen Reim. Auch für uns Ökonomen ist es unerträglich, die Entwicklungen mit ansehen zu müssen. Warum unternimmt niemand etwas dagegen, schließlich werden unsere Renten, unsere Altersvorsorge, die privaten Krankenversicherungen und unsere Vermögen aufs Spiel gesetzt. Für jeden vernünftigen Sparer ist Mario Draghis Geldpolitik ein Albtraum, weil die Verzinsung der Guthaben auf Sparbüchern, Tagesgeldkonten und Festgeldkonten minimal ist und die Ersparnisse dementsprechend immer weiter schmelzen. Noch dazu nimmt man jungen Menschen dadurch die Möglichkeit, adäquat fürs Alter vorzusorgen.

Für Lebensversicherungen, Pensions- und Bausparkassen ist die Politik der niedrigen Zinsen langfristig existenzbedrohend. Es ist lediglich eine Frage der Zeit, bis deren Probleme beim Bürger ankommen. Schon jetzt sind die Garantiezinsen im Keller, und die Renditen tendieren gegen Null. Andere Leidtragende sind Banken, vor allem regionale Banken – die Säulen des deutschen Finanzsystems: die Sparkassen und Genossenschaftsbanken, deren Geschäftsmodell die EZB sukzessive zerstört. Ändert sich die Politik der EZB nicht grundlegend, wovon gegenwärtig nicht auszugehen ist, wird es diese Banken in ihrer jetzigen Form langfristig nicht mehr geben. Das muss verhindert werden!

Es ist nicht mehr zu leugnen: Draghis Experiment ist gescheitert!

Obwohl die Nebenwirkungen der expansiven Geldpolitik längst wesentlich größer sind als die positiven Effekte, wird unbeirrt am EZB-Kurs festgehalten. Zwar konnten wir uns nach dem Lehmancrash in Deutschland noch einige schöne Jahre auf Pump leisten, aber die Zeit läuft definitiv ab. Anstatt die Wirtschaft anzukurbeln, sorgen EZB & Co. für massive Blasen an den Aktien- und Immobilienmärkten. Die EZB befeuert die Verschuldung der Eurostaaten und verhindert wichtige Reformen in den Staaten Südeuropas. Das alles auf Kosten der Sparer, die die verheerenden Entwicklungen ohne Murren hinnehmen. Hierzulande wird verschiedentlich demonstriert, warum nicht auch dagegen, dass wir von unserer eigenen Notenbank mit Rückendeckung der Politik gnadenlos enteignet werden?

Offensichtlich hat Mario Draghi aus den Augen verloren, dass die letzte Krise durch viel zu niedrige Zinsen und damit durch viel zu viel billiges Geld entstanden ist. Die niedrigen Zinsen führten zu Exzessen an den Aktien- und Immobilienmärkten. Derzeit werden die Märkte aufgrund historisch niedriger Zinsen mit unendlich viel billigem Geld geflutet. Die Aktienmärkte und die Boni an der Wall Street sind heute höher als vor dem Lehmancrash[22]. Inzwischen bildet sich auch in deutschen Ballungsgebieten eine Immobilienblase, die mit einem lauten Knall explodieren wird. Außerdem zeichnet sich am Horizont eine Rezession ab, die voraussichtlich noch heftiger ausfallen wird als die im Jahr 2008. **Niemals in der Geschichte der Menschheit wurde eine Krise durch Gelddrucken nachhaltig gelöst.**

Wagen wir ein Gedankenspiel: Was würde passieren, wenn die Notenbanken alle Staatsanleihen aufkaufen? Wäre das in einem Finanzsystem überhaupt machbar, das ausschließlich auf Vertrauen basiert? Geschieht der Ankauf vollständig über zusätzliche Geldschöpfung, dann würde die Geldmenge beträchtlich ausgeweitet, womit Inflationsrisiken verbunden wären. Würde der Aufkauf hingegen durch einen restriktiveren geldpolitischen Kurs begleitet, hätten zunächst die Banken höhere Refinanzierungskosten zu verkraften. Diese würden sie voraussichtlich über höhere Kreditzinsen an ihre Schuldner weitergeben. Ein vollständiger Aufkauf von Staatsanleihen durch die Notenbank würde den Marktmechanismus außer Kraft setzen, durch den Risiken (etwa für den Ausfall von Staatsanleihen) bepreist werden. Dieser Mechanismus jedoch wirkt disziplinierend, weil übermäßige Schuldner im Regelfall höhere Zinsen zu zahlen haben. Es droht eine Fehllenkung von Kapital. So weit die Theorie. Wenn dem wirklich so ist, dann sollten wir uns ernsthafte Gedanken um Griechenland machen. Schließlich ist dort genau dieser Fall eingetreten.

Ein anderes Gedankenspiel: Was passiert, wenn die Schulden aller Staaten gestrichen werden? Bekanntermaßen sind die Gläubiger der Staatsschulden zumeist nicht andere Staaten, sondern private Unternehmen wie Banken und Versicherungen, Pensionsfonds, private oder nur teilweise private Notenbanken wie beispielsweise die US-Notenbank FED[23], die italienische Notenbank Banca d'Italia (die größtenteils in privater Hand ist[24]), die Schweizer Nationalbank (eine börsennotierte Aktiengesellschaft, Namensaktien gehören mehrheitlich den Kantonen und Kantonalbanken), die Belgische (50 Prozent Privateigentümer[25]) und die Österreichische Nationalbank (30 Prozent private Eigentümer), aber auch Notenbanken wie die Bundesbank, die ganz in staatlicher Hand sind. In Europa jedoch hält die EZB, die wiederum den Nationalen Zentralbanken (NZB) der Euroländer gehört, das Zepter in der Hand. Die eingezahlten Anteile der Nationalen Zentralbanken am Kapital der EZB belaufen sich insgesamt auf 7 619 884 851,40 Euro. Davon entfallen auf Deutschland 1,95 Milliarden Euro (knapp 18 Prozent), auf Rang zwei folgt Frankreich mit 1,53 Milliarden Euro (circa 14 Prozent) und auf Rang drei Italien mit 1,32 Milliarden Euro (etwa 12 Prozent). Zypern ist der kleinste unter den Eigentümern mit einem einbezahlten Kapital in Höhe von circa 16,4 Millionen Euro (0,15 Prozent).[26]

Da Deutschland, genauer gesagt der Deutschen Bundesbank, knapp 18 Prozent gehören, haftet Deutschland auch zu 18 Prozent für all das, was die EZB macht. Sind einzelne Länder zahlungsunfähig, steigt der jeweilige Eigneranteil und somit auch das Ausmaß der Haftung. Bei Abstimmungen hingegen zählen alle Stimmen gleich. Das heißt: Obwohl Deutschland mehr zahlt und mehr haftet, hat es genauso viel zu sagen wie beispielsweise Zypern. Das mag eine

Erklärung dafür sein, warum Mario Draghis irrsinniger Kurs nicht gestoppt wird. Seltsamerweise wurde gerade im Epizentrum des Kapitalismus das Gesetz von Risiko und Haftung vollkommen außer Kraft gesetzt. Warum dies der Fall ist, konnte uns bis dato noch kein einziger Politiker erklären. Wäre das Stimmenverhältnis anders gelagert, hätten wir möglicherweise keine Niedrigzinsphase mehr, durch die wir sukzessive enteignet werden und den Lebensversicherungen, Bau- und Sparkassen, Volks- und Raiffeisenbanken allmählich der Boden für ein wirtschaftlich verantwortliches Handeln entzogen wird.

Laut der Deutschen Bundesbank käme das Streichen aller Schulden einer einmaligen Bilanzbereinigung gleich, durch die sämtliche Forderungen seitens der privaten Gläubiger wegfallen würden. Da die Schulden der einen die Guthaben der anderen sind, passiert eine komplette, weltweite Schuldenstreichung aber niemals. Da die Politik kraft Gesetz den Gläubigern verbieten würde, ihre Forderungen aufrechtzuerhalten, würde das auf eine Enteignung der Gläubiger hinauslaufen – explizit der Notenbanken, privaten Banken, Versicherungen und damit der Bürger. Letztlich würden sich die Schuldnerstaaten auf Kosten der Anteilseigner bereichern. Alle, die ihr Geld in Staatsanleihen angelegt haben, müssten ihr Investment komplett abschreiben. Auf den Einlagensicherungsfonds bräuchte man dann auch nicht mehr zu hoffen, da ein solcher Crash nicht ansatzweise aufzufangen ist.

Ein solcher Crash wäre zweifellos das Ende unseres Geldsystems, das auf Vertrauen basiert. Insbesondere auf dem Vertrauen, dass Schulden und vorrangig Schulden, die Staaten machen, bezahlt werden. Unvorstellbare (Papier-)Vermögen der Bürger (Geld auf Konten, Sparbüchern, Rentenpapiere, Lebensversicherungen) würden sich in Luft auflösen; die Menschen ihre Altersvorsorge und ihre Ersparnisse verlieren. Die Frage, wie sie darauf reagieren würden, lassen wir hier beiseite. Die Banken könnten die Wirtschaft nicht mehr mit Geld versorgen. Die globale Wirtschaft würde zusammenbrechen und den Staaten Steuereinnahmen fehlen, woraufhin Sozialleistungen drastisch zurückgefahren werden. Die Folgen kann man sich ausmalen: Massenarbeitslosigkeit, Armut, Aufruhr und schlimmstenfalls Krieg.

Wem gehört die Welt?
Die Kontrolleure des physischen Reichtums

»Mein Haus, mein Boot, mein Pferd« – wer erinnert sich nicht an den bekannten Werbespot aus den 1990ern? Inzwischen sind wir bei der Zurschaustellung unseres Besitzes einige Schritte weiter. Nicht nur auf den Spartenkanälen des Privatfernsehens wird unverhohlen mit dicken Autos, Jachten, Reisen oder Mobiliar geprotzt. Unverblümt wird dem Zuschauer permanent vor Augen geführt, wie erstrebenswert Reichtum ist – zumal das hübsche Frauen anzuziehen scheint. Mehr denn je wird Erfolg durch das Anhäufen von Luxusgütern definiert. Der kleine, aber feine Unterschied, ob man Eigentümer oder lediglich Besitzer all der schönen Dinge ist, scheint heute keine Rolle mehr zu spielen.

Was ist eigentlich Eigentum, und was ist Besitz? Nehmen wir die »eigenen« vier Wände. Manch einer beeindruckt sein Umfeld, weil er in Berlin-Mitte in einem schicken Appartement lebt. Die Wohnung kann er sich leisten – allerdings nur die Miete, versteht sich. Als Mieter ist man Besitzer der Wohnung. Einige wenige können es sich hingegen leisten, eine Wohnung in Berlins völlig überteuerter Mitte zu kaufen. Sie sind dann Eigentümer der Wohnung. Eigentümer ist, wem etwas rechtlich gehört. Genauso funktioniert das mit Autos. Dank Leasing können sich heutzutage viele Menschen ein schickes Auto leisten; sie besitzen es – Eigentümer des Autos werden sie jedoch nie. Spätestens wenn die Leasingrate nicht mehr bezahlt werden kann, wird der gravierende Unterschied zwischen Besitz und Eigentum bewusst.

»Das Eigentum grenzt die Herrschaft über Sachen und andere Vermögensgegenstände zwischen Personen ab. Es gewährt eine umfassende Gewalt. Innerhalb der verfassungsrechtlichen Grenzen kann eine Person über ihr Eigentum grundsätzlich nach Belieben entscheiden«.[27] Nur der Eigentümer kann frei entscheiden, was mit seinem Eigentum geschehen soll. Je nach Gusto kann er es vermieten, verleihen, verschenken oder sogar wegwerfen. Er kann anderen verbieten, sein Eigentum zu gebrauchen oder zu betreten. Begrenzt wird diese Macht durch den Passus »soweit nicht das Gesetz oder Rechte Dritter entgegenstehen«. Gegenüber der Allgemeinheit ist ein Eigentümer ebenfalls verpflichtet, was im Artikel 14 des Grundgesetzes festgehalten ist. Bäume auf seinem Grundstück darf er nicht nach Lust und Laune fällen und kein Haus abreißen, das unter Denkmalschutz steht. Beim Eigentum existiert eine sogenannte Sozialpflichtigkeit; Allgemeinwohl geht vor dem Einzelinteresse. Wird ein Grundstück beispielsweise für eine Bahnstrecke, Straße oder einen Flughafen benötigt, kann der Eigentümer enteignet werden, wofür er eine Entschädigung erhält.

Steueroasen – oder warum Steuern etwas für Arme sind

Die Schere zwischen Arm und Reich geht global kontinuierlich immer weiter auseinander. Die Wohlstandverteilung nimmt immer absurdere Formen an – auch, weil Steuerflucht einige wenige immer reicher und viele immer ärmer macht.[28] Das von Unternehmen und Privatpersonen hinterzogene Geld, das vielfach in Steueroasen verschwindet, fehlt dem Staat für wichtige Ausgaben, etwa für Krankenhäuser, Kindergärten, Schulen, Universitäten oder die Infrastruktur. In Steueroasen türmen sich aktuell Billionen Euros. Während der Mittelstand immer mehr vom Staat geschröpft wird, zahlen internationale Konzerne und Superreiche kaum oder keinerlei Steuern. Wo ist da die Gerechtigkeit, die die Politik so gerne bekundet?

Steueroasen sind Staaten oder Gebiete, die internationale Gelder anlocken, indem sie kaum oder überhaupt keine Einkommens- und Vermögenssteuern erheben. Entstanden sind die meisten in den 1970er- und 1980er-Jahren. Zu den bekanntesten zählen die Cayman Islands, die Bahamas, die Bermudas, die britischen Jungferninseln, die Kanalinsel Jersey, aber auch Länder wie Irland, die Schweiz, Singapur und Luxemburg. Superreiche nehmen Steueroasen ebenso in Anspruch wie Konzerne. **Derzeit lagern 32 Billionen Dollar**

in Steueroasen weltweit. Das entspricht etwa dem 114-Fachen der Summe, die der Bund in Deutschland im Jahr 2015 an Steuern eingenommen hat.[29] Laut Berichten der Nichtregierungsorganisationen »Center for Tax Justice« und »US Public Interest Research Group Education Fund« horten allein die 500 größten US-Konzerne Gewinne in Höhe von 2,1 Billionen Dollar im Ausland, wofür sie in der Heimat insgesamt 620 Milliarden Dollar Steuern hätten zahlen müssen.[30] Jahr für Jahr gehen den EU-Ländern schätzungsweise 1 Billion Euro durch Steuerhinterziehung und Steuervermeidung verloren.[31]

Die weltweit älteste Steueroase und immer noch einer der wichtigsten Finanzplätze für Vermögensverwaltung (sprich: die Aufbewahrung von Wertpapieren an einem sicheren Ort) liegt mitten in Europa – in der Schweiz. Ihren Anfang nahm die massive Steuerflucht vor knapp 100 Jahren, als europäische Länder infolge des Ersten Weltkrieges in den 1920ern begonnen hatten, große Vermögen zu besteuern. Frankreich beispielsweise hob 1920 den Spitzensteuersatz auf Einkommen zunächst auf 50 Prozent und zwei Jahre später sogar auf 72 Prozent an. Vermögende machten sich nun auf die Suche nach Optionen, ihren Reichtum der drastischen Besteuerung entziehen zu können. Parallel dazu veränderte sich in den Industrieländern die Vermögensstruktur. Der Trend ging immer mehr weg von immobilem Grundbesitz, hin zu mobilem Vermögen, insbesondere in Form von Fonds und Wertpapieren, bei denen die Eigentümer anonym blieben. Eine weitere Folge der Entwicklung nach dem Ersten Weltkrieg war, dass sich die Angebote der Vermögensverwaltung nicht mehr ausschließlich an die Superreichen richteten.

Aufgrund ihrer Neutralität und ihres gut ausgebauten Bankennetzes war die Schweiz die erste Adresse für Steuerflüchtlinge. Ein nicht zu unterschätzender Vorteil war außerdem, dass die Schweiz keine Daten über die Kunden nach außen gab, die mit immer mehr Geld immer zahlreicher in die Alpenrepublik drängten. Da der Schweizer Kapitalmarkt für das viele Geld nicht groß genug war, wurde es vorwiegend in ausländischen Wertpapieren angelegt. Steuerhinterzieher investierten größtenteils nicht in der Schweiz, sondern haben lediglich den Standort und das Bankgeheimnis genutzt, um

Geld global anzulegen und es vor heimischen Steuerbehörden zu schützen. Nach dem Zweiten Weltkrieg mussten die Schweizer Vermögensverwalter einen kurzen Dämpfer hinnehmen, danach ging es aber wieder steil bergauf und Konkurrenz war für sie ein Fremdwort. In den 1970er-Jahren sah sich die Schweizer Zentralbank sogar veranlasst, Negativzinsen für Devisenausländer einzuführen, da der Kapitalzufluss zeitweilig so groß war, dass eine Destabilisierung der heimischen Wirtschaft befürchtet wurde. Obwohl in den 1980ern einige Konkurrenten wie Hongkong, Singapur, Jersey, Luxemburg oder die Bahamas hinzukamen, ist die Schweiz bis heute die Nummer eins geblieben.[32] Der größte Rivale um den WM-Titel: die USA. Genau das Land, das der Schweiz mit immensem Druck das Bankgeheimnis de facto abgepresst hat, ist dabei, es zu beerben. Jährlich sollen vor allen in Delaware und Pennsylvania an die 2 Millionen Briefkastenfirmen gegründet werden. Deren Hintermänner können auf absolute Diskretion zählen, denn es gibt keinen Austausch von Bankkundendaten mit Europa.[33]

2017 endet das Bankgeheimnis, dann beginnt der automatische Informationsaustausch über Bankdaten zwischen Deutschland und der Schweiz. Das große Geld jedoch ist längst in andere Steueroasen gezogen, wo die Schweizer Vermögensverwalter Tochtergesellschaften besitzen. Nach Singapur, auf die Kanalinseln oder die Cayman Islands in der Karibik. Diese Zahlen sprechen eine deutliche Sprache: Die Caymans weisen doppelt so viele registrierte Unternehmen wie Einwohner auf; auf den Britischen Jungferninseln, wo 28 000 Einwohner leben, haben nahezu 800 000 Unternehmen ihren Sitz[34]. Eine Aufenthaltsgenehmigung für die Bahamas gibt es für denjenigen, der dort eine Immobilie ab einem Wert von 500 000 Dollar kauft.

Das Geld bleibt bei der Bank – in welchem Land auch immer spielt in Zeiten der Globalisierung keine Rolle. Andere haben ihr Geld längst in Sachwerte umgewandelt. Laut Thomas Eigenthaler, dem Chef der Deutschen Steuergewerkschaft, »steckt das Geld jetzt in Immobilien, in Schmuck, in Gold, in Reitpferden oder in teurem Wein. Der Vorteil: Wenn das Geld erst einmal in Sachwerten untergebracht ist, müssen Steuerhinterzieher auch nicht mehr befürchten, dass sie auffliegen, wenn es ab 2017 den automatischen Informationsaustausch über Bankdaten geben wird: welche Bankkonten deutsche Bürger bei ihnen haben, welche Erträge ihnen zugeflossen sind, wie viel Geld auf den Konten ist. Aber das Gold im Schließfach oder der Picasso an der Wand werden davon (noch) nicht erfasst.«[35] Mehr denn je gilt: **Je gigantischer das Vermögen, desto größer sind die Möglichkeiten, es vor dem Fiskus zu verstecken.**

Steuern lassen sich einfach reduzieren – vorausgesetzt man hat das nötige Kleingeld. Der globale »Geldadel« verfügt über zahllose Möglichkeiten, sich vor der lästigen Steuer zu drücken. Man meldet seinen Wohnsitz in einem Land mit einem äußerst niedrigen Steuersatz an, wie beispielsweise auf den britischen Kanalinseln Guernsey und Jersey. Wer es etwas wärmer mag, hat die Wahl zwischen Monaco, Antigua, Barbuda, Bahamas, Cayman Islands oder Dubai (0 Prozent Einkommensteuer).[36] Den Hauptsitz des Unternehmens verlegt man in ein Land mit äußerst niedrigen Unternehmenssteuern wie etwa die Niederlande (dort gelten noch dazu Steuersätze von unter zwei Prozent für Lizenzzahlungen[37]), Irland (12,5 Prozent Körperschaftssteuer[38]) oder Luxemburg. Am besten jedoch nach Belize, dem ehemaligen Britisch-Honduras, einem Paradies schlechthin für Offshore-Gesellschaften. Wenn sie Arbeitsplätze schaffen, müssen Offshore-Gesellschaften 15 Jahre lang keine Abgaben bezahlen. Das Bankgeheimnis ist in der Verfassung garantiert, internationaler Datenaustausch rangiert nicht oben auf der Agenda, und die Befürchtung, wegen Steuerdelikten ausgeliefert werden, braucht man in Belize auch nicht zu haben.[39]

Das private Vermögen parkt man in Ländern wie Singapur oder Andorra, wo keine Kapitalertragssteuern anfallen. Wer dann noch nicht genügend gespart hat, der sollte es in Ländern krachen lassen, in denen keine oder sehr geringe Mehrwertsteuern erhoben werden. So einfach ist das – vorausgesetzt man hat einen Haufen Geld. Freilich sprechen wir jetzt nicht von ein paar Millionen Euro, sondern eher von ein paar Hundert Millionen Euro. Und wenn man erst einmal zu diesem erlauchten Kreis dazugehört, dann stehen einem alle möglichen Dienstleister schnell zur Seite. Das Unternehmen Bradley Hackford beispielsweise hilft nicht nur bei Geldanlagen weiter, sondern kümmert sich auch um Visa-Angelegenheiten. In Portugal ist das »Golden Visa« bereits ab einem Investment von 500 000 Euro zu haben. Auch die Schengenländer Malta, Spanien, Lettland sowie die Nicht-Schengenländer Bulgarien und Zypern bieten »Golden Visa Programs« an. Ab einem 200 000 Euro-Investment gibt es den Pass von Antigua dazu. Die Staatsbürgerschaft von Malta kann man ebenfalls käuflich erwerben.[40]

Wem dies alles zu exotisch ist, aber dennoch keine Lust verspürt, die exorbitant hohen Steuern in Deutschland zu berappen, sollte nach Bulgarien ziehen. Das EU-Land hat einen Spitzensteuersatz von 10 Prozent; 5 Prozent werden bei Dividenden fällig. Um in den Genuss dieser Steuersätze zu kommen, müssen Ausländer mindestens 511 000 Euro investieren, etwa in Staatsanleihen. Dafür bleibt ihnen zukünftig jeglicher Stress mit dem Finanzamt erspart, da Bulgarien die OECD-Konvention zum wechselseitigen Informationsaustausch bislang nicht unterzeichnet hat.[41] Belohnt für seine Steuerpolitik wird Bulgarien von der EU! Anfang August 2014 wurde ein Partnerschaftsabkommen über den Einsatz der Struktur- und Investitionsfonds der EU für Wachstum und Beschäftigung für die Förderperiode 2014 bis 2020 geschlossen. Damit werden Bulgarien Fördermittel von rund 10 Milliarden Euro bereitgestellt, um Wachstum und Beschäftigung anzukurbeln und strukturelle Defizite abzubauen.[42] Wie behämmert sind wir eigentlich? Wir sagen ganz klar: Ohne einheitliche Steuersätze für Unternehmen und Privatpersonen in ganz Europa ist das vereinte Europa lediglich eine ungerechte Illusion und wird niemals von den Bürgern anerkannt.

Laut einer Oxfam-Schätzung verfügen neun von zehn großen Unternehmen mindestens über eine Niederlassung in einer Steueroase. Großkonzerne wie Amazon, Apple, Starbucks, Facebook oder Walmart (betreibt in Luxemburg nicht einmal einen Kiosk, aber dafür 22 Briefkastenfirmen[43]) profitieren von staatlich finanzierten Maßnahmen wie Straßen, Flughäfen, Telekommunikation oder Bildungseinrichtungen – einen Beitrag in Form von Steuern leisten sie dazu aber nicht. Haben Sie sich schon einmal gefragt, warum auf Ihrer Amazon-Rechnung eine Luxemburger Adresse steht? Ganz einfach. Wegen Jean-Claude Juncker. Im globalen Wettbewerb der Steuervermeidung lockte der damalige Premier- und Finanzminister von Luxemburg, unser derzeitiger EU-Präsident Juncker, Amazon mit dem Versprechen nach Luxemburg, dem Konzern unter die Arme zu greifen. Dies geschah mit illegalen Staatshilfen. In Großbritannien hat Amazon den Steuerbehörden 2014 trotz eines Umsatzes von über 8 Milliarden Pfund gerade mal ein paar Millionen Pfund überwiesen.[44] Der Internetriese Google hat nach eigenen Angaben 2014 rund 11 Milliarden Euro durch legale Steuerschlupflöcher aus Europa geschleust. Google transferierte diese Summe über die Niederlande auf die Bermudas, wo für Unternehmen keine Einkommensteuer anfällt.[45]

Den Vogel abgeschossen hat aber Apple, eines der profitabelsten Unternehmen der Welt. Apple erhielt in Deutschland 2011 sogar eine Steuerrückerstattung.

Die Macht der Konzerne: Mit Deutschlands jährlichem BIP könnten wir gerade 6 Mal Apple kaufen.

Während seiner Luxemburger Amtszeit lockte Jean-Claude Juncker insgesamt 340 Unternehmen in das kleine Herzogtum, Hunderte von Milliarden Euro wurden steueroptimierend durchgeschleust. Und zwar von Unternehmen wie FedEx, Pepsi, Deutsche Bank, E.ON, auch des Deutschen liebstes Möbelhaus IKEA war dabei, wie 2014 durch die »Luxemburg Leak«-Affäre bekannt wurde. Für den stolzen Gewinn von 2,5 Milliarden Euro musste IKEA lediglich den homöopathischen Steuersatz von 0,002 Prozent zahlen – nämlich 48 000 Euro.[46] Kein Spaß! Unter anderen Umständen wären dafür mehr als 500 Millionen Euro fällig gewesen und Privatpersonen oder nicht ganz so mächtige Unternehmer hätten wohl mit Gefängnisstrafen rechnen müssen. Es ist eine Schande für Europa und ein Schlag in das Gesicht eines jeden Steuerzahlers, dass Jean-Claude Juncker immer noch EU-Präsident ist. Dank solcher Typen verwundert es wenig, dass immer weniger Menschen die EU und deren politische Elite ernst nehmen.

Nach wie vor bunkern Firmen Hunderte Milliarden in Steueroasen. 2,1 Billionen Dollar allein die 500 größten US-Konzerne.[47] Darunter sind so schillernde Namen wie:

Unternehmen	Milliarden Dollar
Apple	181
General Electric	119
Microsoft	108
Pfizer	74
IBM	61,4
Merck	60

Die Zahlen in der Tabelle beziffern die in Steueroasen gebunkerten Milliardenbeträge.

Allein die Entwicklungsländer verlieren jährlich mindestens 100 Milliarden Dollar Einnahmen, weil multinationale Konzerne Steuern vermeiden. 2014 waren die Investitionen von Unternehmen in Steueroasen fast viermal so hoch wie noch 2001.[48] Laut Oxfam verstecken Einzelpersonen in Steueroasen rund 7,6 Billionen Dollar.[49] Das ist mehr als das Bruttosozialprodukt Deutschlands und Großbritanniens zusammen. Den Heimatländern gehen dadurch rund 190 Milliarden Dollar an Steuereinnahmen verloren.[50] Vor diesem Hintergrund wird klar, warum es dem einzelnen Bürger kaum noch vermittelbar ist, dass er Steuern zahlen soll, während sich Großkonzerne und Superreiche davor drücken. Und so sie erwischt werden, wird die Strafe aus der Portokasse beglichen. Das System fördert die Falschen. **Zwar wird die Demokratie stets hochgehalten, in punkto Steuergerechtigkeit versagt sie aber komplett.** Gierig wie die Raupe Nimmersatt zieht die Karawane dorthin, wo am wenigsten abgegeben werden muss. Trotz teilweise exorbitanter Gewinne zahlen Superreiche und multinationale Konzerne lächerlich niedrige oder gar keine Steuern, während wir gnadenlos zur Kasse gebeten werden. Wie kann es sein, dass in einem demokratischen Land wie Deutschland ein kleiner Buch- oder Computerhändler, der seine Mitarbeiter fair bezahlt, mit hohen Steuern belegt wird, während ein Unternehmen wie beispielsweise Amazon, das seinen Mitarbeitern oftmals einen miesen Lohn gibt, fast keine Steuern bezahlt? Politiker sprechen gerne von Gerechtigkeit und Fairness. Würden sie ihre Worte ernst nehmen, dann würden sie die Steueroasen vom internationalen Zahlungsverkehr abschneiden und der ganze Spuk wäre auf der Stelle vorbei.

Profiteure des globalen Raubtierkapitalismus

Acht Jahre nach der Lehman-Pleite ist definitiv klar: Die Ultrareichen sind die ganz großen Gewinner des auf Pump erreichten Aufschwungs. Die derzeit reichsten 62 Menschen der Welt, die gemeinsam locker in einen Reisebus passen würden, besitzen zusammen genauso viel wie die 3,5 Milliarden ärmsten Menschen – das ist absolut irrsinnig. 2010 besaßen 388 Menschen so viel wie die ärmere Hälfte der Weltbevölkerung, 2014 waren es noch 80.[51] Die vier erfolgreichsten Hedgefondsmanager verdienten im Jahr 2015 zusammen 6,1 Milliarden Dollar. Auch in der absoluten Reichen-Champions-League zeichnet sich ab, dass sich immer mehr Reichtum in den

Händen immer weniger Menschen befindet. Die 62 Hyperreichen konnten ihren Wohlstand innerhalb der letzten fünf Jahre um knapp 500 Milliarden Dollar auf 1,76 Billionen Dollar steigern, das sind 1,61 Billionen Euro. Das heißt, dass die 53 Männer und neun Frauen heute 44 Prozent mehr haben als vor noch fünf Jahren.[52] Obwohl die Bevölkerung seit 2010 um 400 Millionen Menschen gewachsen ist, schrumpfte das Vermögen der ärmeren Hälfte der Weltbevölkerung in diesem Zeitraum um etwa eine Billion US-Dollar.[53] Dies entspricht einem Rückgang von 41 Prozent.[54] Viele haben durch die Krise ihre Häuser, Wohnungen, ihr Erspartes und ihre Arbeit verloren. Mit Recht können wir behaupten, dass der Titel unseres 2012 erschienenen Buches »*Der größte Raubzug der Geschichte: Warum die Fleißigen immer ärmer und die Reichen immer reicher werden*« noch immer brandaktuell ist.

Wer sind die Ultrareichen? Wer gehört zu dem »einen Prozent«, das mehr Vermögen besitzt als die restlichen 99 Prozent der Weltbevölkerung?[55] Interessanterweise spielt es keine Rolle, ob die Ultrareichen aus Diktaturen oder demokratischen Ländern kommen. Sie sind Oligarchen, Ölscheichs, Adlige, Investoren und Unternehmer. Oftmals sind sie jedoch lediglich eines – Erben.

Wer spinnt bei uns die Fäden?

Auch in Deutschland herrscht Ungleichheit. Die reichsten 55 Deutschen verfügen über ein Vermögen von 348,5 Milliarden Euro.[56] Die reichsten 10 Prozent der Haushalte in Deutschland besitzen mindestens 63 Prozent des Gesamtvermögens.[57] Einige wenige Familien haben unvorstellbare Vermögenswerte angehäuft; zahlreiche große und sehr große deutsche Unternehmen sind komplett oder teilweise in privater Hand. Diese wenigen Familien ziehen im Vorder- oder teilweise im Hintergrund die Strippen; sie haben unvorstellbare Macht. Hierzu gehören die Milliardärsfamilien der Schraubendynastie Würth mit knapp 66 000 Beschäftigten, die Familie Oetker und die Familie Merck. Die Familie Otto – einer der größten Onlinehändler weltweit – gehört ebenfalls zur Elite der deutschen Wirtschaft wie Schaeffler (Continental), Rethmann (Entsorgung), Boehringer

(Pharma), Weisser (Mineralölhandel) und Heraeus (Technologie). Außerdem spielen in der deutschen Champions League beispielsweise Dieter Schwarz (Lidl, Kaufland) mit einem Vermögen von 17 Milliarden Euro und 350 000 Angestellten, die Familien Quandt und Klatten als größter Anteilseigner von BMW (46,7 Prozent) und einem Vermögen von 26,5 Milliarden Euro, die Familien Henkel mit einem Vermögen von circa 28 Milliarden, die Familien Aldi mit über 130 000 Beschäftigten und einem Gesamtvermögen von mehr als 35 Milliarden Euro. Ganz oben sitzen die Familienclans Piëch und Porsche mit einem geschätzten Vermögen von 65 Milliarden Euro.[58]

In Deutschland wächst die Kluft zwischen Arm und Reich kontinuierlich – zehn Prozent der Haushalte verfügen über 63 Prozent des Gesamtvermögens.[59] **Unser System fordert die Kleinen und fördert die Großen.** Vor dem Hintergrund dieser Entwicklung können wir nicht verstehen, warum die Bürger seit zig Jahren Parteien wählen, die für eine Politik einstehen, die die Reichen immer reicher und den Mittelstand und die Armen immer ärmer macht. Wie kann es sein, dass die Wähler mehrheitlich solchen Parteien ihre Stimme geben, die die wirtschaftlichen Interessen einer Minderheit – etwa 5 bis 10 Prozent der Bevölkerung – vertreten?

Im globalen Maßstab gibt es einige Personen, die oftmals binnen sehr kurzer Zeit noch mehr zusammengerafft haben und damit noch mächtiger sind als andere Superreiche. Mit solchen Vermögen lässt sich gewaltige Macht ausüben und Politik machen. Dass sie nicht gewillt sind, gerechtere gesellschaftliche Verhältnisse zu lancieren, liegt auf der Hand. So lange einige wenige auf Kosten aller anderen Menschen immer reicher und mächtiger werden, so lange sie lächerlich wenig Steuern bezahlen und ihr Geld in Steueroasen verstecken, wird sich auf dieser Welt nichts, aber auch gar nichts ändern.

Bill Gates	Microsoft	USD 82,7 Mrd.
Amancio Ortega	Zara, Pull & Bear	USD 73,8 Mrd.
Warren Buffett	Berkshire Hathaway	USD 62,7 Mrd.
Carlos Slim	Telmex	USD 60,9 Mrd.
Charles & David Koch	Koch Industries	USD 102 Mrd.
Jeff Bezos	Amazon	USD 49,1 Mrd.
Ingvar Kamprad	IKEA	USD 40,6 Mrd.

Macht und Ohnmacht der Banken

Wenn wir uns den Eigenkapitalanteil vieler großer Unternehmen vornehmen, wird ersichtlich, dass er gering und bei Banken sogar äußerst gering ist. Genau genommen bedeutet dies, dass viele Unternehmen gar nicht dem/den Unternehmer(n) gehören. Doch wem gehören sie denn dann? Wem gehören die Sparkassen, Volksbanken und privaten Banken, bei denen Privatpersonen, Unternehmen und Staaten in der Kreide stehen? Wem gehören die Versicherungen und sonstigen Konzerne? Fangen wir mit den Banken an. Lassen Sie uns einen Blick auf die größten Banken Deutschlands werfen.

1. Sparkassen

In Deutschland gibt es mehr als 400 Sparkassen. Die Träger der Sparkassen sind Städte, Kreise und Gemeinden. Damit gehören sie der Allgemeinheit.[60] 738 Stiftungen stehen für das gesellschaftliche Engagement der Sparkassen-Finanzgruppe, die zum Jahresende 2014 über ein Gesamtkapital von etwa 2,3 Milliarden Euro verfügte und 77 Millionen Euro ausschüttete.[61] Folglich gehört das Geld dem Staat, und damit uns allen.

2. Volks- und Raiffeisenbanken

Die Volks- und Raiffeisenbanken sind Genossenschaftsbanken. Gemäß der Anzahl der angeschlossenen Kreditinstitute handelt es sich bei den Genossenschaftsbanken um die größte deutsche Bankengruppe. Sie gehört den Mitgliedern, den Genossen. Charakteristisch für Genossenschaftsbanken ist, dass sie viele einzelne Anteilseigner haben – vergleichbar mit Kleinaktionären. Allerdings sind die Genossenschaftsanteile personengebunden und können nicht veräußert werden. Volksbanken und Raiffeisenbanken arbeiten im Bundesverband der Deutschen Volksbanken und Raiffeisenbanken e. V. (BVR) zusammen.[62]

3. Commerzbank

Zweifellos hat diese Bank ihre besten Zeiten hinter sich. Sie ist ein beredtes Beispiel dafür, wie man Geld verbrennt, was heißt: nicht mit Geld umgehen sollte. Im April 2007 war eine Commerzbank-Aktie knapp 220 Euro wert; im Februar 2016 dümpelte der Kurs bei knapp 6 Euro – das ist ein Wertverlust von circa 97 Prozent. Nichtsdestotrotz lernte das Institut seit der Finanzkrise offenbar nichts dazu. Während die Aktionäre 2014 leer ausgingen, kam Commerzbank-Chef Martin Blessing auf einen Verdienst von 2,7 Millionen Euro, wovon rund 50 Prozent aus dem Grundgehalt kam, die andere Hälfte waren Bonuszahlungen. De facto verdoppelte sich Blessings Gehalt. Insgesamt kassierte der Commerzbank-Vorstand im Jahr 2014 knapp 11,9 Millionen Euro.[63] Als Aktionäre würden wir uns fragen: Warum gibt es satte Boni für Topmanager, aber keinen Cent für Aktionäre? Großaktionär ist im Übrigen die SoFFin, mit rund 15 Prozent; der größte Vermögensverwalter der Welt, BlackRock, hält etwas mehr als fünf Prozent, die Capital Group knapp unter 5 Prozent. Etwa 50 Prozent der Aktien werden von institutionellen Investoren gehalten. Der Anteil der überwiegend in Deutschland ansässigen Privataktionäre beläuft sich auf circa 25 Prozent (Stand Januar 2016).[64]

4. Deutsche Bank

Auch wenn die Deutsche Bank in Deutschland noch gerne den »großen Max« macht, ist sie im globalen Maßstab längst nicht mehr so wichtig, wie sie einmal war. Sie ist der Beweis, dass man doch nicht unlimitiert Geld mit Geld verdienen kann. Mit einer Bilanzsumme von etwa 1600 Milliarden Euro schafft sie es derzeit nicht einmal mehr unter die Top 10. Im Vergleich zum Jahr 2006 hat die Aktie knapp 85 Prozent an Wert verloren (Stand: Februar 2016). Auch hier gilt, was für die Commerzbank gilt: So sollte man nicht mit Geld umgehen. Die größten Aktionäre der Bank sind BlackRock Inc. mit 6,36 Prozent, Paramount Services Holdings Ltd. mit 3,05 Prozent, Lyxor International Asset Management S.A.S. mit 2,04 Prozent, die UBS mit 1,77 Prozent und JPMorgan Chase & Co. mit 0,07 Prozent.[65] Zum Jahresende wurden 80,2 Prozent des Grundkapitals von institutionellen Anlegern (einschließlich Banken) gehalten.[66]

Aus den Negativschlagzeilen kommt die Deutsche Bank jedenfalls nicht mehr heraus. 2012 haben wir in unserem ersten Buch beispielsweise beschrieben, wie die Deutsche Bank die Stadt Pforzheim offensichtlich bei Derivategeschäften falsch beraten hat. Seit Oktober 2015 geht die Stadt immerhin endlich gegen die Bank juristisch vor.[67] Weltweit werden derzeit 6000 Prozesse und 180 aufsichtsrechtliche Verfahren gegen die Deutsche Bank geführt. Von betrügerischen Einzelfällen kann also keinesfalls mehr die Rede sein. Zahlreiche Urteile sind bereits gesprochen, Vergleiche wurden geschlossen, in anderen Fällen wird noch ermittelt. Unter anderem geht es um Geldwäsche, Steuerkriminalität und Zinsmanipulation.[68] Verspielt wurde jegliches Vertrauen bei den Aufsichtsbehörden an den wichtigsten Finanzmarktplätzen der Welt. Seit 2012 wandte die Deutsche Bank allein 12,7 Milliarden Euro für Rechtsstreitigkeiten auf – und ein Ende ist nicht in Sicht.[69] Warum hat bisher kein Aktionär das Management auf exakt diese Summe verklagt? Doch es waren ja nicht nur die Manager und Händler der Deutschen Bank, die sich an nahezu jedem Finanzskandal der vergangenen Jahre beteiligt haben. Die Führung des Finanzkonzerns tat jahrelang alles dafür, die Aufklärung der Skandale zu erschweren und zu blockieren.[70] Im Januar 2016 kam dann der Hammer, für das vorausgegangene Jahr rechnet die Deutsche Bank mit dem größten Jahresverlust ihrer Geschichte: 6,8 Milliarden Euro, damit fällt die Bilanz noch schlechter aus als im Krisenjahr 2008.[71]

Brandgefährlich ist der Derivatebestand der Deutschen Bank von fast 55 Billionen Euro – knapp 20 Mal so viel wie die jährliche Wirtschaftsleistung Deutschlands – und das bei einem Eigenkapitalanteil von lediglich ca. 1,6 Billionen Euro![72] Diese Papiere laufen außerhalb der Bilanz und sind völlig intransparent. Sollten der Bank lediglich fünf Prozent aller Derivate um die Ohren fliegen, gehen in Frankfurt die Lichter ganz schnell aus. Im Februar 2016 sah sich die Bank sogar gezwungen öffentlich zu verkünden, dass sie noch liquide ist. Spätestens seit diesem Tag sollten sämtliche Alarmglocken schrillen. Das letzte Mal, dass sich eine Bank zu einem solchen Schritt gezwungen sah, war bei Bear Stearns und Lehman Brothers – und wir alle wissen, wie das ausgegangen ist. Wir sind nach wie vor davon überzeugt: Ende dieser Dekade wird es die Deutsche Bank in ihrer jetzigen Form und Größe nicht mehr geben. Schlimmstenfalls geht die Bank pleite. Wahrscheinlicher ist jedoch, dass sie ein Konkurrent schluckt. Am ehesten wird sie mit unseren Steuergeldern gerettet und verstaatlicht.

Wer sind die größten Banken der Welt – gemessen an der Bilanzsumme? Allein fünf der zehn größten Banken kommen gegenwärtig aus dem Reich der Mitte. Wie lange das in Anbetracht der suboptimalen wirtschaftlichen Lage Chinas noch der Fall sein wird, sei dahingestellt.

1. Industrial and Commercial Bank of China (ICBC), China

3216 Milliarden Euro Bilanzsumme. Die ICBC, mehrheitlich im Staatsbesitz, wurde 1984 gegründet. Sie unterhält über 17 000 Filialen und betreut rund 4,4 Millionen Geschäfts- und über 390 Millionen Privatkunden. Aktionärsstruktur: Central Huijin (staatliche Investmentfirma): 34,71 Prozent; Finanzministerium: 34,60 Prozent; Free-float: 30,69 Prozent.[73]

2. China Construction Bank, China

2627 Milliarden Euro Bilanzsumme. Die staatliche China Construction Bank (CCB) wurde im Jahr 1954 unter dem Namen *People's Construction Bank of China* gegründet. Im Bereich Immobilien- und Infrastrukturfinanzierung gilt sie in China als Marktführer. Die CCB musste bereits vom chinesischen Staat mit Finanzhilfen in Höhe von 22,5 Milliarden US-Dollar (17 Milliarden Euro) gestützt werden. Wir gehen stark davon aus, dass das auch zukünftig so bleibt.

3. Agricultural Bank of China (ABC), China

2531 Milliarden Euro Bilanzsumme. Die Bank, die mehr Kunden als die USA Einwohner hat, wird auch »Bauernbank« genannt. Während sie in den 1950er-Jahren vorwiegend Saatgut und Traktoren für Bauern finanzierte, dreht sie heute am ganz großen Rad. Unter anderem ist sie für den größten Börsengang aller Zeiten bekannt, der 2010 über 22 Milliarden US-Dollar einbrachte.

4. Hongkong & Shanghai Banking Corporation Holdings PLC (HSBC), Großbritannien

2489 Milliarden Euro Bilanzsumme. Die HSBC, die größte Bank in Großbritannien, ging 1991 aus der *Hongkong and Shanghai Banking Corporation* hervor, die der Schotte Sir Thomas Sutherland in der britischen Kronkolonie 1865 gegründet hatte. Unter anderem wurden bislang die *Crédit Commercial de France*, die türkische *Demirbank* und die *Household Finance Corporation (HFC)* übernommen.

5. Bank of China, China

2408 Milliarden Euro Bilanzsumme. 1912 gegründet. Mit einem Emissionsvolumen von 11,2 Milliarden US-Dollar war der Börsengang im Jahr 2006 einer der größten Börsengänge überhaupt. Aktionäre sind: Central Huijin Investment Ltd. (staatlich) mit 65,52 Prozent, HKSCC Nominees Limited mit 28,29 Prozent und Freefloat mit 6,19 Prozent.[74]

Wer regiert die Welt?

2007 legten James Glattfelder, Stefano Battiston und Stefania Vitali vom Eidgenössischen Institut für Systemgestaltung an der Technischen Hochschule in Zürich eine einmalige Studie vor. Die Forscher wollten sichtbar machen, wer global die Fäden in der Hand hält und damit die Weltwirtschaft dominiert. Untersucht wurde, wie 43 060 transnationale Unternehmen untereinander vernetzt sind. Bei ihrer Arbeit stießen die Forscher auf zahllose Holding-Gesellschaften, Querverbindungen und massenhaft im Streubesitz befindliche Aktien. Genutzt wurde die Datenbank Orbis, in der Statistiker der *Organisation für wirtschaftliche Zusammenarbeit und Entwicklung (OECD)* die Daten von inzwischen 170 Millionen Firmen und Unternehmern weltweit sammeln. Zum Zeitpunkt der Studie hatten sie Daten von insgesamt 37 Millionen Akteuren aufbereitet.[75]

Im Unterschied zur *Global-500-Rangliste* des US-Wirtschaftsmagazins *Fortune*, die sich am Umsatz orientiert, waren James Glattfelder, Stefano Battiston und Stefania Vitali primär nicht an den Umsätzen und Gewinnen der Konzerne interessiert. In erster Linie wollten sie untersuchen, welchen Großunternehmen wie viele Anteile an anderen Firmen gehören und welche Macht sie dadurch ausüben. Das Ergebnis der 36-seitigen Studie *The Network of Global Corporate Control*[76] (Das Netzwerk der globalen Konzernkontrolle) macht überdeutlich, wie wenige Firmen die Welt beherrschen. Gemessen am Umsatz (eigener Umsatz und Gewinne über gehaltene Aktienpakete) dominieren lediglich 1318 der insgesamt 43 060 international tätigen Unternehmen, also drei Prozent. **Sogenannte Global Player beherr-**

schen 80 Prozent der Weltwirtschaft. Die meisten Großkonzerne sind international eng miteinander verflochten. Jedes der 1318 Unternehmen hält an durchschnittlich 20 anderen Großkonzernen mittels Aktien Anteile. Die Top 147 Konzerne (133 davon kommen aus dem Finanz- und Immobiliensektor) sind untereinander so verwoben, dass sie über 40 Prozent der Weltwirtschaft beherrschen. Ihre Macht liegt allein darin begründet, dass das ihnen nahezu unbegrenzt zur Verfügung stehende Kapital, insbesondere der Banken, es ihnen sehr leicht möglich macht, andere Unternehmen komplett aufzukaufen oder sich aber – in welcher Form auch immer – an ihnen zu beteiligen. Doch auch unter diesen 147 Konzernen existiert noch eine besondere Elite von 35 (all)mächtigen Großunternehmen. Sie allein kontrollieren 35 Prozent der Weltwirtschaft. 19 von ihnen stammen aus den Vereinigten Staaten.

Freilich sind die Konzerne nicht nur in Form von Beteiligungen miteinander verbunden, sondern auch in Form von Krediten, Kreditausfallversicherungen (CDS) und anderen, oftmals höchst spekulativen Finanzinstrumenten. Die engen Verbindungen, Absprachen und Kartelle behindern den Wettbewerb und Innovationen. Noch dazu besteht für den Fall, dass es zu wirtschaftlichen Krisen kommt, ein erhebliches globales Ansteckungsrisiko, da Unternehmen – wie die Schweizer Forscher herausgefunden haben – »in schlechten Zeiten gleichzeitig Probleme bekommen«.[77] Und genau das ist in der letzten großen Krise zwischen 2007 und 2009 ja auch passiert. Wie unvorstellbar schnell sich eine globalisierte Welt verändert, macht die Studie ebenfalls sichtbar. Die, die damals die ersten Plätze belegt haben, dürften heute kaum noch ganz vorne mitspielen. Manche, wie der damalige Protagonist in der Spitzengruppe, Lehman Brothers, fehlen ganz. Nichtsdestotrotz bleibt das Geflecht der internationalen Konzerne ebenso undurchsichtig wie vor knapp zehn Jahren.

Die global agierenden, immer reicher werdenden Konzerne, die gleichsam über den Nationalstaaten und ihren Regierungen schweben, kaum oder fast keine Steuern zahlen, verfügen über eine schier unvorstellbare Macht: Dass die Bevölkerung die Rettung der großen Banken aufgrund des »too big to fail« bezahlen musste und die verantwortlichen Topmanager der großen Banken nicht zur Rechenschaft gezogen wurden, vielmehr sogar ihre Boni behalten konnten. Dass heute weder von einer Finanztransaktionssteuer noch von einem Trennbankensystem die Rede ist. Dass der Markt für Derivate heute größer ist als 2007 und die Plünderung der Ressourcen auf Kosten der Umwelt gnadenlos weitergeht. Und dass die CEOs der 100 größten amerikanischen Firmen sich zwischen 2009 und 2015 fast tausend Mal mit Präsident Obama oder seinen Top-Beratern getroffen haben[78] – das alles und noch viel mehr können die global agierenden, immer reicher werdenden Konzerne auf ihrer Haben-Seite verbuchen. Wenn hier nicht alsbald auf internationaler Ebene radikal Ordnung geschaffen wird, brauchen wir uns über ein zweites 2008 nicht zu wundern.

Billigwahn – macht viele arm und ganz wenige reich

Die meisten von uns wollen doch eigentlich nur Gutes. Nicht selten entsteht dabei eine Hyper-Moral. Wir trennen feinsäuberlich unseren Müll in diversen Tonnen mit unterschiedlichen Farben, dämmen oftmals sinnfrei und brav unsere Häuser, sparen mit hochgiftigen Energiesparlampen Strom, sind gegen Massentierhaltung, nehmen vornehmlich Biokost zu uns und verteufeln selbstredend jedwede soziale Ungerechtigkeit. Parallel dazu freuen wir uns über das Schnäppchen bei Zara, Primark und H&M, kaufen unser Mobiliar bei Ikea und Butter, Lachs, Obst und Gemüse sowie allerlei technischen Schnickschnack beim Discounter »im Angebot«, versteht sich. Das »System Billig« floriert mehr denn je. Obwohl viele behaupten, dort nicht hinzugehen, quellen die Filialen von Primark & Co. von Menschen über. Egozentrik ist längst allgemein akzeptiert und Konsumismus zur Ersatzreligion geworden.[79] Im Grunde genommen wollen wir doch nur eins. Wir alle wollen alles, immer mehr, immer größer und vor allem immer billiger: billigere Flüge, billigere Kleidung, billigere Möbel, billigere Urlaube und – immer billigeres Essen.

Du bist, was du isst!

Wir hören die Werbung von Billigdiscountern im Radio und werden tonnenweise mit Werbematerial und Anzeigen bombardiert. Immer günstiger werden Obst, Gemüse, aber auch Fleisch, Fisch oder Milch angeboten. Die Milch- und Fleischpreise bringen die Bauern in Bedrängnis. Was fällt für sie bei Billigpreisen ab? Zumal man einrechnen muss, dass sich die Besitzer der Discounter, welche zu den reichsten Deutschen gehören, von unserem Geld auch etwas haben wollen.

Ultrabilliges Fleisch ist nur mittels einer maschinellen Fleischindustrie möglich. Den Tieren wird jegliche Würde genommen, Masthühner werden auf engstem Raume zusammengepfercht und Küken brutal geköpft. In Deutschland werden derzeit 97 Millionen Hühner zur Fleischgewinnung gehalten, knapp 77 Millionen in Betrieben mit 50 000 oder mehr Hühnern. Sie vegetieren in Gruppen von 10 000 Tieren in künstlich beleuchteten Hallen und werden mit Kraftfutter vollgestopft.[80] Unter der Last des eigenen Gewichts brechen ihre Knochen. Bereits nach 30 Tagen haben sie ihr Durchschnittsgewicht von 1,6 Kilo erreicht und sind schlachtreif. Das Geschäft wird immer schwieriger. Hühnerfleisch ist inzwischen so billig geworden, dass Produzenten nur mit gigantischen Volumina Geld verdienen. Nicht anders sieht es bei der Schweinezucht aus. Rund 60 Millionen Schweine werden alljährlich in Deutschland geboren, gemästet und dann geschlachtet.[81] Damit sie sich die Ringelschwänze gegenseitig nicht abknabbern, werden die Schwänze kupiert. Noch grausamer geht man mit den schwachen, scheinbar nicht überlebensfähigen und somit unrentablen Ferkeln um, die systematisch ohne Betäubung totgeschlagen werden.[82] Ihr Name, nämlich Kümmerlinge, spricht in diesem Fall Bände.

12,7 Millionen Rinder werden in unserem Land gehalten, knapp 4,3 Millionen davon sind Milchkühe. Ungefähr 72 Prozent von ihnen leben in der sogenannten Laufstallhaltung; am weitesten ist die Haltung in Liegeboxenlaufställen verbreitet.[83] In den 1950er-Jahren gab eine Milchkuh circa 640 Liter pro Jahr, heute sind es 5000 bis 10 000 Liter jährlich. Das liegt einerseits am Hochleistungsfutter – neben Gras, Mais und anderen Futterkonzentraten bekommt die Milchkuh eine besondere Portion Eiweiß –, andererseits an der Züchtung.[84] Frische Luft, Bewegung und Natur kennen die Tiere nicht. Damit sie nicht krank werden, werden sie ausreichend mit Medikamenten »versorgt«. Laut Ärztevertretern wird in der konventionellen Tiermast im Vergleich zur Humanmedizin fast die doppelte Menge an Antibiotika verabreicht. Offiziellen Schätzungen zufolge sind das jährlich 1450 Tonnen – und 700 bis 800 Tonnen in der Humanmedizin.[85] So wundert es nicht, dass immer mehr Menschen unter einer Antibotikaresistenz leiden.

Keine Alternative ist es, das Fleischgericht durch Fisch oder Krustentiere zu ersetzen. Hier ist ebenfalls der Billigwahn ausgebrochen. Auch Meeresfrüchte und Fisch sind heute beim Discounter für Spottpreise zu haben. Damit Garnelen weiterhin zu Billigstpreisen über den Ladentisch gehen können, boomt die Garnelenzucht in Aquakulturen in Thailand, Indonesien, Ecuador oder Honduras. Dünger, Pestizide, Antibiotika und Kraftfutter verseuchen das Wasser und zerstören die Natur. Oftmals sind die Aquafarmen an den biologisch hochsensiblen Mangrovenwäldern angesiedelt. Mangrovenwälder sind nicht nur die Wiege einer äußerst reichen Artenvielfalt von Tieren und Pflanzen, sondern auch ein Bollwerk gegen die Bodenerosion. Sie schützen das Küstengebiet vor Stürmen und Seebeben. Ihr sukzessives Verschwinden hat verheerende Auswirkungen für die lokale Fischerei, eine der wichtigsten Nahrungs- und Einkommensquellen für zahlreiche Küstenbewohner.[86] Ist deren Lebensgrundlage zerstört, werden auch diese Menschen sich auf den Weg in eine bessere Zukunft machen.

Unvermindert fischen wir die Meere leer. Gemäß Zahlen der Ernährungs- und Landwirtschaftsorganisation der UNO (FAO) sind bereits rund 61 Prozent der weltweiten Speisefischbestände ausgeschöpft. 29 Prozent gelten als überfischt. Da die heimischen Meere größtenteils leergefischt sind, geht man »fremdfischen« und bedient sich in der Antarktis oder vor den Küsten Afrikas.[87] Und zwar im großen Stil – mit riesigen schwimmenden Fischfabriken. Auch Chinas Flotte, vier Mal so groß wie die der EU, geht global auf die Jagd. Der Meeresbiologe Daniel Pauly vom *Sea-around-Us*-Projekt der kanadischen Universität Columbia schätzt, dass die Fische, die Chinesen jährlich vor fremden Küsten fangen, einem Handelsvolumen von rund neun Milliarden Euro entsprechen. China setzt insbesondere Grundschleppnetze ein, dabei werden ganze Ökosysteme zerstört.[88] Der mit Abstand größte Fischkonzern Chinas ist die staatliche China National Fisheries Corporation, die laut Greenpeace vor der Küste Westafrikas bei jedem dritten Fall von Piratenfischerei dabei ist. Greenpeace zu Folge gewährt Peking seiner Hochseeflotte zahlreiche Vergünstigungen wie Treibstoffsubventionen, Erlass von Importzöllen, Mehrwertsteuer und Unternehmenssteuer.[89]

Doch auch wir müssen uns an die eigene Nase fassen. Wir haben uns reichlich an den Fischbeständen bedient und tun dies weiterhin. So schloss die EU im Mai 2014 mit Senegals Regierung ein Fischereiabkommen ab, das von den senegalesischen Fischern heftig kritisiert wurde, weil ihnen damit die Lebensgrundlage entzogen wurde. Die EU verpflichtete sich damals, innerhalb von fünf Jahren 15 Millionen Euro an den Senegal zu zahlen. Im Gegenzug erhielt sie die Rechte, 14 000 Tonnen Thunfisch pro Jahr vor der senegalesischen Küste zu fischen. Adama Lam, Vizepräsident des Groupement des Armateurs et Industriels de la Pêche au Sénégal (GAIPS), wusste zu berichten, dass die heimischen Fischer, die auf den Fang von Thunfisch spezialisiert waren, im Gegensatz zu den europäischen Fischereiflotten keine Fanggenehmigung bekamen. Adama Lam: »Wir verscherbeln unsere Ressourcen und erlauben die Rekolonialisierung durch Europa in diesem Sektor.« Seit 1980 wurden die senegalesischen Fischereiverbände erstmals nicht in die Verhandlungen einbezogen.[90] Spätestens dann, wenn die letzten Küstengewässer Afrikas leergefischt sind, werden sich auch diese Menschen auf den Weg nach Europa machen.

Profiteure des Billigwahns

Sollte sich der eine oder andere Leser nach diesen Zeilen doch entschließen, auf Fleisch und Fisch zu verzichten, um sich vegetarisch zu ernähren, der sei gewarnt. Wirklich besser sieht es hier leider auch nicht aus. So Sie in Spanien Urlaub machen und in die Provinz Almeria kommen, werden Sie sich wahrscheinlich die Augen reiben. Vor allem, wenn Sie in Richtung Meer fahren, werden Sie unendliche Weiten von Folien entdecken. Die ganze Provinz scheint mit Folie zugedeckt. Dabei handelt es sich nicht um ein neues Verpackungskunststück von Christo, sondern um Tausende von Gewächshäusern, in denen Tomaten, Gurken, Erdbeeren, Melonen, Salat oder Paprika unter der spanischen Sonne wachsen. El Ejido in der Provinz Almeria ist das hässliche Zentrum des europäischen Gemüseanbaus. Geschätzte 40 000 Gewächshäuser dehnen sich über mehr als 350 Quadratkilometer aus. Fast ein Drittel der Ernte aus dem Jahr 2014 ging nach Deutschland (30,5 Prozent), insgesamt 582 491 Tonnen.

Allerdings hat der ganzjährige Gemüseanbau seinen Preis. Obst und Gemüse wachsen in der Regel nicht in natürlicher Erde, sondern in Perlit, kleine poröse Steine, in denen Nährstoffe stecken. Damit alles schön wächst und gedeiht, wird kräftig gedüngt. Damit uns das Obst und Gemüse möglichst wenig kostet, malochen Arbeiter, die vorwiegend aus Afrika stammen, auf den Farmen für Hungerlöhne – wenn sie überhaupt Geld bekommen.[91] Die Obst- und Gemüsezucht ist sehr wasserintensiv, woran es in Südspanien meist mangelt. Deshalb werden fossile Wasservorräte aus 100 Metern Tiefe gefördert.[92] Sobald diese verbraucht sind, werden sich auch die Südspanier gemeinsam mit den afrikanischen Billiglöhnern auf den Weg machen.

Im Rahmen von Kooperationen wie der »German Food Partnership« und der »Neuen Allianz für Ernährungssicherung« unterstützen die Bundesregierung und das Entwicklungsministerium (BMZ) Agrarkonzerne wie Bayer, BASF und Monsanto bei Projekten in Afrika. Gerne schmücken sie sich dabei mit dem Etikett der Entwicklungshilfe und Armutsbekämpfung. In Wirklichkeit aber dienen die Vorhaben in erster Linie den Profitinteressen der Großkonzerne. Und das geht so: Die Unternehmen erschließen sich beispielsweise neue Märkte für Pestizide oder sichern sich über die »Neue Allianz« Land- und Saatgutrechte und drängen nach und nach die heimische Landwirtschaft in Abhängigkeit. Die Mehrheit der Kleinbauern steht inzwischen im Abseits. Viele fliehen, um sich sodann auf Obst- und Gemüsefarmen wie in Spanien oder auch Italien zu verdingen. Sie bauen dort exakt die Produkte an, die aufgrund der EU-Handelsabkommen die afrikanischen Märkte konkurrenzlos billig überschwemmen. Ein Teufelskreis. Von der Umweltzerstörung durch industrielle Monokulturen ganz zu schweigen. Statt Entwicklungshilfe für Agrarkonzerne zu leisten, sollten die Bundesregierung und das BMZ besser die kleinbäuerliche Landwirtschaft in armen Ländern stärken.[93]

Die Industrialisierung der Landwirtschaft sorgt für einen dramatischen Rückgang der Artenvielfalt. Infolgedessen verlieren immer mehr Menschen in ärmeren Ländern ihre Existenzgrundlage. Gleichzeitig garantiert die Industrialisierung den reichen Nationen Niedrigstpreise für Lebensmittel. Profiteure der wachsenden Gier nach immer billigeren Produkten sind Agrarkonzerne, die die Verwertungsketten kontrollieren, Landwirte mit Knebelverträgen gängeln und Umweltverschmutzung billigend in Kauf nehmen. Von den großen Discountern hier nicht zu reden. Damit nicht genug: Biopiraterie, Land- und Fischraub durch westliche oder asiatische Unternehmen, ökologische Wüsten und moderne Sklaverei sind ebenso Folgen des »Systems Billig«. **Billigpreise und Profitmaximierung sind zwei Seiten einer Medaille.**

Ein Großteil unserer Kleidung – gleich ob Billig- oder Luxusware – wird in Sweatshops in Malaysia, Vietnam, China, Indien, Indonesien, Bangladesch, Kambodscha, Sri Lanka, Pakistan und derzeit vorrangig in Äthiopien hergestellt, weil die Arbeitskraft dort aktuell am billigsten zu haben ist.[94] Der Wanderzirkus der arbeitsintensiven Textil- und Schuhindustrie vagabundiert um die Welt und lässt sich dort nieder, wo die Löhne am niedrigsten sind. Es ist ein regelrechter Wettkampf um das Gut – »Arbeit« – entstanden. Dass das fiktive Gut »Arbeit« – neben Grund, Boden und Geld – zur Ware verkommt, davor hat schon Karl Polanyi gewarnt. Länder, in denen die manuelle Arbeitskraft hoch besteuert wird, kommen ins Hintertreffen. Wettbewerbsfähig ist ein Land oftmals nur, wenn das Wohl von Mensch und Natur keine Rolle spielt. Je ärmer ein Land aber ist, desto drastischer sind die Maßnahmen, um kapitalkräftige Unternehmen anzulocken. Da scheut man weder vor Subventionen noch vor Steuervergünstigungen für milliardenschwere Konzerne zurück. Auch Kinderarbeit ist in einigen Ländern üblich.[95] Circa 168 Millionen Heranwachsende malochen unter menschenunwürdigen Bedingungen.[96] In Indien beispielsweise ist Kinderarbeit nur dann unzulässig, wenn sie nachweislich gesundheitsschädlich ist.[97] Hauptsache, Unternehmen kommen ins Land, bauen oder übernehmen Fabriken, geben den Menschen irgendwelche Arbeit, auch wenn diese unterirdisch schlecht bezahlt ist. Drohen die Kosten zu steigen, zieht die Karawane weiter, um sich ein neues lukrativeres Opfer zu suchen. Oberstes Ziel ist es immer, möglichst hohe Gewinne mit möglichst geringem eigenem Aufwand zu erzielen. Und zwar auf Kosten der Arbeiter und der Lieferanten.

Die Löhne sind meist lächerlich gering. In Kambodscha beispielsweise werden gerade einmal 124 Euro verdient – im Monat. In Sri Lanka, Bangladesch und Pakistan gibt es gemäß der Internationalen Arbeitsorganisation (ILO) noch weniger.[98] Wir freuen uns, dass wir für ein T-Shirt lediglich 9,99 Euro berappen müssen, bedenken dabei aber nicht, dass die Lohnkosten zur Herstellung des T-Shirts lediglich 1–3 Prozent daran ausmachen. Entsprechend hoch sind die Margen. Gerne schieben die Textilketten den »schwarzen Peter« den Subunternehmern vor Ort zu. Wollen diese jedoch ihrer Verantwortung gegenüber ihren Angestellten gerecht werden, dann verlegen die Ketten ihre Produktion flugs zu billigeren Anbietern. **Wir Konsumenten profitieren davon, dass es anderen verdammt schlecht geht.** Auch wir Verbraucher sind für die wirtschaftlich schlechte Lage in vielen Ländern mitverantwortlich.

Der Billigwahn hat auch für uns gravierende Folgen. Abgesehen von der Umweltzerstörung nehmen auch die Zivilisationskrankheiten kontinuierlich zu. Viele Menschen werden immer dicker und kränker. Die wahren Kosten einer Ware bleiben uns so lange verborgen – bis wir den Preis dafür bezahlen werden. Mittlerweile sind viele Menschen in den armen Ländern nicht mehr bereit, sich ausbeuten zu lassen. Mit der unverhältnismäßigen Verteilung des Wohlstands wächst die Unzufriedenheit weltweit. Noch dazu bleiben Ungerechtigkeiten in Zeiten der modernen Kommunikationsmittel nicht mehr verborgen. Kurzum: so lange wir auf billig stehen und internationale Konzerne Niedrigstlöhne zahlen, werden sich Menschen auf die Flucht begeben, egal wie gefährlich der Weg ist.

Einige sind durch den Verkauf von Billigware unvorstellbar reich geworden. Konzerne nutzen im Preiskampf einerseits ihre Größenvorteile (»Skaleneffekte«), so wie wir das in Kapitel 5 beschrieben haben. Andererseits betreiben sie häufig Steuervermeidung um jeden Preis. Die Könige des Billigwahns sind: die Familie Albrecht (Besitzer von Aldi Nord und Süd), Dieter Schwarz (Inhaber von Lidl und Kaufland), Ingvar Kamprad (der Gründer von Ikea), Amancio Ortega (Zara, Pull & Bear und Berhska) oder Stefan Persson (H&M). Zweifellos sind Geiz und Gier die Haupttriebfedern der Globalisierung. Doch wir Verbraucher können das ändern, dass einige wenige sehr reich und sehr viele arm sind. Schließlich haben wir die freie Wahl, was wir kaufen möchten und was nicht. Es liegt durchaus in unserer Macht, Großkonzerne zu boykottieren und ihnen zu demonstrieren, dass wir gegen eine Profitmaximierung um jeden Preis und auf unsere Kosten sind.

Kapitale Fehler – und Vorschläge zu ihrer Behebung

> *»Wie liebe ich die Kühnheit!*
> *Wie liebe ich die Leute, die aussprechen,*
> *was sie denken.«*
> Voltaire

In den letzten Jahrzehnten, insbesondere infolge mangelnder Kontrolle, wurden in der Politik und in der Wirtschaft, vor allem in der Finanzwelt, exorbitante Fehler gemacht – Kapitalfehler, die sich nicht mehr leugnen lassen und für die wir bitter bezahlen müssen. Die Fakten liegen auf dem Tisch: **Freie Märkte funktionieren in allen Branchen, jedoch nicht im Finanzwesen, das** reguliert werden muss. **Je weniger die Finanzwelt reguliert wird umso mehr Krisen.** Durch unregulierte Kapitalflüsse entstehen Spekulationen und dadurch Finanzmarktblasen. Hier müssen global Hürden und grundlegende Reformen her, die der irrsinnigen Zockerei Einhalt gebieten. Wenn wir jetzt nicht dagegenlenken und die Kapitalfehler beheben, sinkt das Boot. Mit hundertprozentiger Sicherheit! Wenn der Wandel nicht von uns allen, von der Basis eingefordert wird, wird nichts passieren. Unsere »Elite« hält am Status quo fest. Bis zum bitteren und sehr teuren Ende.

Wie wir in den vorherigen Kapiteln aufgezeigt haben, bewegt sich die Wirtschaft in Zyklen. Das gilt es anzuerkennen und diese Zyklen proaktiv zu unseren Gunsten zu nutzen. Das Problem ist, dass leider selten aus der Vergangenheit Lehren gezogen werden, was insbesondere auch für die Finanzbranche gilt. Aus den letzten beiden Krisen in den Jahren 2000 und 2008 wurden keine Konsequenzen gezogen, im Gegensatz zu 1929. Das Problem wurde nicht gelöst, sondern verschlimmbessert – und schon war der nächste Crash da. Aus anderen Erfahrungen, wie etwa den beiden verheerenden Weltkriegen, haben einige Länder schließlich auch gelernt. Etwa indem der Völkerbund und die UN gegründet wurden, um den Frieden zu sichern. Krisen sind wichtige Korrektive! Indem wir aus der Vergangenheit Lehren ziehen und Krisen für nachhaltige Veränderungen nutzen, lassen sich zukünftige Krisen vermeiden. Im Folgenden legen wir unsere bescheidenen Vorschläge dar, wie sich die Schieflagen auf den drei größten Baustellen beseitigen ließen.

1. Europa und der Euro

Mehr denn je sind wir uns gewiss: **Der Euro ist gescheitert!** Wie lange wollen wir noch ganze Volkswirtschaften, vorwiegend im Süden Europas, in die Knie zwingen, um das Währungsexperiment Euro künstlich am Leben zu erhalten? Die volkswirtschaftlichen Eckdaten zahlreicher Euro-Länder sprechen für sich. Dem Großteil der Menschen in den Euro-Ländern Portugal, Griechenland, Spanien, Italien und Frankreich geht es heute in vielerlei Hinsicht wirtschaftlich schlechter als vor Einführung des Euro! Sie alle weisen höhere Arbeitslosenzahlen, eine wesentlich höhere Staats-, Unternehmens- und Privatverschuldung und eine erheblich geminderte Industrieproduktion auf. Von Jahr zu Jahr bauen diese Länder wirtschaftlich mehr ab. Es ist unverkennbar, dass die vielen teuren Rettungspakete nichts gebracht haben. Das ganze Geld können wir abschreiben, da die Länder Südeuropas ihre Schulden niemals zurückzahlen können. Fakt ist: **Im Korsett des Euro werden diese Länder niemals wieder auf die Beine kommen.**

Sollte sich die Abwärtsspirale, die historisch einmalig ist, weiter fortsetzen, werden extremistische Parteien noch stärkeren Zulauf bekommen. Dies gilt es zu verhindern! Spätestens diese Gruppierungen werden das Ende des Euro und der EU einleiten; allerdings auf eine Art und Weise, die sich keiner wünschen kann. Wie viele Beweise benötigt die EZB und Brüssel eigentlich noch, dass der Euro den Menschen mehrheitlich mehr schadet als nutzt? Sind erst soziale Unruhen, Bankenpleiten, Deflation oder sogar eine Hyperinflation erforderlich, bevor die notwendigen Schritte eingeleitet werden?

Zwar ist der Euro gescheitert, aber nicht Europa. Wir sind überzeugte Europäer und glauben an die großartige Idee eines vereinten Europas. **Allerdings stehen weder der Euro noch das Bürokratiemonster EU für Europa.** Deshalb halten wir die Aussage von Angela Merkel: »Scheitert der Euro, dann scheitert Europa«[99] auch für falsch und müssen uns jetzt mal kräftig echauffieren: Wie erbärmlich wäre das, wenn sich Europa lediglich über eine Währung definiert? Europa ist sehr viel mehr als nur eine Währung, die uns aufgezwungen wurde. Europa ist auch nicht Brüssel und Straßburg mit all den Lobbyisten und Seilschaften, den oftmals realitätsfernen Kommissaren, Parlamentariern und Beamten. Europa heißt für uns nicht Gleichmacherei, sondern Vielfalt in jeglicher Hinsicht. Direkte Demokratie, statt Ansagen und Vorgaben, und das noch dazu oftmals von Menschen, die wir nicht einmal gewählt haben. Europa meint Freiheit und Gerechtigkeit; eine Union, die für die Rechte der Menschen und eine gute Zukunft der Menschen einsteht. Europa ist für uns nicht dieser zentralistische Pseudostaat, der seine Bürger durch Nullzinsen enteignet, jungen Menschen die Zukunft raubt und die Interessen von Banken und einer Pseudo-Elite vertritt. Wir fordern ein Europa, in dem jeder seine Steuern bezahlt, und das dafür Sorge trägt, dass sich Superreiche und internationale Konzerne dem nicht mehr entziehen können, während der Mittelstand gnadenlos geschröpft wird. Alle sollen vom Wohlstand profitieren, nicht nur eine kleine Elite, die auf Kosten anderer unvorstellbare Reichtümer anhäuft.

Wir fordern:

- Den sofortigen **Stopp des irrsinnigen Aufkaufprogramms der EZB.** Niemals in der Geschichte der Menschheit wurde eine Krise durch das Drucken von Geld gelöst.

- Eine strukturierte und geordnete **Auflösung des Euro,** bevor er offiziell und chaotisch scheitert. Die Einführung von nationalen, souveränen Währungen nach einem neuen Bretton-Woods-Verfahren in einem neu gestrickten Geldsystem.

- Eine europaweite Abstimmung über die Zukunft der EU – und zwar bevor die ersten Länder die EU verlassen. Abhängig vom Wahlergebnis entscheidet sich dann, ob die EU aufgelöst, reduziert oder in ihrer jetzigen Form beibehalten wird. Wir fordern im Falle einer Beibehaltung: **EU-Gesetze dürfen nicht über nationalem Recht stehen, und der gigantische Wasserkopf muss massiv reduziert werden.**

- Eine politische Union – ein Staat Europa – wird unserer Ansicht nach niemals funktionieren, dafür sind wir Europäer zu verschieden, und das ist auch gut so. Nicht in jedem Land müssen die gleichen Gesetze und Normen gelten. **Wir sind starke Verfechter einer Wirtschaftsunion, aber nicht eines Staates Europa.**

- Das **Ende von Geheimverhandlungen** hinter dem Rücken der Bürger wie beispielsweise bei den TTIP-Verhandlungen mit den USA. Transparenz und Kontrollierbarkeit sollten ganz oben stehen.

- Eine **Insolvenzordnung für Staaten,** denn auch Staaten müssen pleitegehen dürfen.

- Eine weltweite Schuldenkonferenz. Nach einem **Schulden-schnitt/ -erlass** muss für die Krisenländer im Süden Europas ein **Marshallplan** implementiert werden, um die europäische Idee im Kern zu retten und den Krisenländern die Chance zu geben, eine wertschöpfende Industrie aufzubauen. Dafür sind tief greifende Strukturreformen und der breite Wille erforderlich, erhebliche Veränderungen anzugehen, auch wenn diese erstmal schmerzhaft sind.

- Mehr **basisdemokratische Beteiligung der Bürger** durch Abstimmungen und Vetos. Als Vorbild hierfür kann das Schweizer Modell dienen.

2. Strikte Regulierung der Finanzmärkte

Gravierende Änderungen in der Finanzbranche sind unverzichtbar. Die bisherigen Regeln in Basel I – III sind tausende von Seiten dick, die kein Mensch versteht oder überblickt. Selbst Experten müssen sich wochenlang erst einlesen. Alle fünf Jahre verdoppelt sich die das Volumen der Regulierungen und wird dadurch immer komplexer und intransparenter. Das ist ein gravierendes Problem! Denn damit entzieht sich die Finanzwelt der demokratischen Kontrolle. Wie sollen Bürger und Politiker ein System hinterfragen bzw. wieder Vertrauen schenken, das sie nicht verstehen? Wir brauchen die Banken und

Versicherungen. Ja, aber vor allem benötigen die Banken uns! Nicht nur als Retter, sondern als Kunden! Wir fordern auf globaler Ebene:

- Eine weltweite Wiederbelebung des **Trennbankensystems** (Trennung von Geschäfts- und Investmentbanken), welches lange hervorragend funktioniert und Banker optimal davon abgehalten hat, mit fremdem Geld, was meint: mit Kundengeldern, zu zocken.

- Eine **Erhöhung der Eigenkapitalquote für Banken** ist richtig und kann zweifellos zu mehr Sicherheit führen. Aber acht oder zehn Prozent reichen bei Weitem nicht aus. Am liebsten wären uns 100 Prozent, mindestens aber 20 Prozent, so wie es auch von Kunden als Sicherheit bei einer Kreditvergabe gefordert wird. Nach der Lehmankrise blähten die großen internationalen Finanzkonzerne durch das viele billige Geld ihre Bilanzen massiv auf. Wir fordern, umso größer die Bilanzsumme eines Finanzinstituts ist, umso höher muss die Eigenkapitalquote prozentual steigen. Große Finanzkonzerne dürfen keine Anreize mehr bekommen, ihre Bilanz aufzublähen, um in den Status der Systemrelevanz zu kommen.

- Banken, die bereits als systemrelevant gelten, müssen eine **Sondersteuer** bezahlen, da sie einen klaren Vorteil gegenüber kleineren Banken haben, nämlich den, dass sie notfalls vom Steuerzahler gerettet werden. Diese Sondersteuer kann als Versicherungsgebühr verstanden werden. Langfristiges Ziel ist es, dass Banken wieder auf eine gesunde Größe zurückschrumpfen, damit sie das gesamte Finanzsystem nicht mehr in den Abgrund stürzen können.

- **Implementierung eines Insolvenzplans** für systemrelevante Banken und Versicherungen. Finanzinstitute müssen genauso pleitegehen und abgewickelt werden können wie jedes andere Unternehmen auch. Keine Sonderstellung mehr!

- Das Thema **Haftung** der Manager muss wesentlich größer geschrieben werden. Und mit Haftung meinen wir persönliche Haftung. Dementsprechend fordern wir ein Ende der vom Arbeitgeber bezahlten sogenannten Managerhaftpflichtversicherungen.

- Schluss mit der vollkommen **realitätsfernen Bezahlung** bei Topmanagern und Investmentbankern in der Finanzbranche. Wir sprechen uns dafür aus, dass der Topverdiener maximal das 20-Fache inklusive Boni dessen verdienen darf, das derjenige mit dem niedrigsten Gehalt im Unternehmen erhält. Dadurch würden alle gleichermaßen am Erfolg partizipieren. Wenn der Boss viel Geld verdienen möchte, muss er zunächst dafür Sorge tragen, dass seine Angestellten gut verdienen.

- **Eine der wichtigsten Forderungen und die Quintessenz aus den letzten Krisen:** Wie aufgezeigt, darf die Finanzwelt nicht liberalisiert und dereguliert werden. Sie kann sich selbst weder kontrollieren noch maßregeln. Durch die bislang geltende prozyklische Kontrolle verstärkten sich die Zyklen, vor allem die spekulativen. Dadurch wurden die Finanzinstitute zu groß, zu komplex und damit systemgefährdend. Dies löste immer und immer wieder existenzielle Krisen aus. Was die Finanzwelt braucht, sind permanente Kontrolle und Regulierungen. **Wir fordern eine permanente, antizyklische Kapitalmarktkontrolle!** Und zwar nicht larifari, wie es beispielsweise die US-Aufsichtsbehörde SEC und die deutsche BaFin machen, sondern knallhart. Am besten wäre, wenn Finanzinstitute verpflichtet werden, tagtäglich Rechenschaft abzulegen. Wer jetzt aufschreit, »das geht doch nicht«, dem entgegnen wir: Doch, das geht sehr wohl! Die Credit Suisse beispielsweise muss bereits seit Februar 2016 täglich der Eidgenössischen Finanzmarktaufsicht (FINMA) Rechenschaft ablegen.[100] Der Vorteil einer antizyklischen Kontrolle ist, dass sie nicht nur dann aktiv wird, wenn die Kuh bereits auf dem Eis ist. Sie ist permanent aktiv, auch in guten Zeiten. Nur so können

Krisen frühzeitig erkannt und verhindert werden. Sobald ein Institut die festgelegten Grenzen verletzt, wird es hart bestraft und gegebenenfalls sogar dichtgemacht – basta! Dann tritt die unabhängige Notenbank an, um die Insolvenz abzuwickeln und die Dinge wieder in Ordnung zu bringen.

- **Alle Finanzprodukte müssen vor Zulassung,** wie jedes Medikament auch, auf Herz und Nieren eingehend **geprüft werden.** Ist die Gefahr zu groß, das Risiko nicht abschätzbar oder der Nutzen fragwürdig, dann werden die Produkte nicht zugelassen! Wie Medikamente müssen auch Finanzprodukte permanent überprüft werden. Sollte sich herausstellen, dass sie ihren Zweck nicht erfüllen oder sogar Schaden bringen, dann müssen sie vom Markt genommen werden.

- Jeglicher Handel mit Finanzprodukten muss transparent über öffentliche Börsen laufen. Ohne Wenn und Aber!

- Es darf nicht sein, dass Derivate im Volumen von über 650 Billionen Dollar außerhalb der Bankbilanzen herumwabern und keiner weiß, wer auf was, mit oder gegen wen, in welcher Höhe gewettet hat. Daher: Es muss endlich **Schluss** sein **mit** den intransparenten **OTC-Geschäften** (over the counter). **Derivate müssen in den Bilanzen der Banken erscheinen** und von der Börsenaufsicht streng überwacht werden. Es darf nicht mehr sein, dass eine Bank wie die Deutsche Bank bei einer Bilanzsumme von 1,6 Billionen Euro[101] Derivate im Volumen von über 55 Billionen Euro außerhalb der Bilanz stehen hat.[102] Die Alternative: ganz verbieten!

- **Leerverkäufe gehören verboten.** Leerverkäufer sind Spekulanten, die auf fallende Kurse setzen. Sie leihen sich Vermögenswerte wie beispielsweise Aktien gegen eine Gebühr und verkaufen diese in der Hoffnung, dass der Preis sinkt, um den Vermögenswert zu einem späteren Zeitpunkt zum niedrigeren Preis zurückkaufen

können. Die Differenz zwischen Verkaufspreis und Rückkauf-
preis ist ihr Gewinn.

■ Die durchschnittliche Haltedauer von Wertpapieren beträgt momentan 22 Sekunden. 1994 waren es noch vier Jahre![103] Geschuldet
ist dies dem **Hochfrequenzhandel.** Dieser **sollte verboten werden**
oder ihm wenigstens Einhalt geboten werden. Nach wie vor sind
wir für die **Einführung einer Finanztransaktionssteuer.** Diese
würde den Irrsinn, dass Aktien oder Anleihen x-mal täglich die
Eigentümer wechseln, definitiv beenden.

■ Und zum Schluss noch eine utopische Spinnerei: Wir haben
gesehen, dass vor allem private Banken das Unheil angerichtet
haben. Warum denken wir eigentlich nicht darüber nach, private
Banken gänzlich abzuschaffen?

3. Wir benötigen ein neues Geldsystem

Das Grundübel ist unser derzeitiges, völlig falsch gestricktes Geldsystem. Hier muss der Hebel angesetzt werden. Es ist Zeit für ein
Bretton-Woods-System 2.0!

■ **Wir fordern ein transparentes und idealerweise gedecktes**
Geldsystem (ganz oder teilweise gedeckt, z. B. mit einem Roh-
stoffkorb) ähnlich dem sogenannten Bretton-Woods-System, das
mehrere Jahrzehnte erfolgreich funktioniert hat.

■ **Wir sind für die Abschaffung des heutigen Giralgeldsystems,**
dadurch können Geschäftsbanken Geld aus dem Nichts schöpfen
und es gegen Zins verleihen.

■ Stattdessen sind wir starke Befürworter des **Vollgelds (Mone-**
tative), weil ausschließlich Notenbanken dann Geld schöpfen
können und der Gewinn aus der Geldschöpfung – die Seignio-
rage – ungeschmälert den öffentlichen Haushalten zugutekommt.

- Die **Geldschöpfungsgewinne müssen zweckgebunden für Bildung, Gesundheit und Infrastruktur ausgegeben werden,** und nicht – wie derzeit die Bundesbankgewinne – in den allgemeinen Staatshaushalt fließen.

- **Wir verlangen eine unabhängige, demokratische Notenbank,** welche den Menschen dient, statt sie durch Niedrigzinsen zu enteignen. Eine Notenbank, deren Präsident vom Volk gewählt wird, und keine, bei der ein ehemaliger Goldman-Sachs-Banker als Chef eingesetzt wird und dessen Entscheidungen meist nur seinen ehemaligen Kollegen dienen.

- Es muss eine Schuldenkonferenz geben, bei der, ähnlich wie nach dem zweiten Weltkrieg, **Schulden gestrichen** werden. Es wird alle treffen, alle werden abgeben müssen und Vermögen verlieren. Aber, um einen todgeweihten Patienten zu heilen, sind radikale Eingriffe notwendig. Parallel dazu wird es eine Vermögensabgabe geben. Damit sich dieser Maßnahme niemand entziehen kann, müssen zuvor die **Steuerschlupflöcher und Steueroasen ausgetrocknet werden.** Wir hören schon jetzt den entrüsteten Aufschrei; aber keine Sorge, wir können Sie beruhigen: Wenn wirklich alle zahlen, wird weder die breite Mittelschicht wesentlich mehr zahlen, noch werden die Reichen übermäßig »enteignet«. Es wird fair auf alle verteilt, so wie es idealerweise sein sollte. Der Mehrwert wäre alles andere als bescheiden: soziale Gerechtigkeit und die Chance auf Wohlstand für alle.

Wir alle erkennen, dass die billionenschweren Rettungspakete keine nachhaltige Lösung gebracht haben und immer wieder Krisen hervorbrechen. Der Grund: Bei jedem Krisengipfel und jedem Rettungspaket wurde der Faktor Mensch als Krisenverursacher außen vor gelassen. Was wir brauchen, ist ein neues System, das wieder auf den ethischen Werten basiert, die seit Generationen die Säulen der Zivilisation sind: Ehrlichkeit, Gerechtigkeit, Vertrauen,

Nächstenliebe, Zuverlässigkeit, Bescheidenheit und Demut. Das mag altmodisch und moralisierend anmuten. Ist aber notwendig. Wir brauchen Regeln für das Miteinander, wer dagegen verstößt und dem Gemeinwohl schadet, muss bestraft werden. Wir brauchen eine neue Ordnung.

Leider ist unser derzeitiges System für einige Profiteure dermaßen lukrativ, dass uns ein harter Kampf bevorsteht. Bisher hat sich kein Politiker an die kapitalen Fehler herangetraut. Für ein humanes, nachhaltiges und krisenresistentes Geldsystem, das allen und nicht nur einigen wenigen Menschen dient, müssen wir den Mut und den Willen aufbringen, einen schwierigen, neuen Weg zu gehen.

Bisher war jedes pervertierte System gegen die Menschen gerichtet und im Endeffekt zerstörerisch. Es ist höchste Zeit für ein neues, faireres und vor allem menschlicheres Wirtschaftssystem und ein neues Wirtschaftsdenken. **Denn eine nochmalige Rettung der Finanzwelt kann sich die Welt schlichtweg nicht mehr leisten – weder finanziell noch gesellschaftlich. Packen wir's an!**

> *»Wer versagt sich vorzubereiten,*
> *bereitet sein Versagen vor«*
> Benjamin Franklin

8 Krebs im Wirtschaftsleben

Leistungslose Einkommen machen uns krank

Gastbeitrag von Prof. Dr. Christian Kreiß, Hochschule Aalen

Die **Grundidee** der folgenden Ausführungen ist einfach: Leistungslose Einkommen, also Einnahmen, für die man nicht arbeiten muss, sind nicht nur asozial und unethisch, sondern machen unsere Wirtschaft krank. Wir haben riesige Ströme von Renteneinkommen in Form von Dividenden, Mieten, Pachten und Zinsen in unserem Wirtschaftssystem: beinahe ein Drittel des Volkseinkommens. Diese Geldströme zahlt jeder von uns jeden Tag, jedes Mal, wenn er einkaufen geht. Dieses leistungslose Geld müsste eigentlich zu den leistungslosen Menschen fließen, also denjenigen, die nicht arbeiten können: zu unseren Kindern, Senioren und Kranken. Dann wäre unser Wirtschaftsleben gesund, das Geld würde im sozialen Organismus wie das Blut im natürlichen Organismus zirkulieren. Dorthin fließt es aber nicht. Sondern es fließt – weitestgehend willkürlich, weil leistungslos – auf die Girokonten privater Vermögensbesitzer. Diese wissen ab einer bestimmten Menge nicht mehr wohin damit, kumulieren es immer weiter, in immer neue Anlagen, die zuletzt kein Mensch mehr braucht. Geld und Vermögen vermehren sich selbst immer weiter wie Krebs. Und der endet oft tödlich.

Übertragen auf unsere Gesellschaft: Unser Wirtschaftsleben ist schwer krebskrank und steht vor einer tragischen Bereinigung, sei es durch Depression, Bürgerkrieg oder Krieg – wenn wir nichts ändern.

Die ersten Symptome dieser schweren Krankheit sind 2007/2008 in Form der Finanz- und Eurokrise aufgeflackert. Sie ist jedoch alles andere als vorbei. Sie hat noch nicht einmal wirklich angefangen. Den kommenden Crash zu vermeiden wäre extrem einfach: Die krebsartig gewucherten Vermögen auf ein gesundes Maß beschneiden und das Geld den einkommensschwachen Menschen zurückgeben, von denen es stammt. Die leistungslosen Einkommen dahin kanalisieren, wo sie hingehören: zu den leistungslosen Menschen. Dann brauchen wir keine über uns hereinbrechende blinde, tragische Bereinigung mehr, sondern dann lösen wir das Problem mit gesundem Menschenverstand.

Unsichtbare Zahlungsströme: Wer zahlt an wen?

Unser gegenwärtiges Geldsystem kaschiert, verbirgt verschiedene Zahlungsströme, die unterirdisch, gewissermaßen unbewusst in unserem täglichen Wirtschaftsleben stattfinden. Ein bestimmter Teil dieser Zahlungsströme soll daher nun dargestellt werden.

Unser täglich Brot
Der Preis eines jeden Produktes, das wir kaufen, enthält Kapital- und Arbeitsanteile. Man kann sich das am Beispiel eines Brotkaufs klar machen. Um das Korn für Brot zu ernten, braucht der Landwirt Boden, Kapital und seine Arbeitskraft. Für den Boden muss der Landwirt Pacht oder Zinsen zahlen, oder, wenn er ihm selbst gehört, entsprechende Eigenkapitalkosten dafür ansetzen, denn er könnte sein Land ja verpachten oder verkaufen. Für sein Betriebskapital, also die eingesetzten Maschinen oder das Saatgut, muss der Landwirt entweder Zinsen zahlen oder entsprechende Eigenkapitalkosten dafür ansetzen. Diese Kosten werden auf das geerntete Getreide umgelegt. So ruht auf jedem geernteten Korn eine bestimmte Summe von Kapitalkosten für Pachten, Zinsen und Eigenkapital. Das Korn wandert zur Mühle, dort gilt das Gleiche. Die Mühle steht auf Grund und Boden, für den Kosten anfallen. Die Getreidemühle

selbst stellt ein Kapitalgut dar, für das auch Kapitalkosten anfallen. Beim Bäcker passiert das Gleiche.

In der Summe enthält also der Brotpreis einen bestimmten Anteil von Kapitalvergütung. Für jeden Laib Brot, für jedes Brötchen, die wir kaufen, zahlen wir, ob wir wollen oder nicht, ob wir es wissen oder nicht, einen bestimmen Geldbetrag an die Eigentümer von Boden und Kapital, ohne dass diese Menschen an dem Herstellungsprozess beteiligt sind. Diese Einkünfte bezeichnen die Ökonomen als »Renten«, das sind Einnahmen, denen keine Arbeitsleistung gegenübersteht. Leistungslose Einkommen, die man erhält, wenn man Vermögen besitzt. Da stellen sich zwei Fragen. Erstens: Wie hoch sind diese Geldströme? Und zweitens: An wen fließen sie?

Der Sachverständigenrat der deutschen Wirtschaft (die »5 Weisen«) beziffert die Höhe dieser »Nicht-Arbeits-Einkommenszuflüsse« oder Rentiereinkommen an die Rentiers für die Jahre 2006 bis 2008 auf durchschnittlich 518 Milliarden Euro pro Jahr. Das ist sehr viel Geld. Zum Vergleich: Herr Schäuble, unser Bundesfinanzminister, hat jedes Jahr ungefähr 300 Milliarden Euro zur Verfügung, also deutlich weniger. Bezogen auf die Konsumausgaben der privaten Haushalte von durchschnittlich 1'361 Milliarden Euro in diesen drei Jahren beträgt die Abgabenquote der privaten Haushalte an die Rentiers 38 Prozent. Auch heute gelten ähnliche Relationen.

Im Durchschnitt beträgt also der Kapitalanteil, den wir mit jedem Produkt- oder Dienstleistungskauf zahlen, gut ein Drittel des Kaufpreises. Jeder von uns zahlt also täglich Zinsen, Dividenden und Pachten an die Bezieher dieser leistungslosen Einkommen, auch wenn wir keinen Kredit bei der Bank aufgenommen haben und in den eigenen vier Wänden wohnen. An wen fließt dieser riesige Geldstrom von über 500 Milliarden Euro pro Jahr? Der größte Teil, nämlich 80 Prozent, fließt an die wohlhabendsten 20 Prozent der Bundesbürger, denn diese besitzen etwa 80 Prozent des deutschen Nettovermögens – das ist Vermögen abzüglich Schulden –, während die unteren 50 Prozent der Bundesbürger zusammen so gut wie kein Nettovermögen haben (siehe Abb. 1: Individuelles Nettovermögen nach Dezilen in Deutschland 2002, 2007 und 2012). Das sind auch die offiziell von der deutschen Bundesregierung verwendeten Zahlen. In ihrer damaligen Funktion als Bundesministerin für Arbeit und Soziales sagte Ursula von der Leyen 2013, die untere Hälfte der Bundesbürger besitze ein Prozent des Gesamtvermögens. Es findet also im täglichen Leben eine Umverteilung statt durch leistungslose Zahlungsströme, die von allen zu vergleichsweise wenigen Menschen fließen, gewissermaßen eine Umverteilung »von fleißig nach reich«.

Reichensteuer

Wir haben also in Deutschland (ebenso wie in praktisch allen anderen Ländern) eine perfekt, geräuschlos und höchst effizient arbeitende Reichensteuer. Jedes Mal, wenn wir einen Cappuccino oder etwas anderes für einen Euro kaufen, fließen etwa 20 Cent davon an die oberen 20 Prozent, 10 Cent an das obere ein Prozent. Ob wir es wollen oder nicht, ob wir es wissen oder nicht spielt dabei keine Rolle.

Anteile und Höhe der individuellen Nettovermögen in Deutschland nach Dezilen[1]

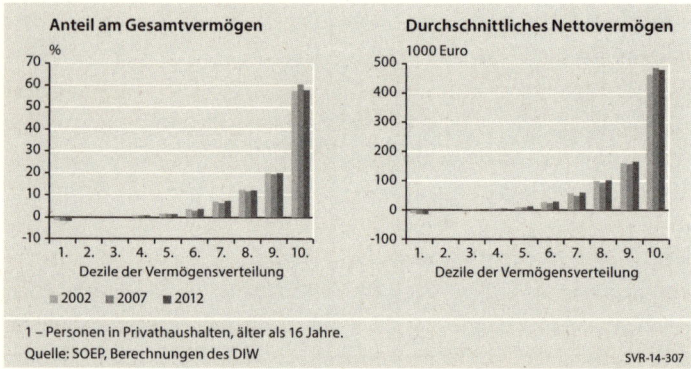

1 – Personen in Privathaushalten, älter als 16 Jahre.
Quelle: SOEP, Berechnungen des DIW

SVR-14-307

Abb. 1: Individuelles Nettovermögen nach Dezilen in Deutschland 2002, 2007 und 2012 (Quelle DIW)

Ein zweites Beispiel: Grund und Boden

Nehmen wir an fünf Familien wohnen in fünf Häusern. Die Familien 3 bis 5 sind nicht Eigentümer ihrer Häuser, sondern bewohnen sie zur

Miete. Die Häuser befinden sich im Eigentum der Familien 1 und 2, wobei Familie 1 vier Häuser besitzt und Familie 2 eines, dasjenige, das sie selbst bewohnt. Diese Eigentumsverteilung an Häusern gibt in etwa die tatsächliche Eigentümerstruktur in Deutschland wieder: Bei uns wohnen 56–62 Prozent (je nach Zählung) der Menschen zur Miete, die Eigenheimquote liegt entsprechend bei etwa 38–44 Prozent.

Familie	Häuser	Arbeits-einkommen	Miete	Netto-einkommen	Konsum-ausgaben	Ersparnis-bildung
1	4	1.000	+900	1.900	1.300	600
2	1	1.000	0	1.000	800	200
3	0	1.000	-300	700	630	70
4	0	1.000	-300	700	660	40
5	0	1.000	-300	700	690	10

Umverteilung durch Immobilieneigentum

In obiger Tabelle wird stark vereinfacht angenommen, dass alle fünf Familien ein Arbeitseinkommen von 1000 Einheiten pro Jahr erzielen. Die Miete soll 30 Prozent des Einkommens betragen. Dadurch, dass die Familien 3 bis 5 in Wohnungen leben, die Familie 1 gehören, fließen die Mietzahlungen von diesen drei Familien an Familie 1. Familien 3 bis 5 haben dadurch nur noch ein Nettoeinkommen von 700 Euro, Familie 1 dagegen ein Nettoeinkommen von 1900 Euro.

Geht man davon aus, dass wohlhabendere Haushalte eine höhere Sparquote haben, wofür es zahlreiche empirische Belege gibt, so zeigt sich, dass Familie 1 aufgrund der Mietzahlungen etwa 600 Geldeinheiten sparen kann. Familie 2, die weder vermietet noch selbst mietet, könnte demnach etwa 200 Geldeinheiten pro Jahr sparen, die Familien 3 bis 5 hingegen deutlich weniger, vielleicht zwischen 10 und 70 Geldeinheiten pro Jahr, obwohl sie schon wesentlich weniger konsumieren als die oberen Familien. Durch diese Zahlungsströme wird im Laufe der Zeit das Vermögen von Familie

1 praktisch von alleine immer höher, die Ungleichverteilung nimmt automatisch immer mehr zu.

Ein drittes Beispiel: Zinseszins und die Geschichte vom »Josephspfennig«

Wenn im Jahre 0, bei der Flucht nach Ägypten, Maria und Joseph einen Pfennig bzw. einen Cent zu einem Zinssatz von 4 Prozent angelegt hätten, so wäre daraus bis zum Jahre 1750 über Zins und Zinseszins ein Goldbarren zusammengekommen, der das Gewicht unserer Erde hätte. Eine solche Kapitalvermehrung wäre natürlich nur zu Lasten aller anderen Menschen möglich. Alle Arten von Zinseszins führen im Verlauf langer Zeiträume über die Exponentialfunktion zu explosionsartigem Wachstum, das durch die reale Wirtschaft nicht gedeckt werden kann. Das leuchtet Naturwissenschaftlern und Ingenieuren unmittelbar ein, nur den Ökonomen nicht immer.

Exponentiell wachsende Vermögen funktionieren so ähnlich wie eine Bakterien- oder Vireninfektion. Diese unsympathischen kleinen Lebewesen vermehren sich in unserem Körper häufig eine Weile lang exponentiell. Wenn ihre Menge eine bestimmte Schwelle überschritten hat, bricht das, was vorher kaum wahrnehmbar in uns wucherte, plötzlich als Krankheit aus und wird offensichtlich. Ähnlich ist es bei Krebsgeschwüren. Auch bei Krebs vermehren sich einzelne Zellgruppen eine Zeitlang weitgehend unbemerkt, im Stillen, exponentiell, bevor der Krebs aufflammt und sichtbar wird. Und in dem Moment, wo die Krankheit offen ausbricht, ist es für eine Heilung oftmals zu spät. Wir stehen seit 2007 vor solch einer Situation. Die weitgehend unbemerkte, im Stillen vor sich gehende ungehemmte Geld- und Vermögensvermehrung seit 1948 hat durch den Zinseszinseffekt, mit über 500 Milliarden Euro pro Jahr, eine solche Wucht erreicht, dass sie nun als offene Krankheit ausbricht. Und wir stellen plötzlich bestürzt fest: Unser sozialer Organismus ist krank, schwer krank, ist durchwuchert von krebsartigen Gebilden.

Machtkonzentration und soziale Krebsbildung

Durch die soeben geschilderten Umverteilungsflüsse nimmt die Ungleichverteilung ab einem bestimmten Zeitpunkt also immer stärker zu. Und in der Tat kann man das für fast alle Länder der Welt und in fast allen Regionen feststellen: Fast überall nahm seit etwa 1980 die Ungleichverteilung sowohl der Einkommen wie der Vermögen zu. Das hat bestimmte ökonomische Auswirkungen.

Steigt die Ungleichverteilung, so steigt normalerweise auch die Sparquote in dem betreffenden Land und damit die Summe des anzulegenden Kapitals. Durch die steigende Menge an Kapital entsteht tendenziell Druck auf die Zinsen. Genau dies trat in den letzten Jahrzehnten in fast allen Ländern ein. Kapital war in großer Fülle vorhanden, die Kreditstandards seitens der Banken wurden teilweise dramatisch gelockert, wie zahlreiche Beispiele zeigen und wie ich selbst zu meiner Zeit als Investment Banker zwischen 1995 und 2002 erlebt habe.

Weltweite Blasenbildungen

Weltweit betrachtet hat das in den letzten 35 Jahren exponentiell wachsende Kapitalangebot die Zinsen gedrückt. Die stetig wachsenden Kapitalmassen suchten international nach rentierlichen Anlagemöglichkeiten. Diese (über)reichlich zur Verfügung stehenden »vagabundierenden« Geld- bzw. Kapitalmittel führten weltweit zu hohen Investitionen in Sachanlagen aller Art. Wo ist das Problem? Sind Investitionen nicht gut und segensreich, weil sie uns einen höheren Lebensstandard in der Zukunft ermöglichen? Nehmen wir den Hausbau: solange die Menschen kein Dach über dem Kopf haben ist der Bau neuer Häuser ein Segen. Wenn jedoch alle eine Wohnung oder ein Haus haben und es werden weiterhin immer neue Häuser gebaut, dann wird das zum Fluch. Das sieht man zum Beispiel an Spanien seit 2007. Die Spanier bauten über viele Jahre viel mehr Häuser als sie brauchten und stecken daher seit 2007 in einer tiefen Depression, weil die gesamte Baubranche kollabierte. Der spanische Ökonom Montalvo sprach daher 2008 von einem Immobilientumor in Spanien, eine sehr zutreffende Bezeichnung.

Wenn man also des Guten zu viel tut, besteht durchaus die Gefahr, dass es schädlich wird. Und genau hier liegt die Hauptursache der derzeitigen globalen finanziellen und wirtschaftlichen Verwerfungen. Die wachsenden Kapitalmassen führten über niedrige Zinsen zu weltweiten Überinvestitionen, zu krebsartigen Investitionen in praktisch alle Arten von Anlageobjekten: nicht nur in Immobilien, sondern auch in Unternehmensanteile, Rohstoffe, Nahrungsmittel, Gold, und vor allem: in reale Produktionsanlagen wie Maschinen, Gebäude und Infrastrukturanlagen.

Die Weltwirtschaftslage 2016: Ähnlich wie 1929 ist eine tiefe Bereinigung überfällig

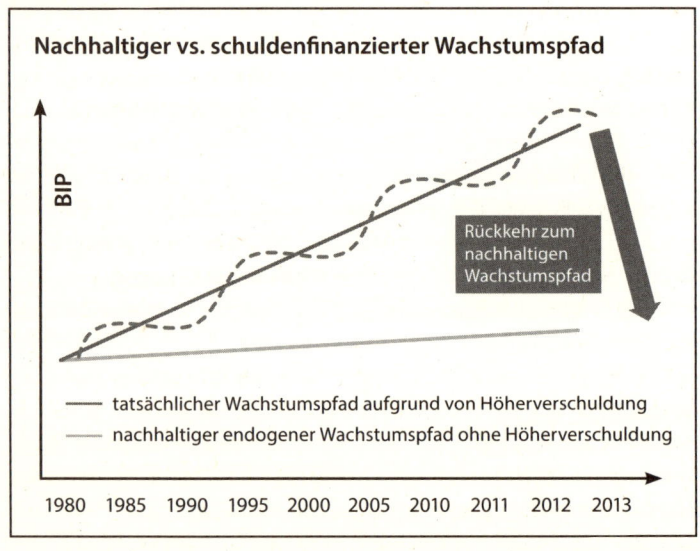

Tatsächlicher vs. nachhaltiger Wachstumspfad (eigene Darstellung)

Die Abbildung »tatsächlicher versus nachhaltiger Wachstumspfad« stellt den stilisierten Verlauf des weltweiten Wirtschaftswachstums von 1980 bis heute dar. Die untere Linie zeigt das Wachstum der Masseneinkommen und damit den nachhaltigen Wachstumspfad der Nachfrage durch die privaten Haushalte, der aus eigener Kraft, aus nachhaltigem Einkommen möglich gewesen wäre. Die steiler ansteigende, obere, durchgezogene Linie beschreibt den stilisierten tatsächlichen Wachstumspfad der letzten 35 Jahre. Die Lücke dazwischen, der Keil, der sich innerhalb dieser Jahre gebildet hat, verdeutlicht, inwiefern das Masseneinkommen und damit auch die Massenkaufkraft als Folge der Ungleichverteilung hinter dem Wachstum des Sozialprodukts zurückgeblieben sind. Ein paar Zahlen dazu aus den USA: Das reale BIP pro Kopf der USA wuchs zwischen 1978 und 2011 laut Regierungsangaben von 100 auf 173, also real um 73 Prozent. Die Medianeinkommen stiegen im gleichen Zeitraum real laut offiziellen Angaben dagegen lediglich von 100 auf 105. Damit stellt sich die Frage: Wer hat eigentlich die ganzen Burger gegessen? Wer hat die vielen Autos, Bildschirme, Kühlschränke, die produziert wurden, eigentlich gekauft, wenn doch die Massennachfrage nur um 5 Prozent gestiegen ist, das Angebot hingegen um 73 Prozent?

Die Antwort ist einfach: Das wurde über Kredite finanziert. Die Leute sind shoppen gegangen ohne das Geld dafür in der Tasche zu haben. In den Industrienationen erhöhte sich die reale, inflationsbereinigte Verschuldung der privaten Haushalte von 1980 bis 2010 auf das Sechsfache. Vermutlich weit über 100 Millionen Familien weltweit (und einige Länder) haben in den letzten 30 Jahren deutlich über ihre Verhältnisse gelebt, sie haben mehr ausgegeben als eingenommen und die künstliche Nachfrage durch höhere Verschuldung finanziert. Langfristig wäre aber im Grunde genommen lediglich die untere Linie des Wirtschaftswachstums möglich gewesen. Denn Massenproduktion setzt Massennachfrage und damit Massenkaufkraft und Masseneinkommen voraus. Nachhaltig können Produktion und Wirtschaft also nur wachsen, wenn die Massenproduktion der tatsächlichen Kaufkraft entspricht. Dass dennoch die obere Wachstumslinie erreicht wurde, lag an der künstlich überhöhten Nachfrage, die durch Millionen Kredite für Privathaushalte finanziert wurden.

So entstand ein auf Pump und damit auf Sand gebautes Wirtschaftswachstum in Höhe des Keils zwischen den beiden durchgezogenen Linien. Wie groß der Keil in etwa ist, zeigen die oben angeführten Zahlen aus den USA: Dort wurden gewaltige Überkapazitäten geschaffen, die nun bereinigt werden müssen. Die Lücke könnte, wenn man ähnliche Daten wie aus den USA auch auf den Rest der Welt überträgt, eine Größenordnung von bis zu einem Drittel der Weltindustrieproduktion haben. Kurzum: Etwa jede dritte bis vierte Produktionsanlage weltweit wird überhaupt nicht gebraucht und müsste in den kommenden Jahren stillgelegt werden! Was das für Arbeitslosigkeit und soziale Entwicklungen bedeuten würde, kann man nur erahnen.

Was tun?

Die Antwort ist eigentlich verblüffend einfach: Wir brauchen nur die falschen und schädlichen Trends der letzten etwa 35 Jahre rückabwickeln.

1. Entweder auf einen Schlag durch eine einmalige Vermögensabgabe von etwa 30 Prozent auf alle Vermögen nach Abzug von Freibeträgen von vielleicht einer Million Euro pro Kopf.

2. Oder durch eine spürbare Erhöhung der Erbschaftssteuer auf beispielsweise 50 Prozent mit Freibeträgen von denkbar ein bis zwei Millionen Euro pro Empfänger. Erbschaften sind ja der Inbegriff von leistungslosen Einkommen. Pro Jahr werden derzeit in Deutschland etwa 300 Milliarden Euro vererbt, davon allein 100 Milliarden durch die wohlhabendsten Deutschen, die lediglich 1 Prozent der deutschen Bevölkerung ausmachen. Die real bezahlte Erbschaftssteuer beträgt zurzeit etwa 5 Milliarden Euro pro Jahr. Damit liegt unser Erbschaftssteuersatz momentan bei etwa 1,7 Prozent. Das verfestigt die Ungleichheit und die ungleichen Startchancen in unserem Land.

3. Oder durch eine allmähliche Rückabwicklung in den nächsten 35 Jahren. Statt immer mehr Geld »von fleißig nach reich« wan-

dern zu lassen wie bisher, das Gegenteil tun: Das Geld »von reich nach fleißig« fließen lassen. Die Mittel dazu sind im Prinzip auch ziemlich einfach: Drei Hauptvermögensarten wären zu belasten, beispielsweise:

a. Eine Vermögenssteuer von 3 Prozent des tatsächlichen Marktwertes auf nicht selbst genutzten bzw. bearbeiteten Grund und Boden inklusive Immobilien. Von dieser Steuer nicht betroffen wären beispielsweise Familien, die im eigenen Haus oder der eigenen Wohnung wohnen, oder der Landwirt, der seinen eigenen Grund und Boden bearbeitet. Großgrundbesitz hingegen würde besteuert. De facto wären von dieser Steuer lediglich 10 bis 18 Prozent der Deutschen betroffen. Das Argument der Steuerflucht zieht hier nicht, denn Grundbesitz kann sich nicht in die Schweiz absetzen.

b. Eine Vermögenssteuer auf Unternehmenseigentum in Höhe von 3 Prozent des tatsächlichen Markt- bzw. Verkehrswertes pro Jahr bei Berücksichtigung eines Freibetrages von möglicherweise 2 Millionen Euro. Diese Steuer müssten maximal 10 Prozent aller Bundesbürger entrichten.

c. Einführung von umlaufgesichertem Geld, wie z.B. in der kleinen Gemeinde Wörgl in Österreich 1932/33. Dieser Ort führte Ende 1932 für gut 12 Monate Schwundgeld ein, Geld, das jeden Monat ein wenig an Wert verlor. Daraufhin wurde das Geld nicht weiter gehortet, sondern ausgegeben und es setzte ein deutlicher Wirtschaftsaufschwung ein, während in den anderen Landesteilen Österreichs sich die Depression weiter verschlimmerte. Als Ende 1933 das Schwundgeld mit Gewalt eingestellt werden musste, verfiel Wörgl zurück in die Depression.

Mit den hierdurch eingenommenen Mitteln von deutlich über 100 Milliarden Euro jährlich könnte man im Gegenzug die Sozialversicherungsbeiträge oder die Einkommensteuersätze für Niedrigverdiener senken. Dadurch wäre das oben beschriebene Problem der Unterkonsumtion bzw. der Überkapazitäten gemildert oder sogar

gelöst. Wir stünden nicht vor einem wirtschaftlichen Zusammenbruch, sondern hätten das Problem mit Vernunft statt mit Unver-
nunft, wie es heute geschieht, gelöst. Das gilt auch für Griechenland
oder Spanien, deren massive Konjunkturprobleme durch die obigen
Maßnahmen problemlos lösbar wären. Würde man die Reichen
und Superreichen stärker zur Finanzierung der Staatsfinanzen heranziehen statt die kleinen Leute, wie man es derzeit macht, hätten
sich die Konjunkturprobleme in diesen Ländern erledigt. Diese drei
Maßnahmen würden einen Geldstrom von reich zu fleißig auslösen,
anstatt den derzeitigen riesigen Geldstrom von fleißig nach reich
weiter zu perpetuieren.

Website von Christian Kreiß: www.menschengerechtewirtschaft.de

Zunehmende Ungleichverteilung

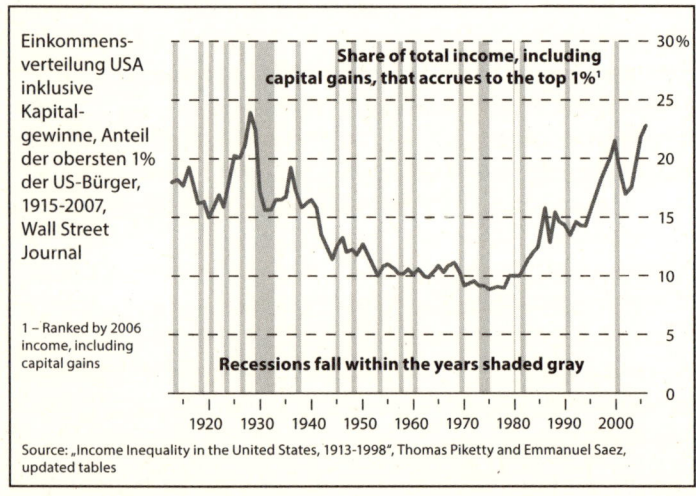

Ungleichverteilung USA (Wall Street Journal, 27. Okt. 2008)

Oxfam: 62 Menschen haben ebenso viel Vermögen wie 50% der Erdbevölkerung

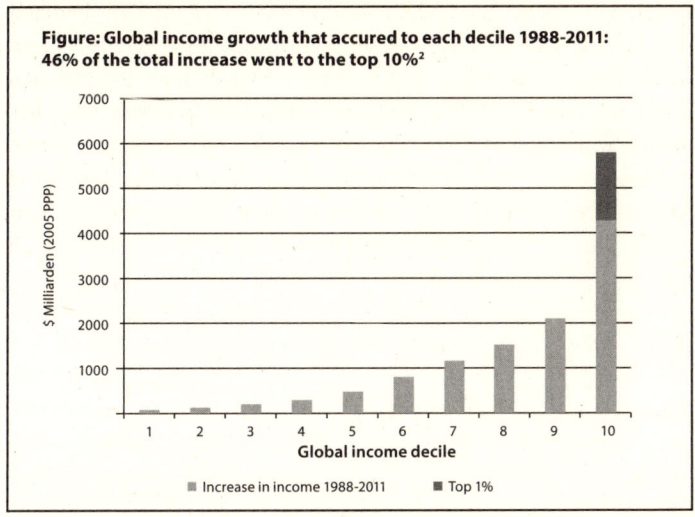

Figure: Global income growth that accured to each decile 1988-2011: 46% of the total increase went to the top 10%[2]

Reichste 1% besitzt so viel wie die restlichen 99%. 2010-2015: Vermögen der ärmeren 50% -1000 Mrd. $ = -41%, Weltbevölkerung um +400 Mio., Vermögen der 62 Reichsten +500 Mrd. auf 1760 Mrd. $

Telepolis http://www.heise.de/tp/bild/47/47148/47148_1.html 18.1.2016

Danksagung

Matthias Weik
Ich möchte mich bei allen Personen bedanken, die es möglich gemacht haben, dass dieses Buch erschienen ist. Besonderer Dank gilt meinem langjährigen Freund und Koautor Marc Friedrich, meiner Familie und Freunden.

Marc Friedrich
Ich möchte mich bei allen bedanken, die es möglich gemacht haben, dass dieses Buch erschienen ist. Besonderer Dank gilt meinem langjährigen Freund und Koautor Matthias Weik. Ich danke von ganzem Herzen meiner Familie und meinen Freunden. Danke, dass ihr seid!

Wir danken unseren Lesern, »Fans«, und dem Eichborn Verlag für das in uns gesetzte Vertrauen. Insbesondere an Cindy Witt, Dominique Pleimling und Felix Rudloff.

Für wohlwollend kritische Hinweise und letzten stilistischen Feinschliff danken wir unseren Lektorinnen und Lektoren: Cindy Witt im Eichborn Verlag sowie ihren fleißigen freien MitstreiterInnen Enrik Lauer und Gesine von Prittwitz.

Besonderer Dank an Steffen von **querschuesse.de** für seine absolut genialen Charts und seinen unterstützenswerten Blog, der seinesgleichen sucht.

Sie haben Fragen, Anregungen oder Kritik?

Dann schreiben Sie uns:
Friedrich & Weik Vermögenssicherung UG (haftungsbeschränkt)
Mühlstraße 90
73547 Lorch

www.friedrich-weik.de
E-Mail: **info@fw-vs.de**

Für unseren Newsletter können Sie sich bei uns auf der Webseite anmelden und sind so stets informiert.

Wir sind auch auf Facebook zu finden:
facebook.de/friedrichundweik
https://twitter.com/FRIEDRICH_WEIK

Auf unserer Webseite finden Sie exklusive Kapitel, die es aus Platzgründen nicht ins Buch geschafft haben.

»Mit 90 % aller Menschen nicht übereinzustimmen, ist eines der wichtigsten Anzeichen für geistige Gesundheit.«

Oscar Wilde

Glossar

A

Arbitragegewinne: Arbitrage ist das gewinnorientierte Ausnutzen von bestehenden Preis-, Kurs- und/oder Zinsdifferenzen eines Gutes (Güter) oder Wertpapiers, welches gleichzeitig an verschiedenen Börsen (Börse) bzw. Märkten (Markt) gehandelt wird.

Adepten: Schüler

Allokation: Die Zuordnung von beschränkten Ressourcen zu potentiellen Verwendern

Austeritätspolitik: Durch eine Austeritätspolitik in Form von Steuererhöhungen bzw. Ausgabensenkungen soll eigentlich die Nettoneuverschuldung des Staates begrenzt werden. Leider funktioniert diese Politik zumeist nicht und verschlimmert die Situation. Bestes Beispiel ist Griechenland

ABS – Asset Backed Securities (*forderungsbesicherte Wertpapiere*): Ziel der ABS ist es, bisher nicht liquide Vermögensgegenstände zumeist Kreditforderungen, in festverzinsliche, handelbare Wertpapiere umzuwandeln.

B

Bad Bank: Eine »Bad Bank« (dt.: schlechte Bank) ist ein Institut, das geschaffen wird, um die Risiken der Banken aufzunehmen. Ein Beispiel hierfür ist die FSM Wertmanagement in Deutschland. Sie ist die Bad Bank der Hypo Real Estate.

BIP (*Bruttoinlandsprodukt*): Das (BIP) ist ein Maß für die wirtschaftliche Leistung einer Volkswirtschaft in einem bestimmten Zeitraum. Das BIP misst den Wert der im Inland hergestellten Waren und Dienstleistungen, wenn diese nicht als Vorleistungen für die Produktion anderer Waren und Dienstleistungen verwendet werden.

BSP (*Bruttosozialprodukt*): Das BSP ist der Geldwert aller innerhalb eines Jahres im Inland erzeugten Güter und in Anspruch genommenen Dienstleistungen.

Bloomberg: Bloomberg L.P. ist ein das von Michael Bloomberg gegründete Informationsdienstleistungs-, Nachrichten- und Medienunternehmen mit Hauptsitz in New York City.

Bonmot: »gutes Wort«, witziger Einfall.

Bourgeois: Angehöriger des Bürgertums (abwertend).

Bullen- und Bärenmärkte: Der Begriff Bullenmarkt oder Hausse steht an der Börse für anhaltend steigende Kurse. Der Bärenmarkt oder Baisse genannt, steht für anhaltend sinkende Kurse.

Blue Chips: Umsatzstarke Aktien großer Unternehmen werden als »Blue Chips« oder Standardwerte bezeichnet, auf deren Kursentwicklung führende Indizes beruhen.

C

CEO: Der Chief-Executive-Officer ist die amerikanische Bezeichnung für das geschäftsführende Vorstandsmitglied eines Unternehmens.

Citoyen: Politisch aktiver Bürger der sich für das Gemeinwohl einsetzt.

Covered Bonds: Covered Bonds auch gedeckte Schuldverschreibungen genannt. Zu denen gehört beispielsweise auch der klassische Pfandbrief.

D

DAX: Der Deutsche Aktienindex (DAX) ist der Leitindex der Deutschen Börse.

Derivate: Hier handelt es sich um sogenannte Termingeschäfte auf der Grundlage von bestimmten Basiswerten.

Dispositionskredite: Der Dispokredit ist ein Kredit für Ihr Girokonto, der Ihnen von Ihrer Bank gewährt werden kann.

Deregulierung: Deregulierung ist die Abschaffung oder Vereinfachung staatlicher Vorschriften, um privatwirtschaftlicher Initiative mehr Raum zu geben und so zu einer Erhöhung der Wettbewerbsintensität beizutragen. Leider ist die Deregulierung der Finanzwelt krachend gescheitert

Dotcom-Blase: Ist der Name für eine im März 2000 geplatzte Spekulationsblase, die besonders die sogenannten Dotcom-Unternehmen der New Economy betraf und insbesondere zu Vermögensverlusten für Kleinanleger führte und die Aktienkultur in Deutschland massiv beeinträchtigte.

E

EBIT (*earnings before interest and taxes*): Gewinn vor Zinsen und Steuern.

EZB: Europäische Zentralbank (Sitz in Frankfurt).

F

FED: Federal Reserve. USA Notenbank.

G

Grenznutzen: Nutzenzuwachs den eine Person durch den Konsum einer zusätzlichen Einheit erfährt. Beispiel: Jemand hat am Jahrmarkt Hunger und kauft sich daher eine Bratwurst. Dadurch wird der Hunger zumindest teilweise gestillt. Hat er danach immer noch Hunger, kauft er eine weitere, die ihm wohl auch noch schmeckt. Mit der vierten oder fünften Wurst wird er keinen weiteren Hunger stillen können, und ist er dann die siebte oder achte, wird ihm gar schlecht werden. Der zusätzliche Nutzen der achten Bratwurst (= ihr Grenznutzen) ist also negativ. Besser wäre es gewesen, er hätte sich stattdessen z. B. ein Glas Apfelsaft gekauft.

H

Hypertroph: In der Medizin bezeichnet Hypertrophie bzw. Hypertrophia die Größenzunahme eines Organs oder eines Gewebes allein durch Zellvergrößerung.

Hyperinflation: Hyperinflation ist eine Form der Inflation, in der sich das Preisniveau rapide erhöht. Ein Beispiel hierfür ist die Hyperinflation in Deutschland in den 1920er Jahren.

I

IPO (*initial public offering*): Zu Deutsch Börsengang genannt. Darunter versteht man das erstmalige Angebot der Aktien eines Unternehmens auf dem organisierten Kapitalmarkt.

K

Kartelle: In der Wirtschaftswissenschaft und Wirtschaftspolitik werden als Kartell Zusammenschlüsse von selbstständigen Unternehmen bezeichnet, die darauf abzielen, den Wettbewerb zugunsten der am Kartell beteiligten Unternehmen zu beschränken. Kartelle gemäß den Vorgaben des Kartellrechts verboten. In der Bundesrepublik Deutschland wacht das Bundeskartellamt über die Einhaltung der Bestimmungen.

L

Laissez-faire-Liberalismus: Laissez-faire ist eine Bezeichnung für eine extreme Form des Liberalismus. Diese im 19. Jh. praktizierte Wirtschaftspolitik ist durch eine ausgesprochen starke Zurückhaltung des Staates gekennzeichnet.

M

Makroökonmie (*aus dem griechischen Groß/Haus*): Die Makroökonomie ist die Wissenschaft der gesamtwirtschaftlichen Vorgänge. Die Makroökonomie befasst sich mit dem gesamtwirtschaftlichen Verhalten der Sektoren, mit der Analyse der gesamtwirtschaftlichen Märkte und den Zusammenhängen

Marshallplan: Der Marshallplan, war ein großes Wirtschaftswiederaufbauprogramm, in Form von Krediten, Rohstoffen, Lebensmitteln und Waren, der USA. Dieses kam den Staaten Westeuropas nach dem Zweiten Weltkrieg zugute

Mikroökonomie (*aus dem griechischen Klein/Haus*): Ihr Gegenstand ist das wirtschaftliche Verhalten einzelner Wirtschaftssubjekte (Haushalte und Unternehmen).

Monopole: Man spricht von einem Monopol, wenn der gesamte Markt für ein Gut durch ein einziges Unternehmen bedient.

Marktradikale: Eine abwertende Bezeichnung für Menschen die wirtschaftsliberale Positionen vertreten.

O

Ökopaxe: Kunstwort aus Ökologie und lateinisch pax = Frieden. Umgangssprachlich: Alternativer/Grüner

Oligopole: Das Oligopol ist eine Marktform, bei der wenige relativ große Anbieter wie beispielsweise in der Flugzeugindustrie einer Vielzahl von Nachfragern (Nachfrage) gegenüberstehen.

Outsourcen: Zu Deutsch Auslagern bezeichnet die Abgabe von Unternehmensaufgaben und -strukturen an externe oder interne Dienstleister zumeist mit dem Ziel Kosten zu sparen.

P

Peakoil: Das globale Ölfördermaximum.

Pschyrembel: Die Informationsquelle der Medizin und Pharmazie.

R

Rentabilität: Verhältnis einer Erfolgsgröße zum eingesetzten Kapital eines Unternehmens in einer Rechnungsperiode.

Rentenfonds: Ein Rentenfonds ist ein Investmentfonds, der ausschließlich oder überwiegend in festverzinsliche Wertpapiere investierte

S

SEC (*United States Securities and Exchange Commission*): Die US-Börsenaufsichtsbehörde.

Sinekure: Ein Amt mit dem Einkünfte, aber keine Amtspflichten, verbunden sind.

Staatsquote: Die Staatsquote bezeichnet das Verhältnis der Staatsausgaben zum Bruttoinlandsprodukt (BIP).

Staatspapiere: Von Staaten Staat zum Zweck der Kreditaufnahme ausgegebene Schuldtitel

Stamokap: Staatsmonopolistischer Kapitalismus

T

Tautologie: Eine allgemein gültige Aussage, die aus logischen Gründen immer wahr ist (Wenn die Sonne scheint, dann scheint die Sonne).

Troika: Eine Kooperation von Europäischer Zentralbank, Internationalem Währungsfonds und Europäischer Kommission.

Transaktionskosten: Transaktionskosten sind sämtliche Kosten, die im Zusammenhang mit einem Geschäftsabschluss anfallen.

Terminbörse oder Derivatebörse: Eine Börse, an der Termingeschäfte abgewickelt werden. Es handelt sich hierbei um Transaktionen, die erst in der Zukunft abgewickelt werden

U

Umsatzrendite: Die Umsatzrendite stellt das Verhältnis von Gewinn zu Umsatz dar.

V

Von-Neumann-Maschine: Frühes Referenzmodell eines Computers

Anmerkungen

1 Antizyklische Kapitalmarktkontrolle

1   http://www.wallstreet-online.de/nachricht/8288364-trickkiste-banken-eigenkapital-schaffen

2   https://www.destatis.de/DE/PresseService/Presse/Pressemitteilungen/2016/01/PD16_014_811.html

3   http://www.sueddeutsche.de/wirtschaft/bruttoinlandsprodukt-warum-chinas-niedrig-wachstum-uns-interessieren-sollte-1.2824152

4   http://www.querschuesse.de/deutschland-laeuft-heiss-der-faktencheck/

5   http://www.tagesschau.de/wirtschaft/eu-italien-badbank-101.html

6   https://www.boerse-go.de/nachricht/geld-alleine-macht-zwar-nicht-immer-gluecklich-beruhigt-aber-ungemein,a4506285.html

7   http://www.faz.net/aktuell/finanzen/fonds-mehr/investor-george-soros-wettet-gegen-china-und-usa-14043382.html

8   http://www.srf.ch/news/wirtschaft/negativzins-bank-verweigert-pensions-kasse-bargeld-auszahlung

9   http://www.wiwo.de/finanzen/geldanlage/null-prozent-kredit-erstmals-ratenkredit-ohne-zinsen/12529992.html

10   http://www.focus.de/finanzen/banken/von-wegen-drogenhandel-und-korruption-warum-das-bargeld-wirklich-abgeschafft-werden-soll_id_4716164.html; http://www.deutschlandfunk.de/muenzen-und-scheine-in-der-kritik-oekonomen-bargeld.724.de.html?dram:article_id=335066

11   http://www.merkur.de/wirtschaft/schweden-schafft-bargeld-2769638.html

12   »Forbes«-Liste: Zuckerberg ist größter Gewinner der Superreichen, ZEIT ONLINE, 1. März 2016, http://www.zeit.de/gesellschaft/zeitgeschehen/2016-03/forbes-liste-mark-zuckerberg-facebook

Intermezzo: Eurovision Crisis Contest

1   http://www.faz.net/aktuell/finanzen/anleihen-zinsen/7-jahre-nach-der-finanzkrise-island-hebt-die-kapitalkontrollen-schrittweise-auf-13635497.html

2   Einar Már Gudmundsson: Wie man ein Land in den Abgrund führt. Die Geschichte von Islands Ruin. Carl Hanser Verlag, München 2010

3   http://diepresse.com/home/wirtschaft/international/734062/Das-Wunder-von-Island

4   http://www.welt.de/wirtschaft/article143970581/So-teuer-wird-der-Griechenland-Deal-fuer-Deutschland.html

5   http://www.internationaloliveoil.org/news/view/666-year-2014-news/543-market-newsletter-november-2014

6   https://www.griechenland.net/nachrichten/tourismus/19580-2015-war-rekordjahr-im-tourismus?highlight=WyJ0b3VyaXNtdXMiLDIwMTVd

7   http://www.auswaertiges-amt.de/DE/Aussenpolitik/Laender/Laenderinfos/Griechenland/Wirtschaft_node.html

8   http://www.querschuesse.de/griechenland-aussenhandelsdaten-september-2015/

9   http://www.finanzen.net/index/Athex_20

10 http://www.griechenland-blog.gr/2015/07/stunde-null-fuer-unternehmen-in-griechenland/2135554/

11 http://www.querschuesse.de/griechenland-industrieproduktion-august-2015/

12 http://www.querschuesse.de/griechenland-industrieproduktion-september-2015/

13 The Reykjavik Grapevine Issue 12 - 2015; Seite 10

14 http://www.faz.net/aktuell/politik/griechenland-meister-kreativer-buchfuehrung-1940773.html; abgerufen am 13.11.2015

15 http://www.faz.net/aktuell/wirtschaft/eurokrise/griechenland/griechenland-elstat-chef-andreas-georgiou-tritt-zurueck-13731966.html; abgerufen am 13.11.2015

16 http://www.sueddeutsche.de/politik/europaeische-union-island-zieht-beitrittsantrag-zurueck-1.2391592

17 http://www.schweizmagazin.ch/nachrichten/ausland/24945-Island-Banker-Elite-Jahren-Haft-verurteilt.html

18 http://www.focus.de/finanzen/boerse/star-oekonom-paul-krugman-island-hat-alles-richtig-gemacht_id_4455997.html

19 http://www.zeit.de/wirtschaft/2015-11/griechenland-generalstreik-tsipras

20 https://www.ifw-kiel.de/medien/medieninformationen/2015/griechische-wirtschaft-nicht-konkurrenzfahig

21 http://www.nzz.ch/wirtschaft/island-zahlt-vorzeitig-schulden-an-iwf-
zurueck-1.18627357

22 http://www.faz.net/aktuell/finanzen/anleihen-zinsen/7-jahre-nach-der-
finanzkrise-island-hebt-die-kapitalkontrollen-schrittweise-auf-13635497.
html

23 http://www.faz.net/aktuell/finanzen/anleihen-zinsen/7-jahre-nach-der-
finanzkrise-island-hebt-die-kapitalkontrollen-schrittweise-auf-13635497.
html; abgerufen am 12.11.2015

24 »A Better Monetary System For Iceland« https://s3.amazonaws.com/
s3.documentcloud.org/documents/1698915/monetary-reform.pdf; http://
www.telegraph.co.uk/finance/economics/11507810/Iceland-looks-at-en-
ding-boom-and-bust-with-radical-money-plan.html; beides abgerufen am
16.11.2015

2 »Geh'n Sie mit der Konjunktur!«

1   Refrainzeile des »Konjunktur-Cha-Cha« aus dem Jahre 1961, einem der größten Hits des Hazy-Osterwald-Sextetts (http://www.songtexte.com/songtext/hazy-osterwald-sextett/konjunktur-cha-cha-4bf15f66.html)

2   Matthias Heine, Ein Mann, ein Wort: Wer zum Krieg Krise sagt, verharmlost bis zur Lüge, in: Die Welt, 14.09.2014

3   Reinhart Koselleck, Krise, in: Otto Brunner, Werner Conze, Reinhart Koselleck (Hrsg.), Geschichtliche Grundbegriffe. Historisches Lexikon zur politisch-sozialen Sprache in Deutschland, Stuttgart 1972–1997, hier: Bd. 3 (1992), S.617–650. Ferner: Annika Goeze, Korinna Strobel, Krisenrhetorik, in: Gert Ueding (Hrsg.), Historisches Wörterbuch der Rhetorik, Tübingen und Berlin 1992–2014, hier: Bd. 10 (Berlin 2011), Sp. 512–530

4   Koselleck, Krise, a. a. O., S. 630f.

5   Online unter: http://woerterbuchnetz.de/DWB/

6   Gerhard Masur, Crisis in History, in: Dictionary of the History of Ideas, hrsg. von Philip P. Wiener, New York 1973, S. 589–596

7   Eine kluge und lesbare Abhandlung dazu: Pat Rogers, South Sea Bubble myths, in: The Times Literary Supplement, 09. 04. 2014, http://www.the-tls.co.uk/tls/public/article1397751.ece

8   Koselleck, Krise, a. a. O., S. 643

9   Den fundamentalen Unterschied zwischen Marktwirtschaft und Kapitalismus analysiert treffend Ulrike Hermann, Der Sieg des Kapitals, Frankfurt/M. 2013, v. a. S. 65–87

10   Wilhelm Roscher, Die Productionskrisen mit besonderer Rücksicht auf die letzten Jahrzehnte, in: Brockhaus: Die Gegenwart. Eine Encyklopädische Darstellung der neuesten Zeitgeschichte, Leipzig 1848 ff., Bd. 3, S. 723f.

11   Karl Marx, Friedrich Engels, Manifest der Kommunistischen Partei (1848), in: Marx-Engels-Werke (MEW), Bd. 4, Berlin (Ost) 1974, S. 467

12   ebenda

13   Vgl. zum folgenden Cécile Dangel-Hagnauer, Clément Juglar on Commercial Crises: The Dictionary Articles, in: Research in the History of Economic Thought and Methodology: A Research Annual, Bingley (UK) 2010, S. 97–114

14   Immerhin: Juglars Lexikonbeiträge aus den Jahren 1863 und 1891 hat Cécile Dangel-Hagnauer dankenswerter Weise ins Englische übersetzt (siehe Fußnote 13).

15   Zitiert nach Dangel-Hagnauer, a. a. O. (eigene Übersetzung)

16   Bertolt Brecht/Ernst Busch, Das Lied vom Klassenfeind, http://www.lieder-aus-der-ddr.de/das-lied-vom-klassenfeind/

17   Wem das zu ›links‹ klingt, der darf auch ›Wohlstand‹ sagen.

18 Joseph Schumpeter, Kapitalismus, Sozialismus und Demokratie (1942), Stuttgart 2005, S. 137f.

19 Ebd., S. 143f.

20 Ebd., S. 157

21 Ebd., S. 175

3 Wenn der Treibstoff knapp wird

1   Joseph A. Schumpeter, Konjunkturzyklen. Eine theoretische, historische und statistische Analyse des kapitalistischen Prozesses, Göttingen 1961, Neuausgabe 2008

2   Mc Luhans Buch *The* Gutenberg Galaxy: The Making of Typographic Man erschien 1962; (dt.) Die Gutenberg Galaxis: Das Ende des Buchzeitalters, Düsseldorf 1968; letztmals auf Deutsch aufgelegt wurde das Buch 1997 vom 2013 eingestellten Verlag Addison Wesley.

3   Es gibt zwei schöne, außerordentlich lesenswerte Bücher, die sich mit dem Thema Erfindungen und Alltagskultur beschäftigen: Charles Panati, Universalgeschichte der ganz gewöhnlichen Dinge, Frankfurt/M. 1994 und John Brockman (Hrsg.), Die wichtigsten Erfindungen der letzten 2000 Jahre: Ideen, die die Welt veränderten, München 2000

4   Das Zitat findet sich in Schumpeters Aufsatz Die Analyse von Veränderungen der Wirtschaft; abgedruckt in: W. Weber, H. Neiss (Hrsg.): Konjunktur- und Beschäftigungstheorie, Köln 1967

5   Diese gab es im 19. Jahrhundert sehr wohl, etwa zwischen Budweis und Linz oder Berlin und Charlottenburg. Aber das waren nach heutigem Verständnis eher Straßenbahnen. Überlandstrecken wurden auf Dampfbetrieb um- oder eingestellt. Immerhin: Die Douglas Bay Horse Tramway auf der Isle of Man ist bis heute in Betrieb.

6   Geschichte des Hörfunks in Deutschland, https://de.wikipedia.org/wiki/Geschichte_des_H%C3%B6rfunks_in_Deutschland

7   Vgl. Walter G. Waffenschmidt, Technik und Wirtschaft der Gegenwart, Berlin/Göttingen / Heidelberg 1952, S. 53

8   ebenda

9   http://de.statista.com/statistik/daten/studie/4155/umfrage/entwicklung-der-werbeinvestitionen-in-deutschland-seit-2000/

10 http://de.statista.com/statistik/daten/studie/154767/umfrage/mediasplit-im-deutschen-werbemarkt/

11 Günter Faltin, Wir sind das Kapital – Erkenne den Entrepreneur in Dir. Aufbruch in eine intelligentere Ökonomie, Hamburg 2015

12 Kunden prügeln sich um Thermomix-Kopie von Aldi, Die Welt, 09. 10. 2015, http://www.welt.de/vermischtes/article147409502/Kunden-pruegeln-sich-um-Thermomix-Kopie-von-Aldi.html

13 Polizei muss anrücken. Schlimme Szenen bei Aldi, Focus online, 09. 10. 2015, http://www.focus.de/immobilien/wohnen/polizei-muss-anruecken-schlimme-szenen-bei-aldi-kunden-pruegeln-sich-um-billig-thermomix_id_5002036.html

14 Auch das ist allerdings eine mehr als 35 Jahre alte Erkenntnis. Nämlich von: Jonathan Gershuny, Die Ökonomie der nachindustriellen Gesellschaft. Produktion und Verbrauch von Dienstleistungen, Frankfurt a. M. 1981.

4 Die Kapitalisten in der Zirkuskuppel, ratlos

1 Wasserverbrauch: Grundwasser-Reserven weltweit bedroht, in: Süddeutsche Zeitung vom 17. Juni 2015, http://www.sueddeutsche.de/wissen/wasserverbrauch-groesste-grundwasser-reserven-der-welt-sind-oft-ueberbeansprucht-1.2525762

2 Carlowitz veröffentlichte ein Jahr vor seinem Tod ein umfangreiches forstwirtschaftliches Lehrbuch, die *Sylvicultura oeconomica, oder haußwirthliche Nachricht und Naturmäßige Anweisung zur wilden Baum-Zucht.* Dort heißt es: »Wird derhalben die größte Kunst/Wissenschaft/Fleiß und Einrichtung hiesiger Lande darinnen beruhen / wie eine sothane Conservation und Anbau des Holtzes anzustellen / daß es eine continuierliche beständige und nachhaltende Nutzung gebe …«

3 Vgl. Vaclav Smil, Energy: A Beginner's Guide, London 2006; eine gute Übersicht über die Geschichte des menschlichen Energieverbrauchs auch unter http://www.oekosystem-erde.de/html/energiegeschichte.html

4 Nur am Rande: Uns ist bekannt, dass es Verfechter von Theorien gibt, Erdöl und Erdgas seien *keine* fossilen, sondern quasi regenerative Energieträger. Ihnen zufolge haben Kohlenwasserstoff-Verbindungen ihren Ursprung nicht in den Sedimentschichten der Erdkruste, sondern im darunter liegenden oberen Erdmantel – wo sie auch permanent neu gebildet würden. Diese sogenannte »abiogenetische These« gilt als wissenschaftlich widerlegt. Selbstredend bedeutet das nicht, dass sich deren Anhänger von diesen Widerlegungen auch überzeugen lassen. Ein Phänomen, das sich auf vielen Gebieten des menschlichen Wissens findet. Ein Aspekt des Internet ist bekanntlich, dass es pseudowissenschaftliche Sektenbildungen sehr erleichtert. Dabei ist die Sache eigentlich ganz einfach: Werden wissenschaftliche Hypothesen, Einwände gegen solche Hypothesen und Einwände gegen die Einwände an Universitäten, in einschlägig führenden wissenschaftlichen Zeitschriften und auf anerkannten Fachkongressen diskutiert, sollte man die Sache erst mal ernst nehmen. Wo es solche nicht entschiedenen Kontroversen gibt, wird das im Übrigen weder in der betreffenden Wissenschaft selbst noch in populärwissenschaftlichen Magazinen, Büchern oder Lexika »verschwiegen«.

5 World Energy Outlook 2012, Paris 2013

6 W. Zittel/J. Zerhusen/M. Zerta/N. Arnold: Fossile und Nukleare Brennstoffe – die künftige Versorgungssituation, Berlin 2013; http://energywatchgroup.org/wp-content/uploads/2014/02/EWG- update3012_kurz-dt_22_03_2013.pdf

7 W. Zittel/J. Schindler: Coal. Resources and Future Production, Ottobrunn 2007, http://www.energywatchgroup.org/wp-content/uploads/2014/02EWG_Report_Coal_10-07-2007ms1.pdf

8 http://www.exxonmobil-energieportal.de/energieprognose/primaerenergieverbrauch/

9   http://www.umweltbundesamt.de/daten/energiebereitstellung-verbrauch/
      energieverbrauch-nach-energietraegern-sektoren

10   Bundesministerium für Wirtschaft (BMWi): Zahlen und Fakten Energiedaten; http://www.bmwi.de/BMWi/Redaktion/Binaer/energie-daten-gesamt,
      property=blob,bereich=bmwi2012,sprache=de,rwb=true.xls

11   Wir übernehmen diesen Begriff, weil er sich allgemein eingebürgert hat.
      Streng genommen können ja weder Menschen noch ganze Gesellschaften
      die Sonneneinstrahlung oder die atmosphärische Luftzirkulation (›Wind‹)
      »erneuern«. Der Einfluss der technischen Zivilisation auf die Erdatmosphäre
      (und damit u. a. auch Umfang und Art der zur Erdoberfläche durchdringenden Sonnenenergie) dürfte sogar eher destruktiv sein.

12   http://www.bee-ev.de/erneuerbare-energien/geothermie-und-umweltwaerme/

13   Das gilt analog auch für das Heizen und die Warmwasserversorgung mithilfe
      der Solarthermie.

14   Gesamtverband der Aluminiumindustrie e. V. (GDA), Deutschland führt bei
      Recyclingrate für Aluminium-Getränkedosen, 03.09. 2012, http://www.alu-info.de/index.php/gda-news/de/items/deutschland-fuehrt-bei-recyclingrate-fuer-aluminium-getraenkedosen.html

15   Dieter Duneka, Christoph Drösser, Die Enden sind nah, DIE ZEIT Nr.
      23/2015, S. 38

16   Müll: Auf Ozeanen schwimmt weniger Plastik als vermutet, Spiegel Online, 01.07.2014, http://www.spiegel.de/wissenschaft/natur/auf-ozeanen-schwimmt-weniger-plastikmuell-als-vermutet-a-978345.html

17   Markus Becker, Umweltverschmutzung: Meer aus Müll, Spiegel Online,
      12.02.2015, http://www.spiegel.de/wissenschaft/natur/plastikmuell-bis-zu-13-millionen-tonnen-landen-in-meeren-a-1018226.html

18   dpa, Höchststand in Berlin: Grundwasser steigt bedrohlich, 01.09.2011, zitiert nach Handelsblatt online, http://www.handelsblatt.com/panorama/aus-aller-welt/hoechststand-in-berlin-grundwasser-steigt-bedrohlich/4563192.
      html; vgl. auch Claudia Fuchs/Martin Klesmann, Grundwasser-Anstieg:
      Berlin wird zum Venedig an der Spree, Berliner Zeitung, 01. 07. 2013, http://
      www.berliner-zeitung.de/berlin/grundwasser-anstieg-berlin-wird-zum-venedig-an-der-spree,10809148,23561118.html

19   Trockenklima, d. h. im 30-jährigen Mittel ist der Niederschlag geringer als
      die Verdunstung; Gegenteil: humides Klima

20   Wasserverbrauch: Grundwasser-Reserven weltweit bedroht, Süddeutsche
      Zeitung, 17. 07. 2015, http://www.sueddeutsche.de/wissen/wasserverbrauch-groesste-grundwasser-reserven-der-welt-sind-oft-ueberbeansprucht-1.2525762

21   Geht uns das Grundwasser aus? scinexx.de: Das Wissensmagazin, http://
      www.scinexx.de/wissen-aktuell-17793-2014-07-16.html

22 Markus Becker, Klimawandel und Umweltzerstörung: Die Wüsten werden wachsen, die Menschen fliehen, Spiegel Online, 29. 10. 2015, http://www.spiegel.de/wissenschaft/natur/fluechtlinge-klimawandel-und-wasserman-gel-verschaerfen-gefahr-a-1059195.html. Zu diesem Artikel gibt es eine hervorragende interaktive Karte, die zeigt, wo überall auf der Welt hohe bis extrem hohe Wasserbeanspruchung herrscht.

23 dpa, Abwasser wird Trinkwasser: Singapurs umstrittenes Wasser-Recycling, 17. 03. 2014, zitiert nach Handelsblatt online, http://www.handelsblatt.com/technik/energie-umwelt/abwasser-wird-trinkwasser-singapurs-umstrittenes-wasser-recycling/9626036.html

24 http://www.igb.fraunhofer.de/de/kompetenzen/physikalische-prozesstech-nik/waerme/trinkwassergewinnung.html

25 Konstantin Zurawski, Sparsamer salzfrei: Neue Technologie verbessert Meerwasserentsalzung, Deutschlandfunk 16.02.2012, http://www.deutsch-landfunk.de/sparsamer-salzfrei.676.de.html?dram:article_id=29174

26 Wer es genauer wissen möchte: https://de.wikipedia.org/wiki/Solare_Meer-wasserentsalzung

5 Trampelpfad und Masterplan

1   Nur ganz am Rande und absichtlich in einer Fußnote: Uns ist sehr wohl bewusst, dass sich aus rein rhetorischen Spielereien mit diesem und ähnlichen Begriffspaaren auch die alte Nazi-Formel vom »schaffenden« und vom »raffenden« Kapital herauslesen lässt – wenn man das denn will. Aber erstens sind wir uns sehr sicher, dass sowohl wir als auch die von uns zitierten Autoren solcher Assoziationen völlig unverdächtig sind. Zweitens sind wir uns sicher, dass unsere Betrachtungen auf ökonomischer Analyse beruhen und nicht auf politischer Propaganda. Drittens schließlich mag da »raffen« und »schaffen« wer will – eher hacken wir uns die Hand ab, als dass wir unsere Argumente auch nur andeutungsweise mit Fragen von religiöser, ethnischer, nationaler oder ähnlicher Zugehörigkeit verknüpfen würden. Im Klartext: Jeder Nazi, der dies liest, kann sich sein »internationales Finanzjudentum« sonst wo hin stecken!

2   Nur am Rande noch mal der Warnhinweis: Wenn Sie statt ›Rendite‹ ›Profit‹ oder ›Profitrate‹ sagen, dann outen Sie sich tendenziell als Anhänger marxistischer Lehren.

3   So kommt man etwa zu dem von vielen Börsengurus favorisierten EBITDA *(earnings before interest, taxes, depreciation and amortization* = »Gewinn vor Zinsen, Steuern, Abschreibungen auf Sachanlagen und Abschreibungen auf immaterielle Vermögensgegenstände«), indem man alles mitrechnet, was eine Firma von ihrem Rohgewinn später wieder rausrücken muss. Diese auch »operativer Gewinn« genannte Kennzahl hat zwei Vorteile. Erstens ist sie international gut vergleichbar, weil steuerliche und bilanzrechtliche Unterschiede nicht ins Gewicht fallen. Und zweitens ist sie logischerweise optisch besonders attraktiv. Ihr größter Nachteil versteckt sich hinter dem »DA« – der operative Gewinn tut nämlich so, als müsse eine Firma überhaupt nicht investieren. Weshalb besonders kapitalintensive Unternehmen zwar oft fantastische EBITDA, zugleich aber wenig eindrucksvolle Nettorenditen aufweisen. Strengere Richter bevorzugen deshalb die EBIT oder sogar die EBT.

4   Facebook, Alibaba und Co.: Das sind die profitabelsten Konzerne der Welt, Handelsblatt online, 11.06.2015, http://www.handelsblatt.com/unternehmen/management/facebook-alibaba-und-co-das-sind-die-profitabelsten-konzerne-der-welt/11891364.html

5   WABE-Institut, Bundesfachgruppe Einzelhandel, Tarifrunde 2015: Beschäftigung im Handel, Berlin 2015, https://www.verdi.de/++file++5547620b bdf98d187700010e/download/2015_Einzelhandel_Branchendaten_KURZ_online.pdf

6   Brigitte Koch, Ulrich Friese, Einzelhandel: Wer in Deutschland überlebt, schafft es überall, FAZ, 05.09.2005, http://www.faz.net/aktuell/wirtschaft/unternehmen/branchen-9-einzelhandel-wer-in-deutschland-ueberlebt-schafft-es ueberall-1257018.html

7   http://www.kosmetiknachrichten.de/2015/10/23/dm-drogerie-markt-baut-marktanteil-im-geschaeftsjahr-201415-aus-kernkompetenz-kosmetik/

8   IW Köln, iwd, Nr. 27 vom 4. Juli 2013, Unternehmensgewinne: Recht stabil, http://www.iwkoeln.de/infodienste/iwd/archiv/beitrag/unternehmensgewinne-recht-stabil-116982. Aktuellere Vergleichszahlen gibt es aufgrund der teils schwierigen Aggregierung von Branchendaten nicht. Der genannte Branchenwert fällt u. a. dadurch niedriger aus, dass hier Verlage und Medien eingerechnet sind, wogegen Firmen in Bereichen wie Programmierung und Systemadministration als »unternehmensnahe Dienstleistungen« herausfallen.

9   Facebook, Alibaba und Co., a. a. O.

10   Ebenda

11   http://de.statista.com/statistik/daten/studie/153677/umfrage/ertragslage-der-metall--und-elektroindustrie-in-deutschland-seit-1997/

12   IW Köln, a. a. O.

13   Hans-Werner Sinn, Das Marxsche Gesetz des tendenziellen Falls der Profitrate, in: Zeitschrift für die gesamte Staatswissenschaft 131, 1975, S. 646–696; https://www.cesifo-group.de/portal/pls/portal/!PORTAL.wwpob_page.show?_docname=967848.PDF

14   Thomas Weiß, Sachkapitalrenditen im historischen Vergleich – Deutschland im Abwärtstrend?, in: WSI Mitteilungen 04/2015, hrsg. vom Wirtschafts- und Sozialwissenschaftliche Institut der Hans-Böckler-Stiftung, S. 280–289

15   Ebenda, S. 280

16   Ebenda, S. 283

17   Stephan Schulmeister, Realkapitalismus und Finanzkapitalismus – zwei »Spielanordnungen« und zwei Phasen des »langen Zyklus«, in: Jürgen Kromphardt (Hrsg.), Weiterentwicklung der Keynes'schen Theorie und empirische Analysen. Schriften der Keynes-Gesellschaft, Band 7, Marburg 2013, S. 115-169, online: http://stephan.schulmeister.wifo.ac.at/fileadmin/homepage_schulmeister/files/Real-_Finanzkapitalismus_11_13.pdf

18   Ebenda, S. 159, Anmerkung 11

19   Ebenda, S. 162

20   Ebenda, S. 159. Weil Schulmeister für einen habilitierten Ökonomen überraschend verständlich und anschaulich schreibt, erlauben wir uns auf den nächsten Seiten ausführliche Zitate anstelle eigener Referate, die seine klaren Darlegungen am Ende nur verschlimmbessern.

21   Alle Zitate ebenda, S. 150

22   Ebenda, S. 116f.

23   Ebenda, S. 123

24   Ebenda, S. 117

25   Ebenda, S. 115

26   Ebenda, S. 116

27   Ebenda, S. 123

28   Ebenda, S. 126

29   Ebenda, S. 136

30   Ebenda, S. 137

31   Holger Zschäpitz, Mächtige Banker sind die Komplizen der Superreichen, Die Welt, 15. 10. 2015, http://www.welt.de/finanzen/article147620139/Maechtige-Banker-sind-die-Komplizen-der-Superreichen.html

32   Bundeszentrale für Politische Bildung (bpb), Zahlen und Fakten zur Globalisierung, Finanzderivate, http://www.bpb.de/nachschlagen/zahlen-und-fakten/globalisierung/52602/finanzderivate

33   Schulmeister, a. a. O., S. 161

34   Hyman Minsky, Instabilität und Kapitalismus (hrsg. von Joseph Vogl), Zürich 2011, darin: Die Hypothese der finanziellen Instabilität: Kapitalistische Prozesse und das Verhalten der Wirtschaft, aus dem Englischen von Michaela Grabinger; Original: The Financial Instability Hypothesis (1993), http://www.levy.org/pubs/wp74.pdf

35   Henrik Müller, Weltweite Börsenkrise: Der Kapitalismus enttäuscht seine Jünger, SPIEGEL Online, 23. 08. 2015, http://www.spiegel.de/wirtschaft/unternehmen/boerse-und-kapitalismus-warum-die-aktienkurse-fallen-a-1049369.html

36   Ferdinando Giugliano, BoE's Haldane says corporations putting shareholders before economy, FT.com, 25.07.2015, http://www.ft.com/cms/s/0/7d347016-32f4-11e5-b05b-b01debd57852.html; ausführlich dazu: Andrew G. Haldane, Who owns a company? Rede auf der Corporate Finance Conference der Universiät Edinburgh, 22. Mai 2015, http://www.bankofengland.co.uk/publications/Documents/speeches/2015/speech833.pdf (auf Englisch)

37   Facebook, Alibaba und Co. (siehe Fußnote 4)

38   http://www.trend.at/wirtschaft/international/steuertricks-us-konzerne-billionen-dollar-steueroasen-5894693

39   http://www.ndr.de/nachrichten/niedersachsen/braunschweig_harz_goettingen/Die-VW-Abgas-Affaere-eine-Chronologie,volkswagen892.html

40   http://www.spiegel.de/wirtschaft/unternehmen/vw-chef-mueller-blamiert-sich-bei-interview-a-1071573.html

41   Schock für die Aktionäre. In: Der Spiegel. Nr. 31, 1995, S. 28–29 (online)

42   http://www.manager-magazin.de/unternehmen/artikel/a-445083.html

43   http://www.wiwo.de/koepfe-der-wirtschaft/edzard-reuter/5287200.html

44   http://www.spiegel.de/spiegel/print/d-54230882.html; http://www.brandeins.de/archiv/2007/spitzenkraefte/pruegelknabe-rambo/

45   http://www.sueddeutsche.de/wirtschaft/gescheiterte-fusion-von-daimler-und-chrysler-pleite-nach-lehrbuch-1.1666592; http://www.ant-marketing.org/glossar/die-gr%C3%B6ssten-management-fehler-aller-zeiten/

46   http://www.spiegel.de/wirtschaft/ersehnter-ruecktritt-lydia-schrempp-verlaesst-daimler-a-537642.html

47   http://www.capital.de/meinungen/stoppt-den-schrempp-effekt.html

48 Christoph Drösser, Stimmt's: Beansprucht ein Lkw die Straße 10 000-mal so stark wie ein Pkw? In: DIE ZEIT Nr. 31/2011, http://www.zeit.de/2011/31/Stimmts-Strasse

49 Stefanie Böge, Erfassung und Bewertung von Transportvorgängen: Die produktbezogene Transportkettenanalyse, Dortmund 1992, http://www.stefanie-boege.de/texte/joghurt.pdf

50 Joachim Wille, Lebensmittel reisen immer weiter, Frankfurter Rundschau, 24.06.2014, http://www.fr-online.de/wirtschaft/oekologie-lebensmittel-reisen-immer-weiter,1472780,27596040.html

51 http://www.konsum-welt.de/fileadmin/dateiupload/KonsUmwelt/Bildungsmappe_I_Verantwortungsvoller_Konsum.pdf

52 https://www.transparency.de/fileadmin/pdfs/Rundbriefe/Scheinwerfer_58_I_2013_Rohstofftransparenz.pdf

53 http://www.rohma.ch/de/ueber-rohma/rohstoff-fluch/

54 https://www.transparency.de/Tabellarisches-Ranking.2574.0.html

55 Warum Nationen scheitern; Daron Acemoglu und James A. Robinson S. FISCHER; 2012

56 http://www.neopresse.com/wirtschaft/rohstoff-steueroase-schweiz-blutet-arme-laender-aus/

57 http://www.finanzen.net/rohstoffe/kupferpreis (5.11.2015)

58 http://www.finanzen.net/aktien/Glencore-Aktie

59 http://www.conviva-plus.ch/?page=1425

60 http://www.nytimes.com/2013/05/10/opinion/global/stop-the-plunder-of-africa.html?_r=2

61 http://www.zeit.de/politik/ausland/2013-05/afrika-steuerflucht

62 https://www.giz.de/de/mit_der_giz_arbeiten/12285.html

63 http://www.sueddeutsche.de/wirtschaft/nigeria-stillstand-im-oelstaat-1.2497692; http://www.nigeria.diplo.de/Vertretung/nigeria/de/06_20Wi_2C_20Wz/Wirtschaft_20D-_20NGA/Wirtschaft_20in_ 20Nigeria.html

64 http://www.tagesspiegel.de/politik/die-wahl-in-nigeria-armes-reiches-land/11568028.html

65 https://www.transparency.de/fileadmin/pdfs/Rundbriefe/Scheinwerfer_58_I_2013_Rohstofftransparenz.pdf; http://www.tagesspiegel.de/politik/die-wahl-in-nigeria-armes-reiches-land/11568028.html

66 http://www.nigeria.diplo.de/Vertretung/nigeria/de/06_20Wi_2C_20Wz/Wirtschaft_20D-_20NGA/Wirtschaft_20in_20Nigeria.html

67 http://www.tagesspiegel.de/politik/oelkonzern-shell-in-nigeria-an-skrupellosigkeit-kaum-zu-ueberbieten/10289014.html; http://www.spiegel.de/wirtschaft/unternehmen/shell-und-total-verkaufen-oelfelder-in-nigeria-a-1026234.html

68 http://www.tagesspiegel.de/politik/die-wahl-in-nigeria-armes-reiches-land/11568028.html

69 https://www.private-banking-magazin.de/nigeria-l-reichtum-sorgt-fuer-geldreichtum-1394011424/

70 http://orf.at/stories/2309122/

71 http://www.tagesspiegel.de/politik/die-wahl-in-nigeria-armes-reiches-land/11568028.html

72 http://www.welt.de/newsticker/news1/article142653254/Studie-Luanda-bleibt-teuerste-Stadt-fuer-Auslaender.html

73 http://www.spiegel.de/wirtschaft/soziales/steueroasen-eine-foto-reportage-ducati-unter-palmen-a-1046068.html#ref=kalooga

74 http://www.misereor.de/blog/2015/08/11/die-strukturellen-migrationsursa-chen-angehen/

75 http://data.worldjusticeproject.org; http://www.economist.com/news/middle-east-and-africa/21653584-botswana-comes-top-continent-gover-nance-and-rule-law-again-law-first; http://www.economist.com/news/middle-east-and-africa/21670514-important-measure-progress-showing-litt-le-it-stalling-continent?zid=304&ah=e5690753dc78ce91909083042ad12e30; abgerufen am 11.11.2015

76 http://www.economist.com/news/middle-east-and-africa/21629621-dia-monds-run-out-botswana-faces-worrying-times-losing-its-sparkle; abgeru-fen am 11.11.2015

77 http://www.unaids.org/sites/default/files/country/documents/BWA_narra-tive_report_2014.pdf; abgerufen am 11.11.2015

78 http://www.deutschlandradiokultur.de/ressourcenfluch-warum-viele-laen-der-trotz-rohstoffreichtum.976.de.html?dram:article_id=318370

79 http://latina-press.com/news/191513-ausartende-gewalt-in-venezuela-82-morde-pro-100-000-einwohner/

80 http://www.n-tv.de/wirtschaft/Venezuela-leidet-unter-Inflation-artic-le15745841.html

81 http://www.bloomberg.com/news/articles/2015-02-04/the-755-condom-is-the-latest-indignity-in-venezuela

82 http://www.deutschlandradiokultur.de/ressourcenfluch-warum-viele-laen-der-trotz-rohstoffreichtum.976.de.html?dram:article_id=318370

83 http://www.spiegel.de/wirtschaft/soziales/transparency-international-laender-ignorieren-korruption-a-1049037.html

84 https://www.giz.de/de/mit_der_giz_arbeiten/12285.html

85 http://de.statista.com/statistik/daten/studie/208474/umfrage/groesste-staatsfonds-weltweit-nach-der-hoehe-des-verwalteten-vermoegens/

86 http://www.faz.net/aktuell/wirtschaft/wirtschaftspolitik/ende-der-entwick-lungshilfe-noch-immer-fliesst-geld-nach-china-11043481.html

87 http://www.finanzen.net/nachricht/aktien/Euro-am-Sonntag-Titel-Staats-
fonds-Heimliche-Herrscher-4083140

88 http://www.nbim.no/en/the-fund/

89 http://www.welt.de/wirtschaft/article128181968/Wer-ist-der-maechtige-
neue-Grossaktionaer-aus-Katar.html

90 http://www.n-tv.de/panorama/Oel-Scheich-Soehne-veraergern-Londoner-
article1412081.html; http://www.welt.de/motor/article144500386/Superau-
tos-stehlen-Big-Ben-und-Tower-Bridge-die-Show.html; http://www.cnbc.
com/2014/04/01/lamborghini-in-london-luxury-quarter-crash.html; https://
www.isuperdrive.com/blog/2015/08/07/10-of-the-worst-supercar-crashes-
in-london/

91 http://www.telegraph.co.uk/finance/newsbysector/retailandconsumer/
7695606/Mohamed-al-Fayed-sells-Harrods.html

92 http://www.spiegel.de/reise/aktuell/zaha-hadid-baut-prunkvolle-u-bahn-
station-in-riad-a-901167.html

93 http://www.welt.de/wirtschaft/article150183363/Ist-das-Geld-der-Saudis-
in-fuenf-Jahren-aufgebraucht.html

94 http://www.brandeins.de/archiv/2004/der-plan/ende-ausserplanmaessig/;
http://www.tagesspiegel.de/wirtschaft/ddr-mit-dem-plan-in-die-plei-
te/1628954.html

95 http://www.nzz.ch/wirtschaft/mein-freund-der-plan-1.18420611

96 https://www.das-parlament.de/2014/42/wirtschaft_und_finanzen/-/334706

97 http://www.handelsblatt.com/politik/deutschland/mauerfall/ddr-im-herbst-
1989-milliardensubventionen-sollen-das-system-staerken/10895952-2.html

98 http://www.brandeins.de/archiv/2004/der-plan/ende-ausserplanmaessig/;
http://www.tagesspiegel.de/wirtschaft/ddr-mit-dem-plan-in-die-plei-
te/1628954.html

99 http://www.nzz.ch/wirtschaft/mein-freund-der-plan-1.18420611

100 http://www.handelsblatt.com/politik/deutschland/mauerfall/ddr-im-herbst-
1989-milliardensubventionen-sollen-das-system-staerken/10895952-2.html

101 http://www.ddr-wissen.de/wiki/ddr.pl?CoCom-Liste

102 http://zdfcheck.zdf.de/faktencheck/arbeitslose/

103 http://www.nzz.ch/wirtschaft/mein-freund-der-plan-1.18420611

104 http://www.nzz.ch/wirtschaft/mein-freund-der-plan-1.18420611

105 https://www.lpb-bw.de/gruende_mauerfall.html

106 http://www.spiegel.de/spiegel/print/d-46274223.html

107 http://www.dw.com/de/ddr-als-billiglohnland-f%C3%BCr-den-westen/
a-15931955

108 http://www.mdr.de/damals/archiv/artikel85416.html

109 http://www.mdr.de/damals/archiv/artikel85416.html

110 Die Rückkehr des Meisters: Keynes für das 21. Jahrhundert; Robert Skidelsky; Kunstmann 2010

111 http://de.reuters.com/article/economicsNews/idDEKBN0UM20220160108; https://www.credit-suisse.com/de/de/news-and-expertise/switzerland/articles/news-and-expertise/2015/12/de/the-swiss-economy-in-2016-one-year-of-negative-interest-rates.html; beide abgerufen am 06.01.2016

112 http://www.nzz.ch/wirtschaft/wirtschaftspolitik/snb-mit-23-milliarden-verlust-1.18673911; abgerufen am 10.01.2016

113 http://boerse.ard.de/boersenwissen/boersengeschichte-n/george-soros-der-megaspekulant-100.html

114 http://www.zeit.de/2001/28/200128_stimmts_internet_xml

115 https://de.wikipedia.org/wiki/Nestlé

116 http://www.un.org/en/members/growth.shtml; abgerufen am 22.01.2016

117 http://www.spiegel.de/politik/ausland/uno-resolution-wasser-wird-zum-menschenrecht-a-708967.html

118 http://www.tagesanzeiger.ch/wirtschaft/unternehmen-und-konjunktur/Gehoert-das-Wasser-Nestle--oder-dem-Volk/story/21686656; abgerufen am 24.01.2016

119 Helmut Hertwig: Zehn Jahre Diktatur in Chile – Die Resultate eines monetaristischen Modellversuchs; S. 1128

120 http://de.statista.com/statistik/daten/studie/170530/umfrage/umsatz-der-groessten-online-shops-in-deutschland/

6 Nur für bare Münze

1   Zum Beispiel bei Wolfram Weimer, Geschichte des Geldes. Eine Chronik mit Texten und Bildern, Frankfurt/M. 1992 (leider nur noch antiquarisch lieferbar) oder, historisch etwas enger gefasst bei Michael North, Kleine Geschichte des Geldes. Vom Mittelalter bis heute, München 2009. Schließlich die tiefgründige Gesamtdarstellung von Niall Ferguson, Der Aufstieg des Geldes. Die Währung der Geschichte, München 2010

2   Karl Polanyi, Ökonomie und Gesellschaft, Frankfurt/M. 1979, S. 238

3   Ebenda, S. 284ff.

4   David Graeber, Schulden. Die ersten 5000 Jahre, Stuttgart 2012, S. 36; zum »Mythos vom Tauschhandel« vgl. das gesamte Kapitel 2

5   Karl Polanyi, The Great Transformation. Politische und ökonomische Ursprünge von Gesellschaften und Wirtschaftssystemen, Frankfurt/M. ²1990, S. 72

6   Polanyi n1979, S. 337ff.; Einen guten Überblick über die verschiedenen Theorien der Geldentstehung und des Münzwesens bietet unter anderem Joachim Höltz, Kritik der Geldentstehungstheorien, Berlin 1984

7   Diese These zur Geldentstehung vertrat vor allem der Nationalökonom Wilhelm Gerloff (1880–1954). W. G., Die Entstehung des Geldes und die Anfänge des Geldwesens, Frankfurt/M. 1947

8   Einschlägig (und ebenso gut wie spannend lesbar) ist hier bis heute die Studie von Marcel Mauss von 1925: Die Gabe. Form und Funktion des Austauschs in archaischen Gesellschaften, Frankfurt/M. 1990. Der Gabentausch ist nach Mauss ein »System der totalen Leistungen« (S. 22), in dem »alle Arten von Institutionen gleichzeitig und mit einem Schlage zum Ausdruck kommen« (S. 17). Alles – »Nahrungsmittel, Frauen, Kinder, Güter, Talismane, Grund und Boden, Arbeit, Dienstleistungen, Priesterämter und Ränge – (ist) Gegenstand der Übergabe und der Rückgabe (...), als gäbe es einen immerwährenden Austausch einer Sachen und Menschen umfassenden geistigen Materie zwischen den Clans und den Individuen, den Rängen, Geschlechtern und Generationen« (S. 39). So bildet Gabentausch einen ununterbrochenen »Kreis der Leistungen und wucherischen Gegenleistungen« (S. 68). Er verbindet sich, so der französische Philosoph Georges Bataille in Anknüpfung an Mauss, »ursprünglich nicht mit dem Bedürfnis, etwas zu erwerben, sondern (mit) dem entgegengesetzten Bedürfnis, etwas zu verlieren oder zu vergeuden« (Georges Bataille, Die Aufhebung der Ökonomie (1949), München 1985, S. 97). Die Rivalität der Beteiligten bei diesen Überbietungsgesten kann sich bis zur Aggression steigern.

9   Polanyi: 1979, S. 239

10   Ebenda, S. 327

11   Darel Engen, The Economy of Ancient Greece, http://eh.net/encyclopedia/article/engen.greece

12 Bernhard Weisser, Münzen und Löhne in Athen, in: Wolf-Dieter Heilmeyer (Hrsg.), Die griechische Klassik – Idee oder Wirklichkeit (Katalog zur Ausstellung im Martin-Gropius-Bau, Berlin und in der Kunst- und Ausstellungshalle der Bundesrepublik Deutschland, Bonn 2002), Mainz 2002, S. 448–451

13 Michel Austin, Pierre Vidal-Naquet, Gesellschaft und Wirtschaft im alten Griechenland, München 1984, S. 87ff.

14 Colin M. Kraay, Hoards: Small Change and the Origin of Coinage, in: Journal of Hellenic Studies 84 (1964), S. 76–91, hier: S. 88 (eigene Übersetzung)

15 Vgl. Austin, Vidal-Naquet 1984, S. 92ff.

16 Polanyi 1979, S. 176

17 Ebenda, S. 220

18 Vgl. Polanyi 1979, S. 396f.

19 Polanyi 1979, S. 171

20 Hartmut Apel, Verwandtschaft, Gott und Geld. Zur Organisation archaischer, ägyptischer und antiker Gesellschaft, Frankfurt/M./New York 1982 S. 104

21 Ebenda

22 »Klan und Totem, Geschlechts- und Altersgruppe, die Macht des Gedankens und Zeremonialpraktiken, Brauch und Ritual wurden durch ein äußerst kunstvolles System von Symbolen durchgesetzt, während die Ökonomie nicht durch irgendein Einzelwort bezeichnet war, das die Bedeutung von Versorgung mit Nahrungsmitteln für das biologische Überleben des Menschen zum Ausdruck gebracht« oder »die Organisation der materiellen Lebensbedingungen zusammenfassend ausgedrückt hätte«. (Polanyi 1979, S. 156)

23 Ebenda, S. 190

24 Polanyi 1979, S. 133f.

25 Polanyi 1990, S. 71

26 Ebenda, S. 72

27 Ebenda, S. 95

28 So etwas lernt man, wenn man vor Lesungen oder Vorträgen ein Stadtmuseum besucht. Daher hier keine Literaturangabe.

29 Polanyi 1990, S. 98

30 Ebenda, S. 96

31 Ebenda, S. 99

32 Ebenda, S. 103

33 Siehe z. B. Berliner Zeitung vom 03. 02. 2016, S. 1

34 Polanyi 1990, S. 111

35 Ebenda, S. 107f.

36 Benjamin Bromberg: The Origin of Banking: Religious Finance in Babylonia, in: The Journal of Economic History 2, Nr. 1, 1942, S. 77–88

37 Mauss 1990, S. 43

38 Ebenda, S. 44

39 Georges Bataille, Die Aufhebung der Ökonomie (1949), München 1985, S. 86

40 Horst Kurnitzky, Triebstruktur des Geldes. Ein Beitrag zur Theorie der Weiblichkeit, Berlin/W. 1974, S. 30

41 Ebenda, S. 23

42 Wieder abgedruckt in: Jürgen Harten, Horst Kurnitzky (Hrsg.), Museum des Geldes. Über die seltsame Natur des Geldes in Kunst, Wissenschaft und Leben, Bd. 1 (Katalog zur Ausstellung der Städtischen Kunsthalle Düsseldorf und des Kunstvereins für die Rheinlande und Westfalen 1978, Düsseldorf 1978, S. 106–113

43 Bernhard Laum, Heiliges Geld. Eine historische Untersuchung über den sakralen Ursprung des Geldes, Tübingen 1924

44 Ebenda, S. 7

45 Ebenda, S. 153

46 Ebenda, S. 27

47 Ebenda

48 Ebenda, S. 29

49 Ebenda, S. 45

50 Ebenda, S. 53; Denn für den Krieg musste sich jeder wehrfähige Bürger *selbst* ausrüsten

51 Ebenda, S. 102

52 Vgl. ebenda, S. 83ff.

53 Laum widerspricht damit übrigens auch dem »Dogma (…), daß der Münzstempel Gewicht und Feingehalt der Münze garantiere« (S. 139). Vielmehr sei »das Münzbild in seiner ursprünglichen Bedeutung nichts weiter als ein Eigentumszeichen. Der Stempel gibt zu erkennen (…), daß das Stück Metall dem Gotte gehört, daß es ihm heilig ist.« (S. 141)

54 Vgl. ebenda S. 106ff.

55 Apel 1982, S. 134

56 Laum 1924, S. 92

57 Ebenda, S. 90

58 Ebenda, S. 159

7 Schuldknechtschaft für alle

1   http://www.welt.de/newsticker/news1/article137135676/Globale-Verschuldung-seit-Jahr-2000-mehr-als-verdoppelt.html; http://www.spiegel.de/wirtschaft/unternehmen/usa-deflation-china-weltwirtschaft-steuert-auf-pleite-zu-a-1052623.html

2   https://www.gesetze-im-internet.de/stgb/__146.html

3   http://www.faz.net/aktuell/finanzen/anleihen-zinsen/wie-die-europaeische-zentralbank-das-geld-schafft-12922087-p3.html

4   https://www.bundesbank.de/Navigation/DE/Service/Glossar/_functions/glossar.html?lv2=32044&lv3=62018

5   http://de.reuters.com/article/topNews/idDEKBN0TM1IE20151203

6   http://www.staatsschuldenuhr.de/

7   http://www.deutsche-finanzagentur.de/de/private-anleger/bundeswertpapiere/

8   http://www.wiwo.de/politik/deutschland/rentenreform-die-rente-mit-63-ist-ungerecht-skandaloes-und-unbezahlbar/10132358.html

9   http://www.wiwo.de/finanzen/vorsorge/schuldenstudie-2015-wie-die-deutschen-mit-schulden-umgehen/11923098.html?p=5&a=false&slp=false#image

10 http://www.wiwo.de/finanzen/vorsorge/schuldenstudie-2015-wie-die-deutschen-mit-schulden-umgehen/11923098.html

11 http://www.querschuesse.de/bis-kredite-an-den-privatsektor-3/

12 http://www.querschuesse.de/bis-kredite-an-den-privatsektor-3/

13 http://www.querschuesse.de/bis-kredite-an-den-privatsektor-3/

14 http://diepresse.com/home/wirtschaft/international/4899164/EZBChefvolkswirt_Wir-drucken-Geld?from=gl.home_wirtschaft

15 http://www.ecb.europa.eu/press/pr/date/2015/html/pr150122_1.de.html

16 http://www.ecb.europa.eu/press/pr/date/2015/html/pr150122_1.de.html

17 http://www.handelsblatt.com/politik/konjunktur/ezb-erwaegt-neuen-wertpapier-kauf-riskantes-spiel-mit-massenvernichtungswaffen/8180136.html

18 http://www.faz.net/aktuell/wirtschaft/eurokrise/ezb-kauft-anleihen-fuer-60-milliarden-euro-jeden-monat-13384918.html

19 http://diepresse.com/home/wirtschaft/boerse/5202892/Die-EZB-hat-knapp-15-Billionen-Euro-gedruckt

20 http://www.welt.de/wirtschaft/article149435058/Das-grosse-Geheimnis-von-Europas-Geldmachern.html

21 http://www.spiegel.de/wirtschaft/soziales/anfa-ezb-veroeffentlicht-geheimabkommen-der-notenbanken-a-1076004.html

22 http://www.forbes.com/sites/laurengensler/2015/10/06/wall-street-salaries-bonuses/#435487bdfa4f

23 http://boerse.ard.de/boersenwissen/boersenwissen-fuer-fortgeschrittene/
    die-fed-hueterin-des-dollar-100.html

24 Zentralbanken als Aktiengesellschaften; in: FAZ vom 23. November 2013,
    S. 14

25 https://de.wikipedia.org/wiki/Belgische_Nationalbank

26 https://www.ecb.europa.eu/ecb/orga/capital/html/index.de.html

27 http://wirtschaftslexikon.gabler.de/Definition/eigentum.html

28 Die geprellte Gesellschaft; Warum wir uns mit der Steuerflucht von Reichen
    und Konzernen nicht abfinden dürfen; Bastian Brinkmann; DVA © 2014

29 http://de.statista.com/statistik/daten/studie/75426/umfrage/einnahmen-
    und-ausgaben-im-bundeshaushalt-2011/

30 http://www.spiegel.de/wirtschaft/soziales/steuern-us-konzerne-horten-
    zwei-billionen-im-ausland-a-1056344.html

31 Die geprellte Gesellschaft; Warum wir uns mit der Steuerflucht von Reichen
    und Konzernen nicht abfinden dürfen; Bastian Brinkmann; DVA © 2014

32 http://www.bilanz.ch/unternehmen/die-schweiz-bleibt-die-mutter-aller-
    steueroasen-492846

33 http://english.boerse-express.com/pagesfoods/35887

34 http://www.spiegel.de/wirtschaft/soziales/steueroasen-eine-foto-reportage-
    ducati-unter-palmen-a-1046068.html

35 http://www.tagesspiegel.de/wirtschaft/steuerhinterziehung-die-schweiz-ist-
    die-groesste-fluchtburg/11376942.html

36 http://www.bradleyhackford.com/en/expatriation-the-top-10-least-taxed-
    countries-of-2015/

37 http://www.tagesspiegel.de/politik/steueroase-niederlande-europas-doppel-
    moral-im-kampf-gegen-die-steuerflucht/11615204.html

38 http://wko.at/statistik/eu/europa-steuersaetze.pdf

39 www.faz.net/aktuell/finanzen/meine-finanzen/steuern-sparen/nachrichten/
    schweiz-als-steuerparadies-ungemuetlicher-die-neuen-steueroasen-13418391.
    html

40 http://www.bradleyhackford.com/en/golden-visa-european-residence-for-
    investors/

41 www.faz.net/aktuell/finanzen/meine-finanzen/steuern-sparen/nachrichten/
    schweiz-als-steuerparadies-ungemuetlicher-die-neuen-steueroasen-13418391.
    html

42 http://www.gtai.de/GTAI/Navigation/DE/Trade/Maerkte/suche,t=bul-
    garien--eufoerderung-2014-bis-2020,did=1120268.html; (http://www.
    government.bg/cgi-bin/e-cms/vis/vis.pl?s=001&p=0234&n=467&g=)

43 http://www.sueddeutsche.de/wirtschaft/steuerflucht-walmart-soll-milliar-
    den-in-steueroasen-verstecken-1.2525504

44 https://www.tagesschau.de/wirtschaft/amazon-159.html

45 Neue Zürcher Zeitung vom 20.02.2016: Google hat 11 Milliarden an Steuern gespart

46 http://www.spiegel.de/wirtschaft/soziales/ikea-laedt-steuer-ausschuss-zum-lunch-beim-griechen-a-1055744.html

47 http://www.handelsblatt.com/unternehmen/industrie/apple-google-pepsi-diese-us-konzerne-bunkern-ihr-geld-in-steueroasen/12412266.html

48 http://www.faz.net/aktuell/wirtschaft/weltwirtschaftsforum/weltweite-armut-oxfam-fordert-das-ende-aller-steueroasen-14019229.html?GEPC=s2

49 http://www.handelsblatt.com/politik/international/milliardaere-der-trend-beschleunigt-sich/12843190-2.html

50 http://www.faz.net/aktuell/wirtschaft/weltwirtschaftsforum/weltweite-armut-oxfam-fordert-das-ende-aller-steueroasen-14019229.html?GEPC=s2

51 http://www.handelsblatt.com/politik/international/milliardaere-62-super-reiche-besitzen-so-viel-wie-die-halbe-welt/12843190.html?social=facebook

52 http://www.n24.de/n24/Nachrichten/Wirtschaft/d/7926854/62-superrei-che-besitzen-so-viel-wie-3-7-milliarden-arme.html

53 http://www.handelsblatt.com/politik/international/milliardaere-62-super-reiche-besitzen-so-viel-wie-die-halbe-welt/12843190.html?social=facebook

54 http://www.n24.de/n24/Nachrichten/Wirtschaft/d/7926854/62-superrei-che-besitzen-so-viel-wie-3-7-milliarden-arme.html

55 http://www.spiegel.de/wirtschaft/soziales/oxfam-62-superreiche-besitzen-so-viel-wie-die-halbe-welt-a-1072453.html

56 http://www.news.de/wirtschaft/855619121/liste-der-reichsten-deutschen-bmw-aldi-lidl-so-reich-sind-die-55-reichsten-deutschen/1/

57 http://www.faz.net/aktuell/wirtschaft/weltwirtschaftsforum/weltweite-armut-oxfam-fordert-das-ende-aller-steueroasen-14019229.html?GEPC=s2

58 http://www.handelsblatt.com/unternehmen/management/aldi-vw-lidl-oder-bmw-welche-familien-in-deutschland-die-macht-haben/12726426.html; http://www.manager-magazin.de/unternehmen/artikel/die-reichsten-deutschen-2015-die-top-10-a-1055901.html; http://www.zeit.de/2015/08/vermoegen-reichtum-deutschland-daten; http://www.mopo.de/news/--341182; http://www.presseportal.de/pm/114920/3112750; http://www.news.de/wirtschaft/855619121/liste-der-reichsten-deutschen-bmw-aldi-lidl-so-reich-sind-die-55-reichsten-deutschen/2/

59 http://www.faz.net/aktuell/wirtschaft/weltwirtschaftsforum/weltweite-armut-oxfam-fordert-das-ende-aller-steueroasen-14019229.html?GEPC=s2

60 https://www.tagesschau.de/wirtschaft/sparkassen-101.html

61 Finanzgruppe Deutscher Sparkassen- und Giroverband; Geschäftszahlen, Zahlen und Fakten 2014; Redaktionsschluss 21.06.2015

62 http://www.wirtschaftslexikon24.com/e/genossenschaftsbank/genossen-schaftsbank.htm

63 http://www.welt.de/wirtschaft/article138552384/Commerzbank-Chef-verdoppelt-sein-Gehalt.html

64 https://www.commerzbank.de/de/hauptnavigation/aktionaere/aktie/die_290_000_aktion_re_der_commerzbank/aktionaere.html

65 https://www.boersen-zeitung.de/index.php?li=22&l=0&isin=DE0005140008

66 https://www.db.com/ir/de/content/aktionaersstruktur.htm

67 http://www.spiegel.de/wirtschaft/unternehmen/deutsche-bank-pforzheim-klagt-auf-schadensersatz-a-1070051.html

68 http://www.zeit.de/2015/43/deutsche-bank-frankfurt-westend-manager-aufsichtsrat

69 http://www.spiegel.de/wirtschaft/unternehmen/deutsche-bank-aktienkurs-im-freien-fall-a-1076478.html

70 http://www.welt.de/wirtschaft/article151708811/Wie-viele-Strafen-verkraftet-die-Deutsche-Bank-noch.html

71 http://www.spiegel.de/wirtschaft/unternehmen/deutsche-bank-rechnet-mit-6-7-milliarden-euro-verlust-fuer-2015-a-1073071.html; http://www.welt.de/wirtschaft/article151708811/Wie-viele-Strafen-verkraftet-die-Deutsche-Bank-noch.html

72 http://www.faz.net/aktuell/wirtschaft/unternehmen/abspaltung-des-privatkundengeschaefts-der-deutschen-bank-13501953.html

73 http://www.gevestor.de/details/top-10-der-groessten-banken-der-welt-nach-bilanzsumme-718609.html

74 http://www.ariva.de/bank_of_china-aktie/bilanz-guv

75 http://www.bvdinfo.com/de-de/our-products/company-information/international-products/orbis

76 http://arxiv.org/PS_cache/arxiv/pdf/1107/1107.5728v2.pdf

77 http://www.welt.de/print/die_welt/wirtschaft/article13681201/Die-globale-Macht-der-Grosskonzerne.html

78 http://www.zerohedge.com/sites/default/files/images/user3303/imageroot/2015/12/20151215_wh.jpg

79 Billig kommt uns teuer zu stehen – Das skrupellose Geschäft der globalisierten Wirtschaft; Franz Kotteder; Ludwig © 2013

80 http://albert-schweitzer-stiftung.de/massentierhaltung/masthuehner

81 http://webstory.zdf.de/tierfabrik-deutschland/billiges-schweinefleisch/

82 http://webstory.zdf.de/tierfabrik-deutschland/billiges-schweinefleisch/; http://www.taz.de/!5248572/

83 http://albert-schweitzer-stiftung.de/massentierhaltung/milchkuehe

84 http://www.planet-wissen.de/gesellschaft/trinken/milch/pwiediemilchkuheinlebenfuerdiemilch100.html

85 http://www.welt.de/wirtschaft/article142110146/Antibiotika-Resistenz-die-Superseuche-der-Zukunft.html

86 http://slowfood.com/slowfish/pagine/deu/pagina.lasso?-id_pg=87

87 http://derstandard.at/2000029420637/Neue-Studie-Beifang-foerdert-Ueberfischung-der-Weltmeere-massiv

88 http://www.zeit.de/wirtschaft/2015-09/ueberfischung-china-weltmeere

89 http://www.zeit.de/wirtschaft/2015-09/ueberfischung-china-weltmeere/seite-2

90 https://www.boell.de/de/2015/04/07/wir-sind-hier-weil-ihr-unsere-laender-zerstoert

91 http://www.deutschlandradiokultur.de/pestizide-satt-die-anbaubedingungen-in-der-suedspanischen.979.de.html?dram:article_id=314750; http://www.badische-zeitung.de/wirtschaft-3/hat-spanisches-gemuese-zu-unrecht-einen-schlechten-ruf--101790544.html

92 http://www.diercke.de/content/el-ejido-almer%C3%ADa-treibhausanbau-978-3-14-100700-8-119-3-0

93 https://www.oxfam.de/unsere-arbeit/themen/agrarkonzerne

94 http://www.n-tv.de/wirtschaft/Textilindustrie-sucht-Made-in-Africa-article15535926.html

95 https://www.aktiv-gegen-kinderarbeit.de/firmen/branchen/textil/

96 https://www.aktiv-gegen-kinderarbeit.de/2015/06/stand-2015-168-mio-kinder-muessen-arbeiten/

97 http://www.daserste.de/information/politik-weltgeschehen/weltspiegel/sendung/indien-kinderarbeit-100.html

98 http://www.deutschlandfunk.de/textilindustrie-kambodscha-erhoeht-mindestlohn.1818.de.html?dram:article_id=333362

99 https://www.bundestag.de/dokumente/textarchiv/2010/29826227_kw20_de_stabilisierungsmechanismus/201760

100 http://insideparadeplatz.ch/2016/02/10/finma-will-von-cs-taeglich-die-risikozahlen/

101 http://www.finanzen.net/bilanz_guv/Deutsche_Bank

102 http://www.handelsblatt.com/unternehmen/banken-versicherungen/deutsche-bank-anleihen-das-prinzip-angst/12942064.html

103 https://www.freitag.de/autoren/bunker99/22-sekunden

Register

Wir brauchen eine Steuerrevolution und das Bedingungslose Grundeinkommen

Matthias Weik / Götz W. Werner / Marc Friedrich
SONST KNALLT´S!
Warum wir Wirtschaft und Politik radikal neu denken müssen
160 Seiten
ISBN 978-3-8479-0634-6

Unsere Wirtschaftsordnung, aber auch unsere politische Landschaft sind völlig aus dem Lot geraten. Immer mehr Menschen haben das Gefühl nur noch für den Staat zu schuften und fühlen sich benachteiligt. Eine winzige globale Finanzelite produziert derweil gigantische Blasen illusionären Reichtums und die Politik schaut tatenlos zu. Die Bestsellerautoren zeigen auf, warum die EU und der Euro scheitern werden. Warum wir künftig nicht Leistung, sondern den Konsum besteuern müssen. Warum ein Bedingungsloses Grundeinkommen, Gemeingüter und eine strikte Finanzregulierung sozial gerecht und ökonomisch vernünftig sind. Handeln wir jetzt, bevor es zu spät ist, denn sonst knallt´s!

Der Spiegel-Bestseller jetzt im Taschenbuch

Matthias Weik / Marc Friedrich
DER CRASH IST DIE LÖSUNG
Warum der finale Kollaps
kommt und wie Sie Ihr
Vermögen retten
368 Seiten
mit zahlreichen
Abbildungen
ISBN 978-3-404-60858-4

Der finale Kollaps wird kommen, weil die wahren Ursachen der Finanzkrise nicht beseitigt wurden. Die Finanzindustrie, die die Krise verursacht hat, ist sogar Krisengewinner, der wieder mit gigantischen Geldsummen jongliert und im Zweifelsfall von uns gerettet wird. Der Crash ist die Lösung, sagen die beiden Ökonomen Friedrich und Weik. Denn nur so wird der notwendige Wandel erzwungen und die globale Macht der Finanzwelt gebrochen. Damit Sie Ihr Erspartes schützen können, zeigen die beiden Experten auf, in welche Kapitalanlagen Sie investieren sollten – und in welche besser nicht.
Auch als Hörbuch erschienen.

Bastei Lübbe

Finanzwirtschaft ist die Kunst, Fleißige immer ärmer und Reiche immer reicher zu machen

Marc Friedrich / Matthias Weik
DER GRÖSSTE RAUBZUG
DER GESCHICHTE
Warum die Fleißigen
immer ärmer und die
Reichen immer reicher
werden
Überarbeitete und
aktualisierte
Taschenbuchausgabe
384 Seiten
mit zahlreichen
Abbildungen

Vor unseren Augen findet der größte Raubzug der Geschichte statt, und wir alle sind seine Opfer. Die Reichen in unserer Gesellschaft werden immer reicher, während alle anderen immer ärmer werden. Die Übeltäter - Banken und Versicherungen - werden geschützt, gedeckt und von den Politikern und Notenbankchefs weltweit unterstützt. Dieses Buch zeigt, wie die Finanzindustrie funktioniert und wie sie Risiken und Schulden auf uns Bürger abwälzt. Sorgen Sie dafür, dass Sie nicht zu den Verlierern gehören!

Überarbeitete und aktualisierte Taschenbuchausgabe des SPIEGEL-Bestsellers

Bastei Lübbe